불량한 책들의 문화사

불량한 책들의 문화사

일본제국의 출판자본, 식민지 조선의 출판시장과 만나다

고영란 지음 | 윤인로 옮김

푸른역사

出版帝国の戦争—不逞なものたちの文化史

일러두기

1. 이 책은 高榮蘭, 《出版帝国の戦争: 不逞なものたちの文化史》(法政大学出版局, 2024)를 옮긴 것이다.
2. 인용문이나 본문 속에 저자가 삽입한 내용은 원문과 동일하게 '〔 〕'로 표시했다.
   옮긴이 주를 포함해 옮긴이가 삽입한 것들은 모두 '[ ]'로 표시했다.
3. 저자의 원문에서 방점 혹은 별표윗점이 찍힌 부분은 동일하게 살려 표기했다.
4. 저자가 번역/인용한 한국어 문헌은 한국어 원문의 문장으로 대체한 부분이 다수지만,
   한국어 원문의 뜻이 훼손되지 않는 범위 안에서 저자의 일본어 번역을 살린 부분도 있다.
5. 저자가 한국어판을 위해 일본어 원서를 손질한 부분이 있다.
   이를 따로 표시하지는 않았다. 예컨대, 원문의 "조선통감 정치" → "조선총독 정치"
6. 일본인 성명 및 지명은 현지 발음으로 표기했다.
   단, 이미 한국어로 통용되고 있는 발음은 그대로 따랐다.
7. 일본 출판사, 신문사, 잡지명은 현지 발음으로 표기했다. 단 《평민신문》, 《중앙공론》, 《전기》,
   《직언》, 《개조》 등 빈출하는 잡지명은 편의상 한자음으로 표기했다.

• 한국어판 서문

한국어 독자는 이 책을 어떻게 읽고 느끼실는지요. 내심 걱정입니다. 왜냐하면 일본제국의 기억을 일본어로 읽고 쓰는 분들을 대상으로 이 책을 썼기 때문입니다. 식민지 조선에서 발행된 신문과 잡지, 예컨대 《동아일보》와 《조선일보》 같이 아주 유명한 미디어라 할지라도 일본어로 쓸 때는 언제 어떤 경위로 창간되었고 어떤 독자층의 지지를 얻으면서 유지되었는지 설명할 필요가 있습니다. 한국문학사에 굵게 각인된 소설가이자 친일파의 대명사인 이광수도 일본어 독자에게는 생소한 존재입니다. 한국어 독자에게는 아주 당연한 지식이 일본어 독자에게는 통하지 않는 것이죠. 거꾸로 일본에서는 유명한 미디어나 작가가 한국 독자에게는 낯설 수도 있습니다.

일본제국이라는 동일한 정치권력의 지배하에 있던 일본 본토와 식민지 조선의 접점은 일본제국의 패전과 한반도의 해방 이후 새롭게 탄생한 국민국가의 경계선을 따라 마치 서로 다른 역사를 가진 것처럼 분단되었습니다. 물론 일본제국의 식민지배 정책은 조선인과 일본인 사이에 차등을 두는 것이었고, 그렇기에 같은 시대 같은 공간에서의 경험조차도 동일하지 않았습니다. 한기형은 검열제도에 주목하면서 그런 시대 상황을 '법역法域'과 '문역文域'으로 나누어 설명했습니다. 식민지라는 동일한 '법역' 안에서 조선인과 일본인에게 서로 다른 법률을 적용하기 때문에 생성되는 식민지 특유의 '문역'이 실재한다는 것이지요.

일본 본토의 법은 식민지와는 달랐고 조선인들은 이러한 법역망의 차이를 교묘하게 이용하면서, 자신들에게 유리한 조건을 찾아 일본제국의 중심으로 이동해 출판을 시도하고 출판물을 식민지로 유통시켰습니다. 그런 조선인들과 연계하면서 일본의 사회주의운동은 성장했습니다. 식민지와 종주국을 넘어서 손을 잡은 사회주의자들의 공동투쟁을 일본의 사상운동사 연구자들은 아름답게 묘사합니다. 곤경에 처해 있던 식민지 출신의 사회주의자를 도왔다는 것이 패전 이후 일본 사상운동사의 자긍심을 지키는 기록이 되었습니다. 개인적인 선의를 토대로 한 연대와 친밀감을 모조리 부정해서는 안 될 것입니다. 그러나 국제 사회주의운동의 명령계통이 일본제국의 사회주의운동에 미친 영향과 한반도 외부에서 진행된 조선 사회주의 재건운동의 연관관계를 무시해서도 안 될 것입니다. 일본 본토로 유입된 조선인들의 조직력과 자금이 일본 사회주의운동의 생존에 어떤 역할을 했는지 생각해 볼 필요가 있습니다.

또, 1920년대 중후반 사회주의운동이 일본 본토에서 문화상품으로 유행하고 출판자본의 주력상품이 되었다는 사실에도 주목해야 합니다. 식민지 조선도 이러한 일본제국 출판자본이 생산한 사회주의 상품의 주요 고객이었습니다. 일본제국의 중앙에 군림했던 출판자본들이 식민지 시장에 눈독을 들이기 시작한 이유이지요. 1930년대가 되면 일본 본토 내부 시장의 한계를 감지한 유명 출판사 사장들이 식민지 독자들을 직접 만나고 식민지 시장의 규모를 파악하기 위해 한반도에 나타납니다. 일제시대 출판시장의 역사는 본토와 식민지를 구별짓기하거나 일본인과 조선인의 역사를 별개의 것으로 정리할 경우 많은 부분이 지워져 버립니다.

일본 출판시장의 역사에 대해 쓰면서 식민지와의 접점에 중점을 두고 서술했던 것은 현재의 연구 상황에 대해 문제를 제기하고 싶었기 때문입니다. 일본어판 서문에도 썼지만, 일본에서 일본어로 출판문화사를 쓸 경우 식민지의 역사를 참조하지 않아도 그 문화사는 성립됩니다. 아무도 문제삼지 않지요. '일본' 근대사를 공부하는 연구자들에게 한국어는 필수가 아닙니다. 그러나 식민지 조선의 역사를 공부하는 한국학 연구자들은 일본어 문헌을 반드시 참조해야 합니다. 식민지 지배정책은 일본어로 쓰여 있기 때문입니다. 또한 조선어 문헌에 대한 검열이 상대적으로 강한 현실에서 저항을 꿈꾸는 이들에게 필요한 지식을 공급했던 것은 일본어 서적이었습니다. 독서가 취미인 사람들, 식민지에서 출세를 꿈꾸는 이들에게 일본어 서적은 아주 가까운 곳에 있었습니다. 식민지 문화사를 공부하는 이들이 일본어 서적의 수용 방식을 시야에 넣고 연구하는 이유가 거기 있습니다.

그러나 식민지 지배의 역사를 무시하고 일본의 근현대사를 말할 수 있을까요. 너무나 단순한 질문이고, 일본어 공간에서도 공감하는 분들은 많습니다. 그러나 실천이 동반되지 않는 공감은 문제 해결에 도움이 되지 않는다고 생각합니다. 저는 이 책을 통해 제국사帝國史를 식민지의 시각에서 다시 써 보자는 제안을 하고 싶었습니다.

또, 강력한 검열이 출판문화를 죽일 수 없었다는 점에 주목하고 싶었습니다. 예컨대 일본제국의 정치권력이 사회주의 탄압을 강화하면 할수록 사회주의 서적을 열망하는 독자가 늘어나던 시절이 있었습니다. 제국의 탄압이 자본 생산의 동력이 됐던 것이지요. 거대한 힘이 밟아누를 때 잠자코 죽어 버리는 게 아니라 억압받고 있음을 상품화하면서 자본을 만들어 내는 힘을 통해, 대항운동을 지속하는 힘이 생성될 수 있음을 논증하려고 했고, 그 지점에서 오늘을 살아 가는 힌트를 얻고자 했습니다.

이 책을 통해 저는 새로운 대항운동과 맞닿는 지점에서 유·무형의 검열을 새로운 대항문화 창조의 동력으로 역이용하는 분들과 함께할 수 있길 바라고 있습니다.

***

연구자가 책을 쓰는 것은 세상과 대화하기 위해서입니다. 자신의 부족한 점을 일깨워 주는 분들과의 대화는 연구를 지속하는 큰 힘이 됩니다. 그런 뜻에서 이 책의 일본어판은 운이 아주 좋았습니다. 미즈노 나오키 선생님, 시라카와 유타카 선생님, 후지이 다케시 선생님께서 용어 사용 및 분석의 미흡함에 대해 세심하게 조언해 주셨습니다. 한국어 번역에는 세 분의 조언을 충분히 반영했고, 어떤 분의 조언인지 주석을 붙였습니다. 한국어판을 점검해 준 최기영 선생님께도 감사드립니다.

출간 직후부터 일본의 다양한 매체와 전문가들이 이 책을 읽고 소개해 주었습니다. 2024년 5월에 간행된 이후 《마이니치신문》, 《니혼게이자이신문》, 《교도통신사》(23개의 전국 지방신문에 게재), 《도서신문》 등에 서평이 게재됐습니다. 서평 제목을 보면 논자의 관심에 따라 평가 내용이 상당히 다른데, '제국사 다시 쓰기'라는 의도를 충분히 이해해 주었다고 생각합니다. 여러 대학과 공부 모임, 서점 등에서 공개·비공개 서평회를 열어 주었습니다. 당분간 크고 작은 모임이 연이어질 것 같습니다.

그동안 한국학 연구자들과 협업할 기회가 많이 있었습니다. 함께 여행하고 대화도 나누면서 일본 학계와는 또 다른 자극을 얻었습니다. 연구자의 세계라는 것이 강한 학연으로 맺어져 있고 외부자는 진입이 어렵다는 편견을 깨 준 여러 선생님들께 깊이 감사드립니다.

뛰어난 평론가이자 번역가 윤인로 선생님께 감사드립니다. 언어는 살아 움직이는 생명체여서 변화가 아주 빠릅니다. 번역 대상 텍스트의 행간에 숨은 의도를 잘 파악하고 타깃 언어의 변화에 민감하게 대처할 필요가 있기에 번역은 아주 공력이 많이 드는 작업입니다. 섬세한 역주는 이 책을 이해하는 데 도움이 될 듯합니다.

'푸른역사'에서 한국어판을 내고 싶었습니다. 제 소원이 이루어져서 너무나 행복합니다. 저는 20대 중반에 한국을 떠나왔고 32년째 도쿄에 살고 있습니다. 광주에서 대학시절까지 지냈기 때문에 서울에는 충분한 기반이 없었습니다. 늘 환대해 주고 격려해 주는 박혜숙 대표님 덕분에 한국과 다시 만날 수 있었습니다. 정말 감사합니다.

광주와 뉴욕에 사는 동생 가족들과 강민형 덕분에 연구를 지속할 수 있었습니다. 광주에서 어머니와 보내는 짧은 시간이 도쿄살이를 지탱하는 큰 힘이 됩니다.

엄마, 감사합니다.

2025년 5월

고영란

• **머리말**

일본제국의 문화사, 식민지 조선의 시각에서 다시 쓰기

필자가 일본에 온 것은 1994년이다. 당시 일본에 장기체류하려는 외국인은 외국인 등록이 의무였고, 그 절차에는 지문 날인도 있었다. 한국에서 성인이 되었을 때 주민등록증(일본의 마이 넘버 카드[1]와 비슷한 것)을 만들기 위해 열 손가락의 지문 전부를 채취당한 적이 있다. 그때는 나의 신체가 국가의 관리 아래 놓인다는 점에 대해 분노나 공포를 느끼진 않았다. 내가 어른이라는 증거로 주민등록증을 이해했고 손에 쥐었을 때는 주변에 자랑스레 내보이며 기뻐하기도 했었다.

한국 정부가 한반도 남쪽에 사는 모든 한국인의 지문을 수집하기 시작한 것은 1968년의 일이다. 우연히도 필자가 태어난 해이기도 하다. 필자는 박정희의 통제시스템 속에서 어린 시절을 보냈다. 군사독재의 영속을 꾀했던 박정희는 1972년 10월 17일에 비상사태를 선언하고 '10월 유신維新' 체제를 강행했다. 국무총리인 김종필이 '유신'이라는 단어를 사용한 까닭에 대해 "일본의 메이지 유신과 정신적으로 통하는 데가 있기 때문"이라고 피력한 일화는 유명하다.[2] 10월 유신체제는 한국이 언제나 전쟁의 위기 속에 있다는 점을 부각시켜 사람들의 불안을 부채질하고 행동이나 사상을 혹독하게 제한하기 위한 것이었다.

필자가 1975년에 입학한 국민학교는 10월 유신의 이념을 머리에 주입시키던 곳이었다. 그 이념이 응축된 것 중 하나가 옛 일본제국의 〈교육칙어教育勅語〉[3]와 비교되며 그 유사성이 자주 지적되던 〈국민교육헌장〉이다. "우리는 민족 중흥의 역사적 사명을 띠고 이 땅에 태어났다"로 시작하는 〈헌장〉은, "반공 민주 정신에 투철한 애국 애족이 우리의 삶의 길이며 자유세계의 이상을 실현하는 기반이다. 후손에 길이 물려줄 영광된 통일 조국의 앞날을 내다보며 신념과 긍지를 지닌 근면한 국민으로서 민족의 슬기를 모아 줄기찬 노력으로 새 역사를 창조하자"라는 문장으로 마무리된다.[4] 총 393개의 문자로 구성된 이 문장을 무턱대고 외우라고 강요하는 환경[5]에서 유년시절을 보낸 필자는 관리사회에 너무 익숙해 있었던 듯하다. 일본에서 외국인 등록을 위해 지문 날인을 요구받아도 별다른 위화감 없이 받아들였다.

관리사회의 무서움은 그 자체를 내면화함으로써 무감각해지는 데 있다. 만주국 장교 출신 박정희[6]에 의한 전시체제는 밤 12시 이후 외출을 금지한 '통행금지령', 북한과의 전쟁을 상정한 민방위훈련Civil defense(매월 15일), 고등학교 교련과목(군사 훈련) 등 다양한 모습으로 일상에 전쟁을 들여왔다. 그렇게 전쟁의 위기를 구실삼아 통제를 일상화했다. 지금 되돌아보면 가혹한 사회에서 살았다는 데 분노를 느끼지만, 그 한가운데에서는 별다른 의문을 갖지 않고 지낸 것이다. 독재정권에 대해서는 견딜 수 없이 숨 막혀 하며 비판하면서도, 일상을 엄하게 속박하는 지배장치에는 그리 큰 고통을 느끼지 못하고 마비된 상태에서 10대 청소년기를 보냈다. 그 외의 삶의 방식, 다른 세계에 대한 상상력을 별달리 가질 수 없었다. 책이나 뉴스 등을 보는 것도 제한되어 있었고 외부로부터 정보도 거의 들어오지 않았기 때문이다.

한국에서는 17세 이상 모든 사람의 지문을 채취한다. 이 사실만 봐도 일본제국이 만주국에서 이루지 못한 꿈을 보란 듯이 실현한 것이 박정희였음을 알 수 있다. 나의 유년시절을 돌려 달라고 호소해야 할 상대는 박정희만이 아니라 만주국 정책 입안자나 일본제국일지도 모른다. 만주국에서 구상된 관리시스템[7]이 2020년대를 사는 필자의 신체에도 영향을 끼치고 있는 것이다.

일본에서 나의 신체는 이중으로 관리되고 있다. 장기체류 외국인은 '재류在留 카드' 휴대가 의무적이다. 최근에는 '마이 넘버 카드'를 기입하라는 경우도 많아지고 있으며, 비합법적인 자본의 이동을 파악하기 위해 마이 넘버 카드와 개인 통장을 연계할 가능성도 커지고 있다.[8] 그 카드가 처음 도입될 때 사람들이 보이던 강한 거부반응이 서서히 옅어지고 있다는 느낌은 그저 필자만의 착각일까.

지문 채취에 대한 반발도 사라졌다. 예컨대 출입국 때 조금이라도 빨리 수속을 마치기 위해 지문을 등록하고 기계를 이용하는 사람들이 늘고 있다. 외국인으로 입국할 때도 거의 체념에 가까운 심경으로 쓸데없는 저항 따위는 하지 않으며 지문을 제공한다. 그렇게 하기 싫다면 일본에 계속 머물 수밖에 없다. 요즘은 현금 카드의 지문 인증같이 개인정보 보호를 위해 지문을 자발적으로 등록하기도 한다. 지문 채취를 통해 사람들의 움직임을 파악해 관리한다는 일본제국의 미완의 꿈은, 사람들의 자발적인 지문 제공에 힘입어 실현되고 있는 것이다.

그러나 목적이 무엇이든 사람들을 통제하려는 집단은 언제나 사람이나 사상, 자본의 이동을 관리하려 한다. 그리고 이것을 정보로 축적하고 권력 유지를 위해 분석한다. 이는 매일매일의 소비 동향에 대한 개입은 물론, 나아가 지배 이데올로기의 침투를 위한 중대한 참조점이 된다. 예컨대 '검열'이라는 말로 가시화되는 사상 통제에도 지문 채취와 다르지 않은 욕망이 꿈틀거리고 있다. 여기에는 정보의 흐름을 파악하려는, 사람들 머릿속을 엿보고 싶다는 욕망이 강하게 얽혀 있다.

단순한 호기심으로, 식민지 시대 조선어 신문 《동아일보》의 데이터베이스에서 '지문'이라는 단어를 검색해 보았다. 1920년대 한글 민간 매체가 허용되고 비교적 이른 단계에 '지문'이라는 말이 등장한 것은 〈유산된 일본 공산당〉(《동아일보》 1921년 12월 6일 자)이라는 기사였다. 일본공산당과 러시아의 노동자·농민 정부 연락책을 맡고 있던 영국인을 취조한 다음 사진을 찍고 지문을 채취함으로써 다시는 일본에 입국할 수 없게 조치했다는 내용이었다. 일본제국의 지배권력은 만주국과 마찬가지로 지문 채취를 통해 "불량분자"[9]로 분류하던 조선인의 '이동'을 관리하고 제한할 수 있으리라고 믿은 듯하다.

검색된 기사 목록에서 흥미로운 것은 《동아일보》 1930년 12월 18일 자 〈최후까지 경찰 번롱翻弄[농락], 지문으로 본색 탄로〉라는 기사였다. 경찰주재소의 총기 도난사건으로 체포된 범인 "김선학은 그 범행의 대담무쌍한 품으로 보아 사상계통의 인물이냐 강절도냐 하는 점에서 경찰 측에도 의론이 분운"했다고 한다. 범인은 사상적인 이유 때문에 절도를 했다고 자백했지만 결국 지문을 조사하여 사기와 절도 전과 5범임이 판명됐다고 기사는 전한다. 범인이 "해외 사상계통"의 일원인 양 행동했던 것은 과거 복역 중에 만난 사상범에게서 얻은 정보를 이용했기 때문이었다. 사기·절도범과 독립운동 및 사회주의운동에 관여한 사상범이 혼재하는 가운데, 다름 아닌 지문이 '불량분자'를 분류해 내는 지표가 되었던 것이다.

뉴스 검색어로 사상과 지문을 함께 검색하면, 많은 경우 이 두 단어가 '만주'라는 말과 관련되어 있다는 사실을 알 수 있다(《동아일보》 1934년 11월 8일 자 〈함남북咸南北[(만주 아래쪽) 함경남북도에 뿌려진] 격문은 삼종三種/주동단체는 만주에〉 등). 만주가 저항운동의 거점이었기 때문이다. 그러나 이 시기 조선인과 만주는 상당히 복잡한 관계였다. 이에 관해 정영환은 다음과 같이 썼다.

> 1930년대가 되면 조선 역외로의 도항 자체가 일본의 침략정책의 일환으로 이루어진다. '피란'의 땅이었던 중국 동북부가 일본의 점령지가 되며, 관내關內의 사례에서 보듯 일본의 점령에 편승해 조선인들이 '진출'한다.……재외조선인은 일본과 적대하는 다른 민족들에게 잠재적인 '적'으로 의심을 받는다. 이런 사정이 최악의 형태로 드러난 것이 중국 동북부에서의 '반민생단反民生團 투쟁'과 소련에서의 조선인 강제이주이다.……〔민생단은〕 1932년에 결성된 친일단체이지만, 이 단체 자체는 별다른 영향력을 갖지 못했고 금방 해산한다. 그럼에도 중국공산당은 민생단을 일본의 앞잡이로 보고 경계했고, 부대 내 조선인 간부가 민생단에 가담하고 있다고 의심하면서…… 500~2,000명 정도의 조선인 당원을 숙청했다고 한다. 간도 유격 구역의 인구가 약 2만 명이었음을 감안하면, 그것이 얼마나 처참한 숙청극이었는지 알 수 있다.[10]

정영환이 말하는 '중국 동북부'는 만주 지역에 해당된다. 일본 지배 권력에 의한 조선인 이주계획은 만주의 조선인을 일본인과 더불어 중국의 잠재적인 '적'으로 인식하게 하는 계기가 되었다.

한편, 만주에서는 그런 조선인이 '불량분자'이거나 '불량분자'가 될 가능성이 크다고 여겨 지문을 확보해 놓고자 했다. 만주를 거점으로 일본제국 내부에서 '이동하는 불량분자'가 늘어남에 따라 조선총독부 법무국이나 말단 경찰들도 그런 이동을 관리하기 위해 지문을 이용했다. '불량분자' 조선인의 이동이 일본 본토와 식민지, 중국 등 점령지의 관리체제 시스템을 느슨하게 연결했던 것이다. 이는 일본제국에 대한 저항사상의 확산을 막기 위해 검열시스템을 정비한 것과 관계가 깊다. 이 책은 이러한 현상이 두드러지는 1920년대부터 1930년대를 중심축으로 삼고 있다.

이 시기를 연구 대상으로 삼은 종래의 연구에서는 이른바 '일본인'에게만 적용된 의무교육제도를 중심축으로 하여 사유 틀이 만들어졌다. 이 때문에 당시에 히라가나나 가타카나를 모르는 피식민 독자들에게까지 사고의 영역을 넓히는 작업은 거의 이루어지지 않았다. 식민지 독자들이 일본어 미디어 공간을 지탱했을 가능성이 고려되지 않았던 것이다. 이와 동시에 이제까지 일본에서의 인문학 연구는 당시 일본의 합법적/비합법적 출판 미디어가 일본어나 한글 모두 읽고 쓸 줄 모르는 조선인 독자들을 자신들 상품의 구매자로 상정하고 있었을 가능성, 나아가 그 독자들이 자발적으로 일본어 미디어의 독자로서 스스로를 인식하고 있었을 가능성을 시야에 넣지 못했다.

또 지금까지 인문학 연구에서는 옛 식민지를 연상시키는 단어가 있으면 조선학이나 대만학 같은 특정 연구 분야로 내몰거나 '포스트콜로니얼'이라는 프레임에 가두고 일본 문학·문화·사상 등과는 구분했다. 포스트콜로니얼 비평 역시 학문제도에 길들여져 래디컬한[급진적인] 비평의식을 잃었다는 비판에서 자유롭지 못하다. 특히 일본에서 '포스콜로'라는 약칭으로 모욕적인 야유를 받고 기피된 배경에는 포스트콜로니얼리즘이 학계의 지적인 유행으로 소비되었다는 인식이 큰 영향을 끼쳤다.

그러나 다른 한편에서 '포스콜로'는 강상중의 지적처럼 일본 문화권력의 위기의식의 발로라고 볼 수도 있다. "포스트콜로니얼리즘은 민족차별이나 성차별, 나아가 인종주의의 기제로 지탱되는 정치·경제 시스템과의 불균등한 교환과정 속에서 산출된 '타자'의 표상과 이미지의 모순을 들추었다. 이것이 '근대'라는 서사에 균열을 내면서 그 서사에 안주하던 이들의 아이덴티티나 지적 패러다임 및 감정구조까지도 뒤흔드는 이화異化 작용"[11]을 초래했기 때문이다. 이와 더불어 피해의식으로 점철된 '전후 일본'이라는 역사인식에 밀려 식민지 지배의 기억이 희미한 배경으로 내쫓겼다는 점을 고려해야 한다. 이것이 일본에서 포스트콜로니얼리즘을 둘러싼 논의가 충분히 전개되지 못한 커다란 요인이다.

일본제국의 지배를 받았던 식민지에 관해 연구하는 사람들에게 일본어 자료나 문헌의 검토는 필수조건이다. 이와 달리, 특히 이른바 "일본학" 연구자의 경우, 조선이나 조선어 문헌을 참조하지 않아도 일본제국에 관한 연구가 가능하다는 생각은 뿌리 깊다. 식민지 시대로부터 이어지는 앎의 위상은 강고하다. 이 책은 이러한 상황을 부각시키기 위해 식민지 조선'으로부터' 일본제국의 앎의 연쇄고리를 사유할 수 있게 하는 팩터[요인/인자]를 도입했다.

일본제국의 합법적/비합법적 출판 미디어가 욕심을 내던 식민지 조선의 시장에서 대부분의 독자는 어떤 식으로든 읽고 쓸 수 있는 능력을 익혔던 일본인 독자와는 다른 세계를 살고 있었다. 그러나 일본인 독자들을 계급·자본·젠더에 의해 세분화해 생각할 필요가 있듯이, '조선인' 독자를 단지 '일본인' 아래에서 억압받는 위치에 가두어서는 안 된다. '조선인' 역시 식민지 정책의 일환으로 추진된 자본주의 시스템의 형성 및 계층 분화나 젠더 문제와 연결되어 있었기 때문이다.

예컨대 1930년대 전후로 조선어 신문이나 잡지에서 최대 광고주는 일본 본토의 출판자본이었다. 일본의 침략전쟁에 협력했던 고단샤講談社 계열의 잡지, 특히《킹》[12]의 독자란에는《킹》을 통해 일본어 읽기와 쓰기가 가능해졌다는 조선인 독자의 일화가 소개되었다. 1939년에는 12세에 고아가 되어 학업을 중단했지만《킹》이 너무도 재미있어 반복해 읽다 보니 일본어를 습득하게 됐다는 평양 거주 조선인 노동자의 편지가 소개되어 있다.[13]

이와 같은 사례는 저항과 협력이라는 구획선으로는 포착할 수 없는 움직임이다. 필자는 이런 고정관념을 벗어나 입체적인 일본어 독서 공간을 규명하고 싶다. 나아가 이 문제를 각종 도서관, 헌책방, 노점 등 정보를 확장시키는 공간들과 접합해 검열과 같은 정보 통제와 교섭하는 과정에서 어떤 매체가 어떤 공간에서 어떻게 배제되거나 이동·확산되는지를 논하고자 한다. 이렇게 매체·독자·공간에 개입되어 있는 민족·계급·자본의 문제를 논의하면서 '전후'라는 틀에 내재하는 일본 중심의 내부 지향적인 구도와는 전혀 다른, 새로운 논의의 토대를 만들고자 한다.

제5장 자본

제6장 식민지

제7장 번역

제8장 전쟁

[제1장]

프롤레타리아

焚書二
大同江
◇
平

웅】 분서(焚書)는 앵속 진
나 왔다. 북일에서만 불수
이 아니라 남한간 평양의
회에서도 三천여책이 연기
하리라한다。 이것은 평양서
시금까지 압수하여두었든책
보송기한이 지난것은 별
처치할것도없어 태워버리라
분는 그중에는 일본(日)대사
단행의 문제의서적 그심
마지막산 등의 비롯하야 총
원가 훨튼 사회파아서류가
이고 삶은 바로 뜨지못할
서적도 그중에 석여잇다고

평양서에서는 특별히 ㄲ
상의 취체철회중하하야 발
된 서적을 발견하는대로
는리로 인정 도시판
서九十七책도 문제중에 잇
한간 염기로 화하야 대
에 사아진 서지만이 三천

책이라한
二人
굳공 一
는 평북 어
학교 학생
파 안봇
건(劉

保
平

【보령】
보안군 주
배가가집

||| 1 |||

〈공산당 선언〉과 평민

1927년 식민지 조선의 대표적인 조선어 신문 《동아일보》의 부인강좌란에는 〈무산無産 부인〉이라는 제목의 에세이가 4회(9월 4~7일)에 걸쳐 게재되었다. 식민지 조선의 산업화 과정에서 새로운 계급 피라미드가 만들어지고 그 최하층에 여성 노동자가 있음이 가시화된 것이다.[1] 이 에세이는 계급 피라미드의 차별적인 구조를 마르크스의 《자본론》을 근거로 설명한다. 그리고 Proletarier[프롤레타리아]라는 말을 사용해 여성 노동자를 새로운 계급으로서 규정했다.

> 아모 생산수단도 가지지 못하고 그 로동력을 임은賃銀[임금]을 밧고 팔아먹고 사는 사람을 무산자 또는 로동자 또는 '프롤레타리아'라고 함니다. 그리고 그 사람들 전부를 가르처서 무산계급 또는 로동계급 또는 '프롤레타리아트'라고 함니다. 그런 로동자를 고용하는

사람을 자본가, 그들 전체를 자본계급이라고 합니다.

이만큼 설명하면 무산자라는 것이 무엇인지 또 무산계급이라는 것이 무엇인지 여러분이 리해하엿으리라고 생각됩니다마는……무산자 또는 무산 부인은 엄격하게 말하면 그 이전 시대에는 없든 것이오, 현대사회가 비로소 만들어 내여 놓은 것임니다.……최초에 로동력을 팔기 위하야 로동시장에 나가게 된 사람은 남자이엇습니다. 그런데 그 후에 산업이 점점 발달되여 모든 공장에서 긔계[기계]로 물건을 생산함에 잇서서 톄력[체력]의 강불강強不强이 상관 업게 되엿을 뿐 아니라……비로소 녀자들도 공장으로 들어가게 되엿습니다.……요사이 경성 대구 부산 등 각 방직공장 또는 연초 회사 등에만 가서 보아도 녀공의 수는 놀날만하게 만습니다. 그뿐만 아니라 근년에는 해마다 일본으로 소녀들이 무수히 몰려들어 감니다(《동아일보》 1927년 9월 5일 자).[2]

당시 조선에서 '무산자', '노동자', '프롤레타리아'라는 말이 낯설지는 않았을 것이다. 1920년 식민지 조선에서 조선인에 의한 조선어 미디어가 허용된 이래, 무산자·노동자·프롤레타리아라는 말을 사용한 기사들은 계속 증가하였다. 1920년대 중반 이후의 식민지 조선을 설명하는 데에 불가결한 '무산자', '노동자', '프롤레타리아'[3] 같은 조선어는 마르크스주의 문헌을 독일에서 들여와 조선어로 번역하는 과정에서 만들어진 것이 아니라, 일본어 번역본을 중역하는 과정에서 만들어졌다. 그러나 그 낱말들이 조선어로 정착한 1920년대에 일본어와 조선어에서, 혹은 일본 본토와 식민지에서 동일한 문맥 위에서 형성된 것은 아니다. 번역어의 의미가 정착되는 과정에는 식민지냐 일본 본토냐라는 공간적 조건을 비롯해 언어, 젠더, 자본, 민족 같은 다양한 조건이 교착되며 개입하기 때문이다. 그러므로 동일한 한자로 표기하더라도 그 의미에는 차이가 있다.

조선인이 본격적으로 한반도 밖으로 도항한 것은 1917년부터다. 이후 많은 조선인이 생계를 꾸리기 위해 산업기반이 빈약한 한반도를 떠나 일본으로 이주했다. 1920년대에 산업화 및 도시화가 진전된 일본으로 이동한 조선인들은 사회 저변에서 부락[하층민 집단거주 구역]을 형성했다. 이 책 3장에서처럼, 3·1독립운동을 계기로 '불령선인不逞鮮人'이라는 말이 일본에서도 미디어를 통해 확산되었으며, 이렇게 "나쁜 일을 꾸미고 있는 이미지, 현대풍으로 말하면 '테러리스트' 이미지가 조선인에게 덧씌워졌다."[4] 이런 현상은 앞의 기사가 전하는 대로 '무수히 많은 소녀들'이 일본에 나타나기 전까지는 일본에서 '조센진'[5]으로 불린 사람들은 일본의 노동계급보다도 더 아래에 있는 젊은 남성을 의미했기 때문에 설득력이 있었다.

김부자는 모리타 요시오의 《숫자가 이야기 하는 자이니치 한국·조선인의 역사》[6]에 제시된 국세國勢[센서스 통계] 조사 기록 등을 원용하면서, 1920년대 초반 일본 본토에는 조선인 노동자 중에 여성보다 남성의 비율이 훨씬 높았음에 주목한다. 김부자는 이 시기 일본에서 '조선인'이라고 하면 '젊은', '남성', '노동자'를 의미하며, 이것이 '불령선인'이라는 단어에 접합되면서 조선인(남성)의 '레이피스트[강간범] 신화'가 생겨나는 원인이 되었고, 간토 대지진에서 조선인 학살이 정당화되는 흐름을 신중하게 논했다.[7]

'불령선인' 언설은 유언비어·정부 발표·신문 보도를 통해 "방화·약탈·독극물 투척·살인·강간" 등의 구체성을 띤 흉악범죄자 형상으로 부풀려지면서 확산되었다.……특히 관헌 사료에서 보이는 '강간' 유언비어는 지진 재해 당일에 요코스카에서 발생하여 요코하마에서는 명확한 '레이피스트 신화'로 창조되어 갔고, 재해 이틀째부터는 도쿄를 포함해 순식간에 퍼져 나갔다. 그 이틀째 도쿄 기네가와바시 부근에서는 조선인의 "부인 폭행" 유언비어가 실제로 학살을 야기했다. 3일째 오다와라에서는 크게 와전된 '강간' 유언비어에 이재민이 "분개"하여 "손에 무기·흉기"를 들기에 이르렀다. 조선인 '레이피스트 신화'가 자경단, 즉 일본인 남성 집단의 내셔널리즘과 가부장 의식을 자극하여 그들의 학살 심리를 부추기는 주요 요인이 되었다.[8]

이와 같은 '일본인 남성 집단'에 관해 후지노 유코는 "우리는 역사를 볼 때, 권력에 대항하는 민중과 피차별자를 박해하는 민중은 서로 다른 민중인 것처럼 분리하고 싶어 한다. 그러나 권력에 반발하는 의식과 타민족을 차별하는 의식은 동일한 인간이나 사회 집단 속에 동시에 존재하며 일단 한번 시작된 폭력을 계기로 그 두 의식이 일거에 발현될 수도 있다"라는 중대한 지적을 하고 있다.

일본에서 '조선인朝鮮人'이라는 한자어는 '조센진'으로 발화되느냐 '조선사람'[9]으로 발화되느냐에 따라 다른 이미지를 만들어 냈다. 이런 현상을 일본에 프롤레타리아Proletarier라는 말이 수입된 이후 이 말을 어떤 식으로 이해하면 좋을지, 번역어로는 어떤 말을 택하면 좋을지 모색되던 러일전쟁[1904] 전후에는 그 누구도 예상치 못했을 것이다. 왜냐하면 러일전쟁에 있어 전쟁 찬성[主戰]이냐 전쟁 반대[非戰]냐를 둘러싼 논의는 일본인의 대외 팽창을 둘러싼 논쟁이었기 때문이다. 그렇기에 조

〈표 1－1〉〈공산당 선언〉 일본어판 비교: Proletarie·Proletariat

발표연도	번역자	번역어	번역 정보	유통 상황	원서
① 1904	고토쿠 슈스이, 사카이 도시히코	평민	1, 2, 4장의 번역	주간《평민신문》 발매·반포 금지	영역
② 1906	고토쿠, 사카이	평민	전체 번역	《사회주의연구》 창간호	영역
③ 1919	내무성 경보국	무산자 계급	전체 번역. 등사판 인쇄		영역
④ 1919	가와카미 하지메	무산자, 무산자 계급	주로 1. 2장의 일부분을 논문에 번역하여 인용함.	〈마르크스의 사회주의 이론체계〉, 《사회문제연구》 1~3책, 1919년 2월~1922년 9월	독일어
⑤ 1920	구시다 다미조	무산자, 무산 계급	3장	〈사회주의 및 공산주의 문서〉, 《경제학연구》 제1권 1호	독일어
⑥ 1921	사카이의 개정판	프롤레타리아	①, ②를 근거로 하면서 ④, ⑤를 참조함. ①, ②의 오역 및 누락 부분을 대부분 정정함.	지하 출판. 1929년경 오하라사회문제연구소에 판매.	독일어를 저본으로, 영역 참조. ④와 ⑤도 참조
⑦ 1925	내무성 경보국	프롤레타리아	활자 인쇄. 표지에 "극비" 도장.	〈외사外事경찰연구자료〉 제13집	독일어를 저본으로, 영역 참조. ⑥도 참조.
⑧ 1930	하야카와 지로, 오오타구로 도시오	프롤레타리아		이스크라카쿠イスクラ閣 /'마르크스주의 깃발 아래에서' 출판사 マルクス主義の旗の下に社. 발매·반포 금지	러시아어
⑨ 1945	사카이의 개정판	프롤레타리아		쇼코우쇼인彰考書院. 1945년 12월 초판, 1946년 10월 개정판 발행. 인터넷 아오조라문고에서 확인 가능	⑥을 저본으로 함.

출처: 사카이 도시히코, 〈공산당 선언 일본어 번역 이야기〉(《노농》, 1930년 4월호); 사카이 도시히코, 〈역자 서문〉(1921년 작성) 및 편집자 〈일러두기〉(《공산당 선언》, 쇼코우쇼인, 1952); 다마오카 아츠시, 〈《공산당 선언》 국역사邦訳史에서의 고토쿠 슈스이/사카이 도시히코 번역(1904, 1906)의 위치〉(《오하라사회문제연구소 잡지》 2009년 1월); 다마오카 아츠시, 〈일본에서의 《공산당 선언》 번역과 번역어의 변천: 1904년부터 1925년까지〉(《마르크스·엥겔스·마르크스주의 연구》 49호, 마르크스·엥겔스 연구자의 모임, 2008년 6월); 리우멩량, 〈일본을 매개로 한 《공산당 선언》 한문 번역과 번역어의 변천: '평민'에서 '무산자'로의 추이를 중심으로〉(《동아시아 문화교섭 연구》 10호, 2017년 3월); 사키사카 이츠로, 〈해설〉(《공산당 선언》, 오오우치 효에·사키사카 이츠로 공역, 이와나미쇼텐岩波書店, 1951); 오오타구로 도시오, 〈국역 서문〉(《공산당 선언》, [다비드] 라쟈노프 편집·평주, 하야카와 지로·오오타구로 도시오 공역, 마르크스주의의 깃발 아래에서 출판사['이스크라'는 1901년 레닌이 창간한 볼셰비키 신문의 이름. '불꽃'을 뜻함], 1930)을 참조하여 작성했다.

선에 대한 지배는 본토의 일본인을 한반도에 이주시키기 위한 수단으로 이해되고 있었다.[10] 전쟁 찬반을 논하던 이들은 조선인들이 일본 본토에 정주하는 미래를 상상하지 못했다.

프롤레타리아Proletarier라는 말이 일본에 수입됐던 시기에 번역자들이 상정한 계급이란, 앞서 후지노 유코가 서술했던 '일본인 남성 집단'과 거의 겹쳤고 애초부터 '조센징'은 안중에도 없었다. 프롤레타리아의 개념을 일본에 적용하기 위한 모색은 마르크스=엥겔스의 〈공산당 선언〉[1848]의 번역을 통해 이루어졌다. 〈공산당 선언〉을 처음 일본어로 옮긴 이는 고토쿠 슈스이와 사카이 도시히코이다.

《평민[헤이민]신문》은 러일전쟁 중인 1904년 11월 13일에 창간 1주년을 기념해 제53호에 〈공산당 선언〉의 1장, 2장, 4장의 일본어 번역을 게재했다. 1906년에는 잡지 《사회주의연구》 창간호에 3장을 포함한 전체 번역을 공개했다. 이 3장은 고토쿠가 미국에 건너가 있었기 때문에 사카이 혼자 번역했다고 한다. 〈표 1-1〉에 제시했듯, 프롤레타리아Proletarier의 번역어로 처음부터 '무산자'나 '프롤레타리아'가 선택됐던 것은 아니었다. 고토쿠와 사카이는 〈공산당 선언〉의 《평민신문》판(①) 및 《사회주의연구》판(②)에서 '평민平民'이라는 낱말을 선택했다. 사카이는 이 무렵 "우리들은 아직 사회주의 역사에 관해서도, 그 이론에 관해서도 무엇 하나 아는 게 없었다"라고 고백한 바 있다.[11] 〈공산당 선언〉의 전체 번역이 게재됐던 《사회주의연구》(〈그림 1-1〉)는 사회주의 이론을 공부하고 확산하기 위해 사카이가 창간한 잡지였다.

〈공산당 선언〉은 일본이 패전하기까지 마르크스주의 문헌 가운데 가장 강도 높게 출판을 금지당했지만, 그럼에도 일본제국의 지배권圈을 횡단하면서 폭넓게 읽혔다. 《평민신문》 제53호는 발매·반포 금지(이하

明治三十九年三月十四日第三種郵便物認可 毎月一回(十五日)發行

明治卅九年 三月十五日發行 價十五錢

堺利彦編輯

社會主義研究

第一號

THE STUDY OF SOCIALISM

MARCH 15, 1906.—NO. 1.

本號要目

共産黨宣言 マルクス、エンゲルス共著 幸德秋水、堺利彦共譯

マルクス傳 リープクネヒト著 志津野又郎譯

エンゲルス傳 カウツキー著 堺利彦譯

萬國社會黨大會略史 大杉榮

失業者問題應急策 志津野又郎

明治三十九年小史 堺利彦

"In every historical epoch, the prevailing mode of economic production and exchange, and the social organization necessarily following from it, form the basis upon which is built up, and from which alone can be explained, the political and intellectual history of that epoch."

—KARL MARX.

發賣所 東京麴町區元園町一丁目二十七番地 由分社

〈그림 1-1〉

《사회주의연구》 창간호(1906년 3월 15일). 고토쿠 슈스이와 사카이 도시히코가 번역한 〈공산당 선언〉 전문이 실려 있다.

'발금'으로 약칭함) 처분을 받았고, 고토쿠와 사카이, 발행인 니시카와 고지로 세 사람은 신문지 조례의 질서 괴란壞亂[파괴/혼란] 혐의로 체포되었다. 이 53호 사건은《평민신문》이 폐간되는 원인 중 하나가 된다. 그러나 이후 사카이는 53호에 대한 도쿄지방재판소의 판결문을 역이용하여, "단지 역사상의 사실"에 근거해 "학술 연구의 자료"로서 "법률의 허가 아래"《사회주의연구》창간호에〈공산당 선언〉전문을 게재한다고 선언했다.[12]《사회주의연구》는 대역大逆사건[13] 이전까지는 발행금지 처분을 받지 않았다. 1945년 패전하기 전까지 합법적으로 출판된〈공산당 선언〉은《사회주의연구》판이 마지막이었다.《평민신문》판과《사회주의연구》판은 영어판의 중역이었던 데 비해, 사카이의 개정판(지하 출판, ⑥)은 독일어판을 저본으로 삼고 가와카미 하지메의 번역(④) 및 구시다 다미조의 번역(⑤)을 참조하여 옮긴 것이었다.[14] 합법적인 출판은 불가능했기 때문에 지하 출판으로 대부분 필사 형태로 퍼져 나갔다고 한다(〈그림 1-2〉).〈공산당 선언〉을 발매금지시켰던 일본 내무성 경보국(이하 '경보국') 역시 사카이의 번역본(⑥)을 참고하여 독자적인 번역본을 만들어 사회주의 학습에 이용했다.[15] 선구자 사카이가 후진에 의한 새 번역본이 나오지 않는다고 탄식할 정도로 그의 최초 번역본 ①과 ②, 개정판 ⑥은 패전하기 전까지 절대적 권위를 가졌다.

> 물론 나의 새 번역[⑥]은 지금까지도 공판公判[공공적 판단]의 기회를 얻지 못한 채로, 단지 몇 부 안 되는 사본이 세상에 떠돌고 있을 뿐이다. 그러나 몇 년 전부터 두어 번〈공산당 선언〉의 비밀출판이 세상에 유포되었는데 그 번역문은 대체로 나의 새 번역을 사용한 듯했다.

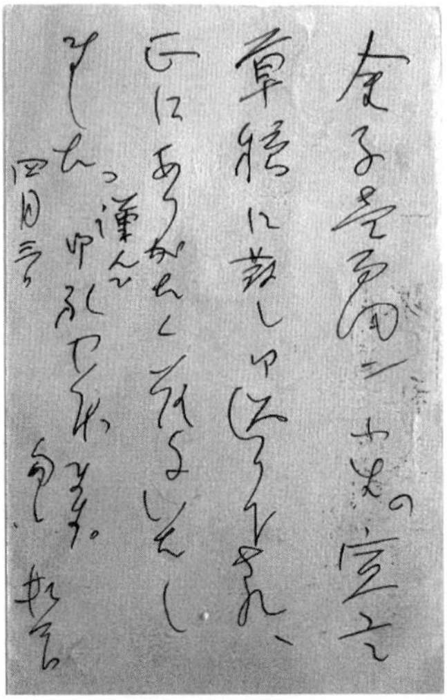

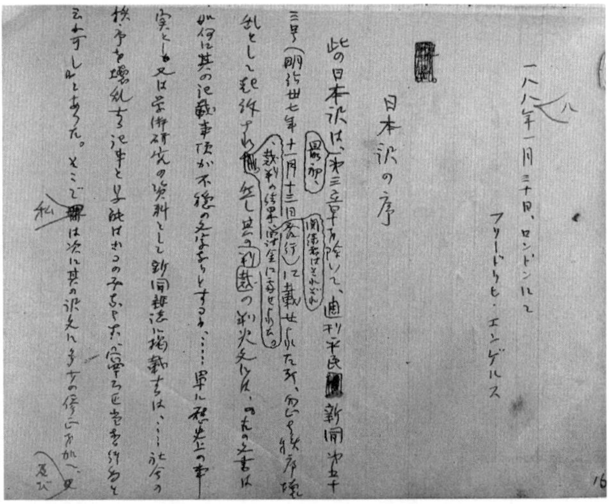

日本訳の序

一八八八年一月三十日、ロンドンにて フリードリヒ・エンゲルス

〈그림 1-2〉
위쪽은 사카이가 오하라사회문제연구소에 보낸 엽서(1930년 4월 3일 자. 우편물을 넣은 날짜는 4월 4일).
매각 비용으로 '금전 일백 엔金子壱百円' 수령을 확인하기 위해 보낸 것이다.
아래쪽은 사카이 도시히코의 개정판(⑥, 필사본, 지하 출판).
사카이가 중의원 선거자금을 만들기 위해 오하라사회문제연구소에 판권을 매각했다.
오하라사회문제연구소 소장.

> 이후 다시 한번, 미국에서 일본 각지로 발송된 〈공산당 선언〉 일본어판 팸플릿을 봤는데, 유감스럽게도 우리들의 옛 번역〔①, ②〕과 전혀 다르지 않았다. 출판이 자유로운 미국일진대 새롭게 번역해 주었으면 좋았을 터다. 최근 이스크라카쿠에서 라쟈노프 편집의 〈공산당 선언〉이 발행되자마자 곧바로 금지되었다. 애석한 일이다.[16]

이 책의 제4장과 5장에서 논하겠지만, 당시에 발매금지 처분을 받더라도 유통이 가능했고 아예 읽을 수 없게 되는 것도 아니었다. 사실관계를 확인할 길이 없지만, 발매금지가 풀린 1945년 12월에 간행된 쇼코우쇼인판(⑨)의 〈일러두기〉에는 "이 번역본은 합법·비합법적으로 판을 거듭하길 수십 회, 그 발행부수는 넉넉히 100만 부를 돌파했다"라고 쓰여 있다. 이와 같이 사회주의 서적과 관련해서는, 5장에서 논의하게 될 것처럼, 검열에 의한 억압과 처분이 독자들을 획득하는 데 부가가치로 기능하는 시대가 있었다. Proletarier의 번역어가 ①, ②의 '평민'에서 ⑥의 '프롤레타리아'가 됐던 것은 Proletarier를 둘러싼 시대적 맥락의 변용이 있었기 때문이다.

사카이와 고토쿠가 Proletarier 등의 번역어와 관련해 논의를 거듭하고 있던 시기는 러일전쟁을 전후해 조선을 일본의 보호국으로 만들어가는 시기와 겹친다. 1904년 2월, 조선과 만주의 주도권을 둘러싸고 러일전쟁이 시작되고 1905년 9월, 포츠머스 강화조약에서 일본의 승리가 확정된다. 이로써 일본은 조선과 만주에 대한 침략의 토대를 갖추게 된다. 러일전쟁 전후는 사카이의 회상대로 "일본 사회주의운동의 최초 대약진"[17]이 이뤄지던 때였다. 그 원동력이 된 것은, 새삼스레 강조할 것도 없이 사회주의자가 내건 '비전론非戰論'이었다. 그러나 그 대약진은 사회주의운동사라는 좁은 틀이 아닌 일본어 미디어 환경의 재편성과 복잡하게 얽히면서 전개되었다. 이미 자본의 역학力學을 우선시하고 있던 일본어 미디어 시장에서는 판매부수를 둘러싼 치열한 경쟁이 벌어지고 있었다. 많은 미디어가 대량 인쇄를 기반으로, 신속한 정보 전달을 통해 더 많은 독자를 획득하는 데 목표를 두고 있었던 것이다.

사카이는 Proletarier의 번역어로 처음에 '평민'을 택한 경위에 대해 다음과 같이 회고한다.

> 번역어들 가운데 오늘날 가장 눈에 띄는 것은 '신사紳士'와 '평민'이라는 낱말인데, 그 말들의 원어는 부르주아와 프롤레타리아이다. '평민'은 당시의 평민사, 《평민신문》을 생각할 때 그 느낌이 잘 살아 있는 번역어임을 알 수 있다. 그러나 당시 내겐 '평민'만으로는 부족했고, 이 때문에 다른 데서는 '평민, 즉 근대 노동계급'이라 쓰기도 했었다.[18]

이렇게 '평민'이라는 번역어는 사회주의 사상을 평민사 운동에 결부시키기 위해 선택되었다. 원래 평민사는 '평민'이라는 용어를 근대적 국민국가의 '국민'과 비슷한 의미로 사용했다. 그들이 사회주의 사상을 도입하면서 '평민'의 의미를 재고했고 프롤레타리아 계급을 표현하는 용어로 선택했다. 이 과정에서 평민사 멤버는 사회주의자로 거듭난다. 이 시기에 조선의 보호국화가 본격적으로 추진된다. 종주국 사회주의자가 계급 문제에 눈을 뜨고 논의할 때 조선인을 어떻게 이해하고 위치 부여했을까. 1장에서는 이에 대해 논의할 것이다.

| | | 2 | | |

정보전 시대의 슬로 미디어 《평민신문》

1903년 6월 말부터 러일전쟁의 '개전'이냐 '비전非戰'이냐를 둘러싼 논쟁이 확장되면서 일본 신문업계는 양분되었다. 이로써 "오사카에서는 보도신문의 시대"를 맞이했고, "도쿄에서는 삼면三面신문, 보도신문, 가정신문이 군웅할거"하면서 "언론신문, 독립신문은 쇠퇴"[19]했다. 《오사카아사히신문》과 《도쿄아사히신문》이 가장 강경한 주전론을 제창했고 《지지신보時事新報》, 《오사카마이니치신문》, 《고쿠민신문》 등도 개전을 주장했다. 비전의 입장을 취했던 언론은 이토 히로부미를 지지했던 《도쿄니치니치신문》, 시마다 사부로가 주필을 맡고 있던 《마이니치신문》, 아키야마 데이스케가 창간한 《니로쿠신보二六新報》, 구로이와 루이코우의 《요로즈쵸호万朝報》였다.

같은 해 10월 8일, 러시아는 만주로부터 진지 철거 및 퇴각 약속을 파기했다. 이를 계기로 《요로즈쵸호》는 사장 구로이와가 〈싸움은 피할 수 없는가〉를 발표하면서 비전론에서 개전론으로 방침을 전환했다. 이에 반발한 고토쿠와 사카이는 같은 날 사회주의협회가 주최한 '사회주의자 반전대회'에서 《요로즈쵸호》 퇴사를 표명했고, 10월 13일에는 우치무라 간조 역시 퇴사한다. 10월 12일 자 《요로즈쵸호》에는 이들 3인이 연명한 〈퇴사의 말〉이 실렸다. 《요로즈쵸호》의 방침 전환과 같은 날(10월 8일)에 《마이니치신문》 역시 〈공동요구 최후의 결심〉을 게재하면서 주전론을 제창하게 된다.

이런 흐름은 각 신문들의 경영 위기를 타개하기 위한 방책에서 나왔다. 비전론을 주장했던 《니로쿠신보》와 《요로즈쵸호》는 당시 도쿄 신문계를 이끌고 있었다. 둘 모두 "센세이셔널리즘과 스캔달리즘 그리고 권력 비판이라는 형식을 취하면서 '하등下等사회'의 독자층을 획득"[20]했다. 바꿔 말하면 그 두 신문은 동일한 독자층을 쟁탈해야 하는 적대적 관계에 있었다고 할 수 있다. 〈표 1-2〉는 1903년 11월 26일 자 《니로쿠신보》에 게재된 정보를 토대로 작성된 발행부수 일람이다.[21] 이를 《경시청 통계표》와 비교해 보자. 《경시청 통계표》에 따르면 《요로즈쵸호》의 연간 발행부수는 1897년에 2,641만 5,868부, 1898년에 3,148만 1,790부, 1899년에는 3,499만 4,677부였다.[22] 이를 하루 평균으로 환산하면, 1899년의 일일 평균 발행부수는 10만 부가 넘는다. 비전론을 강하게 호소하기 전에는 그렇게 10만 부를 넘기고 있던 《요로즈쵸호》가 비전론으로 인해 발행부수가 8만 부 정도로 감소한다. 《니로쿠신보》의 경우, 《요로즈쵸호》보다 먼저 1903년 9월 2일 자 사설 〈지금의 형세가 멈추지 않는다면 개전은 결국 불가피하다〉를 실으면서 전쟁의 불가피성을 피력했다. 《니로쿠신보》 역시 사장 아키야마의 '러시아 스파이' 의혹과 맞물리면서 1904년 여름에는 발행부수가 10만 부 이상

〈표 1-2〉 1903년 11월 주요 신문 발행부수(단위: 부)

신문	발행부수
니로쿠신보	142,340
오사카아사히신문	104,000
오사카마이니치신문	92,355
요로즈쵸호	87,000
호치報知신문	83,395
도쿄아사히신문	73,800
미야코都신문	45,000
지지신보時事新報	41,500
주오신문	41,000
요미우리신문	21,500
고쿠민신문	18,000
마이니치신문	14,000
주가이쇼교신보中外商業新報	11,800
도쿄니치니치신문	11,700
니혼	10,000

출처: 《니로쿠신보》 1903년 11월 26일 자.

감소하고 만다. 결국 비전론을 제창한 양대 대중신문은 국가주의적인 전쟁 보도를 통한 격렬한 부수 확대 경쟁에서 탈락한다.

개전이냐 비전이냐를 둘러싼 《요로즈쵸호》, 《니로쿠신보》, 《마이니치신문》의 방침 전환은 상업저널리즘화된 미디어의 숙명을 드러낸 것이라고 할 수 있다. 러일전쟁을 둘러싼 외교와 내정에서의 복잡한 논의는 깡그리 무시되었고 미디어 보도는 개전이냐 비전이냐의 단순한 도식으로 바꿔치기 되었다. 고모리 요이치가 지적하고 있듯이, 그것은 "삼국간섭 이래 저널리즘 전체가 육성해 왔던 '와신상담'(미야케 세츠레이, 《니혼》 1895년 5월 15일 자)이라는 굴절된 내셔널리즘의 슬로건과 겹쳐졌고, 개전론은 전쟁을 하지 않는 정부를 비판하는 형태로 마치 반권력적이기라도 한 것처럼 스스로를 치장했다. 이런 과정 속에서, 미디어의 선동으로 국가주의적인 감정이 증폭되었고 '이름은 러일 간의 충돌이지만 실제로는 양국 제국주의 간의 충돌'(우치무라 간조, 《요로즈쵸호》 1903년 9월 4일 자)이라고 하는 본질적인 인식은 억압되었다." 그렇게 "'정론正論'을 전개하던 우치무라, 고토쿠, 사카이 같은 유명 기자들의 시대는 끝난다."[23] 평민사의 창립을 이해하기 위해서는 이런 배경을 아울러 파악해야 한다.

1903년 10월 10일 《요로즈쵸호》를 퇴사한 사카이와 고토구는 같은 달 27일 신문지 조례에 따라 경시청에 신고하고 평민사를 창립했다. 필자는 평민사가 사회민주당이나 사회주의협회처럼 치안경찰법이 정한 결사가 아니었다는 점, 어디까지나 신문지 조례가 정한 신문사로 신고되었다는 점에 주목하고 싶다. 조례가 정한 정부 납입보증금 1,000엔은 고토쿠의 스승 나카에 쵸민의 친구 고지마 신타로에게서 빌린 돈이었다. 창업 비용은 사카이와 고토쿠 두 사람이 퇴직할 때 받은 두 달치 봉급 240엔에다 독일에서 돌아온 의사 가토 신지로가 빌려준 750엔을 더해 충당했다. 10월 16일, 사회주의협회 회원 야마네 고이치의 협력으로 평민사 업무를 개시할 수 있었다.[24] 11월 15일 발행된 《평민신문平民新聞》 창간호는 12쪽 분량이었고, 제2호와 8호는 10쪽, 그 밖의 호들은 8쪽이었다. 규격은 거의 타블로이드판에 가까웠고 본문 5단 편성으로 매주 일요일에 발행되었다.

주간 《평민신문》 창간호는 초판 5,000부가 모두 팔려 3,000부를 더 찍었다. 이후에도 발행부수는 평균 3,300부 정도를 유지했다. 1904년 3월 6일 자 〈평민사 농성의 기록〉, 6월 5일 자 〈농성 이후의 평민사〉에는 창간 이후의 수입·지출 현황이 실렸는데, 신문의 적자는 평민문고 등의 출판사업으로 메우고 있다고 했다. 사원 급료는 3월부터 20퍼센트 감액했고, 4월부터는 아예 무보수가 되었다. 결국 경영 악화에서 벗어나기 위해 7월 24일 〈평민사 유지 방책(기부금 2,000엔 모집)〉(〈그림 1-3〉)을 실어 기부금 모금을 알리고 매호 기부금 관련 보고를 실었다. 이는 이 책 5장에서 논하게 될 1920년대 잡지 《전기戰旗》 등의 사회주의 계열 매체가 대대적으로 진행했던 기금 모집의 선구라고도 할 수 있다.

평민사는 기부금 모집에 성공하여 1905년 1월까지 약 1,359엔을 모았지만, 52호(1904년 11월 6일) 및 53호(11월 13일) 사건으로 인해 폐간으로 내몰리게 된다. 54호(11월 20일) 1면 최상단의 〈발매 정지 또 오다!!〉, 〈발매 정지 또다시 오다!!〉에 따르면, 52호는 사설 〈소학교 교사에게 고함〉, 〈이른바 애국자의 낭패〉, 〈전쟁에 대한 교육자의 태도〉 등이 신문지 조례를 위반했다는 혐의로 발행금지 처분을 받았다. 발행인 겸 편집책임자 니시카와 고지로는 경금고軽禁錮 7개월 및 벌금 50엔, 인쇄인 고토쿠는 경금고 5개월 및 벌금 50엔에 처해졌으며, 신문 인쇄소였던 국광사国光社는 인쇄기계 1대를 몰수당했다. 창립 1주년 기념호였던 53호는 고토쿠·사카이의 공역 〈공산당 선언〉을 게재한 것이 문제가 되어 발행금지 처분을 받았다. 고토구, 사카이, 니시카와에게는 각각 80엔의 벌금이 부과되었고, 같은 날에 열릴 예정이던 '창립 1주년 기념 원유회園遊会' 역시 금지되었다(〈원유회 금지의 기록〉 54호). 그 4일 뒤에는 사회주의협회도 "안녕질서를 방해한다"는 이유로 치안경찰법에 의해 결사가 금지되었다. 52호 및 53호에 대한 결심재판은 1905년 2월 23일에 이뤄졌는데, 결국 《평민신문》은 발행금지되었으며 폐간이 결정됐다.

《평민신문》 64호 제1면에 〈종간의 말〉이 게재된다. 종간호는 마르크

〈그림 1-3〉

〈평민사 유지 방책〉(《평민신문》 1904년 7월 24일 자). 재정 위기를 벗어나기 위해 기부금을 모집하기 시작했다.

스가 발행했던 《신新라인신문》[1848~1849]의 종간호를 본떠 페이지 전체를 붉은 잉크로 인쇄함으로써 항의를 표현했다. 물론 이 종간으로 모든 것이 끝날 리는 없었다. 64호 6면(〈그림 1-4〉) 기노시타 나오에의 사설 〈평민신문을 애도함〉 하단에 〈본지 폐간에 관한 주의〉를 배치해 《직언直言》이 《평민신문》의 '발전' 매체라는 점을 강조했다.

《직언》은 1904년 1월 5일에 소비조합 '직행단直行團'의 기관지로서 월간으로 발행되었다. 사회개량주의 사상을 선전하는 소책자로, 1905년 1월 5일까지 14호가 발행되었다. 《평민신문》 폐간 일주일 후에는 동일 지면 형태의 주간지로 모습을 바꾸어 제2권 1호를 간행했다. 《평민신문》 종간호에 실린 《직언》 광고에 '특별히 약속된 집필자'로 이름이 올라 있던 14명은 고토쿠와 사카이를 포함해 모두 《평민신문》 기고자들이었다. 시오다 쇼베에 따르면, "직행사直行社는 다만 명목상 존재"였으며 《직언》은 "《평민신문》과 동일하게 평민사에서 편집·발행되었던 것 같다."[25]

《평민신문》 종간호는 '평민신문의 선급금'을 그대로 《직언》의 선급금으로 이월할 수 있게 해 달라고 독자들에게 호소하고 있다. 해당 면의 3단에는, 재판에 따른 수백 엔의 벌금 및 손해배상금(인쇄기계 몰수 관련), '실제로 발생한, 말하기 어려운 여러 비용이 들기' 때문에 '운동기금 모집'의 절실함을 호소하는 문장이 배치되어 있으며, 마지막 2단에는 주간신문 《직언》의 광고가 게재되어 있다. 특히 2면의 3단짜리 기사 〈러시아혁명의 불길〉은 〈종간의 말〉과 마주 보는 식으로 인쇄되어, 《평민신문》에서 《직언》으로의 이행이 마치 '비전非戰'에서 '러시아혁명'으로 쟁점이 이행되고 있음을 예고하는 것처럼 보인다. 이러한 과정을 거쳐 1905년 2월 5일 《직언》 제2권 제1호가 간행되었다.

平民新聞 (毎週日曜發行) 明治三十八年一月廿九日 第六十四號

●平民新聞を弔ふ

●本紙廢刊に就ての注意

●運動基金募集

●新刊紹介

●社會主義婦人講演

●本社に於ける今日の會合

週刊 直言 新聞

社會主義中央機關

第二巻 第壹號 二月五日(日曜)發行

▲本紙は第二巻第一號より紙幅を擴大して平民新聞型八頁と爲し、發行回數を増加して毎週日曜發行と爲し、日本社會主義の中央機關を以て任せんと欲す

▲本紙の特約せる執筆者は左の如し

原　霞外　山田　滴海　堺　枯川

石川　旭山　木下　尚江　西川光次郎

白柳　秀湖　小野　有香　幸德　秋水

加藤時次郎　小川　芋錢　松岡　文子

小田　頼造　山口　義三

▲定價一部郵税共金三錢五厘、五十部同一圓六十錢、廿部前金郵税共六十五錢、

▲御注文は便利の爲め成るべく一手大賣捌所たる平民社へ御申込を乞ふ

社會主義中央機關

一手大賣捌所 (東京市麹町區有樂町三丁目) 平民社

〈그림 1-4〉

《평민신문》 종간호, 1905년 1월 29일 자. 마르크스가 발행했던 《신라인신문》의 종간호를 본떠 붉은색 잉크로 인쇄되어 있다.

여기서 필자는 《평민신문》과 《직언》 같은 매체의 등장을 탄압과 저항이라는 이항대립적인 도식에 끼워 맞추려는 게 아니다. 평민사라는 공간을 만든 사람들이 원래 상업저널리즘에서 성공한 그룹에 속했다는 점, 신문 매체로 자본을 낳는 구조를 상세히 아는 사람들이었다는 점에 주목하고 싶은 것이다. 예컨대 고토쿠가 《요로즈쵸호》에 입사한 것은 창간 이듬해(1893)이며, 사카이의 입사는 1899년이다. 두 사람 모두 《요로즈쵸호》가 도쿄에서 최다 부수(1900년 전후의 약 30만 부)[26]까지 세력을 키우는 데 크게 공헌했다. 그들이 《요로즈쵸호》에서 《평민신문》으로 이행한 일과 관련해서는 다음 장에서 논의하게 될 것이지만, 뉴스의 속도를 경쟁하면서 독자들의 구매욕을 자극하는 형태로 발행부수를 늘려 가는 당시 상업저널리즘의 움직임에 역행하는 것이었다. 이런 점들을 고려하면서 평민사 출판물이 '평민'이라는 말을 매개로 하여 어떻게 독자공동체를 만들었는지, 어떻게 그런 평민들을 접합시켰는지 검토해 보려고 한다.

||| 3 |||

'러시아 스파이露探'와 싸우는 평민 행상들

비전론을 제창한 《평민신문》과 《직언》은 러일전쟁 시기에 본격화된 상업저널리즘적 경쟁에서 이탈한 신문인들이 만든 매체다. 비전론을 관철한다는 것은 당시 기세를 올리고 있던 전쟁 보도에는 관여하지 않음을 뜻한다. 잘 알려져 있듯이 러일전쟁은 근대 일본의 전쟁 보도사에서 획기적인 사건이었다. 청일전쟁[1894] 이전에는 발행부수 상위에 있던 도쿄의 신문들도 일일 평균 3만~4만 부에 불과했지만, 러일전쟁을 거치면서는 거의 20만 부까지 늘어났다. 야마모토 다케토시는 "대다수 신문이 전쟁의 혜택을 입었다"고 지적하면서, "전쟁 중에 시작된 도쿄 신문들의 세력 교체가 러일전쟁부터 메이지 말 사이에 더욱 진전"되었다고 썼다.[27] 이 시기에 가장 크게 성장한 《호치신문》 등은 "20만 부에서 30만 부 가까이 판매되었다." 비전론의 영향으로 한때 8만 7,000부(1903년 11월)까지 발행부수가 하락했던 《요로즈쵸호》는 사카이 도시히코, 고토쿠 슈스이, 우치무라 간조의 퇴사 이후 개전론을 내건 러일전쟁 보도로 16만 부까지 회복한다.[28] 비약적인 성장을 이루지는 못했지만 1909년이 되면 "옛날에는 비난받는 신문이었지만 지금은 신뢰할 수 있는 신문"이라는 말을 듣게 된다.[29] 발행부수만 보더라도 어떤 논조가 대중의 지지를 얻고 있었는지는 분명하다.

러일전쟁 시기 미디어 환경의 변화는 청일전쟁 관련 보도의 반복이나 양적인 확대만이 아니라 커다란 질적 변환도 포함하고 있었다. 보도의 통신 속도가 빨라져 전황은 즉각적으로 국내에 전송되어 신문으로 보도되었다. 한편 전장은 청일전쟁보다도 확대되었다. 발틱 함대의 항로가 전쟁의 초점이 되었듯 공간의 이동이 전 지구 차원으로 넓어졌고 그것에 대응하는 국지적인 전략이 세워졌다. 이러한 공간의 확대에 상응하는 정보를 독자에게 제공해야 했던 것도 러일전쟁 보도의 특징이었다.

고노 겐스케의 정리를 빌리자면, 신문의 편집 기술도 사진 인쇄의 증가로 보다 세련되어지고, 인쇄력의 증대는 신문 보도의 영향력을 확장시켰다. 호외를 발행해 정보 전달 속도를 어필하는 등, 신문 보도가 마치 전쟁을 생중계하는 것처럼 독자들의 감수성을 계속 붙잡았다. 잡지의 경우, 하쿠분관博文館의 《러일전쟁 실기實記》(1904년 2월 창간)가 많이 팔렸다. 이러한 월간·순간旬刊 단위의 저널을 통해, 신문처럼 빠르지는 않지만 매일 접하는 신문지면으로는 파악 불가능한 정보가 축적되었고 전쟁을 둘러싼 역사·경제·지리·군사 등 다양한 층위의 접근이 이루어질 수 있었다. 이외에도 단행본, 환등幻燈이나 활동사진 등의 영상, 재향군인회나 학교 및 청년단이 빈번하게 개최했던 강연회 같은 오럴 미디어 역시 전쟁 정보를 전하는 역할을 담당하고 있었다.[30]

바로 이런 시기에 비전론의 '전도傳道'를 자부하고 있던 주간 《평민신문》이나 러시아혁명을 전했던 주간《직언》(《평민신문》의 후계지)에서는 사회주의를 선전하는 새로운 형식이 등장한다. 그것은 당시 미디어 상황을 감안하건대 정보 발신의 방법으로서는 독특한 형식이었다고도 할 수 있다. 〈그림 1-5〉(48쪽)는 아라하타 간손이 편집한《사회주의 전도 행상 일기》(신센사新泉社, 1971)의 표지인데, 청년 두 사람이 끌고 있는 짐수레는 러일전쟁 때의 우유배달용 수레와 동일한 형태이다. 이 수레에 관한 최초의 서술은 1904년 3월 13일 자《평민신문》의 〈행상 전도의 소식〉란에서 찾을 수 있다. 그 두 사람은 도보로 전국을 돌며 집회를 열면서 짐수레에 싣고 있던 '사회주의 서적류'를 팔고 다녔다. 저자 아라하타 간손 역시《직언》 시대에 행상 경험이 있었다.

《평민신문》의 '전도 행상' 자체가 속도를 다투는 전쟁 보도 중심의 미디어 흐름에 역행하고 있었음은 분명하다. 1904년 3월 13일 자(제18호) 〈행상 전도의 소식〉란에서 시작해 〈동지의 운동〉란으로 위치가 바뀐 뒤, 〈전도 행상 일기〉(제49호), 〈전도 행상의 하루〉(《직언》 1905년 3월 26일) 같이 타이틀을 조금씩 바꿔 가면서《직언》이 폐간될 때까지 거의 매호에 걸쳐 행상 보고가 지면을 장식했다. 최연소 전도 행상이었던 아라하타 간손의 〈전도 행상의 추억〉이나 〈직언 시대〉, 그리고 사카이 도시히코의 〈평민사 시대〉를 단서로 전도 행상에 관해 정리해 보자.

사카이는 〈사회주의운동사화史話〉에서, 전도 행상에는 사상 및 운동 차원에서의 "기독교[Christian]적인 경향"이 내재되었음을 인정하면서도 다음과 같이 말한다.

> 그들의 운동(평민사 운동) 속에서 특히나 눈부셨던 것은 '전도 행상'이었다. 그것은 '전국 동지들의 피를 끓게' 했고 '사회주의운동에

한 줄기 영적인 불길[靈火]을 던졌다'는 말까지 들었다. '열심히 최선을 다하는 두 청년'(오다 라이조, 야마구치 요시조)이 사회주의 서적류를 가득 실은 붉은 짐수레를 끌고서 하코네箱根를 넘고 도카이도東海道를 내려와 산요도山陽道를 따라 시모노세키下の関까지 가는 장대한 여행은 보는 사람이나 듣는 사람 모두가 그 다부짐에 감탄하지 않을 수 없었다. 오다는 시모노세키에서 야마구치와 헤어진 다음에 홀로 규슈九州를 한 바퀴 돌았다. 이후, 후카오 아키라 및 아라하타 가츠조 같은 청년들도 마찬가지로 여러 지방으로 '전도 행상'을 시도했다.[31]

이렇게 서술하면서 사카이는 '전도 행상'이 일본의 사회주의운동을 일으켜세운 기념비적인 운동이었다고 평가한다. 아라하타 간손에 따르면 이것은 "선전과 장사를 결합한 새로운 운동 형식"[32]이었는데, "그 당시에는 선전이라는 말은 거의 사용하지 않았고 언제나 전도라고 말했다"(43쪽). 실제로 평민사에 관여하고 있던 기노시타 나오에나 우치무라 간조는 기독교도였고, [아나키스트] 오스기 사카에조차도 이 시기에는 목사 에비나 단조의 문하생이었다. 아직 사회주의 이론이 충분히 소개되지 않았던 시대였으며 스스로의 운동을 적확하게 표현하는 일본어도 없었다. 따라서 '사회주의'는 신앙에 가까운 메타포로 표현되는 일이 많았다.[33]

위의 인용문에 언급되어 있듯, '전도 행상'을 처음 시도했던 이는 오다 라이조였다. 오다는 무종교無宗教였지만 "새로운 종교 및 새로운 윤리란 곧 사회주의"(44쪽)라는 입장을 취하고 있었다. 그와 함께 '전도 행상'에 나섰던 야마구치 요시조(야마구치 고켄)는 실제로 기독교 세례를 받은 인물이다. 야마구치 역시 〈나는 어떻게 사회주의자가 되었는가〉(《평민신문》 44호)에서, 사회주의를 "세계 인류의 대종교大宗教"에 비유했다. 그는 〈전도 행상을 위해 도쿄를 출발하면서〉(《평민신문》 10월 2일, 47호)에서 "일본 곳곳에서 동지 제군들과 만나 함께 사회주의에 대해 이야기하고 더불어 그 복음 선전에 진력할 것"이라고 선언했다.

〈그림 1-5〉
아라하타 간손 편, 《사회주의 전도 행상 일기》 표지.
《평민신문》이나 사회주의 서적을 팔러 다니는 청년들의 모습이 그려져 있다.

〈그림 1-5〉는 오다와 야마구치 두 사람을 그린 것이다. 억수같이 쏟아지는 비를 맞으며 강한 바람에도 굴하지 않고 진흙길을 무거운 짐수레를 끌며 전진해 가는 그들의 모습은 고난 속에서 포교를 향해 가는 선교사의 모습을 방불케 한다. 실제로 두 사람의 뒤를 이어 평민사의 전도 행상에 나선 청년들은 도쿄에서 출발해 짐수레를 끌며 지방으로 내려갔다. 그 먼 거리는 더 말할 것도 없으며, "불리한 시세, 정부의 박해, 관헌의 간섭에다 산과 강의 험준함, 몰아치는 비바람을 뚫고 나가지 않으면"(46쪽) 안 되었다.

행상 여비는 반액으로 매입한 평민문고를 판매하여 충당했다. 이들은 《평민신문》 및 《직언》의 개인 독자들이나 전국 각지의 사회주의 단체를 방문하여 판매하는 것 외에도 담화회를 열거나 강연회를 개최하면서 사회주의협회 회원을 모집했다. 이들의 "본령은 역시 말 그대로 사회주의 계열의 서적을 판매하는 일"(47쪽)이었다. 《평민신문》이나 《직언》의 '행상 전도 소식'란에는 날짜별로 일지와 같은 행상 기록, 강연회 및 담화회 횟수, 편의를 제공해 준 사람들의 이름, 책의 매출액 등이 보고되었다. 이 기록을 더듬어 보면, 〈공산당 선언〉을 게재한 53호가 발매금지되어 번역자들이 조헌문란죄朝憲紊乱罪로 심문당한 이래로 평민 행상들 역시 당국의 엄격한 감시를 받고 있었음을 알 수 있다. 경찰이 행상 협력자에게 압력을 가했고, 숙소를 알아 내어 미리 매복하고 있었기 때문에 잠잘 곳조차 확보하지 못하는 날이 늘어만 갔다.

또한 이즈음에는 러시아 스파이를 뜻하는 '러탐露探'이라는 단어가 유행하고 있었는데, 행상들은 그런 '러탐'이라는 오해를 많이 받았다. 아래 인용문과 같이 확고한 근거가 있어 '러탐' 누명을 쓴 게 아니었다. 평민사의 '비전론'이나 '러시아혁명' 관련 기사들이 '노국露国[러시아]'을 적대시하지 않았고, 그것이 '러탐'으로 불리게 되는 원인이 되었던 것이다.

① 오다는 이미 두 번의 치바현千葉県 행상 경험이 있었기 때문에 어느 정도 요령을 터득하고 있었다. 그러나 그가 아닌 야마구치가 사회주의 이론을 당당하게 속사포처럼 떠들어대기 시작하면 상대방은 깜짝 놀라는 듯했다. 개중에는 애초부터 상대를 하지 않는 사람도 있었고, 러탐이라든가 매국노라고 심하게 매도하는 사람도 있었다.[34]

② 미토시水戸市에 있던 동지에게 경찰이 다음과 같은 통지서를 보냈다고 한다. "이번에 평민사의 아라하타라는 자가 방문할 것이오. 그가 금전을 강요한다면 아예 만나지 마시오. 들리는 말에 따르면 그는 러탐임에 틀림없소." 정말 웃기는구나. 유행하는 '러탐'이라는 사악한 말을 사용하지 않고서는 아무리 대정부大政府라 할지라도 사회당의 일개 어린애에 불과한 나를 공격할 재료가 없는 듯하다(〈미소시루[일본식 맑은 된장국]로 네놈들의 낯짝을 씻어라(전도 행상에 대한 간섭)〉, 《직언》 제2권 16호, 1905년 5월 21일 자).

'러탐'이라는 말은 ① 사회주의 연설을 들은 담화회의 청중의 입과 ② 경찰의 통지서에서 튀어나왔다. 이 단어는 1903년 여름 막바지 무렵부터 각 신문에 등장하고, 이듬해 《니로쿠신보》 사장 아키야마 데이스케의 '러탐' 사건을 둘러싼 보도가 과열됨으로써 널리 퍼지게 된다.[35] 도쿄 신문계를 이끌고 있던 《니로쿠신보》는 1903년 11월의 발행부수 약 14만 부에서 '러탐' 사건의 영향으로 1904년 10월의 3만 2,000부까

지 급락했다.[36]

'러탐'에 대한 사람들의 과잉된 반응에 대해 구가 가츠난은 "러시아 공포병恐露病"[37]이라고 우려했고, 기노시타 나오에는 "유행 중인 독어毒語"[38]라고 비판했다. 기노시타 나오에는 "열렬한 비전론자이자 가장 독실한 정교회正教會 신도"인 친구로부터 "근래에 나를 가리켜 '러탐'이라고 퍼트리며 다니는 자가 있고, 학교에서 '네 아버지는 러탐'이라는 비방을 들은 딸들이 돌아와 울며 슬퍼했다"는 편지를 받았다고 써 두었다. 하지만 공격 대상은 정교회만이 아니었다. '비전론'의 입장도 마찬가지로 '러탐'이라는 오해를 받아 공격당할 수 있는 위험한 위치에 있었다. 후지노 유코가 지적한 대로, 국민국가의 국민 전체가 전쟁 수행에 협력해야 한다는 "러일전쟁을 향한 거국일치는 누군가를 '러탐'으로 몰아서 차별하는 풍조를 동시에 낳고" 있었던 것이다.[39]

1905년 8월 10일부터 미국 포츠머스에서 강화 회의가 열린다. 일본에서는 러시아와의 교섭이 난항을 겪고 있다는 사실을 미디어가 거의 보도하지 않았기 때문에 러시아로부터 거액의 배상금과 영토를 얻을 수 있으리라는 기대감에 부풀어 있었다. 교섭 결과, 대한제국에 대한 실질적인 지배권, 러시아군의 만주 철수, 다롄·뤼순의 조차권, 가라후토[사할린]의 남쪽 절반의 권리, 창춘에서 뤼순까지의 동청東清철도 남만주 지선 등을 양도받았다. 문제는 배상금이었다. 배상금 포기에 대해 《고쿠민신문》 외의 주요 미디어(《아사히신문》, 《요로즈쵸호》, 《니로쿠신보》 등)는 비판적이었고 강화 반대의 논리를 폈다. 배상금 포기조건을 받아들인 정부를 규탄할 때에도 '러탐'이라는 단어가 사용되었다.[40]

같은 해 9월 5일, 히비야 공원에서 강화 반대 '국민대회'가 개최된다. 이 집회는 3만 명이 운집하여 경찰과 충돌하면서 히비야 방화사건으로 확대된다. "히비야의 전승 축하회는 '서로 면식이 없는 사람들 간의' 연대감을 불러일으켰고 이런 식의 민족감정을 고양하기 위해 지배층이 고안해서 동원한 행사"였다. 이러한 대중 동원의 방식은 "지배층의 의도와는 달리 도시 민중폭동의 전제조건을 마련했다."[41] 이와 같은 국민대회의 특이성은 후지노 유코의 지적대로 "광범위한 계층을 '국민'이라는 개념으로 포괄하고 한 사람 한 사람을 의사결정권이 있는 주체로 동원했다는 점"에 있다. 이렇게 주최 측은 "참정권이 없는 광범위한 민중이 정치적 결정에 영향을 끼칠 수 있다는 점을 발견"했다.[42]

《호치신문》, 《아사히신문》, 《요로즈쵸호》 등 주요 미디어는 이러한 민중을 독자로 상정하고 정부 비판을 전개했다. 비전론의 입장을 유지함으로써 강화 문제를 둘러싼 찬반 논의에 참여하지 않았던 평민사는 민중의 관심을 끄는 화제를 제공하지 않았다.

9월 6일 밤, 정부는 히비야 방화사건을 진압하기 위해 두 개의 긴급칙령을 발령했다. 하나는 국내 치안유지를 목적으로 하는 행정계엄(계엄령), 다른 하나는 신문잡지 취체령取締令[단속령]이다. 강화를 둘러싼 미디어 간의 논쟁에 적극적으로 개입하지 않았음에도 《직언》은 신문잡지 취체령에 의해 오랜 기간 발행이 금지되었다. 민중에게 영향력이 거의 없었던 《직언》이 오히려 히비야 방화사건의 여파로 폐간되었으며 10월 9일에는 평민사 역시 해산된다.

그러나 평민사의 해산극解散劇을 권력에 의한 탄압이라는 문맥만으로 파악해서는 안 된다. 평민사의 전도 행상을 가시밭길이라고 비유한 것은 그들이 민중(=일본인)의 지지를 얻지 못하는 '전도'에 발 벗고 나섰기 때문이다. 평민사가 심각한 경영난에 줄곧 시달린 이유도 당국의 극심한 탄압 때문만은 아니다. 비전론 및 러시아혁명을 전하는 기사들로 인해 '친러'와 '러탐'이라는 낙인이 찍혔기 때문이다. 평민사는 팔리지 않는 잡지나 책을 만들고 있었던 것이다. 이는 뒤의 4장 및 5장에서 논의하게 될 1920년대 중후반의 상황, 즉 사회주의운동에서 생겨난 잡지들이나 서적들의 매출이 호조였던 때와는 다른 상황이었다고 할 수 있다.

평민사가 만드는 미디어에서 '평민=프롤레타리아'는 어떻게 그려졌을까. 1920년대에 '평민'에서 '프롤레타리아'로 번역어의 변화가 일어났다(앞의 〈표 1-1〉). 이 기간 한반도는 일본 영토로 병합되었고 조선인의 일본 본토 이동이 본격화되었다. 사회주의 미디어는 항시 사회의 밑바닥에 대한 관심을 표명해 왔기에 자신들의 미디어 이름에 '평민'이라는 단어를 사용했을 것이다. 그렇다면, 새로이 제국의 세력권에 포섭되어 일본 본토로 이동해 옴으로써 일본의 노동 현장을 밑바닥에서 지탱하게 된 '조선인'을 사회주의 미디어는 어떻게 파악했을까. 다음 장에서 살펴보겠다.

||| 4 |||

'신新/평민'과 조선인의 애매한 경계

《평민신문》 창간호에 실린 〈선언〉에는 다음과 같이 쓰여 있다. "우리는 인류의 완전한 자유를 위해 평민주의를 받들며, 따라서 문벌의 높고 낮음, 재산의 많고 적음, 남녀의 차별에서 생겨나는 계급을 타파하고 모든 억압과 속박을 제거하길 원한다." 이 문장을 〈발간의 서[문]〉에 있는 "평민신문은 인류 동포로 하여금 언젠가 평민주의, 사회주의, 평화주의의 이상경理想境[이상향]에 도달할 수 있게끔 하는 하나의 기관機關으로 이바지하기 위해 창간한다"라는 문장과 더불어 생각해 보면, '평민주의'는 사회의 신분·자본·젠더에 의해 구성된 계급제도의 타파를 지향하고 있음을 알 수 있다.

사카이와 고토쿠는 〈공산당 선언〉을 옮기면서 부르주아Bourgeois와 프롤레타리아Proletariat를 각각 '신사'와 '평민'이라고 번역했다. 원래 《평민신문》이라는 명칭은 Proletariat에서 유래했던 게 아니다. 창간 당시에는 〈공산당 선언〉을 비롯한 사회주의 관련 서적을 접할 기회가 그리 많지 않았던 사카이와 고토쿠가 《평민신문》 창간 1주년 기획으로 〈공산당 선언〉을 번역할 때 평소 즐겨 사용하던 '평민'이라는 말을 프롤레타리아Proletariat의 번역어로 선택했다고 봐야 할 것이다.

《평민신문》에서 《직언》으로 이행한 이후에도 지면 구성은 거의 동일했다. 눈에 띄는 변화라면, 〈내외內外 시사〉 코너에 〈러시아혁명의 불길〉 등 러시아혁명을 전하는 기사들이 증가했다는 점이다. 러시아의 '민중', '인민', '농민', '여성'들의 운동에 주목하고 있는 기사가 많았다. 그 가운데서도 서구의 사회당이 러시아사회당의 혁명운동과 어떻게 연대하고 있는지를 다루는 기사가 눈에 띈다. 이러한 기사에서 '평민'이라는 말은 주로 사회당과 관련하여 사용되었다. 예컨대 러시아제국 정부를 지지하려는 프랑스 정부의 움직임에 대해 "프랑스 평민(특히 사회당)은 그런 움직임을 좋아하지 않는다"(《직언》 1905년 2월 5일 자)는 식으로 썼다.

평민사 멤버들이 강한 연대의 마음을 표명하는 대상 역시 러시아사회당 멤버들이다. 예컨대 고토쿠는 〈러시아혁명의 할머니祖母〉(《직언》 1905년 2월 12일 자)에서 1904년 8월에 암스테르담에서 개최된 제2인터내셔널 대회에 '러시아혁명사회당'의 대표로 참가한 브렌코우스카야 부인이 미국에서 모금한 기금을 러시아로 가져가기 위해 귀국을 결의했다고 소개한다. 그녀의 "대담한 계획"을 알게 된 고토쿠는 "부끄러움과 감동이 함께 가슴속에 솟구쳐 올라 어떻게 글을 마무리해야 할지 모르겠다"며 "'러시아혁명의 할머니' 만세!"라는 말로 에세이를 매듭지었다.

이러한 흐름을 고려해 가면서 《평민신문》 속의 '평민'이라는 말이 갖는 틀枠組み[구조적 작용]에 대해 생각해 보자. 평민사 창립 멤버가 대중신문 《요로즈쵸호》와 《니로쿠신보》 출신이었다는 점을 한번 더 확인해

놓기로 하자. 거듭 언급하지만 《요로즈쵸호》, 특히 《니로쿠신보》를 지지하는 독자층에는 노동자 계급이 많이 포함되어 있었다. 1901년 《니로쿠신보》는 독자들을 대상으로 대규모 간담회를 개최했다. 이것은 일본 최초의 메이데이(노동절: 많은 노동자들이 퍼레이드를 함)라고도 할 수 있을 공전의 미디어 이벤트였다. "5만이 넘는 회원을 얻었지만 당국의 치안경찰법 제8조에 따라" 집회 참가자를 5,000명으로 제한하지 않으면 안 되었을 정도로 대성황이었다.[43] 사회주의자 가타야마 센이 "이 간담회가 《니로쿠신보》의 신문 확장정책의 수단"이었음을 알면서도 노동조합 기성회를 동원해 지원한 결과였다. 이 이벤트를 계기로 《니로쿠신보》는 "직공 중심의 하층 독자층을 더 많이 확보할 수 있었다."[44]

《니로쿠신보》나 《요로즈쵸호》의 독자들을 포섭하기 위해 《평민신문》과 《직언》도 두 신문처럼 독자들의 목소리를 더 적극적으로 싣고자 했다. 〈노동자 소작인 여러분!〉이라는 광고를 게재하거나(〈그림 1-6〉), 〈신문과 독자〉란 같은 것을 마련하여 독자의 목소리를 게재할 때는 반드시 평민사 측의 코멘트를 붙였다. 그런데 그중에는 "《평민신문》을 좀 더 평이한 문장으로 써 주신다면 독자도 늘고 그 주의·주장·목적 달성이 일 년 혹은 십 년 더 빨라지게 될 것입니다"(《평민신문》 1904년 4월 24일 자)라는 독자 투고도 있었다. 실제로 노동자 독자들은 평이한 문장과 자극적인 기사가 가득 실려 있던 《니로쿠신보》를 더 좋아했다.[45] 한편 《평민신문》은 야마모토 다케토시의 지적대로 "문장뿐만이 아니라 신문의 여러 내용까지도 오직 진보적인 지식인 독자층의 '신문 의식'을 대상으로 삼고" 있어 필자들이 아무리 노력해도 문장의 격식과 규범이 문해력이 높은 이들에게만 통용되는 형태에서 벗어나지 못했다. 이러한 글쓰기와 당시 일반 민중이 반겨하지 않는 주제가 나열된 잡지의 "부수 증가가

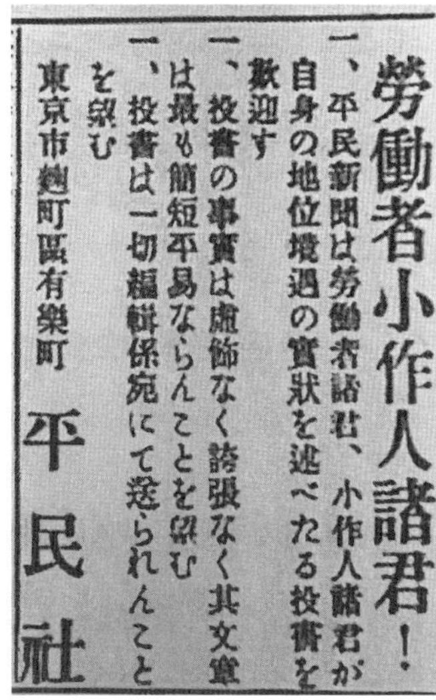

勞働者小作人諸君！

一、平民新聞は勞働者諸君、小作人諸君が自身の地位境遇の實狀を述べたる投書を歡迎す

一、投書の事實は虛飾なく誇張なく其文章は最も簡短平易ならんことを望む

一、投書は一切編輯係宛にて送られんことを望む

東京市麴町區有樂町 平民社

〈그림 1-6〉
〈노동자 소작인 여러분!〉이라는 표제어로 노동자의 투고를 독려하고 있다.
《평민신문》 1903년 12월 20일 자.

시원찮았기 때문에 독자들의 모금 캠페인을 통해 겨우 경영이 이뤄지고 있었다."[46] 이에 독자공동체를 만들기 위한 평민사의 노력은 끊임없이 행해졌고, 앞서 서술한 '전도 행상'도 중요한 역할을 맡고 있었다.

〈전도 행상 일기〉 코너는 〈지난 한 주〉라는 카테고리로 정리되어 책의 판매부수나 '○명의 동지를 만들었다'는 식의 보고가 이뤄졌다. 한편 〈동지의 운동〉란에서는 전국 각지의 평민구락부 강연회나 평민사 다과회 보고가 나란히 실려 있어 독자들이 서로의 활동을 확인할 수 있었다. 〈그림 1-7〉은 전국에 《평민신문》 독자들이 얼마나 있는지 확인하고 싶다는 다수의 요망으로 만들어진 〈평민신문 직접 독자 통계표〉이다. 이 〈통계표〉에서는 자신이 평민사를 지지하는 독자공동체의 일

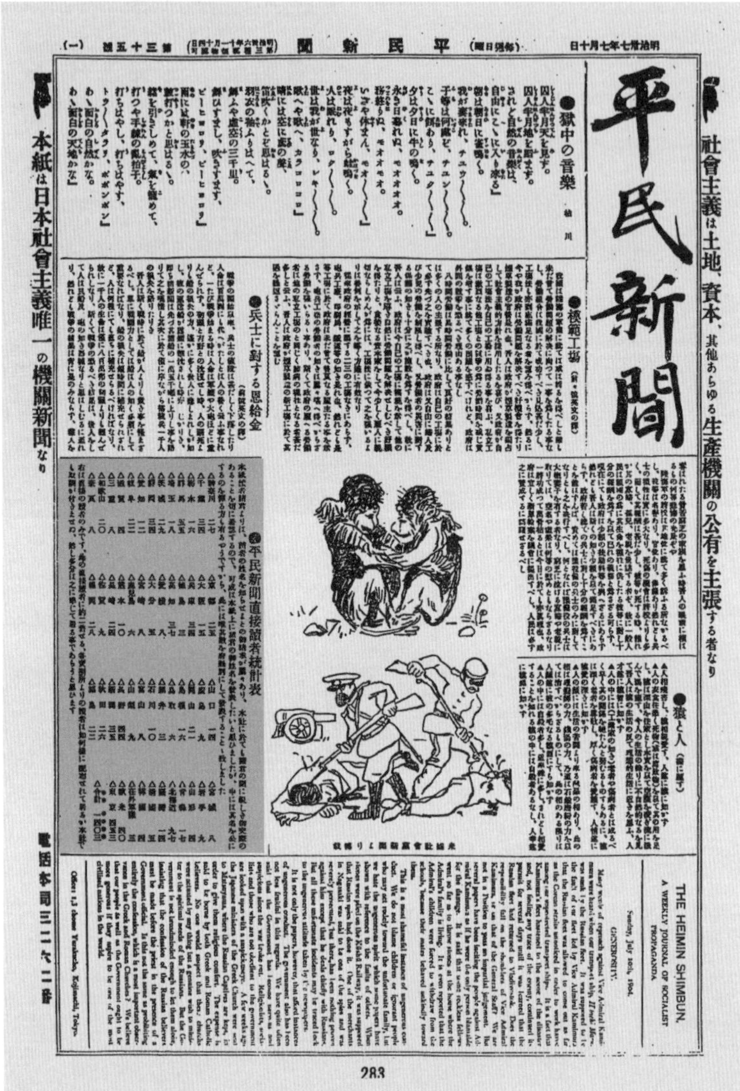

明治卅七年七月十日 (毎週日曜) 平民新聞 第三十五號 (一)

平民新聞

社會主義は土地、資本、其他あらゆる生産機關の公有を主張する者なり

本紙は日本社會主義唯一の機關新聞なり

●獄中の音樂

●模範工場

●兵士に對する恩給金

●平民新聞直接讀者統計表

●猿と人

THE HEIMIN SHIMBUN,
A WEEKLY JOURNAL OF SOCIALIST PROPAGANDA

Sunday, July 10th, 1904.

283

〈그림 1-7〉

〈평민신문 직접 독자 통계표〉(《평민신문》 1904년 7월 10일 자).

전국 각지에 소수의 독자가 점재했다.

원이라는 점을 확인함과 동시에 어딘가 있을 '동지'와 연결되고 싶다는 강한 욕망을 엿볼 수 있다.

이러한 형태로 발견되는 '평민'공동체는 사카이 도시히코도 관심을 갖고 있던 피차별 부락민(일본의 백정계급)과 더불어 생각할 필요가 있다. 1871년 일본의 천민해방령 이후 부락 민중의 호칭은 대체로 '구에타旧穢多', '원래에타元穢多'[47], '신평민新平民', '신민新民', '신평新平'과 같은 것이었는데, 그것들은 모두 옛 신분에서 유래한 것이었다. 이렇게 민중은 옛 관습에 의거해 피차별 부락 사람들을 일상생활에서 배제했다.[48] 구로카와 미도리는 "일본 근대사 연구자들도 '해방령'을 충분히 이해하지 못한 채 '해방령'을 통해 '에타', '히닌非人' 등이 '신평민'이 되었다고 서술하는데", 그것은 "오류"라고 확언한다. '신평민'은 차별하는 사회의 구성원들이 만들어 낸 차별어이다.[49]

메이지 시기에 들어와서부터는 피차별 부락의 이민족 기원설이 일본인의 경계를 만들어 내기 위해 원용되는 일이 많아졌다. '신평민'은 '이민족', '이異인종'이라는 말과 접합되어 우리와는 다른 것을 뜻하는 기호로 사용되었다. '평민=일본인' 내부에 신평민을 절대 포함시켜서는 안 된다는 의식이 강했다. 때문에 '평민'이라는 말을 고찰할 때는 '평민=프롤레타리아'로 호명된 사람들이 '신新·평민'을 어떻게 파악하고 있었는지에 대해서도 생각해 볼 필요가 있다. 특히 프롤레타리아 계급에 '신평민'이 포함되어 있는지 살펴야 한다.

사카이 도시히코를 위시하여 많은 사회주의자들은 피차별 부락민에 대한 냉혹한 차별을 비판하는 글을 썼다. 사카이의 〈인종적 반감〉은 1903년 7월 28일 자 《요로즈쵸호》에 게재되었다. 애초에 이 에세이는 7월 18일에 창립대회를 열었던 대일본동포융화회를 지원하기 위해 쓰였다. 대일본동포융화회는 창립 총회를 개최했을 뿐 별다른 활동을 하지 않았지만, 부락의 처우 개선을 주장한 최초의 전국적 네트워크였다고 한다.[50] 아키사다 요시카즈는 부락해방운동 결사인 수평사水平社 창립과 관련하여 사회주의 영향력이 과대평가되어 왔다고 지적하면서 다음과 같이 비판한다. "사카이는 신분투쟁이 갖는 의미를 몰랐다고 할 수밖에 없다. 그는 운동 속에 신분투쟁의 과제를 위치시키는 일조차 고려하지 않았다."[51] 아키사다의 사카이 비판 이후 〈인종적 반감〉에 대해서도 동일한 내용의 비판이 전개되었다.

사카이의 에세이는 러일전쟁을 둘러싸고 '비전론'이 활발하게 논의되던 시기의 것이므로,[52] 그 에세이에서 '비전' 담론과 유사한 구도가 보인다는 점은 주목할 필요가 있다. 게다가 그 구도는 두 가지 점에서 동일한 시기에 비전론을 주장한 고토쿠 슈스이와 기노시타 나오에의 '신평민'을 둘러싼 논의와도 연결된다. 예컨대 사카이 도시히코는 〈인종적 반감〉에서 '반감'이란 우등한 인종에 의한 열등한 인종의 차별을 의미한다고 논했다. '유대인에 대한 러시아인의 인종적 반감'이나 '흑인에 대한 미국인의 인종적 반감'을 '일본 국내의 열패劣敗 인종' 아이누에 대한 냉대나 '신평민'에 대한 '경멸'과 동일한 행위로 취급한다. 또한 사카이는 일본인을 '우등한 백인종'과 '열등한 황인종' 사이에 낀 '고생을 아는 인간[苦労人]'으로 자리매김한다. 그럼으로써 일본인과, '열등한 황인종'인 중국인 및 조선인과의 차이를 발견해 내는 것이다.

> 오늘날 일본인의 행동을 보라. 한편으로는 백인의 멸시에 분개하면서 다른 한편으로는 지나인[중국인]을 조롱하고 조선인을 모욕한다. 자기가 원치 않는 대접을 항시 남에게 하고 있는 게 아닌가. 이것이

어찌 고생을 아는 인간의 마음가짐일 수 있겠는가. 방향을 바꿔, 일본 국내의 열패 인종에 대한 일본인의 태도를 보라. 아이노[아이누]를 얼마나 냉대하는지를 보라. 이른바 신평민을 얼마나 경멸하는지를 보라.……일본인이 국내의 열패 인종을 깊이 동정하고, 일본 국민이 주변 여러 나라의 국민을 깊이 경애하며, 서로 함께 인류 동포의 대의를 주창하면서 유럽·미국의 백인과 어깨를 나란히하며 세계의 일을 처리하게 된다면, 그때에야말로 비로소 동양의 문명은 진정으로 위대한 광휘를 발양하게 될 것이다. 그러므로 우리는 믿어 의심치 않는 바, 이것이 실로 일본 인종의 천직이라고 말이다(사카이 도시히코, 〈인종적 반감〉, 같은 곳).

사카이가 언급한 경애하는 중국인·조선인이란, 일본인이 '유럽·미국의 백인과 어깨를 나란히하며 세계의 일을 처리'할 때 이들의 지시를 받아야 되는 인종임은 두말할 나위도 없다. 인종적 차이에 근거한 차별을 비판하고 있지만 차별되는 대상으로서 부락·아이누·조선인·중국인은 등가 기호로 사용되고 있다. 또 일본인만이 유럽·미국과 동등한 관계를 구축할 수 있다고 주장하고 있는데, 이렇게 하여 차별 문제가 해소될지라도 일본인과 '신평민·아이누·조선인·중국인'의 위계관계는 그대로 보전된다. 이런 구도는 '평민'이라는 말을 매개로 삼음으로써 일본의 사회주의자와 유럽·미국의 사회주의자가 대등한 관계에 놓인다는 《평민신문》과 《직언》의 기사들을 통해서도 부각된다.

중국인, 조선인, 일본인 사이의 위계적 구도는 '어떻게 조선을 구할 것인가'라는 문장으로 시작하는 기노시타 나오에의 〈경애하는 조선〉(《평민신문》 1904년 6월 19일 자)의 예시, 즉 '고대의 유대[인]猶太'로 비견

되는 조선과 '침략자' 일본의 위계관계에서도 찾을 수 있다. 기노시타는 "조선인의 눈으로 보자면 지나와 러시아와 일본은 침략자라는 점에서 전혀 다를 것이 없다"고 말하면서도, 조선인에게 '가장 큰 골칫덩어리'는 조선 정부와 황제라고 지적한다. 때문에 일본 정부처럼 조선 왕실과 정부를 교도하는 것이 최선은 아니라고 말한다. 즉, 타국의 지배를 면하기 위해서는 조선인을 오히려 '국가적 관념을 부정'하도록 인도해야만 한다는 것이다. 그렇다고 그가 '일본'을 비롯한 모든 '국가'의 해체를 주장하고 있었던 것은 아니다. 이러한 논리를 전개하며 조선인과 일본에서는 인간 대접을 받지 못했던 '신평민'을 고대의 유대[인]과 동일한 존재로 병치시킨다. 고토쿠는 한국병합을 비판한 〈조선병탄론併呑論을 평한다〉(《평민신문》 1904년 7월 17일 자)에서, 조선인에 대한 경멸과 학대를 '신평민'에 대한 차별을 예시로 삼아 설명한다. 거기서도 부락민과 조선인은 같은 의미로 사용되고 있다.

> 신인 쪽新人子에서 거듭 말하는 것은 다음과 같다.
> ▲ 슬라브 민족이 얼마나 타 민족에 대한 악감정을 품고 있는지는 그 민족이 유대 민족에 대해 취하는 태도에서 명백해진다.……한인韓人이 러시아인과 합동하려고 하는 것은……합동이 아니라 병탄인 바, 한인은 밑바닥에서부터 사역당할 뿐이다.
> 내가 보는 바에 따르면, 일본민족이 얼마나 이민족에 악감정을 품고 있는지는 이른바 신평민을 대하는 태도에서 명백해진다. 일본이 얼마나 한인을 경멸하고 학대하는지는 올곧은 뜻을 가진 자가 언제나 분개하는 일이 아닌가. 만약 한인이 일본인과 합동하려고 한다면, 그것은 합동이 아니라 병탄이며, 결국 한인은 사역당할 뿐인 바……

> 일본은 문명을 위한 싸움을 통해 동양의 여러 나라들을 지도한다고 내세우고 있지만, 그 공명정대함이라는 것이 어찌 이 지경에 이르렀는가(고토쿠 슈스이, 〈조선병탄론을 평한다〉, 같은 곳).[53]

여기서 '동양 여러 나라들을 지도'하는 일본은 '공명정대'해야 한다고 강조하고 있다. 당시 슈스이가 군사적으로 조선을 강제병합하는 것에 반대하면서도 경제적 팽창을 주장했던 점을 생각하면, 병합에 대한 그의 비판은 그의 비전론이나 제국주의 비판에서 거듭 드러나고 있는 평화적 팽창주의[54]로 파악해야 할 것이다.

《평민신문》, 《직언》이 내걸었던 '평민'이란 일본의 프롤레타리아, 특히 평민사나 사회주의운동의 '동지-독자공동체'를 가리키는 말이었다. 이 '평민'에는 신분해방령이 내려진 근대국가 일본사회에서도 인간 대접을 받지 못하던 백정계급은 포함되어 있지 않다. 사회주의자들도 부락민 차별을 비판하면서도 '평민'과 구분짓기 위해 부락민을 '신평민'이라 불렀다. 동일한 구도 아래에서, '신평민'과 동일한 위치에 놓인 '조선인' 역시 그런 '평민'으로 여겨지는 일은 없었다. 러시아혁명을 둘러싼 언설 속에서 연대해야 할 외국의 '평민'이란 러시아사회당 같은 유럽·미국의 사회주의운동가들이었기 때문이다.

프롤레타리아Proletarier의 번역어로서의 '평민'이라는 말에는 '신평민'이 포함되어 있지 않았다. '신평민'의 이민족 기원설이 '신평민'에 대한 차별을 '조선인'에 대한 차별로 설명하고 신평민과 조선인을 동일한 존재로 취급하는 형태로 전개되었던 점을 감안하면 '프롤레타리아' 라는 단어의 개념에서 조선인은 애초부터 고려 대상이 아니었던 것이다. 그러나 1920년대부터 곧잘 사용되기 시작한 '프롤레타리아'나 '무산자'라는 말은 '조선인' 프롤레타리아를 '우리=일본인' 동지로 받아들이는 형태로 재정의된다. 이 두 시대 사이의 동일한 말을 둘러싼 의미의 간극은 일본제국의 지배권력에 의해 '불령선인'으로 지명된 자들의 등장이 초래한 것이다. 특히 조선인의 일본 본토 이동은 민족 구성에 대한 상상력의 변용을 촉구했으며 일본제국의 역사에 균열을 내는 것이었다.

平民新聞を弔ふ　木下尚江

民の自覺心は燃へて革命の要求輕率なる大和民族は兜の下にへて、遙に「敵國」の混亂を喝采り、ア、甲斐なくも、我、此我が唯一の愛兒を生きながら埋へからず、霧と消えたるは我心膽の汗は身を浸して血の如し、「平民新聞」、明日よりは、汝、の物なり、——去れど汝は死せ否な、死することを得るもの汝は紙に非ず、墨に非ず、文字し、生命なれば也、太初より太時と共に發展する活動なれば也我が葬るは眞の汝に非ずしてが宿れる廢紙枯骸のみ、汝は既の奥に在り、血管の中に在り、り之を見れば、愛に汝を葬むるて汝が活動の一端ならんを知るは我薄志弱行の罪を寛恕せん、が慚愧の情は是れが爲めに益々遠山には雪輝き、軒端には梅馥して月皓々たり、思出多き寒今夜の苦痛、我、何の時か忘るゝ我が愛兒、

。　。　。

死の俳句

夜半の苦しさに、人のするなるなる者を試みて數句を得たり、示す、皆な笑つて相手にもして依て無理に終刊の平民新聞に割て、殉死の名譽を擔はしむ

●本紙廢刊についての注意

▲平民新聞の消滅　平民新聞は本號を最終として潔よく消滅致します、然しながら日本社會主義の機關紙は嚴然として存在致します

▲「直言」の發展　昨年まで社會主義の機關紙は三個ありました、即ち「社會主義」「平民新聞」及び「直言」であります、然るに其中「社會主義」は今年一月より「渡米雜誌」と改題し「平民新聞」は斯くの通りの始末、そこで殘る唯一つの「直言」は大いに其の中央機關たるの任を盡さんが爲に此度其紙幅を擴大し、其發行回數を増し、二月五日を以て第二卷第一號を出し、以後毎週日曜發行の筈であります

▲平民社の存在　又、平民新聞の消滅に係はらず平民社は依然として存在致します、平民社は平民新聞の發行所たる資格は失ひましたけれども、「平民文庫」の發行所として、「直言」の一手大賣捌所として、同志西川、石川、神崎、松岡、堺等の住所として、是迄どほり麹町區有樂町三丁目一番地に存在致します

▲平民新聞前金の處分　平民新聞の消滅に就ては、前金御拂込の諸君に對し、一一御拂戻し致すべき筈でありますが、若し諸君に於て御差支なくば、甚だ勝手ながら、それを直ちに「直言」の前金として御拂込の事に御承知下さる譯には參りますまいか、さすれば平民社は「直言」の一手大賣捌所の事ゆゑ、「直言」の發行元と熟議の上、便宜の取計ひを致したいと存じます、是に對し別段異議の御申越なき諸君は、右御承諾下されたるものと見做し、其運びに致します、此段宜しく御承知を乞ふ

●運動基金募集

我々は是まで平民新聞を機關とし、平民社を中心として、社會主義の傳道に從事して居りました、そして其平民社は常に四方硝子張の如くにして、社中の事務も經濟も、生活も、一切同志諸君の前に公表して、諸君の同情と助力とに依頼して今日まで此中心を維持して來ました、然るに、今や我々の運動は、種々なる壓迫と妨害とを受けて、到底從來の形態を保つ事が出來なくなりました、四方硝子張と云ふ譯にも行かなくなりました、一切の經營劃策を暗中に行はねばならぬ事になりました、而して同志諸君の同情と助力とに依頼すること、更に多大ならざるを得ざる次第であります

我々は兎にかく「運動基金」の必要を感じます、壓迫を受くれば受くるだけ用心金の必要を感じます、故に我々は敢て茲に諸君に訴へて其の供給を求むるのであります

我々は現に「運動基金」として左の金額を有して居ります

一、金八百九十圓十三錢……元平民社維持金
一、金七十三圓卅一錢……元社會主義協會より寄附
　　合計　金九百六十三圓四十六錢也

約千圓の金、我々に取りては決して少さきものではありませぬ、然しながら我々は數百圓の罰金と數百圓の損害金(印刷器械沒收の爲)とを負擔すべき運命に迫つて居ります、而して又現に種々言ひがたき費用を要し、又將來如何に測りがたき費用を要するかも知れませぬ、故に我々は敢て茲に諸君に訴へて、卒直に其供給を求むるのであります

石川　三四郎　西川　光次郎　小島　龍太郎
加藤　時次郎　幸徳　傳次郎　堺　利彦
佐治　實然　齋藤　兼治郎　木下　尚江

▲肺病自然療法(文明堂編輯局編)　肺と胃腸の病氣が一番大切で、病氣を通常するは已を得ぬ場合のもので、病氣に罹らぬ間に自然療法を行ふに増したるは無い、肺病は不治の病氣と言はれてあるが、其れでも早く此の療法を施せばキツと全癒する、身を愛する人は此法を實行しなさい、本書は最さきに[illegible]を發行して好評を博した文明堂が譯したので、文章も事柄も至つて簡單で、讀み易く行ひ易し(價廿錢、本郷文明堂)

▲基督教世界(一一一四)　日本に於て最も古き基督教雜誌なり、本號特七卅度の「基督界」は吾人の默す可らざるの點甚だ多きも面白く讀まれたり、社會に曰く「此の如く本誌が年一年損頭の論に進むを得るは時代の要求と教勢の發展に促されたる結果なり」と、然れども基督教徒は如何にして其發展せる教勢に時を乗ぜしめんとするや、「時代の要求」は時々刻々に進化しつゝあり、昨日の要求は今日の要求にあらず、今の時に至て國運の盛衰のと論じ立て、徒らに他の資本家階級の蘇を追らんとす、時代は果して滿足するを得べきや(大阪中之島基督教世界社發行)

▲帝國文學(十一の二)　創刊十週年の紀念號として多くの紙數を増せり、「明治十週年回想錄」は本誌刊行經營の狀を實時々の人々分擔にて記されたれば殊に興あり

▲ニ・ヒ・ホ・ン(第一號)　出雲の幾河佐眞子主幹の下に、眼る美しく可愛らしき裝ひなして生れ出でたり、漢詩、和歌、俳句、新體詩あり、又た散文あり、品のよき小雜誌なり

▲經濟新聞(十二)　日本橋區
▲國學院雜誌(十一の一)　麹町區飯田町
▲十字架(一七八)　小石川區關口駒井町
▲中央公論(五八)　芝公園
▲日本之小學教師(七三)　小石川
▲新佛教(十二の一)　神田區表神保町
▲法律新聞(二五五)
▲六大新報(七六)　日本橋區
▲慶應義塾學報(八六)　京都下京區
▲通俗宗教談(二四)　京橋區築地

●社會主義婦人講演

二月五日午後一時半より平民社樓上に開く、會費金五錢、男子も傍聽差支なし、講演左の如し

△婦人に對する今日の迷信及疑問……木下
△夫婦と人間……松岡
△題未定……今井

●本社に於ける今日の會合

▲社會主義研究會　今日午後六時半より本社樓上に開く、會費金五錢、何人にても來會隨意、豫定の講演左の如し

△性慾論……堺利

週刊　直言

社會主義中央機關

第二卷　第壹號　二月五日(日曜)

▲本紙は第二卷第一號より紙幅を擴大して平民新聞型八頁と爲し、發行回數を増加して毎週日曜發行と爲し、日本社會主義の中央機關を以て任ぜんと欲す

▲本紙の特約せる執筆者は左の如し

堺　露外	山田　滴海	堺　枯川
石川　旭山	木下　尚江	西川光次郎
白柳　秀湖	小野　有香	幸徳　秋水
加藤時次郎	小川　芋銭	松岡　文子
小田　頼造	山口　義三	

▲定價一部郵稅共金三錢五厘、廿部前金郵稅共六十五錢、五十部同一圓六十錢、

▲御注文は便利の爲め成るべく一手大賣捌所たる平民社へ御申込を乞ふ

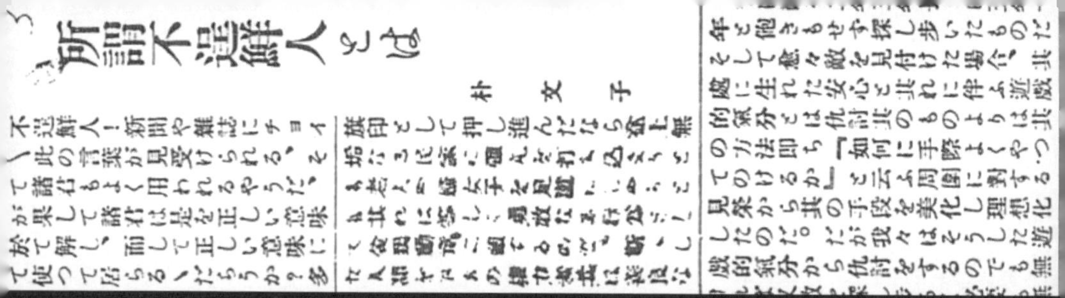
所謂不逞鮮人とは
朴文子
不逞鮮人！新聞や雑誌にチョイ
く此の言葉が見受けられる、そ
て諸君もよく用ゐられるやうだ、
が果して諸君は是を正しい意味
於て解し、而して正しい意味に
て使つて居らるゝだらうか？多

[제2장]

도서관

||| 1 |||

분서焚書와 '도서무관圖書無館'의 시대

1921년 11월 13일, 《동아일보》에 평양지국 기자의 〈도서관 설치를 절규함〉이 게재됐다. 이 기사는 평양이 조선 제2의 도시라는 점과 인구가 이미 7만 명을 넘어서고 있다는 점을 언급하면서, 이런 도시에 "간절하고도 필요한 도서류 비치 기관이 무無하다 함은 평양 인사들의 무능을 표시함이며 따라서 치욕됨이 아닌가. 실로 통탄하며 절규함을 피치 못하겠다"라고 한탄했다. 식민지 조선의 다른 지역도 같은 상황이었다.

한반도에서 근대적인 도서관 설립운동이 본격화된 것은 1906년 무렵부터였다. 이런 움직임은 러일전쟁 이후 조선의 일본 식민지화에 대한 위기의식에서 생겨났다. 그 절실함은 《황성신문》의 사설 〈축하 도서관 설립〉(1906년 2월 15일)[1]의 다음과 같은 문장을 통해서도 확인할 수 있다. "국력의 발달을 위해서는 민지民智의 개명이 필요하다.……인간의 지식은 서적에 의한 것이며 서적은 교육의 근본이다.……도서관이 설립되면 그것은 문명으로의 길을 열 것이며 학교 한두 개를 설립하는 일과는 비교가 안 된다."

그러나 조선인에 의한 도서관 개관운동은 좌절되며 운영 중이던 기존 도서관마저 폐관으로 내몰린다. 예컨대 1906년 2월부터 설립 준비에 들어갔던 '대한도서관(설립 당초에는 한국도서관)'의 경우 대한제국 정부 요인 다수가 출자했고 1910년 4월 궁내부 산하의 국립 도서관으로 발족해 서적과 비품을 모으면서 개관 준비가 한창 진행되고 있었다. 그러나 한국병합을 계기로 모든 장서가 조선총독부 취조국에 몰수되면서(1911년 5월) 이 도서관은 폐쇄되었다. 한편 1906년 3월에 한국 최초의 민간 도서관으로 평양에서 개관한 '대동서관'도 장서 1만 권에 일주일 동안 대여 가능한 책도 수천 권에 달하는 등, 순조롭게 운영되고 있었음에도 대한도서관과 거의 동일한 시기에 폐관 위기에 처한다.[2] 이렇게 〈도서관 설치를 절규함〉이라는 기사가 실릴 정도로 1910년대 내내 조선인을 위한 도서관이 없는 시대가 이어졌다. 이 무렵 조선어 서적을 거의 소장하고 있지 않은 재조在朝일본인에 의한 도서관은 증가했다. 이처럼 도서관 정책 역시 조선총독부의 출판 및 교육 정책과 동일하게 민족별로 차별적인 형태를 취하면서 진행되었다.[3]

일본인의 조선 이주는 1876년 강화도조약을 계기로 본격화된다. 이듬해 1877년에는 부산구 조계租界 조약에 따라 일본 전관專管거류지가 설치되고 무관세, 일본화폐의 유통, 치외법권(영사재판권) 등이 보장되었다. 이 같은 불평등조약에 기대어 야마구치, 나가사키, 후쿠오카현 등지의 서일본 지역 사람들이 주로 이동하기 시작했다.[4] 이후 원산(1880)과 인천(1882)이 연이어 개항한다. 〈표 2-1〉에서 보듯 한국병합 이전까지는 부산과 인천의 거류지 인구가 많았지만 1905년 이후부터

〈표 2-1〉 도시별 재조일본인 인구(단위: 명)

연도＼도시	부산	원산	인천	경성
1890	4,344	680	1,612	609
1900	5,758	1,578	4,208	2,115
1910	24,936	4,636	11,126	38,397
1930	47,761	9,260	11,758	105,639
1940	52,003	11,121	13,359	124,155

출처: 기무라 켄지, 〈'조선 편編' 종합해제〉, 《일본인물 정보대계》(제71권 조선 편 1), 코세이샤皓星社, 2001, 464쪽에서 인용.

는 경성으로의 이동이 급격하게 증가하며 한국병합 전후로 경성이 재조일본인의 중심지가 된다. 이 시기 경성 거주 일본인의 대다수는 식민사업을 전문적으로 추진하기 위해 이동해 온 '정책적 식민자'였다. 1911년 6월의 직업별 통계를 보면 1위가 관리(2,134명), 2위가 상점원(1,478명), 3위가 고용원(1,269명)이었다.[5] 이들에게 조선은 더 이상 돈 벌러 온 타향[出稼地]이 아니며 "목돈을 모아서 돌아가야지"라는 노래가 어울리는 땅도 아니었다. "이 땅은 우리 황토皇土이고, 이 땅은 우리 무덤[墳墓]이 될 땅"[6]이었다. 이 때문에 경성이라는 공간을 식민자의 입장에서 더 살기 좋은 곳으로 바꾸는 작업도 본격화했던 것이다.[7]

1909년 11월 1일, 대한제국 황실 소유의 창경궁을 일부 허물고 문을 연 박물관과 식물원·동물원은 '칸오觀桜'라고 불리는 벚꽃놀이 명소로도 알려져 조선인과 일본인을 불문하고 큰 인기를 끌었다.[8] 또한 1910년대에 들어서면서부터 극장이 경성에만 16개로 늘어났고, 사람들은 가부키·조루리浄瑠璃·요세세키寄席·나니와부시浪花節·강담講談·신파극·활동사진 등을 즐기게 됐다.[9] 물론 조선인 역시 그런 문화시설들에 출입할 수 있었다. 다만 일본어로 상연되는 것을 즐길 수 있는 조선인은 한정되어 있었다. 한편, 일본인이 거주하는 지역에서는 반드시 일본어 신문이 발행되었다.[10] 출판과 관련하여 1910년대에는 "새로운 통치 질서에 적응하기 위해 필요한 법령집을 비롯해 수험서와 농업서 같은 각종 실용서"가 주로 간행되었고, 역사서나 문예서는 적었다. 영리를 목적으로 하는 출판사도 거의 없었기 때문에 단행본은 일본 본토에서의 유입에 기대고 있었다.[11]

1910년대에 도서관은 사설 도서관만 해도 1909년 경성문고의 개관 이래 전국에 20개 정도 설립되었다. 그러나 부민府民들에게 충분한 숫자는 아니었던 듯하다. 조선총독부 기관지 《경성일보》는 1916년 6월 7일 자 석간에 〈경성에 무엇이 있길 원하는가〉라는 앙케이트 결과를 게재했다. 이에 따르면, 《경성일보》 독자들이 희망했던 것은 ① 공회당(1,032명), ② 일본인-조선인 사교 기관(987명), ③ 혼마치의 혼잡을 막기 위한 교통 제한(978명), ④ 도서관(962명), ⑤ 미술관(947명), ⑥ 극장(918명), ⑦ 사립중학교(906명) 순이었다. 상공회의소의 원승일은 이틀 후 같은 지면에 〈경성에 무엇이 있길 원하는가: 도서관과 사립중학교〉(1916년 6월 9일 자 석간)라는 논고를 기고했다. 그는 개인이 운영하는 사립 도서관은 신간 및 옛 도서를 넉넉히 수집하기가 어렵고 새로운 과학이 또 다른 새로운 과학을 만들어 내는 현대에 경성 같은 도시에는 반드시 부영府營 도서관이 필요하다고 썼다. 도서관 외에도 미술관이나 극장 같은 문화시설을 바라는 목소리가 많았는데, 이는 장신의 지적대로 이동해 온 일본인들이 자신뿐 아니라 오래도록 조선에 뿌리박고 생활할 자손들을 위해 필요한 교육과 교양의 재생산을 원했기 때문이었다.[12]

이와 동일한 요망이 잡지 《조선》이나 《조선 및 만주》에서도 널리 보인다. 예컨대 이런 요망은 데라우치 총독이 무단武斷정치 실행을 위한 취체[단속] 및 간섭에 사용하는 국비와 노력의 일부를 취미 분야에도 나누어 달라는 식으로, 즉 통치정책을 비판하는 형태로 나타났다.[13] 재조일본인 사회에서는 근대적인 학교 공간을 거점으로 하여 도서관운동이 진행되고 있었다. 그러나 조선인의 경우 민간의 모금에 의거한 학교나 도서관의 설립조차도 엄격히 제한되었다. 총독부는 조선의 상류계급이 가진 장서들과 비교적 출판연도가 최근의 것인 조선어 도서를 명확히 다르게 취급했다. 왕가나 상류계급 양반이 소유한 한문 서적이나 한문 사료는 총독부가 귀중서로 압수하여 일본으로 이송하거나 총독부 관련 시설 및 경성제국대학 도서관 등에 보관했다.[14]

한편 식민지 조선의 출판과 관련해서는, 제3차 한일협약(1907년 7월 24일)과 같은 날 공포됐던 신문지법新聞紙法을 필두로, 보안법(같은 해 7월 27일), 사립학교령(칙령 제62호, 1908년 8월 26일), 교과용 도서검정 규정(학부령学部令 제16호, 1908년 9월 1일), 출판법(공포, 1909년 2월)이 연달아 제정되었고 차압 및 분서가 반복되었다.

출판법이 공포된 뒤부터 한국병합까지의 기간에 서적의 차압에는 두 가지 경로가 있었다. 하나는 한국통감부 학부가 인가하지 않은 교과서의 차압이다. 학부는 70종을 사립학교에서 사용할 수 없는 교과서로 지정했다. 다른 하나는 출판법에 의거한 경찰의 일반서적 차압이다. 1909년에는 약 10종 5,763권, 1910년에는 3종이 더 추가되어 5,833권이 압수되었다.[15] 또 1909년 출판법 공포 이전에 간행된 서적에 대해서도 소급 적용하는 형태로(출판법 제16조에 의거) 압수 대상을 넓혀 갔다. 그 대부분은 "역사서, 고전, 전기, 지리서, 초·중등학교 교과서 가운데 내용이 민족적인 것, 외국의 독립운동에 관한 것"이었으며, 특히 "책 제목에 '대한大韓'이라는 글자가 포함된 것 등은 책 제목을 지정하여 전국의 학교 및 서점에서 압수"하고 일부는 "소각 처분을 했다"고도 한다.[16]

이러한 분서를 둘러싼 비판은 조선인 망명자들이 많이 살고 있던 상하이에서 나왔다.[17] 대한제국 시기에 《황성신문》 주필이던 박은식(1859~1925)은 망명지 상하이에서 간행한 《한국독립운동지혈사韓国独立運動之血史》(유신사維新社, 1920)에서 분서에 관한 증언을 남기고 있다.[18] 박은식은 한국병합 전후부터 "역사·국어·국문에 대한 취체가 삼엄해졌다"고 쓰면서, 그 사례로서 《황성신문》의 동료 기자로 오성五星학교 교사이기도 했던 최창식 사건을 들고 있다. 최창식은 비밀리에 집필한 한국사 책을 오성학교의 교재로 사용한 것이 문제가 되어, 1916년 12월 2일 보안법 위반으로 징역 8개월에 처해졌다. 그 역시 이후 상하이로 망명한다.

역사서가 집중적으로 소각 대상이 된 것은 조선총독부가 일본인 연구자만을 모아 1915년부터 '조선반도사 편찬계획'을 추진했던 일과 무관하지 않다. 이 사업을 계승한 총독부 직할 기관 '조선사편수회'[19]는 "공명·적확한" 역사서가 필요한 이유에 대해 "〔사적史籍을〕 멸절시킬 방책을 강구하는 일은 헛되이 수고롭기만 하지 공을 이룰 수 없을 뿐 아니라 오히려 널리 전파시킬 가능성이 있다"는 점, "〔새로운 조선반도사를〕 편찬하지 않으면 조선인은 언제까지나 한일병합과 아무런 관계가 없는 역사서나 병합을 저주하는 책을 계속 읽으리라"는 점을 들었다.[20] 그리고 '사적의 멸절', 즉 분서보다는 조선인이 '합병'을 납득할 수 있도록 새로운 역사서 만들기가 급선무라고 주장했다. 이 같은 방침은 1920년대 중반 이후 도서관의 역할에 민중 교화가 추가됐던 맥락과 겹친다.

마침 이 시기(1925년 4월)에 조선총독부는 총독부 도서관을 개관했다. 그러나 그 예산이 같은 경성에 있던 이범승의 경성도서관 연간 지

동아일보

◇신축락성된경성도서관

新裝의 산뜻한 京城圖書館

昨日에 落成開館

結晶되야 나타난 이보배

八月一日에는 무료공개

各地水害狀況

開城의 水害

京義線方面 郵便物遲延

朝鮮人의 歸化

〈그림 2-1〉
《동아일보》 1923년 7월 29일 자 3면. 한국병합 때 자작이 된 민영휘의 기부금 1만 엔과 민간 기부금을 모아 설립된 경성도서관의 개관을 전하는 기사.

출액보다 적을 정도로 빈약했다. 경성도서관은 이범승의 사재 및 민간 기부금으로 꾸려지고 있었다(〈그림 2-1〉). 한편 총독부 도서관 개관 당시 서가에 배열되어 있던 1만 2,000여 권 가운데 1만 권은 "조선총독부의 사무용 도서를 불하받은 것"으로서, "오기야마 관장도 인정하고 있듯 실제적인 이용가치가 없는 것들이었고 조선교육회가 기부한 2,000권으로 간신히 열람 업무가 이뤄지고 있었"기 때문에 "도서무관圖書無館"이라고 야유를 받을 정도였다.[21]

조선총독부 도서관은 1935년 10월 《문헌보국文献報国》을 창간할 때까지, 개관 이후 10년 동안 관보조차 발행하지 않았다. 이 때문에 그 이전까지 조선에서의 도서관 상황을 알려면 잡지 《조선지도서관朝鮮之圖

書館》을 참조해야 한다. 이 잡지는 조선의 도서관 직원들이 자발적으로 발행하던 조선도서관연구회 기관지였다. 회원 중에는 소수의 조선인 직원도 포함되어 있었다.

이 2장에서는 《조선지도서관》을 단서로 삼아, 지배권력의 문서고 Colonial Archives 역할을 담당하고 있던 '도서관'과 그런 공간에의 침입이 허락되지 않았던 불온한 서적들이 식민지 조선인들의 독서 경험에 어떻게 각인되어 갔는지, 그 과정에서 떠오르는 다양한 입장의 사람들과 그들이 보인 움직임들에 대해 생각해 보고 싶다.

||| 2 |||

문화정치와 조선어의 규범화

1920년대부터 1930년대 초반까지 조선에서는 경성도서관(1920), 경성부립도서관(1922), 조선총독부 도서관(1925), 경성제국대학 도서관(1926), 인정仁貞도서관(1931)이 연달아 개관했다. 이 중에서도 경성도서관과 인정도서관은 조선인이 운영했던 곳으로, 조선인 이용자가 두드러지게 많았던 곳이다. 이는 그 두 곳이 다른 도서관에는 거의 없던 조선어 서적들을 소장하고 있었기 때문이다. 〈표 2-2〉를 통해 알 수 있듯이 1910년부터 도서관은 줄곧 증가하여 1932년에 정점을 맞이한다. 이후 도서관 수는 줄어들지만 이용자 수는 늘어갔다. 이용자는 경성도서관이 개관한 1920년에는 5만 6,282명이었지만 인정도서관이 본격적으로 가동되기 시작한 1932년에는 100만 명을 넘어서고 있다. 도서관 이용자의 증가는 보통학교의 조선인 입학 지원자의 증가와 연동되어 있다. 일본어 리터러시를 가진 조선인이 늘어났던 것이다. 그러므로 도서관에 대한 고찰에는 책 읽기의 전제조건인 문자 언어를 둘러싼 상황 변화의 확인이 필요하다.

〈표 2-2〉 식민지 조선의 도서관 이용 상황(단위: 명)

연도	도서관 수	이용자 수	1관 평균 이용자 수
1910	2	7,441	3,721
1919	21	28,496	1,357
1920	18	56,282	3,127
1922	24	190,168	7,924
1923	25	229,060	9,162
1925	36	400,165	11,116
1926	42	481,638	11,463
1928	46	760,204	16,526
1931	50	798, 376	15,968
1932	52	1,087,288	20,090
1941	42	1,899,789	45,233

출처: 조선총독부 편, 《조선총독부통계연보》 1910~ 1942. 박희영, 《근대한국도서관사》 등에 근거하여 김남석이 작성한 통계(《일제치하 도서관과 사회교육》, 태일사, 2010, 83쪽)를 다시 정리했다.

〈표 2-3〉 보통학교 입학 지원자 수(단위: 명)

연도	합계	그중 여학생 수	취학률
1912	44,638	3,998	0.4
1918	90,778	11,207	1.0
1920	107,201	13,916	1.2
1922	236,031	32,075	2.7
1924	374,122	55,039	4.5
1926	438,990	68,395	5.2
1930	489,889	86,889	6.2

출처: 김진섭, 《일제강점기 입학시험 풍경》, 시성사, 2021, 50쪽의 통계에 따라 필자가 작성함.

일본제국은 조선에서 의무교육을 시행하지 않았다. 1910년대에 보통학교를 지원하는 조선인은 결코 많지 않았다. 그러나 3장에서 다루게 될 3·1독립운동 이후에는 관·공립학교 지망생이 급증하는데, 한국의 많은 연구자들이 1920년 이후를 '교육열의 시기'라고 부를 정도이다(〈표 2-3〉). 그러나 교육 기관의 증가율은 낮았고, 조선이 독립할 때까지 극적인 개선은 이뤄지지 않았다.[22] 예컨대 1922년 식민지 조선의 중심도시인 경성에서는 정원이 150명이던 어느 보통학교에 685명의 지원자가 몰려 500명 가까운 아동이 입학하지 못했다고 《동아일보》는 전하고 있다(1922년 3월 27일 자). 같은 해 경성의 14개 공·사립 보통학교의 정원이 2,259명이었던 데 비해 지원 예정자는 2만 2,000명에 달했다.[23] 재조 일본인을 대상으로 한 학교들의 숫자에 비해 조선인이 다닐 수 있는 학교는 적었다. 이로 인해 보통학교에서는 입학시험이 시행된다.

> (지원하는) 아해들[아이들]의 수효도 몇 해 전에 비해서는 갑절이나 늘었음으로 따로 보통학교를 더 설치할 필요도 있게 되었다. 그러나 당국에서는 아무러한 조치도 아니하고 오히려 입학하는 아동이 많음만 괴롭게 여겨 그 수효를 줄이자는 한 가지 수단으로, 이번 사월에 입학하는 아해들에게는 입학시험을 보게 하여 정도에 넘치는 시험과목으로써 보통학교 이삼학년 정도나 되는 아해들만 겨우 합격케 하고 나머지 절반 이상은 모두 입학을 허락치 아니하였으므로……이것만 보아도 교육에 대한 소위 당국자의 열성이 없음을 엿볼 수가 있으며 어디까지든지 당국자의 무책임한 일이라고 아니할 수 없는 일이다(〈초학자初學者의 입학시험〉, 《동아일보》 1920년 4월 9일 자).

입학시험은 구술 방식으로 치러졌으며 일본어나 조선어, 한문 능력을 물었던 듯하다.[24] 아이들에게 수험공부를 시키는 등, 더 나은 취업 기회를 얻기 위해 조선인들 사이의 경쟁도 치열해져 갔다. 계급이나 젠더, 자본의 영향으로 교육 격차는 더욱 커졌다. 이 문제는 다음 절에서 다루게 될 도서관의 이용자 증가와 깊은 관계가 있다.

1920년대의 조선에서는 조선어(한글과 한자 혼용문 포함), 한문, 일본어를 상황에 맞춰 적절하게 사용해야 했다. 이 능력은 다름 아닌 입학을 희망하는 아동에게 요구됐던 조건이었다. 예컨대 지명을 일본식으로 읽기, 전화 교환원과 말하기, 세금과 그 밖의 공적인 서류 수속 등을 잘 해 낼 수 있는지는 개개인의 언어 능력에 달려 있었다.

교육 현장에서 아무리 일본어를 강제할지라도 총독부의 차별적 정책에 의해 교육을 받지 못하는 계층이 많았기 때문에 조선어 사용을 금지할 수는 없었다. 게다가 구어[입말] 차원에서 간단한 숫자를 일어로 말하고 지명을 일본식으로 발음할 수 있는 조선인들이 일본어를 읽고 쓸 수 있는 것은 아니었다. 여기에 문자 언어의 이해력 문제를 겹쳐 보면 더욱 복잡한 양상을 띠었다. 1920년대 중반까지 조선 인구의 90퍼센트 가까이가 문맹이었다.[25] 1921년 조선총독부 학무국이 발표한 〈국어[일본어]를 이해하는 조선인의 인구 대비 비율표〉(《국어 보급의 상황》)에 따르면, '보통의 회화를 지장 없이 하는 자'는 남성의 0.596퍼센트, 여성의 0.049퍼센트, '보통의 회화를 약간 할 수 있는 자'는 남성의 1.2퍼센트, 여성의 0.185퍼센트, '국어'를 '알지 못하는 자'는 남성의 98.204퍼센트, 여성의 99.766퍼센트였다.[26]

1919년 3·1운동을 계기로 일본의 지배정책이 '무단통치'에서 '문화정치'로 궤도 수정되면서 언어정책에도 큰 변화가 나타났다. 3장에서 다루겠지만, 한국병합 이후 총독부는 조선어 미디어를 전부 폐간했다. 1920년까지는 총독부 기관지인 《매일신보》만이 유일한 조선어 신문이었다. 1919년 8월 조선총독과 정무총감이 경질된 후, 9월 2일 조선총독에 취임한 사이토 마코토는 조선어 미디어를 금지했던 시책 때문에 조선인의 동향을 파악하지 못하게 되었고 이로 인해 3·1운동이 초래되었다고 보면서 방침 전환을 꾀했다. 이에 총독에 취임한 이틀 뒤, 신문지법[27]에 의해 금지되고 있던 조선인의 신문·잡지 미디어를 허가할 것임을 명확히 했다.[28] 이른바 '문화정치' 시대가 개막된 것이다. 신임 정무총감으로서 문화정치를 추진했던 미즈노 렌타로는 '조선어 문자 신문의 허가'와 관련해 다음과 같이 서술하고 있다.

> 동아일보나 조선일보의 언문(조선어) 신문을 허용한 일에 대해서는 당시 각 방면으로부터 여러 비난들을 받았다. 데라우치 백작 같은 사람도 반대했다. 그러나 나는 조선인의 분위기를 알기 위해서는 총독부의 기관 신문만으로는 충분하지 않다고 생각했다. 조선인들 사이에 어떤 공기가 흐르고 있는지를 알기 위해서는 다소 반대 입장일지라도 근본적으로 치안을 해하지 않는다면 오히려 허용해야 한다고 생각했으므로 언문 신문을 허가했던 것이다. 언문 신문 중에는 조선 통치정책에 다소 비판적인 입장을 취한 것도 있었지만, 어떤 점에서는 조선인의 의향을 아는 데 유익한 측면도 있었다. 특히 오늘날, 조선인에게 언제까지나 신문 발행을 인가하지 않는 것은 시대 상황에 걸맞지 않으므로, 언문 신문 허용은 부득이했다.[29]

조선총독부는 1919년 12월 5일에 일본인이 신청한 신문·잡지 6건을 인가하고, 이듬해 1월 6일에는 조선인에 의한 조선어 민간지 발행을 허가했다. 이리하여 3월 5일에 《조선일보》가, 4월 1일에는 《동아일보》와 《시사신문》이 창간되었다.[30] 한기형은 총독부가 이러한 정책에 근거해 "미디어를 통한 민족 갈등의 '가상적 대립'을 허용하고 검열체제가 그 게임을 관리하도록 했다"[31]고 지적한다.

이 '게임'을 뒷받침하는 조선어의 규범화가 본격적으로 추진되는 것 역시 문화정치 개막 이후이다. 잘 알려져 있듯이 조선총독부는 1920년대에 들어서면서부터는 교육정책에 중점을 두게 된다.[32] 1922년에는 문화정치로의 전환을 상징하는 제2차 조선교육령을 공포하고 '조선어'를 정규 과목으로 독립시킨다. 그러나 이것은 이연숙의 지적대로 '국어'(일본어)의 역할을 오히려 공고히 함으로써 "동화정책의 강화를 꾀하는 것"[33]이기도 했다. 이 같은 상황 속에서 1921년 이윤재·최현배 등의 한글 연구자들은 조선어연구회를 조직해 한글보급운동을 전개했다. 이혜령은 무단통치로부터 문화정치로의 이행에 의해 "언어 내셔널리즘과 한글운동을 본격화하기 위한 토양"[34]이 정비됐다고 지적한다. 분명 한글운동은 "이것의 유통과 보급을 위한 매체로서 학교·교회·신문사, 나아가 근대 국민국가와 같은 시스템을 요구했"[35]던 것이다.

1920년에 창간된 《동아일보》나 《조선일보》 같은 조선인에 의한 조선어 미디어가 처음부터 조선인 독자들에게 쉽게 읽혔던 것은 아니다. 문제는 1920년대 중반까지 조선 인구의 90퍼센트 가까이가 문자를 모르는 사람들이었다는 점만이 아니었다. 이런 사정을 파악하기 위해, 1922년 총독부 학무국 내 조선교육연구회 기관지 《조선교육》에 실린 공립보통학교 교사 홍병삼의 말을 인용해 보자.

오늘날 우리 조선어의 상태를 보자면, 마치 난마亂麻와도 같다. 거의 정리되지 않아서 같은 것을 말하고 표현하는 데도 사람에 따라 지방에 따라 각기 다르고, 같은 것을 기술하는 데도 마찬가지다. 어떨 때는 서로 간의 의사소통이 되지 않아 남의 글을 읽어도 그 의미를 오해하여 어처구니없는 실수를 초래하기도 한다.……많은 사람들이 읽는 신문·잡지 등에 오류투성이의 언문을 써도 기자도 독자도 별로 신경 쓰지 않는다.[36]

미츠이 다카시는 베네딕트 앤더슨을 원용하면서 "출판어의 규범을 정비하는 문자 및 문자 언어[글말]가 '국민' 형성에 큰 역할"을 하고, 바로 "그 과정에서 언어 표상의 규범으로서의 문자 문제가 정치화하게 된다"고 지적한다.[37] 위의 인용문에서 '같은 것을 말하는' 표현이 '사람에 따라 지방에 따라 다르다'는 것은 아직 이 시기의 조선어가 충분히 규범화되지 않았음을 나타낸다. 교사 홍병삼이 신문·잡지에 잘못된 언문이 상당히 많다고 판단할 수 있는 것은 그 자신이 바르다고 믿는 규범이 있기 때문이다. 또 이 인용문에서 신문·잡지에 '오류투성이의 언문을 써도 별로 신경 쓰지 않는다'고 비판받는 그 기자도 독자도 서로 다른 규범에 기대어 문장을 쓰거나 문장을 읽고 있었을 가능성이 크다.

조선총독부는 1912년에 '보통학교용 언문철자법'을 제정했고, 이후 이 법의 1차 개정은 문화정치로 정책을 전환했던 이듬해(1921)에, 2차 개정은 1930년에 실시했다. 이 10년간은 조선어의 규범화를 둘러싸고 총독부의 정책과 피지배자들의 한글보급운동 사이의 긴장관계[38]가 가장 고조됐던 시기이다. 그런데 이 무렵 한글보급운동의 선두에 서 있던 《동아일보》, 《조선일보》 등 조선어 신문의 지면에는 일본어 서적의 광고가 넘쳐났다. 한글보급운동과 일본어 보급으로 연결되는 일본어 서적 광고가 같은 지면에서 사이좋게 공존하며 세력을 다져 간 것이다.

《동아일보》는 1930년에 한글보급운동을 추진하면서 "3년간 30만 명"이 조선어를 읽을 수 있도록 하겠다[39]고 선언했었다. 최성희는 이 같은 움직임을 "식자율識字率 향상의 실행과 식자율 향상의 필요성을 여론에 어필함으로써 민중의 이익을 획득하고자 했던 것"[40]으로 파악한다. 여기서 말하는 '민중의 이익'은 미디어의 의도를 사회적 계몽을 위한 것으로 해석했기 때문에 가능한 표현이다. 그러나 두 신문 모두 '조선인'이라는 민족의식의 각성이 판매부수의 증가로 이어질 것임을 확신하고 있었다. 그러므로 한글운동에 대해서는 미디어가 신문부수의 확대를 노렸다는 측면도 주목할 필요가 있다. 1920년대는 이른바 '국어를 이해할 수 있는' 독자들의 증가에 따른 일본어 서적 시장의 확대와 조선어 식자율의 향상에 따른 조선어 미디어의 확대가 동시에 일어난 시기였다. 이런 시대적 흐름 속에서 조선총독부 주도의 도서관 설립 정책도 추진되고 있었던 것이다.

||| 3 |||

제국으로부터/제국으로의 향상심을 부채질하다

도서관이 늘어나면서 도서관 관계자들의 연구회가 조직되고, 이후 한반도의 주요 도서관 대부분이 참여하는 규모로 성장해 간다. 그 단서가 됐던 것이 1926년 조직된 경성도서관연구회였다. 1928년 전국 주요 도서관 종사자들이 참여하는 형태로 확장됐고, 1931년에는 조선도서관연구회로 명칭을 바꾸었다. 사무소는 조선총독부 도서관 내에 두고 기관지 《조선지도서관》 발행은 경성제대 사서관이던 요시무라 사다요시가 담당했다(《조선지도서관》 1931년 9월호, 71쪽. 이하 이 기관지에서의 인용은 간행 연도와 호수만 표기함. 〈그림 2-2〉). 《조선지도서관》은 1931년 9월부터 1938년 7월까지 통권 30호가 간행되었다. 1931년 창립 당시의 회원 수는 일반회원 113명, 특별회원 8명, 명예회원 2명(총독부 도서관장, 경성제대 도서관장) 등 총 123명이었다. 그중에는 경성제대 도서관 34명, 총독부 도서관 23명이 포함되어 있었다. 회원 내역과 역할을 보면 조선도서관연구회와 그 기관지는 경성제대 도서관 주도로 운영되었음을 알 수 있다. 또 비매품이던 이 잡지에 게재된 기사나 에세이, 열람자 동향에 관한 분석 등은 사서 등 도서관 운영에 관련된 구독자들을 위해 작성되었다.

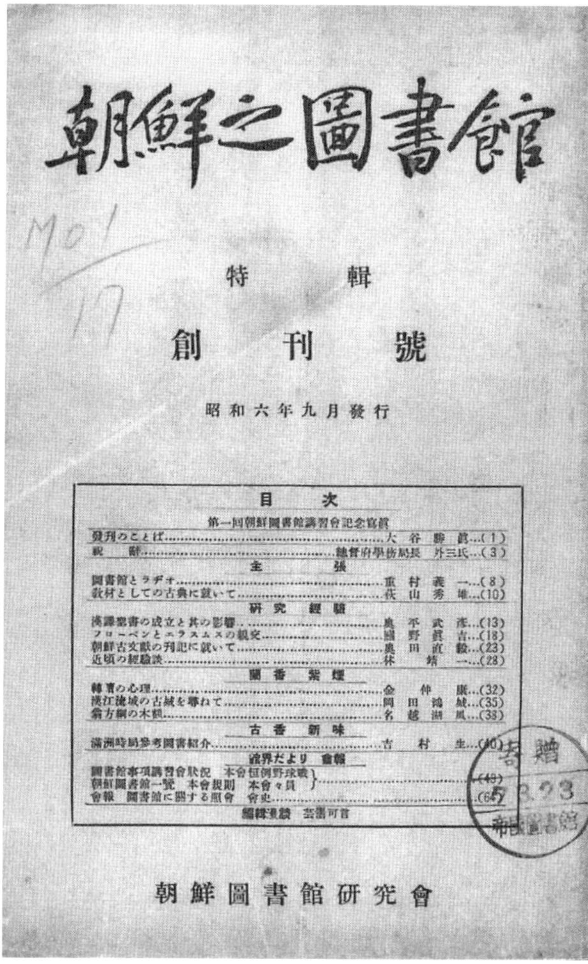

朝鮮之圖書館

特輯

創刊號

昭和六年九月發行

目次

第一回朝鮮圖書館講習會記念寫眞

發刊のことば	大谷勝眞	(1)
祝辭	總督府學務局長 外三氏	(3)
主張		
圖書館とラヂオ	重村義一	(8)
教材としての古典に就いて	荻山秀雄	(10)
研究經驗		
漢譯聖書の成立と其の影響	奥平武彦	(13)
フローベンとエラスムスの親交	國野眞吉	(18)
朝鮮古文獻の刊記に就いて	奥田直毅	(23)
近頃の經驗談	林靖一	(28)
蘭香紫煙		
韓書の心理	金仲康	(32)
漢江流域の古蹟を尋ねて	岡田鴻城	(35)
翁方綱の木棺	名越湖風	(38)
古香新味		
滿洲時局參考圖書紹介	吉村生	(40)
斯界だより 會報		
圖書館事項講習會狀況 本會恒例野球戰 朝鮮圖書館一覽 本會規則 本會々員		(43)
會報 圖書館に關する照會 會史		(64)

編輯漫談 雲需可言

朝鮮圖書館研究會

〈그림 2-2〉
《조선지도서관》
창간호 표지.

예산이나 장서 규모 면에서 조선에 설치된 도서관의 정점에 있던 것은 총독부 도서관이 아니라 경성제대 도서관이었다.[41] 이는 물론 총독부의 지원이 없었다면 불가능한 구도였다. 제1차 세계대전 이후 경성제대 도서관은 독일의 배상금을 사용해 중국이나 유럽 여러 나라들의 자료와 연구서를 모았고 1910년부터 총독부 관할 아래 있던 조선 왕실의 도서관 규장각의 장서들까지 이관시켰다. 경성제대 도서관은 1926년부터 1928년까지 3년에 걸쳐 도서 구입비로 80만 엔을 사용했다. 총독부 도서관의 1년 평균 예산이 8만 엔이었던 점, 경성제대 전체의 연간 예산 400만 엔 가운데 약 20퍼센트를 도서 구입비로 썼던 점을 보더라도 경성제대 도서관의 처우가 특별했음을 알 수 있다. 경성제대의 장서는 1927년 7만 7,477권에서 1932년에는 35만 권으로 급증했다. 이는 조선 내 관립 및 사립 전문학교의 장서를 모두 합친 것보다 많았다.[42] 1938년 3월 일본 청년도서관원연맹의 조사에 따르면, 일본제국 전체에서 장서 수로는 5위에 해당되는 규모였다(〈표 2-4〉). 일반인들에게 열려 있던 다른 도서관들에 비해 경성제국대학 도서관은 '서양 서적'의 비율이 높았다. 이 조사가 실시된 시점에서 경성제대에는 법문학부(법과·철학과·사학과·문과)와 의학부만 있었으나(이공학부는 1941년부터 개설) 이런 경향은 변함이 없었다.

경성제대 도서관의 장서는 다른 도서관들을 압도하면서 경성제대의 학문적 권위를 확립하는 큰 요인이 되었다. 《조선지도서관》 창간호의 축사도 간행 책임자였던 경성제대 사서관 요시무라가 썼다. 그는 창간호부터 전국의 도서관 사서들을 계몽하는 에세이를 연달아 게재했다. 창간호에서는 '경제 국난, 사상 국난'의 시기에 도서관의 분발을 촉구했고, 제3호에는 〈천황 예찬의 시온운동(시온주의운동), 부록 공산주의

〈표 2－4〉 10만 권 이상 장서를 보유한 도서관(1937년 3월 말 현재)

도서관명	설립 연도	종류	장서 수			열람자 수	
			총수	일본어·한문 서적	서양서 (권)	연간 총수 (명)	1일 평균 (명)
1 교토제국대학 부속 도서관	1899	제대 부설	1,138,878	517,030	621,848	25,262	79
2 도쿄제국대학 부속 도서관	1892	제대 부설	1,038,414	562,083	476,331	993,561	3,236
3 제국도서관	1872	관립	847,676	717,935	129,741	436,700	1,327
4 규슈제국대학 부속 도서관	1925	제대 부설	566,542	256,675	309,966	32,514	99
5 경성제국대학 부속 도서관	1926	제대 부설	449,833	319,695	130,188	30,104	148
6 도호쿠제국대학 부속 도서관	1911	제대 부설	429,758	202,804	226,954	19,917	60
7 와세다대학 도서관	1902	사립	408,592	267,792	140,800	132,655	420
8 대만제국대학 부속 도서관	1928	제대 부설	346,832	206,855	139,977	6,268	25
16 만철대련滿鉄大連 도서관	1907	사립	212,876	미상	미상	50,202	159
18 조선총독부 도서관	1923	관립	199,032	미상	미상	341,716	949

출처: 아마노 게이타로·모리 기요시, 《도서관 총람: 쇼와 13년판》, 일본 청년도서관원연맹, 1938, 42~129쪽을 근거로 진필수가 작성한 통계(〈도서목록과 도서원부〉, 진필수 편, 《경성제국대학 부속도서관 장서의 성격과 활용: 식민주의와 총동원 체제》, 소명출판, 2017, 20쪽)의 일부분이다.

와 파쇼 관련 서적의 소개〉(1932년 신년호)를 발표했다. 이 글에서는 1932년 1월 8일 이봉창에 의한 이른바 '대역사건'(사쿠라다 문밖에서 쇼와 천황의 마차를 향해 수류탄을 던진 일)을 두고, "너무나 두렵고 간과할 수 없는 사태"(11쪽)이다, "당국 및 교육자 여러분들이 무거운 책임감에 눌려 공포와 슬픔 속에 있음을 마음 아프게 생각한다"(12쪽)고 썼다. 주목해야 할 것은 여기서 말하는 '교육자'에는 도서관원(사서)이 포함되어 있다는 점이다. 이봉창의 행위는 "공산 러시아의 사상, 거슬러 올라가면 불란서 혁명의 사상, 멀리는 시저의 시해, 더 멀리 거슬러 올라가면 희랍 민주주의의 사상에 빠졌기"(12쪽) 때문이라고 단언하면서, 도서관 이용자가 이 같은 방향으로 빠지지 않도록 하는 장서의 선택을 제안했다. 또한 같은 해 7월호 〈연구: 독서 지도의 방향 하나를 시연함〉에서는 도서관원이 좋은 책을 추천하는 차원에 머물러서는 안 된다면서, "한반도의 국어교육에 공중도서관원이 협력·노력해야"할 것이라며 "어학에 관한 독서 지도"와 관련해 "대중소설가 야다 소운"(18쪽)의 《태각기太閤記》[43]를 사례로 설명하고 있다. 즉, 요시무라는 도서관원의 중요한 역할 가운데 하나로서 조선인의 일본어 교육과 좋은 책을 통한 조선인의 '교화'를 강조했다.

그러나 요시무라가 소속되어 있던 경성제대 도서관이 이런 역할을 맡았던 것은 아니다. 1932년 경성제대 학생조직 강연부가 주최한 도서관 좌담회에는 도서관 관장과 도서관 직원 8명이 참석했는데, 도서관 운영이 교원의 연구 지원에 중점을 두고 있어 많은 책들이 교수 개인의 연구실로 대출되어 있는 점에 대한 불만이 속출했다. 그리고 학생들의 서적 열람에 제한이 많다며 개선을 요구했다.[44] 이렇게 대부분이 일본인이던 재학생에 대한 대출조차도 적극적으로 이루어지지 않았다. 경성제대 측은 장서의 일반 공개는 물론이고 '규장각' 도서의 열람을 조선인 연구자에게도 거의 허가하지 않았다.

요시무라는 에세이에서 도서관의 공공성을 강조했지만 이는 신성한 제국대학을 제외한 여타 다른 도서관에 해당되는 이야기였다. 이에 보조를 맞추는 듯한 움직임이 1931년부터 관립 도서관을 중심으로 드러난다. 특히 총독부 도서관에서는 도서관 이용자층의 확대, 즉 대중화를 향한 새로운 시도가 시작되었다. 1931년 10월부터 부산, 함흥, 신의주 도서관이 순회문고를 시작한 것이다. 마침 같은 해 1월부터 시작된 본관 부설 대중문고가 궤도에 오르기 시작한 때이기도 하다. 대중문고는 "현재 학교교육을 받지 못하는 일반 대중"을 우대했고 학생들의 이용을 금지함과 동시에, 유료였던 본관과는 달리 무료로 이용할 수 있게끔 했다. 책들은 요시무라가 어학 교재용으로 사용했던 것과 같은 "통속 실용" 위주의 서적들로 마련되었다(1932년 2월호). 이용자의 상당 부분을 차지하던 학생의 이용을 제한하기 위해 성인석을 128석으로 늘리고 학생석을 60석으로 한정하여 "전적으로 성인교육의 달성"을 목표로 삼고 있다는 점이 강조되었다(〈조선총독부 도서관 열람 근황〉 1932년 1월호). 1933년부터는 대중문고에 "독학을 위한 도서 및 실업實業교육" 관련 책들을 위한 서가를 신설하고, 독학자를 지원한다는 방침을 밝혔다(1933년 10월호). 그러나 학생 열람을 엄격히 제한해도 별다른 효과는 없었다. 중학생의 이용은 줄지 않았고 전문학교나 대학생은 일반 이용자로 집계되었기 때문에 대중문고를 이용하는 학생은 상당히 많았을 것이다. 그들 이용자 중에 조선인이 다수 포함되어 있었음은 두말할 나위도 없다.

조선인 이용자는 해마다 증가했고 도서관 이용률은 상승하고 있었다. "10월 중 하루 평균 이용자 수는 610명이다. 이 가운데는 신문 열람자 하루 평균 약 250명이 포함되어 있다"는 총독부 도서관의 보고가 이런 사정을 말해 주고 있다. 다른 도서관에서도 이용객이 가장 많았던 것은 신문 열람이었고, 총독부 도서관 역시 이용자의 40퍼센트 가까이가 신문 열람자였다. 그 태반이 조선인이었을 가능성이 크다.

> 경성부립도서관의 독서 통계 중……종로 분관의 통계를 보면,…… 결국 독서자로는 조선인이 일본인보다 1만 592명 많았고, 신문 열람자는 일본인은 한 사람도 없었으므로 조선인이 1,096명 많은 모양이라는데, 조선인이 일본인보다 공부를 부지런히 한다는 증거가 이 통계에서 나타났으되, 그 이면의 이유를 들어보면, 이들 독서하는 사람은 대부분이 학생과 아동인데, 일본 학생과 아동은 보고 싶은 책을 마음대로 살 수 있는 여유가 있으나 조선인 학생들은 한 번에 2전씩만 내면 마음에 드는 책을 볼 수 있는 도서관으로 많이들 가게 되는 까닭이라더라(〈춘광春光 등진 독서자〉, 《동아일보》 1928년 4월 10일 자).

경성부립도서관의 열람자 통계에 의하면 신문을 구독할 경제적인 여유가 있는 일본인 학생이나 아동과는 달리 돈이 없는 조선인 학생이나 아동이 무료 신문열람실을 많이 이용하고 있음을 알 수 있다. 이외에도 신문만 읽기 위해 도서관을 이용하는 조선인이 많았다고 한다.

조선인의 도서관 이용률에 관해 참고가 되는 자료가 〈표 2-5〉이다. 경성부립도서관은 1922년에 개관했고 1926년에는 조선인이 운영하던 경성도서관을 흡수하여 분관으로 삼았다. 경성도서관은 1920년 개관해 1923년에는 이용객이 7만 명을 넘어설 정도였음에도 안정적인 운영자금을 확보하지 못해 민간의 모금에 기대고 있었다. 하지만 장기간의 경영난을 견디지 못하고 경성부립도서관에 경영권을 양도하게 된 것이다. 분관에는 경성도서관 시절부터 조선어 장서가 갖추어져 있었기 때문에 조선인 이용자가 많았다. 전문서를 포함해 일본어 장서가 많았던 본관에도 1926년 무렵부터 조선인 이용자가 증가하기 시작했다. 이용자 수는 당시의 조선인 인구 비율을 고려하면 지극히 낮은 수치일 수도 있겠지만, 《조선지도서관》의 〈관계館界 소식〉에 따르면 전국 주요 도서관의 조선인 이용자 비율이 해마다 높아졌음은 명확하다.

교육 기회를 얻지 못한 조선인의 도서관 이용자가 증가했던 이유는 당시의 교육열과 함께 검토해야 한다. 1920년대 조선어 신문을 보면 일본어로 된 수험준비서와 학습참고서 광고가 많이 보인다. 앞서 서술했듯, 교육열이 비등하는 가운데 조선인의 입학을 허락하는 학교가 충분하지 않았기 때문이다. 《동아일보》 광고 중에서 상위 7위까지는 중

〈표 2-5〉 경성부립도서관 조선인과 일본인 열람자 수(단위: 명)

		1924년 8월	1926년 11월	1928년 3월
본관	조선인	491	2,859	4,128
	일본인	2,647	2,879	717
분관	조선인		7,504	6,922
	일본인		75	25

출처: 〈부립도서관 근황〉, 《조선일보》 1923년 2월 9일 자, 〈부립도서관 입장자 수: 11월에……〉, 《매일신보》 1923년 12월 5일 자, 〈부립도서관 열람 상황〉, 《매일신보》 1924년 9월 8일 자, 〈두 도서관의 독서자 근황〉, 《중외일보》 1926년 12월 6일 자, 〈과학, 경제가 전성……문학, 어학 등은 점차 감퇴……경성도서관 작년 12월 중 열람 상황〉, 《동아일보》 1927년 1월 8일 자, 〈춘광 등진 독서자〉, 《동아일보》 1928년 4월 10일 자에 근거하여 김남석이 작성한 통계(《일제치하 도서관과 사회교육》, 태일사, 131쪽)를 다시 정리했다.

학교 과정의 독학이 가능하다는 점을 강점으로 내걸었던 《와세다早稲田 대학 7대 강의》 시리즈가 차지했다(〈그림 2-3〉). 그중 한 권인 《중학 강의》의 광고는 "앞으로의 세상은 최소한 중학 졸업의 학력이 없으면 건너갈 수가 없습니다"라고 강조한다. 조선사람들에게 '보통학교 졸업'과 '중학교(고등보통학교) 졸업'은 큰 차이가 있었던 듯하며, 조선어로 된 '고등보통학교 입학준비서'의 광고 역시 지면에 자주 등장하였다.[45] 1920년대 후반에는 안정적인 직업이나 사회적 상승에 대한 지향이 고조되면서 《조선관료계의 진로》, 《소학교 졸업 입신立身 안내》나 총독부 관료시험 관련 수험서 등의 광고가 《동아일보》 등의 조선어 미디어에 대거 등장했다.

이는 《조선지도서관》이 전하는 열람 상황의 변화와도 합치하는 흐름이었다. 1931년 12월호 〈조선총독부 도서관 열람 근황〉에서는 도서관이 "수험공부 집합소로 간주되던 시대를 완전히 벗어나 도서관 본래의 기능이 이해되고 있는 상황이 됐다"고 서술하는 등, 도서관에서 수험공부를 하는 것에 비판적이었다. 그러나 도서관의 역할로 민중의 '교화'를 강하게 내세웠던 시기부터, 도서관은 마치 각종 자격시험을 준비하는 학원처럼 도서관 이용자들의 수험 결과를 발표하게 된다. 특히 1934년 7월호 〈조선도서관계館界 조선총독부 도서관〉에는 다음과 같이 쓰여 있다. "고등문관[高文]이나 변호사나 의사시험 준비를 위해 날씨와 무관하게 매일같이 도서관에 와서 열심히 공부하고 있는 내선인內鮮人이 대단히 많으며, 또한 시험 합격자도 매년 다수 배출하고 있다. 최근의 의사시험에도 매일 도서관에서 공부하던 조선 부인이 세 명이나 아주 좋은 성적으로 합격했다." 이외에도 도서관이 "보통문관이나 경찰관, 자동차 운전수 등"의 시험을 준비하는 조선인의 공부를 위한 장이

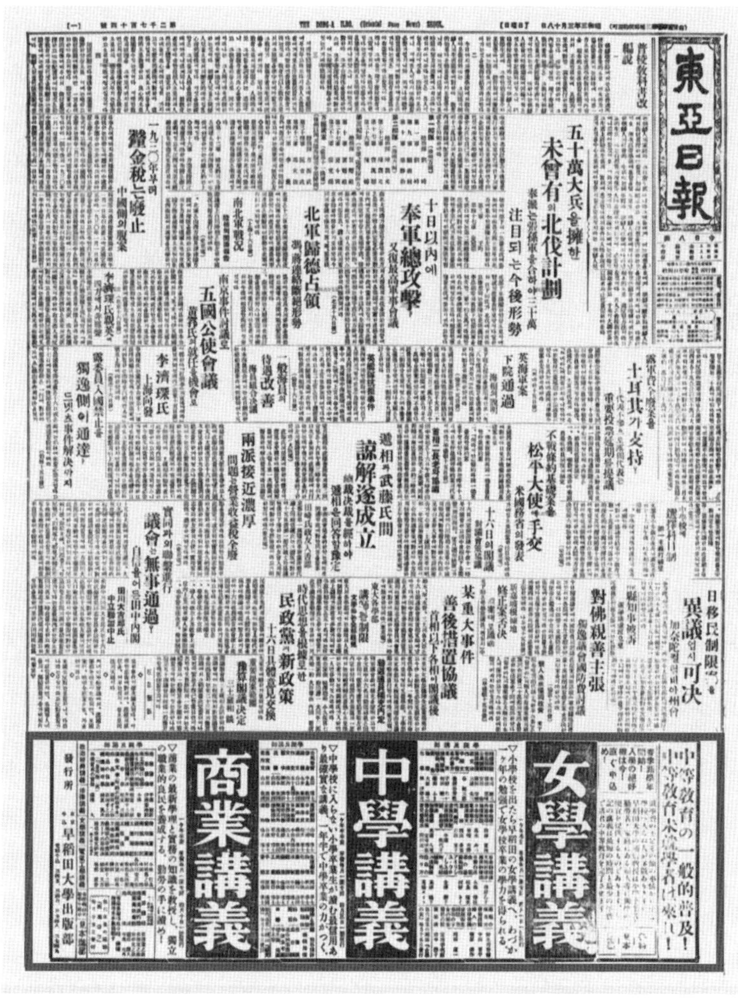
東亞日報

五十萬大兵을擁한

未曾有의北伐計劃

注目되는今後形勢

十日以內에

奉軍總攻擊

北軍歸德占領

五國公使會議

鑛金稅는廢止

遞相과武藤氏間

諒解遂成立

兩派接近濃厚

松平大使와手交

十耳其가支持

議會는無事通過

某重大事件

善後措置協議

民政黨의新政策

對佛親善主張

異議업시可決

中等教育の一般的普及!

女學講義

中學講義

商業講義

發行所 早稻田大學出版部

〈그림 2-3〉

《동아일보》 1928년 3월 18일 자 1면. 《와세다대학 7대 강의》 시리즈 광고. 이 광고는 1920년대 《동아일보》에 실린 광고 가운데 가장 많은 빈도 수를 자랑했다.

되고 있다고 보고한다.

이처럼 도서관이 수험공부를 지원하는 방향으로 전환됐던 것은 조선인의 이용이 가장 많았던 경성부립도서관이 "야비하고 외설스런 소설류나 과격해진 사상 관련 도서류 등의 열람을 엄금"(1933년 10월호 〈관계 소식〉)했던 시기이다. 도서관이라는 공간이 식민지 사람들, 특히 남성들의 안정적인 생활과 지위를 획득하기 위한 학습의 장이 되려고 할 때, 그에 상응하지 않는 사상과 풍속 관련 서적은 더욱 강하게 배제되었다. 도서관이라는 합법적인 장에서 방출된 책들은 어떤 운명을 더듬어 갔을까.

||| 4 |||

야시장·노점이라는 공간

먼저 1933년 8월 15일 자 《동아일보》에 실린 〈분서 3천 권 대동강 변의 연기로〉라는 기사를 읽어 보자(〈그림 2-4〉).

◇ 진시황이나 히틀러를 뺨칠 평양경찰의 사상 취체단속
분서는 옛적 진시황이나 멀리 독일에서만 볼 수 있는 일이 아니라 불일간[며칠 뒤] 평양의 대동강 변에서도 3천여 책이 연기로 화하리라 한다. 이것은 평양서에서 지금까지 압수하여 두었던 것들 중에서 보존 기한이 지난 것은 별달리 처치할 길도 없어 태워 버리려는 것으로, 그중에는 일본 등대사燈臺社가 발행한 문제의 서적 《심판》, 《마지막 날》 등을 비롯하여 좀처럼 얻기 힘든 사회과학서 종류가 대부분이고, 눈을 바로 뜨지 못할 '에로' 서적도 그중에 섞여 있다고 한다. 최근 평양서에서는 특별히 고본古本 서적상의 취체단속을 엄중히

焚書三千卷

大同江邊의 煙氣로

◇진시황이나, 히틀러를 謀倣질

平壤警察의 思想取締

保寧에 落雷

兩女子重傷

◇몸이 숯덩이같이 검어저

應急治療나 生命危篤

〈그림 2-4〉
《동아일보》 1933년 8월 15일 자. 평양에서 3,000권의 책이 불태워질 것이라고 크게 보도하였다.

> 하여 발매금지된 서적을 발견하는 대로 압수하는 터로 인정도서관의 서적 97권도 문제시되고 있거니와 불일간 연기로 화하여 대동강 변에 불살라질 서적만이 3,000권이라 한다.

평양경찰서가 종교, 풍속, 사상 관련 서적을 중심으로 압수했음을 알 수 있는데, 여기서 주목하고 싶은 것은 인정도서관의 장서가 문제시되고 있다는 점이다. 인정도서관은 평양의 자산가 김인정(〈그림 2-5〉)이 사재를 털어 1931년 12월에 개관한 도서관이다. 식민지 시기에 조선인이 운영한 도서관은 전국에 17곳이 있었는데, 인정도서관은 규모, 장서, 이용률이 가장 안정적이었던 도서관으로 알려져 있다. 개관식에

〈그림 2-5〉
조선총독부 도서관 앞에서 찍은 사진. 《문헌보국文献報国》 제1권 2호에 게재된 것.
사진 설명에는 '우가키 총독 방문자 일행'이라고 쓰여 있다. 오른쪽부터 22년 동안
조선총독부 도서관장을 맡았던 오기야마 히데오, 인정도서관 설립자 김인정,
오키 데이스케 기념도서관 관장 오키 쇼조, 인정도서관 관장 정두현.

총독부의 관료, 지방 장관, 지역 유지들이 참석하면서 대성황을 이뤘던 점에서도 알 수 있듯이 식민지 권력의 정책에 보조를 맞추는 형태로 운영되었고, 소장 서적들에 관련해서도 문제가 일어나지 않도록 주의를 기울이고 있었다. 인용한 기사 속의 사건은 인정도서관이 적색 서적(전부 합쳐 97권)을 임의제출 형식으로 평양서에 보내면서 해결된다.[46] 원래 이 적색 서적들은 《동아일보》와 《조선일보》 광고로도 선전되었고 조선에서 유통이 허가되어 도서관에서도 아무 문제없이 열람 가능했었다. 이런 서적들이 돌연 분서 대상이 되었으니 사서들도 놀랐을 것이

다. 이를 어떻게 파악해야 할까.

《조선지도서관》을 보면 인정도서관이 개관한 1931년부터 이듬해에 걸쳐 장서에 대한 가치판단에 변화가 일어나고 있음을 알 수 있다. 《조선지도서관》 창간호에는 제2호부터 〈신간 편리장新刊便利帳〉이라는 란을 배치한다고 예고되어 있다. "매호 모아 두시면 향후 출판도서연감이 되도록 할 계획입니다. 회원 여러분들의 이익과 편리를 도모하기 위해 이 란을 마련하려는 것입니다." 이것은 회원들의 "도서 구입에 참고"가 될 것이라고 덧붙여져 있다. 흥미로운 점은 창간호부터 지면에 '사상 국난'이라는 말이 등장하고 있었음에도 도서 안내에는 "《도쿄니치니치신문》, 《도쿄데다이신문》 및 《경성일보》의 출판 광고"가 망라되고 있었다는 점이다. 때문에 그 안내 목록에는 레닌, 부하린, 마르크스, 전기파戰旗派로 불리는 작가들의 저작이 길게 나열되어 있다.

그러나 1933년 3월(제3권 1호)부터 상황이 급변한다. 돌연 "편집자는 양서良書를 골라서 소개할 필요가 있을 것 같아서 안심하고 비치할 수 있는 도서목록을 제시했다"고 하면서, 신간 소개의 방침이 바뀌었음을 명확히 한다. 창간호부터 거의 매호마다 소개되던 사회주의 관련 서적들이 사라지고, 그 대신에 편집부는 《조선지도서관》의 "사명 중 하나로서 특히 조선과 만주 관련 도서 및 도서관 관련 도서를 따로 묶을 것"이라고 밝혔다. 조선인 저자의 책들도 소수이긴 하지만 신간 리스트에 포함된다. 적극 장려는 하지 않았지만 장서 후보로 거론되던 사상 관련 서적들은 《조선지도서관》에서 배제되었다.

이는 단순히 《조선지도서관》에 한정된 문제가 아니었다. 일본 본토에서는 1933년 7월 1일에 도서관령이 전면 개정되었다. 제10조 중앙도서관 지정에 관한 규정도 대폭 개정되었다. 이를 통해 제국도서관에서 시작해 도·부·현道府県 중앙도서관을 거쳐 관내 각지의 중소 도서관에 이르는 체계를 만들어 상위의 지정 도서관이 하위 도서관들의 장서를 관리하는 시스템이 구축되었다. 이것을 나가오 무네노리는 "도서관의 통제 강화"라고 하면서, "지역의 청년회가 설립한 소규모 사립 도서관의 장서 가운데 마르크스주의 등 과격 사상의 책들이 포함되어 있는 것에 대한 경계심이 그 배경으로 작용했다"고 지적한다.[47] 예컨대 나가노현립도서관장 오토베 센자부로는 1934년 발금 처분된 도서가 급격히 증가하는 가운데 "도서관의 생명이라고 할 책들이 발매금지 도서인지 아닌지 여부를 빨리 파악할 방법이 없고, 한 달 혹은 그보다 더 늦게 간행되는 월보 등을 통해서야 비로소 알 수 있으므로 상당히 불안하다"고 말한다.[48] 이는 전국 도서관원이 공유한 고민이었던 듯한데, 1933년 5월 12일에 열린 일본도서관협회 주최 제27회 전국도서관대회에서 도야마시립도서관장 기쿠치 스이조가 의제로 제출했던 '발매금지 도서 속보'는 '찬성' 및 '이의 없음'으로 신속하게 가결되었다. 그 의제의 내용은 "사회교육의 중심인 도서관원은 경찰보다 더 빨리 혹은 경찰과 동시에 발금 도서의 내용과 이유를 알아야 한다. 내무부 및 문부성과 협정을 맺어 관련 사안을 전국 도서관에 신속히 통지해 주길 바란다"는 것이었다.[49] 일본 본토에서 '도서관의 통제 강화'가 추진되던 바로 그 시기에 인정도서관의 장서 중 일부가 불온하다는 이유로 불태워졌던 것이다.

그렇다면 불온한 책들은 어디로 갔을까? 지배자의 의도대로 지상에서 사라졌을까? 1930년대에 들어 급성장한 경성의 종로 야시장을 들여다보자. 경성에서 일본인의 번화가는 혼마치(현재의 충무로)였고 조선인의 번화가는 종로였다.[50] 최첨단 지식을 찾는 사람들은 민족을 불문하고 혼마치의 마루젠丸善이나 니혼쇼보日本書房 등의 서점을 찾았지만, 값싼 책이나 조선어 서적을 찾는 사람들은 종로 등지에서 조선인이 경영하는 헌책방이나 야시장을 찾았다.[51] 이 무렵 종로의 고서점과 야시장의 북적거림은 《조선지도서관》(1934년 3월호)에 실린 경성제국대학 도서관원 가미토마이 쇼의 에세이 〈부스러기 책들屑本[폐서적]의 먼지〉에서도 엿볼 수 있다.

> 십 전 균일가 책들 가운데 오십 전 혹은 일 엔의 가치가 있는 책을 발견하고 마치 보물을 찾은 기분이 든다면, 종로 야시장도 걸어 보시기를 권한다. 그곳은 처음부터 내 마음을 사로잡은 곳으로, 지금도 여전히 나를 즐겁게 해 준다. 날씨가 좋은 날은 저녁식사 뒤에 산보하기에 딱 좋고 여러 작은 점포들에서 손님을 부르는 모습에 아직도 조선의 냄새가 남아 있어 재미있다. 수십 개에 이르는 그 야시장 점포들 사이에 옛날 잡지나 부스러기 책들을 멍석 위에 늘어놓고 있는 곳이 예닐곱 집이나 있다. 그 밖에 언문[한글]으로 된 신소설 등을 파는 곳도 두세 집 있는데, 그런 점포에는 대개 나이 든 여성이 무릎을 세워 앉은 채로 가게를 지키고 있다. 여기 있는 헌책들의 출처는 고물상인 듯한데, 이사나 벽장을 정리하는 일요일이 지나면 조금 특이한 것들이 나오는 모양이다.

가미토마이가 말하는 '언문 신소설'이란 이광수의 소설 같은 조선어 근대소설이 나타나기 이전의 소설을 말한다. 이것들은 노점상에서 저울로 달아 판매되는 일이 많았다. 제국대학 도서관 직원인 그는 노점이나 조선의 헌책방에 있는 낡은 책들을 도서관 서가에 갖다 놓기 위해 돌아다녔던 게 아니다. 가미토마이는 도서관 반입이 허가되지 않은 것들을 둘러보는 취미를 가지고 있었던 듯하다. 그와 동일한 루트를 통해, 조선인 중에서도 고등교육을 받은 사람들은 사회주의 서적이나 금서를 찾아다녔다. 노점의 경우, 앞의 인용문에서처럼 '문맹 여성'이 무게를 기준으로 가격을 교섭하는 일이 많았고, 사람들은 숨겨진 보물을 찾아 발굴하듯 이곳에 들렀다.[52] 그러나 종로의 헌책방은 1910년 11월 이후 일본의 헌병, 경찰, 조선인 헌병보조원에 의한 가택 수색을 거듭 경험하게 되었고, 이 때문에 단골손님이나 신뢰하는 손님에게만 금서를 소개·판매하는 방식을 취하게 된 듯하다.[53]

이 같은 풍경은 경성에서만 보이던 게 아니었다. 권명아의 지적대로 풍속 문란紊乱의 우려가 있어 엄격하게 단속됐던 구舊 소설(조선 왕조시대의 소설)은 "1937년 시점에서도 여전히 근대 출판의 공식적인 유통경로를 따르지 않고 장날이나 세책점, 돌려 보기 등 비공식적인 유통경로"[54]를 통해 살아남아 있었다. 또 도서관에 소장될 수 없었던 단속대상 도서들이 돌려 읽기 모임이나 제5장에서 논의하게 될 잡지《전기戰旗》의 독서회 같은 작은 공동체의 독서모임에서의 낭독(번역)을 매개로 확산되었다. 이 책에서는 이런 모임에 참가하고 있던 비식자자非識字者(리터러시가 낮은 사람들)에 의한 '독서'의 형태에도 주의를 기울일 것이다.

이처럼 언제나 이동하고 확산되고 있던 책, 즉 '부스러기 책들'의 문서고는 지배권력의 문서고Colonial Archives 역할을 맡고 있던 '도서관'과는 명확히 다른 형태로 유지되면서 생존했다. 경성제국대학 도서관이 막대한 자금을 들여 훌륭한 장서와 건물을 보유할 수 있었던 것은 조선총독부가 그 도서관을 식민지 통치의 성공의 결정체로서 제국 본토의 문화권력들에 과시하고자 했기 때문이다.[55] 그렇다고 한다면, 도서관이야말로 일본제국에서의 문화적 헤게모니를 다투는 장이자 지배권력의 전략적 공간 프레임에 의해 만들어진 것이라고 할 수 있을 터이다.

조선총독부가 지원하는 형태로 경성제국대학 도서관이 제국의 하이어라키에서 상위권을 지향해 간 움직임은 식자識字 능력이 있는 조선인들이 도서관에서 꿈꿨던 상승 지향과 평행관계를 맺고 있다. 앞서 서술했듯, '고등문관이나 변호사, 의사시험 준비'에 분주한 조선인, '보통문관이나 경찰관, 자동차 운전수 등'의 시험을 준비하는 조선인, 제국대학 도서관에서 공부하는 조선인에게 도서관은 일본제국의 통치시스템에서 사회·경제적 지위 상승을 준비하기 위한 공간이었기 때문이다. 그렇기에 '도서관'을 분석의 중심으로 삼는 논의에는 이미 지배자 측의 시각이 내포되어 있다는 점을 고려해야만 한다.

한편 또 다른 성격의 길거리 도서관이라고도 할 수 있을 저 야시장의 '부스러기 책들'을 중심으로 생각한다면, 농촌의 여성, 특히 비식자 독자들까지도 시야에 넣을 필요가 있다. 이는 '도서관'이라는 명사를 지배권력에 의한 공간적 프레임의 속박에서 탈환해야만 가능하다. 다음 장부터는 바로 이런 '부스러기 책들'을 시야에 넣어 논의를 전개해 보고자 한다.

五十萬大兵을擁한
未曾有의北伐計劃
奉派는五個軍을合하야三十萬
注目되는今後形勢

十日以內에
奉軍總攻擊
又復最高軍事會議

北軍歸德占領

南北軍戰況

一九二〇年부터
釐金稅는廢止
中國側의提案

五國公使會議
南京事件討議

李濟琛氏
上海向發

土耳其가支持

英海軍案
下院通過

特別改善

松平大使에手交
不戰條約基礎案을
米國務省의發表

十六日의閣議

諒解遂成立
遞相과武藤氏間

兩派接近濃厚

議會는無事通過

對佛親善主張

某重大事件
善後措置協議
首相以下各相이閣議後

民政黨의新政策
十六日具體意見交換

女學講義

中學講義

商業講義

の走狗となつて働く所謂善良鮮人ほど不逞なものはないのだ。不逞鮮人！其れは不逞なる
鮮人ではなく、飽くまで自由の念に燃えて居る生きた人間なるが故に日本の権力者共には
あるのだ。斯かる意味に於て我々は不逞鮮人たることを誇りとして居る。我々の運動其れは
じても征服者を對照としての復讐運動である。（中略）
とつて背「捉ち」と云ふこと其のことが眞であり善であり美であり正義であるのだ。従つて

[제3장]

불령선인

||| 1 |||

조선총독 정치의 신조어

일본제국의 통치권력이나 그 권력이 비호하는 사람들에게 '불령선인'은 '우리들'의 세계를 혼란시키는 범죄자를 가리키는 말이다. 식민지 조선의 경찰 관료로 재직하던 시기부터 민속학 연구자로도 활동해 온 이마무라 도모[1]는 1928년 경성에서 간행한《역사 민족 조선 만담漫談》(남산음사南山吟社)[2]에서 "말살하고 싶은 숙어熟字"로 '불령선인'을 최우선으로 꼽았다.

> 고국 부흥의 열의에 불타 반역을 도모한다면, 그것이 잘못일지라도 다소 그 기개에 경의를 표하여 '정치범 선인鮮人'으로 불러야 할 것이고, 만약 이들이 강도무뢰배라고 한다면 '선인 강도단'이라고 불러야 할 것이다. 혹은 악행을 저지르는 선인이라는 뜻이라고 한다면 불령일본인도 불령미국인도 불령영국인도 있어야 한다. 굳이 선인

에게만 특별히 불령이라는 말을 덧붙일 이유가 없다.

이 불령선인이라는 숙어를 습관적으로 사용함으로써 평범한 조선인들에게 끼치는 폐해가 심각하다. 만약에 이런 숙어가 없었다면 저 간토 대지진 때의 불상사는 심각하지 않았을 터이다.

처음에는 배일선인排日鮮人이라는 문자를 사용하고 있었으나, 이를 이토 통감이 너무나 싫어하여 공문서에 이 문자의 사용을 금지했고, 이후 경무국의 누군가가 불령선인이라는 문자를 만들었다.

이마무라는 모든 조선인을 동일하다고 여기지 않으며 독립운동을 시도하는 사람들에게는 '다소 경의'을 표하면서 '정치범 선인'이라고 부르고, 형사법에 저촉될 것 같은 강도 등의 범죄자들은 '선인 강도단', 단순한 악행을 저지르는 자라면 조선인도 일본인도 영국인도 동일하게 '불령'으로 분류해야 한다고 주장한다. 그는 '불령'이라는 말에 무게중심을 두고 있지만, '선인' 역시 '불령' 못지않은 차별어였다. 이마무라는 '선인'이라는 말에 대해서는 무관심하다. 이것은 '선인'이라고 부르는 쪽과 '선인'으로 불리는 쪽 사이에 상당한 온도차가 있었음을 보여준다.

본디 '선인'이라는 말은 한국병합 이후 총독부의 지배정책이 만들어 낸 신조어(일본어)였다. 1910년 8월 29일 공포된 '한일병합조약'의 표기는 '한국', '한국인'으로 통일되어 있었다. 그러나 같은 날 칙령에 의해 '한국의 국호를 고쳐 지금부터는 조선으로 칭'해지게 된다. 그리하여 먼저 모든 공문서나 지명 등에서 '대한'과 '황제'라는 말은 사용이 금지되었다. 2장에서 서술했듯이 책 제목에 '대한'이라는 문자가 포함된 것은 압수되고 그중 일부는 소각되었다.

이러한 조치는 미디어에도 영향을 미쳤다. 우츠미 아이코와 가지무라 히데키가 식민지민들의 호칭에 관해 조사한 바에 따르면, 병합 직후에는 '조선인'이라는 말이 많이 사용되고 있었지만 10월경부터 신문지면에서 '선인'이라는 단어가 보이기 시작하면서 급격히 일반화되었다고 한다.[3] 1920년까지 조선인에 의한 조선어 미디어가 허용되지 않았던 점을 감안하면, '선인'은 식민자가 조선인을 부르기 위해 만들었고 일본어 미디어를 통해 퍼져 나갔다고 할 수 있다. 한편 식민지 외부에서 증가하고 있던 항일운동 그룹은 '한韓'이라는 한자를 조직 이름에 넣었다. 예컨대 상하이의 '신한新韓청년당', '대한민국임시정부', '한인사회당'처럼 병합 직후부터 '선鮮'과 '한韓'의 싸움이 전개됐던 것이다.

'선인'을 둘러싼 식민자와 피식민자 사이의 이러한 온도차는 1921년 역사학자 기다 사다키치喜田貞吉가 조선에서 진행한 강연회 일화에서도 엿볼 수 있다. 그는 강연 주최자로부터 "식민지"나 "조선인", "선인" 같은 말은 "이쪽 사람들이 싫어하니 가급적 피해 달라는 말을 들었다"고 한다. 이와 관련하여 기다는 다음과 같이 말한다. "조선사람들을 '조선인'이라고 하거나 혹은 줄여서 '선인'이라고 하는 게 뭐가 이상하다는 건가. 나는 오늘 민족 동화에 대해 말하고 싶은데, 조선인 또는 선인이라는 말을 못 쓰게 하니 참으로 어떻게 말하면 좋을지 모르겠다."[4] 그는 1910년 한국병합 무렵부터 "일본과 조선의 '동종同種'론을 열렬히 제창했던 대표적 인물"[5]이다.

기다를 초청한 강연 주최자는 3·1독립운동으로부터 불과 채 2년도 지나지 않은 시점에 일선동조론日鮮同祖論을 선전하기 위해 마련한 장에서 '식민지', '조선인', '선인'이라는 말을 사용하면 조선인 청중을 자극할지도 모른다고 우려했을 것이다. 한편, 다음 절에서 검토하게 될 3·1운동이라는 조선 민중의 독립투쟁은 강연자 기다에게 "조선에서의 소란사건"이고 "폭동"에 불과했다. 그는 3·1운동을 일으킬 정도의 폭력적인 조선인이 "점차 다수에게 동화되어 감으로써 언어·풍속·습관을 고치고 그 사상을 하나로 합치시키게 되면, 피아彼我 간의 구별은 완전히 철폐되어 혼연융화된 일대一大 일본민족을 이루게 될 것"이라고 주장했다.[6] 이처럼 그는 '동화'되기 이전의 '조선인'을 '선인'이라는 말로 줄여 부르는 것에 대해 조선인이 어떻게 생각할지에 대해서는 관심이 없었다.

이 같은 말들의 사용은 동일한 시기에 사회주의자 야마카와 히토시의 문장에서도 드러난다. 야마카와의 발언을 보자. "만약 일본의 노동운동이 저들 선인[센징] 노동자들을 [투쟁] 대열 속으로 동화시켜 하나로 단결하지 못한다면 선인 노동자들은 오히려 자본가 계급이 일본 노동계급을 때려부수는 싸움에서 도구로 이용될지도 모른다"(〈일선日鮮노동자의 단결〉, 《전위前衛》 1922년 9월호). 기다 사다키치가 말하는 일본민족과 조선민족의 '동화'와 야마카와 히토시가 말하는 일본인 노동자와 '선인' 노동자의 '동화'가 각기 민족주의와 계급투쟁이라는 서로 다른 문맥 위에 서 있는 것은 분명하다. 기다는 일본제국의 민족 지배정책에 부응하는 활동을 하고 있었다. 그에 반해 야마가와는 자본주의의 모순에 대해 말하고 계급 연대를 주장했다. 그러나 양쪽이 말하는 '동화'는 모두 조선인이 일본인보다 열등하다는 전제 위에서 성립하고 있다.

이러한 '선인'과 '불령'이라는 말이 조합된 '불령선인'에 대한 이마무라의 정의로 다시 돌아가 보자. 이를 이마무라의 경력과 함께 생각하면 상당히 흥미롭다.[7] 이마무라는 1870년 고치현에서 태어났다. 오사카에서 경찰관으로 근무하다 문관 보통시험에 합격하여 도쿄 경시청에 배속되었다. 1908년 한반도로 건너왔는데, 그 무렵 대한제국은 이토 히로부미 통감의 통치 아래 있었고, 경찰행정기구는 통감부 직속으로 재편성되기 시작했다.[8] 이마무라는 한국 내부 경무국장이었던 마츠이 시게루의 추천으로 충청북도 경찰부장에 발탁되었고, 이후 강원도와 경상남도에서 경찰부장과 위생부장 등을 역임했다. 한국병합 전인 이 시기를 두고 이마무라는 "당시 창설 무렵에는 아직 법령도 완비되지 않은 상태였던지라 행정상 어림짐작으로 대충 처리되는 사무들이 대단히 많았다"고 회고하고 있다.[9]

그는 한국이 병합된 1910년부터는 조선총독부 직속 경무총감부 남부경찰서에 소속되었고, 1914년부터는 평양경찰서장 및 제주도경찰서장 역임, 1917년에는 전라남도 지방토지임시위원이 되었다. 그렇게 그는 조선 전역을 돌아다녔다. 일본제국의 통치시스템이 정비되어 가던 이 시기, 이마무라는 일본제국에 대한 '범죄행위'라는 것이 무엇인지, 어떻게 분류하면 좋을지 조선인을 가까이 접하면서 판단해야 했다. 그는 일본제국이 조선을 지배하는 방법을 학습하던 시기에 자신의 직무수행에 도움이 되리라고 생각하여 민속학 연구를 시작했다. 그의 연구가 "경찰민속학"[10]이라는 이름으로 불리는 이유가 여기에 있다. 그는 "어떻게 하면 직무 집행이 민도民度와 조화를 이룰 수 있을지에 대해 고심"했고, "조선의 풍속·관습에 대한 이해의 필요성을 바르게 감지했으며 거듭 조사에 착수"[11]했다. 부임지가 바뀔 때마다 그 지방의 풍속에 관해 자세히 조사하고 연구했다. 이마무라는 제국의 경찰로서 식민지 조선에서의 '불령선인'이 어떻게 생성되고 확산되는지를 파악할 수 있는 위치에 있었던 것이다.

그의 마지막 공직은 총독부 관할 아래 조선의 옛 왕족 관련 사무를 담당하는 이왕직李王職 서무과장으로서, 1925년까지 5년간 근무한 뒤

퇴직했다. 조선 왕실의 공식 기록《순종실록》부록에는 1923년 9월 3일 자로 "도쿄 대지진으로 인하여, 본직本職 사무관 속屬 이마무라 도모·이케지리 마스오池尻萬壽夫에게 도쿄 출장을 명함"이라고 기록되어 있다.[12] 이마무라는 지진 재해 발생 이틀 후에 간토 대지진을 조사하기 위해 도쿄 출장을 명받았고, 조선과 관련된 조사를 했을 것이다. 지진 직후 일본 본토에서 불령선인이라는 말이 어떻게 퍼져 나갔는지, 어떤 결과를 낳았는지 경험했을 것이다.

1924년 12월 1일 자《조선일보》1면의〈팔면봉八面鋒〉란에 실린 다음과 같은 문장에 주목하고자 한다. "이마무라 도모라는 일본 양반은 말살하고 싶은 숙어로서 '불령선인', '상하이', '가假[임시]정부', '내선일체' 등을 열거했다. 표면만으로는 찬성이다. 다만, 내면의 이유에서는 정반대다." 선행 연구에서 이마무라의 '불령선인'에 관한 서술은 앞의 서두에서 인용했던 1928년 문헌이 출처로 여겨져 왔다. 그러나 이《조선일보》기사를 보면 이 서술은 1928년보다 4년 전, 간토 대지진 이듬해에 공개되었다. 앞서, 즉 "불령선인이라는 숙어를 습관적으로 사용함으로써 평범한 조선인들에게 끼치는 폐해가 심각하다. 만약에 그런 숙어가 없었다면 저 대지진 때의 불상사는 심각하지 않았을 터이다"라는 이마무라의 문장은 다름 아닌 출장지 도쿄에서 경험한 간토 대지진 직후의 보고인 것이다. 여기서 불상사란 '조선인 학살'을 가리킨다. 이마무라는 처벌받아야만 될 '불령선인'과 '보통의 조선인'을 구별했고, 이에 대해《조선일보》는 '표면만으로는 찬성'이지만 '내면의 이유에서는 정반대'라고 반응했던 것이다. 이마무라가 없애고 싶은 숙어에 관한 문장이 제국에 저항하는 조선인은 범죄자라는 시각을 여전히 내포하고 있었기 때문이다.

'불령선인'이라는 말은 일본어를 매개로 하여 일본 본토로 퍼져 나갔고 간토 대지진에서 큰 힘을 발휘했다. 이 같은 말의 확산은 1장에서 서술했던 것처럼 일본 본토로 '조선인'이 이동하고 하나의 집단으로 가시화되는 과정과 겹친다. 식민지에서 조선인과 직접 접촉하면서 무엇이 일본제국에 대한 범죄행위인지 판단하고 '불령선인'을 색출하던 이마무라가 우려할 정도로 이 말은 1910년대부터 1920년대에 걸쳐 확산되었다. 이 과정에서 '불령선인'으로 분류된 사람들에 대한 살육은 정당화되었고 당연시되었다.

이 장에서는 '불령선인' 이 어떻게 다른 맥락으로 번역되어 증식되어 갔는지, 이 말의 운동성에 주목한다. 이 말을 매개로 일어났던 조선어 미디어와 일본어 미디어의 근대적 교착과 충돌을 다시 포착해 보자. 일본제국 문화사의 가장 큰 문제점은 의무교육을 통해 문해력을 갖춘 사람들의 세계를 당연시하고 그들만을 연구 대상으로 삼아 왔다는 점이다. 이러한 문화사에 가려진 사각지대를 '불령선인' 을 매개로 부상시켜 보자.

||| 2 |||

제국 미디어와 암闇미디어의 공방전

이마무라 도모에 따르면, '불령선인'이라는 말은 조선총독부 경무국의 조어다. 이를 확인할 방도는 없다. 하지만 조선인 자신이 '불령선인'이라는 말을 만들어 냈을 가능성이 지극히 낮다고 할 때, 이 말은 조선의 지배자가 만든 '일본어'일 것이다. 예컨대 일제강점기의 역사자료를 열람할 수 있는 '한국사 데이터베이스', '한국역사 정보통합 시스템'에서 '불령선인'을 검색해 보면, 일본의 공문서에서는 항일운동에 나선 사람들을 맵핑mapping하는 용어로 사용되었다. 공문서만도 4,296건이 검색된다. 거기에 일본제국의 공문서 전부가 망라된 것은 아니지만, 1910년 무렵부터 '불령선인'이라는 말의 사용이 서서히 증가해 갔음을 확인할 수 있다.[13]

예컨대 한국병합 2개월 전인 1910년 6월 25일 자 간도間島 총영사 에이류 히사키치가 외무대신 고무라 주타로에게 작성해 보낸 〈간도 총영사관 재한在韓 제국 관리 배치의 건件〉(문서번호: 기밀발송 제28호)에는

"간도 지방 불령선인의 동정에 관한 조사와 그 취체단속을 위해 한국 사정에 정통한 재한 제국 관리를 영사관 및 그 분관에 배치한다. 또 영사관장의 감독 아래 재류한국인 시찰의 임무를 전담시킬 목적"으로 헌병을 배치할 것이라고 보고되어 있다. 이 같은 제국 관리의 파견은 한국 병합 이후에 본격화되었다. 조선총독부 경무총감 아카시 모토지로가 데라우치 마사타케 총독에게 올린 〈불령선인의 건〉(1912년 8월 28일 자. 〈그림 3-1〉)에서는 간도에 파견된 헌병의 조사를 인용하는 형식으로, "위험 사상을 가진 조선인"에 관해 보고되고 있다. 간도 총영사 대리는 외무대신에게 〈재在러시아 불령선인의 현황에 관한 보고의 건〉(1918년 10월 1일 자, 〈그림 3-2〉)이라는 전체 31쪽에 이르는 보고서를 보냈다. 만주나 러시아의 영사관 직원, 군인, 스파이 등이 외무성·내무성·조선총독부에 제출하는 보고서에서도, 또 총독부의 공문서에서도 '불령선인'이라는 말은 공문서의 표제가 되고 있으며, 이런 맥락에서 분류되었다. 뒤집어 보면 이는 '조선독립운동사'와 다름없다. 한국 정부가 한국사 데이터베이스나 한국역사 정보통합 시스템에서 이런 자료들을 아카이브화하여 본문을 열람할 수 있도록 했던 것도 이런 까닭에서다.

식민지를 지배하는 입장에서 '불령선인'은 일본제국에 저항하고 그 안정을 위협하는 움직임이나 사람들을 뜻했다. 그렇기 때문에 '불령선인'에 대한 무력적 억압은 정당화되었고 살상 역시 허용됐다. 예컨대 1919년 5월 30일 조선군 사령관 우츠노미야 다로가 육군대신 다나카 기이치에게 〈불령선인 살상 치사의 건 보고〉를 보냈다. 거기에는 개인적인 원한을 풀기 위해 허위 밀고를 했던 조선인을 칼로 참살한 조선군 중위의 행위를 정당방위로 처리했다고 써 두었다. 정당방위의 근거는 중위가 설사와 발열로 인한 '신체 쇠약' 상태였으므로 냉정한 판단이 어려웠다는 점, 나아가 상대방이 거짓말쟁이에다가 폭력적인 '불령선인'이라는 점이었다. 보고서 끝에는 '이 사건에 대한 내선인內鮮人 측의 풍문'이 실려 있는데, 뒤에 서술하는 3·1운동에서 위력을 발휘한 '풍문'에 과민 반응을 하는 모습을 엿볼 수 있다. 독립운동의 여진이 이어지는 가운데, 이 잔인한 사건이 조선인 사회를 자극할 것을 우려하고 있었던 것이다.

기밀문서에서 제국의 통치시스템을 어지럽히는 자들의 총칭으로 정착하게 된 '불령선인'은 3·1독립운동을 계기로 급속히 퍼져 나간다. 《동아일보》 1923년 2월 14일 자 〈횡설수설〉란에서는 "'불령선인'이라는 문자를 애용하는 일본인이 '만세[3·1독립운동을 가리킴]' 이래로 급증했다"고 비꼬아 말할 정도였다.

3·1독립운동은 한반도 전역과 그 외부의 조선인 커뮤니티에서 1919년 3월 1일부터 수개월에 걸쳐 동시다발적으로 일어난 봉기였다. 그때까지 조선총독부 무단정치는 헌병과 경찰이 일체화된 제도의 폭력성이 가장 큰 특징이었다. 그 효과는 명백해서 1909~1918년에 '민란'은 격감해 그 9년 동안 이른바 '민중 소요騷擾사건'은 11건에 불과했다. 조선 말기부터 일본에 병합되기까지 매년 수십 건이나 발생했던 것을 감안하면, "민중은 항의조차 불가능한 상황 속에서 폐쇄감을 키워 가고 있었다"[14]는 조경달의 지적은 정확한 것이라고 하겠다.

미국 대통령 윌슨은 1918년 1월 8일에 제1차 세계대전의 전후 구상으로서 14개 조항의 평화 원칙을 발표했다. 이는 피억압 민족·국가의 독립이나 자치를 주창한 것이었다. 이 원칙에 열강의 식민지가 포함되지 않았다는 점을 알아차리지 못한 많은 조선인들은 윌슨의 발표에 독립 가능성을 발견하고 기대를 걸었다. 미국, 중국, 러시아, 도쿄의 조선

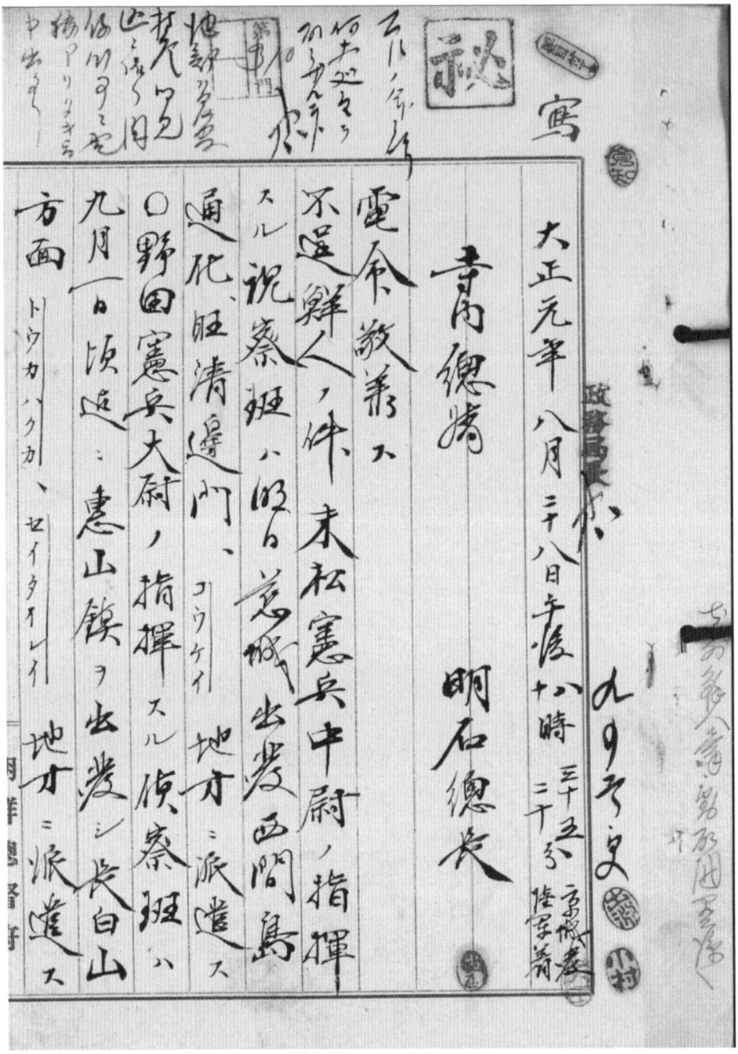

寫

大正元年八月二十八日午後八時三十五分 京城發
十時二十分 陸軍着

寺内總督 明石總長

電命敬承ス

不逞鮮人ノ件ハ末松憲兵中尉ノ指揮スル視察班ハ昨日茂城出發西間島通化、旺清、邊門、コウケイ地方ニ派遣ス

○野田憲兵大尉ノ指揮スル偵察班ハ九月一日頃迄ニ恵山鎭ヲ出發シ長白山方面トウカハクカ、セイタイレイ地方ニ派遣ス

朝鮮總督府

〈그림 3-1〉

조선총독부 아카시 모토지로 경무총장, 〈불령선인의 건〉, 1912년 8월 28일 자.
한국 국사편찬위원회, 〈한국사 데이터베이스〉. 데라우치 총독에게 보낸 공문서에는 "위험사상을 가진 조선인"을 "불령선인"이라고 썼다.

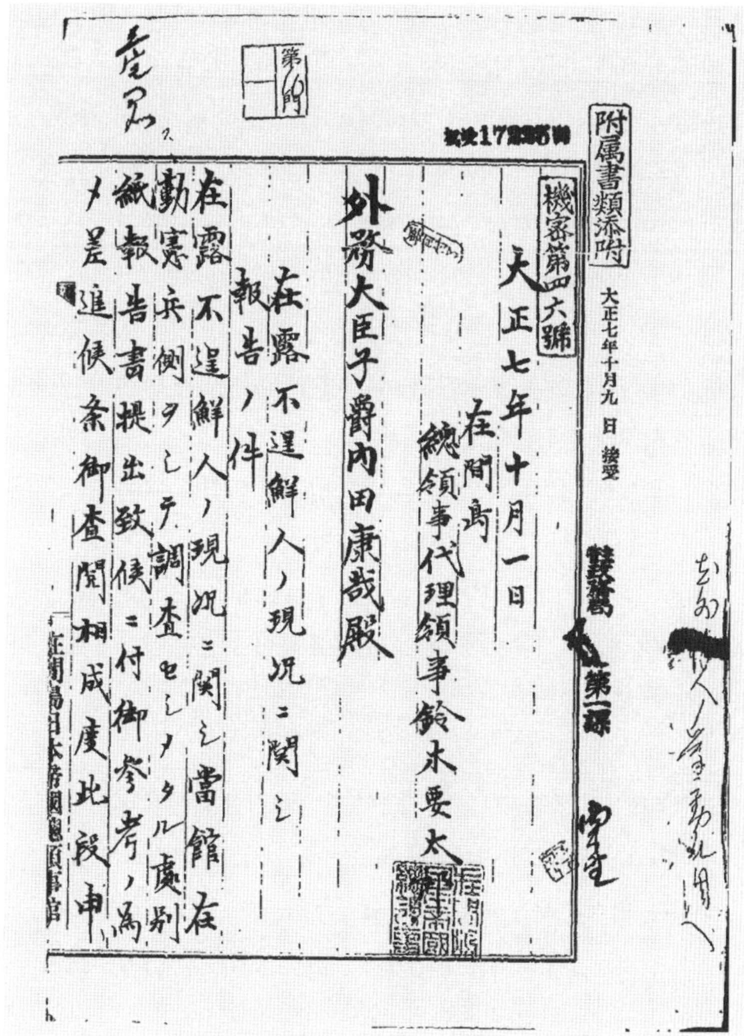
附屬書類添附
大正七年十月九日接受
第一課
機密第四六號
大正七年十月一日
在間島
總領事代理領事鈴木要太郎
外務大臣子爵内田康哉殿
在露不逞鮮人ノ現況ニ関シ報告ノ件
在露不逞鮮人ノ現況ニ関シ當館在勤憲兵側ニテ調査セシメタル別紙報告書提出致候ニ付御參考ノ為メ差進候条御査閲相成度此段申
在間島日本總領事館

〈그림 3-2〉
간도 총영사 대리, 〈재在러시아 불령선인의 현황에 관한 보고의 건〉,
1918년 10월 1일 자. 한국 국사편찬위원회, 〈한국사 데이터베이스〉.
외무대신에게 보낸 보고서에는 '불령선인'이라는 표제가 사용되었다.
이 시기가 되면 불령선인이라는 말은 공문서 용어로 정착된다.

인 조직은 윌슨과 접촉을 시도하거나 파리 강화회의에 대표를 보내려고 했지만 전부 실패로 끝났다. 그러나 그 영향은 도쿄 유학생들에 의한 1919년 '2·8독립선언'으로, 나아가 3·1운동으로 연계되어 갔다.

3·1운동의 직접적인 기폭제가 된 것은 대한제국 고종 황제의 죽음이었다. 1919년 2월 22일 고종은 66세의 나이로 돌연 사망했다. 고종의 사인에 대해 조선총독부는 뇌일혈이라고 발표했지만, 이것을 믿는 사람은 적었으며 여러 소문이 퍼졌다. 그중 가장 신빙성이 있다고 여겨졌던 것이 독살설이다. 총독부의 어용 미디어 이외에는 조선어 미디어가 없었고, 2장에서 확인했듯 대부분의 조선인은 조선어 문해력조차 없었기 때문에 독살설은 입소문을 타고 급격히 퍼졌다. 총독부 정치에 대한 불신이 독살설 파급의 촉매제가 되었다.

1910년을 "풍문의 시대"라고 불렀던 권보드래[15]는 러일전쟁과 일본의 한국병합에서 3·1운동에 이르기까지 소문이 가졌던 역할에 대해 다음과 같이 쓰고 있다.

> 러일전쟁에서의 승리로 일본제국이 한반도 장악을 본격화한 이래 두려움과 공포, 또한 적개심과 분노는 특히 일본을 대상으로 응축되었다. 단발과 토지 수용, 묘지 훼철과 즉결 처형 등 두려움의 현실적 근거는 충분했으며, 여기에 보태진 상상력은 소문을 일층 생생하고 가공할 만한 것으로 만들었다. 정보에서 소외될 수밖에 없었던 지역에서 소문은 특히 파괴적인 위력을 발휘했다.……약한 종족은 멸망할 수밖에 없다는 1900년대식 '멸종'에의 공포에 비하면 이 역시[1910년대 소문] 한결 우회적이고 간접적인 공포였으나, '언어'라기보다는 '잡음'에 가까웠던 1910년대의 소문과 풍설은 그런

제한 속에서나마 국망國亡의 시대를 살게 된 불만과 불안을 실어 날랐고, 종국에는 정치적인 저항의 가능성을 준비해 갔다. 강점 직후 중국 동북부에서 흑사병이 창궐, 경찰이 예방차 쥐잡기를 독려할 때도 실상은 총독부에서 쥐를 따로 쓸 데가 있기 때문이라는 소문이 번지는 식으로, 민간의 소문은 식민 통치기구에 대한 불신을 전방위적으로 표현했다.[16]

이러한 시대에 한반도에서는 천도교와 기독교 같은 종교단체들을 중심으로 독립운동의 움직임이 시작되었다. 이 지점에서 등장한 이가 와세다대학에 유학 중이던 송계백이다. 그는 이광수가 작성한 2·8독립선언서를 인쇄·전파하고 활판인쇄에 사용할 조선어 활자 구입 및 운동 자금을 모으기 위해 경성에서 활동하기 시작했다. 송계백은 선언문을 필사한 비단 조각을 학생복 뒷면에 바느질로 꿰매어 한반도로 들여왔다. 천도교의 최린과 최남선 등은 이 선언문을 읽고서 자극을 받았고 독립운동 계획을 본격화한다. 도쿄에서 작성된 독립선언서가 송계백을 매개로 경성의 최남선이 쓴 독립선언서 초안에 접합됐던 것이다. 나아가 경성의학전문학교의 한위건이나 보성전문학교의 주익을 비롯해 경성의 학생들이 독자적으로 추진하고 있던 계획과도 결속되었다.

독립 선언은 당초 3월 3일에 예정되었지만 혼란을 피하기 위해 3월 1일로 변경되었다. 3일은 고종의 관이 경성의 거리를 돌아 묘소로 향하는 날이었기 때문이다(〈그림 3-3〉). 독립선언서는 2만 1,000부가 인쇄되었고, 그 다수는 기독교와 천도교 조직을 통해 전국에 배포되었다(〈그림 3-4〉). 특히 3월 1일 오후 2시에 전국 6곳에서 동시에 선언식을 거행할 수 있었던 것은 기독교계 조직이 비밀리에 독립선언서 배포에

〈그림 3-3〉
고종 황제의 장례식 광경.
《독립기념관 전시품 도록》, 1995년 개정판, 89쪽.

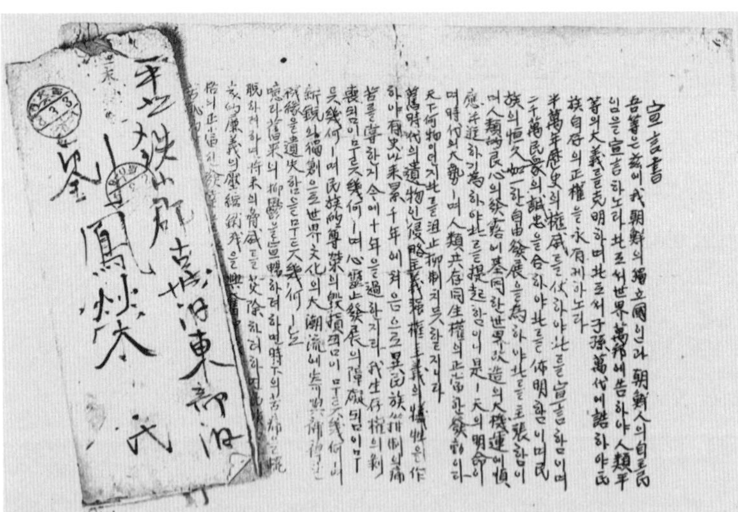

宣言書

吾等은 玆에 我朝鮮의 獨立國임과 朝鮮人의 自主民임을 宣言하노라. 此로써 世界萬邦에 告하야 人類平等의 大義를 克明하며 此로써 子孫萬代에 誥하야 民族自存의 正權을 永有케 하노라.

半萬年 歷史의 權威를 仗하야 此를 宣言함이며 二千萬 民衆의 誠忠을 合하야 此를 佈明함이며 民族의 恒久如一한 自由發展을 爲하야 此를 主張함이며 人類的 良心의 發露에 基因한 世界改造의 大機運에 順應幷進하기 爲하야 此를 提起함이니 是ㅣ 天의 明命이며 時代의 大勢ㅣ며 人類共存同生權의 正當한 發動이라 天下何物이던지 此를 沮止抑制치 못할지니라.

舊時代의 遺物인 侵略主義 强權主義의 犧牲을 作하야 有史以來 累千年에 처음으로 異民族 箝制의 痛苦를 嘗한지 今에 十年을 過한지라. 我生存權의 剝喪됨이 무릇 幾何ㅣ며 心靈上 發展의 障礙됨이 무릇 幾何ㅣ며 民族的 尊榮의 毁損됨이 무릇 幾何ㅣ며 新銳와 獨創으로써 世界文化의 大潮流에 寄與補裨할 機緣을 遺失함이 무릇 幾何ㅣ뇨.

噫라 舊來의 抑鬱을 宣暢하려 하면 時下의 苦痛을 擺脫하려 하면 將來의 脅威를 芟除하려 하면 民族的 良心과 國家的 廉義의 壓縮銷殘을 興奮伸張하려 하면 各個人格의 正當한 發...

〈그림 3-4〉
철산鐵山에 우송됐던 독립선언서. 봉투에는 1919년 3월 3일 자 소인이 찍혀 있다.
3·1운동 당시 서울에 사는 익명의 어떤 사람이 평안북도 철산군에 사는 류봉영에게 보낸 등사판 독립선언서. 철산에서 봉기할 것을 촉구하는 내용이다. 철산에서는 5,000~6,000명 이상의 군중이 격렬한 만세 시위를 전개했다.
출처: 《독립기념관 전시품 도록》, 1995년 개정판, 98쪽.

성공한 때문이었다. 총독부는 3월 4일부터 3·1운동 관련 보도를 금지했으며 3월 7일에 해제했다. 따라서 3월 1일 시위 정보는 미디어를 통해서가 아니라 20만 명 이상의 국장國葬 참가자들에 의해 전국으로 퍼져 나간다. 3월 5일에 일어난 남대문 앞 시위는 독립 선언을 이어 가겠다는 의지를 명확히 함으로써 3·1운동을 지속화·장기화하는 결정적인 계기가 되었다.

조선총독 하세가와 요시미치는 1919년 3월 1일 자 〈유고諭告[타이르는 훈시]〉를 통해 조선인들 사이에서 퍼지는 소문이나 지하 미디어, 그로 인해 조직되는 시위를 "유언비어"에 의한 "경거망동 허설부언虛說浮言"으로 엄중 처벌한다고 경고했고, 이 말 그대로 실행하였다. 다음 절에서 다루게 될 것처럼, 이것은 군대에 의한 살상을 동반했다. 이 경고는 총독부 기관지 《경성일보》의 호외를 통해 즉각 확산되었다. 다음 날인 3월 2일 《경성일보》 조간에도 전문(3월 1일 자)이 다시 수록되었다. 이는 조선인의 신체를 포함한, 다양한 조선어 미디어에 대한 선전포고였다.

> 이 성대한 장례의식을 앞두고 황당무계한 유언비어를 내뱉어 인심을 현혹하고 소란을 피우는 무리들을 보면 참으로 유감이다. 서민들은 서로 삼가고 경계하며, 진심어린 경의와 애도의 뜻을 표함에 부족함이 없도록 힘써야 한다. 만약 이를 어기고 경거망동 허설부언을 날조해 인심을 요란搖亂시키는 언동을 감히 행하는 자가 있다면, 본 총독은 직권에 따라 엄중히 처벌할 것이며 추호도 용서하지 않을 것이다(하세가와 요시미치의 포고, 《경성일보》 1919년 3월 2일 자).

《경성일보》는 총독 혹은 총독부와 동일한 시각에서 '인심을 현혹하고 소란을 피우는 무리들'의 총칭으로 '불령'한 '선인'을 전면에 내세웠다.

원래 일본제국이 조선의 미디어를 통제하기 시작한 것은 러일전쟁 직후부터였다. 1907년 7월에는 대한제국 정부가 신문지법을 제정하고 신문 발행 전에 2부를 납본하도록 의무화했다. 사전검열의 시작이었다. 이 모든 것들은 일본의 감독 아래 이루어졌다.[17] 1910년 한국병합 직전에 한국통감(병합 이후에는 초대 총독)으로 부임한 데라우치 마사타케는 이른바 '신문 통일정책'으로 조선인 발행의 민간신문 전체를 폐간했다.[18] 총독부 기관지 이외의 조선어 신문은 허가하지 않았다.

일본어 신문 《경성일보》는, 초대 한국통감 이토 히로부미의 지시에 따라 경성에서 발행되던 일본인 경영의 《한성신보》와 《대동일보》를 인수하여 한국통감부의 기관지로서 1906년 9월 1일 창간되었고, 1945년 10월까지 발행되었다. 이토 히로부미는 "한국에 대한 보호정치의 실시를 국내외에 명확히 선언하고 오해와 의혹을 일소하고자" 신문 이름을 직접 정하는 등, 새로운 미디어 사업에 기대를 걸었다.[19] 이런 방식은 한국병합으로 초대 총독이 된 데라우치에게도 그대로 계승된다. 그는 "경성일보 사원은 충군애국 정신을 발휘하여 조선총독부 정책 시행의 목적을 관철시키기 위해 애써야 할 것"이라는 훈시를 내렸고, 그것은 곧 《경성일보》의 사훈이 되었다.[20]

데라우치는 당시 《고쿠민신문》 사장이던 도쿠토미 소호를 초빙하여 《경성일보》 운영을 맡겼다. 육군대신 데라우치가 조선총독으로 취임할 가능성이 있다는 말을 듣고 편지를 보내(1910년 5월 6일 자) 신문사업에서 공헌하고 싶다고 한 도쿠토미의 바람이 이뤄졌던 것이다.[21] 도쿠토미뿐만 아니라 《경성일보》 사장이나 편집국장은 일본 언론계에서 활약하던 인물들이었다. 특히 1920년대 이후부터는 외교관, 귀족원 의원,

현縣 지사 경험자가 경영진에 임명될 정도로 《경성일보》의 정치적 비중이 커져, 사이토 마코토 총독은 《경성일보》 사장을 두고 총독부의 넘버2에 해당하는 "외부의 정무총감"이라고 말할 정도였다.[22] 총독부는 《경성일보》 창간 이후 영자신문 *The Seoul Press*도 만들었다. 또한 병합 후에는 조선어 신문 《대한매일신보》를 인수하여 조선어 신문 《매일신보》로 바꾸어 발행했다. 이들 매체의 감독·사장·편집국장의 인사권은 전부 조선총독부에 있었다. 두 신문 모두 총독부 어용지로서의 역할만이 아니라 대중지적인 성격도 겸비하고 있었다.

1913년에는 《경성일보》와 《매일신보》의 경영을 통합하고(〈그림 3-5〉), 1920년 3월에는 통신 업무의 인가를 얻어 경성일보사 안에 《대

〈그림 3-5〉
《경성일보》(오른쪽)와 《매일신보》(왼쪽 네모 안)의 편집국.
출처: 《경성일보사지社誌》, 경성일보사, 1920년 9월.

륙통신》을 신설하여 1일 2회 발행하였다. 같은 해 5월에는 경성일보사 도쿄 지사에도 《대륙통신》 편집부가 설치되어 조선과 만주에서 취재한 기사를 일본 본토로 보내거나 본토에서 일어난 사건을 조선과 만주에 알리는 역할을 담당했다.[23] 이처럼 조선인에 의한 조선어 미디어가 없었던 상태에서 총독부 기관지는 체제를 정비해 나갔다.

유일한 조선어 전국지였던 《매일신보》는 1910년대에 문화의 최첨단에 있었다.[24] 3·1운동 당시 《매일신보》의 역할에 대해 천정환은 다음과 같이 서술한다.

> 첫째, 《매일신보》의 〈각지 소요 상황〉 보도를 통해 일어나고 있는 '사태'를 은폐·축소하였다. 둘째, 《매일신보》는 자신을 제외한 모든 미디어, 즉 조선 민중이 만든 소문과 격문, 그리고 해외의 미디어들과 직접 전투했다. '그것은 사실이 아니다, 헛소문이다'라는 언설로써 소문과 격문 그리고 해외의 미디어들이 전하는 바를 부정하는 데 총력을 기울였다. 셋째, 《매일신보》는 '친일파'와 식민지 부르주아 및 관료들을 동원하여 '반反 3·1운동'의 담론을 유포하고 이를 통해 이데올로기 투쟁을 수행했다.……소문은 구술문화적 산물이며, 민중 미디어 혹은 대체(대항) 미디어로서의 성격을 지닌다. '소문 대 신문'의 대결은 내재적으로는 식민자들과 그 하수인들이 소지한 현실주의적인 합리성 대 민중의 열망 및 이상주의의 대결이다. 이 대결은 '무단통치'로 요약되는 1910년대의 전반적 미디어 상황으로부터 비롯된 것이지만, 한편으로는 제국주의의 '첨단' 미디어 대 식민지 민중의 어수룩하고 낡은 미디어 사이에서 벌어지고 있는 즉각적이고 치명적인 승부를 의미한다.[25]

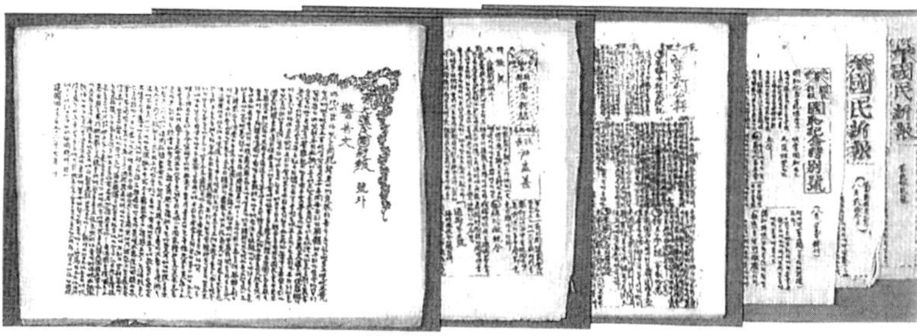

〈그림 3-6〉
3·1운동 이후에 유통됐던 지하 신문.
1919년 7~8월. 《독립기념관 전시품 도록》, 1995년 개정판, 95쪽.

천정환의 지적대로 이 시기에는 '구술(비非문자)' 미디어와 '문자' 미디어의 상호작용이 격렬하게 일어났으며, 그 둘 간의 대결을 매개로 기존 미디어와 '첨단' 미디어의 혼용·혼합이 가속화되었다. 조선인의 신문이나 잡지가 없던 상태에서 3·1운동이 발발했고, 운동에 참가했던 사람들에 의해 독립선언서를 비롯해 신문·격문·경고문 등등 형태를 바꾼 미디어가 창출·확산되었던 것이다. '(지하) 신문'의 경우, 1919년 3월부터 7월 사이에 발행된 것만 해도 30개가 넘는다. 해외에서 발행된 것까지를 포함하면 60개 이상이 된다(〈그림 3-6〉). 이 외에 천도교 계열의 보성사에서 인쇄했던 《조선독립신문》을 필두로 《광주신문》, 《강화江華독립회보》, 〈임시정부 선포문〉, 〈임시정부령〉, 〈신한민국新韓民国 선언서〉, 그리고 납세 거부, 일본 상품 배척, 친일파 숙청 등을 주장하는 전단지, 격문, 포스터도 제작되었다. 대구의 혜성단慧星团이라는 비밀결사는 선전 전단지를 11종이나 제작했다.[26]

3·1독립운동 시기에 발행됐던 지하 미디어 《독립신문》은 당시 매체의 증식과 변형의 전형적인 과정을 밟아 갔다. 시위 속에서 그것은 독

립선언서와 비슷한 역할을 했으며, 3월 1일 하루에만 서울에서 1만 부 이상 뿌려짐으로써 독립선언서 못지않게 사람들의 정보 원천이 되었다. 이후 발행인이 체포되었음에도, 다른 사람들이 자발적으로 발행을 이어 갔고, 마치 릴레이처럼 수개월에 걸쳐 계속 발행되었다. 이는 운동을 지휘하는 중심이 있었기 때문이 아니다. 권보드래의 적확한 지적대로, 3·1운동은 다름 아닌 미디어의 "증식과 변형의 운동성"이 최대한으로 발휘됐던 미디어 전쟁이었던 것이다.[27] 이 미디어 전쟁에서 일본제국의 지배권력이 '적敵'으로 간주했던 것의 총칭이 바로 '불령선인'이었다. '불령선인'은 공문서를 훨씬 넘어 광범위하게 확산되었다.

||| 3 |||

법역法域의 간극과 불온한 정보전

일본 각지에서(조선을 포함하여) 발행됐던 신문을 바탕으로 미즈노 나오키 등이 운영한 데이터베이스 '전전戰前 일본 거주 조선인 관계 신문기사 검색 1868~1945'에 따르면, '불령선인'이라는 말이 포함된 신문기사는 전부 합쳐 175건이었다. 1919년 이전에는 표제에 '불령선인'이라는 말이 들어간 기사가 전혀 없었지만, 1919년 4월부터 1923년 간토 대지진 때까지 119건으로 급증하며(1919년 2건, 1920년 48건, 1921년 26건, 1922년 20건, 1923년 22건), 1924년부터 1945년까지 56건으로 감소해 간다.[28] 이 데이터베이스에는 《요미우리신문》의 통계가 포함되어 있지 않는 등 모든 미디어를 망라한 것은 아니기 때문에 정확한 수치라고 단정할 수는 없다. 그러나 앙드레 헤이그의 지적대로 1919년부터 1923년까지가 '불령선인' 보도의 정점이었던 것은 확실하다.[29] 예컨대 《아사히신문》 데이터베이스에서도 동일한 경향을 포착할 수 있다. 1919년 이전에는 합계 2건이었던 것이 1919년에는 16건, 1920년에는 105건으로 늘어나 있다. 《경성일보》에서도 마찬가지 경향이 보인다. 이 신문이 창간된 1906년부터 1919년 3·1운동 직전까지는 6건에 불과했지만, 그 직후부터 12월까지 32건으로 증가했고, 다음 해인 1920년에는 130건으로 급증했다.[30]

일본 본토의 주요 미디어는 정부나 군부의 발표에 근거하여 3·1운동을 보도하면서 조선 민중을 '폭도', '폭민'으로 간주[31]했다. 이러한 시대에 《후테이센징太い鮮人》(1922년 11월)을 창간하고 '불령선인'임을 당당히 내걸었던, 그러면서 다음과 같은 질문을 던졌던 가네코 후미코와 박열은 일본제국의 지배권력이 가장 경계해야 할 인간이었다.

> 《후테이[32]센징》 발간에 즈음하여.
> 일본사회에서 많은 오해를 받고 있는 '불령선인不逞鮮人[후테이센징]'이 과연 터무니없이 암살, 파괴, 음모를 꾸미는 자들인지, 아니면 어디까지나 자유의 염[원]에 불타는 씩씩한 인간인지를 우리와 비슷한 처지에 놓여 있는 일본의 많은 노동자들에게 알리고자 〔인쇄 연판鉛版[금속 인쇄판. 이하 '납판']이 찌그러져 두 줄 판독 불가〕 이렇게 《후테이센징》을 간행한다. 물론 우리 잡지를 후원하는 것도 자유이며 공격하는 것 역시 여러분의 자유이다.

간토 대지진 이후 당국은 '불령선인'에 의한 폭동을 기정사실화하기 위해 가네코 후미코와 박열을 '보호검속保護検束'했다. 두 사람은 1925년 형법 제73조(대역죄) 및 폭발물 취체단속 벌칙 위반 혐의로 기소되어 1926년 사형선고를 받는다. 현재 이 일련의 사건은 간토 대지진 이후의 조선인 학살을 은폐하기 위해 날조되었음이 밝혀졌다. 가네코 후미코와 박열은 '은사恩赦'를 받아 무기징역으로 감형되었지만 가네코는 이를 거부하고 옥중에서 목을 매 숨을 거두었다. 자살이라고들 하지만 가네코 죽음의 진상은 아직까지도 명확히 규명되지 않고 있다.

1933년에 간행된 《고등경찰용어사전》은 식민지의 고등경찰 용어와 일본 본토의 용어에 차이가 많다는 점, 새로운 용어가 증가했다는 점을 이유로 조선총독부 경무국이 세 번째 개정해 발간한 것이다. 고등경찰의 간편한 "직무상 참고자료"였던 이 사전은 50음 순으로 나열되어 있으며, "대역사건" 항목은 "박열" 건으로만 채워져 있다.[33] 이 사전에서 말하는 "불온행위"란 "흑도회黒濤会를 조직하여 주의主義 연구에 몰두하고 그의 아내 가네코 후미코 및 김중한 등과 함께 '불령사不逞社'라는 비밀결사를 조직한 일"을 가리킨다. "불온", "주의", "불령"이 "대역사건"을 구성하는 중요한 요소라는 점을 조선의 고등경찰관에게 제시하고 있는 것이다.

한기형은 앞에서 언급한 '한국역사 정보통합 시스템'을 활용하여 '불온문서'라는 용어가 1919년 3·1독립운동을 계기로 엄청난 기세로 확산되었음을 밝혔다. 3·1운동 무렵 일본 본토 및 중국, 러시아, 미국에서 인쇄됐던 격문이나 선언서가 한반도에 반입되었고 문서들의 유통 범위는 일본제국 전역에 이르렀다. 3·1운동에 관여했던 많은 사람들이 '출판법 위반' 혐의로 체포됐다.[34] 이처럼 '불령선인'과 '불온문서'라는 말의 생성과 확산은 시기적으로 겹친다.

같은 시기에 코민테른을 통해 일본인 사회주의자와 조선의 사회주의자는 본격적으로 접촉한다.[35] 조경달이 지적하고 있듯이, 일본 본토의 사회주의운동 주체는 3·1운동에 관해 거의 발언을 하지 않았다.[36]

이에 반해, 다이쇼 데모크라시(민주주의)의 대명사 요시노 사쿠조의 여명회黎明會는 조선인 유학생을 초대하여 3·1운동의 의지 및 지향에 대해 듣거나 강연회를 개최하여 조선총독부의 무단정치나 동화정책을 비판했다. 요시노의 영향 아래 있던 도쿄제대의 신인회新人會는 조선을 식민지화해서는 안 된다는 논의까지 전개하였다. 이런 흐름이 변화한 것은 1920년 10월, 조선인 밀사의 중개로 오스기 사카에가 상하이에서 코민테른과 접촉했던 일에서 엿볼 수 있다. 오스기는 코민테른의 자금을 사용하여 아나·볼[아카니즘과 볼셰비즘] 제휴를 기반으로 1921년 1월 《노동운동》(제2차)을 창간했다.

가네코 후미코와 박열의 《후테이센징》과 그 주변에서 연달아 간행된 조선인 미디어도 이 같은 새로운 움직임으로 포착할 필요가 있다. 가네코 후미코와 박열은 1922년에 만났고, 같은 해 7월 소小신문 《흑도黑濤》를 창간했다. 이는 일본 본토에 있는 조선인 사회주의자와 아나키스트가 중심이 되어 결성한 흑도회(1921년 11월 결성)의 기관지였다. 《흑도》는 《후테이센징》('불령사'의 기관지, 1922년 11월 창간)으로, 이후에는 《현사회現社會》(1923년 3월 창간)로 모습을 바꾸어 갔다. 석 달 사이에 잡지명을 세 번이나 바꾼 것이다.[37] 그중에서도 《후테이센징》은 흑도회의 해산(1922년 10월)과 동일한 시기에 발간되었으며, 그때까지 흑도회에서 함께 활동해 온 조선인 사회주의운동가들과 거리를 두면서 아나키스트 색채가 더욱 선명해졌다.[38] 다만 흑도회 해산 이후에 조직이 두 개로 분열되는데, 《후테이센징》 제2호를 보면 아나키스트 조직인 흑우회黒友会와 사회주의자 조직인 북성회北星会의 활동을 나란히 보도하고 있어, '조선의 사기詐欺 공산당' 및 고려공산당과 한성漢城공산당을 규탄했던 제1호와는 꽤나 온도차가 있다는 점에 주의할 필요가 있다.

박열과 결별한 김약수 등은 도쿄에서 조선어 잡지 《대중시보時報》를 간행하면서 북성회를 새롭게 조직하고, 경성에도 북풍회라는 지부를 설치했다. 이 그룹은 제1차 조선공산당이 조직되기까지 조선인 사회주의 운동 내에서 큰 파벌을 형성해 간다. 신문·잡지·출판물 등의 검열을 담당하는 일본 내무성 경보국 도서과는 이러한 움직임을 이미 파악하고 있었다. 내무성 경보국의 극비 서류인 《다이쇼 11년[1922] 출판물의 경향 및 취체 상황》(다이쇼 12년 3월 작성. 이하 《출판물의 경향 및 단속》으로 약칭)에는 일본 본토에서 이뤄지던 조선인의 새로운 출판 활동이 "선인에 대한 주의主義의 선전"이라는 항목으로 분류되어 있다.

> 사회주의적인 경향을 띠거나 이것을 생명으로 삼은 선인鮮人의 잡지가 최근에 급작스레 다수 창간되었다. 이는 무엇보다 조선의 법령이 잡지 발간에 허가주의를 채용하고 있어, 일본 본토에서의 발행이 더 유리하기 때문이기도 하지만, 다른 한편으로는 시대의 흐름이 그러하다는 점을 부인할 수는 없을 듯하다.[39]

출판물에 관한 대표적인 규제는 도서를 대상으로 하는 출판법과 신문이나 잡지 등을 대상으로 하는 신문지법이다.[40] 위 인용문에서 알 수 있듯이, 경보국은 일본 본토와 식민지 조선 간의 '법역法域'의 차이를 이용하여 조선인이 일본 본토에서 출판물을 간행해 한반도에 반입하려는 움직임을 경계하였다.

조선인이 조선어 미디어를 출판하는 장소로서 일본 본토를 택한 것은 조선총독부가 일본인과 조선인에게 다른 법을 적용하고 있었기 때문이다. 예컨대 조선에서 결성된 '신문지법과 출판법 개정 기성회'에 대해 조선어 미디어 《조선일보》는 다음과 같이 보도하고 있다.

> 일본인과 조선인에 대한 법률상의 조문이 서로 다름으로 인하여 동일한 조선 안에서도 일본인에게는 출판 허가가 없어도 되지만 조선인에게는 출판의 허가를 필행必行함과 더불어 〔총독부 도서과에〕 출판물을 납입하게 하고도 1~2개월은 예사로 지체하며, 일본인에게는 출판의 예약을 허가하여 줄지라도 조선인에게는 허가하지 않는 바……무단정치가 문화정치로 변함으로써 조선인 경영의 몇몇 신문지가 허가를 얻기는 하였으나 근본적인 법률에서 조선어 신문지와 일본어 신문지의 취체단속이 지나치게 다르다고 하겠다.……신문계와 출판계에 적용되는 이와 같은 차별적 법률이란 그 일시[동인]一視[同仁]주의가 처음부터 끝까지 모순된 것임을 보여 주고 있음이라(〈신문지법과 출판법 개정 기성회〉, 1923년 3월 25일 자).

언어나 민족에 따른 검열제도의 차이에 대해 조선의 미디어가 민감하게 반응하고 있었음을 알 수 있다. 또한 1925년 11월 20일 자 《동아일보》에는 조선인의 명의 차용을 엄격히 단속한다는 기사가 보인다. '원고 및 납본 검열을 받는 조선인의 출판법'과는 달리 재조선일본인과 외국인에게 적용되는 출판 규칙은 납본 검열만 받도록 했다. 따라서 조선인이 원고 검열을 피하기 위해 외국인의 명의를 빌려 출판하는 일도 적지 않았다. 특히 잡지 발행자가 이 방법을 선호했는데, 1925년 조선총독부는 이런 행위는 일체 허용하지 않는다는 방침을 공표했다(〈조선인 경영으로 외국인 명의는 불허〉, 2면).

감시의 눈이 엄했던 사회주의 관련 매체를 조선인이 조선어로 간행하고 유통시키려면, 법역의 차이를 이용해 일본 본토의 내무성 도서과의 검열만 거친 다음 한반도에 반입하는 게 생존율을 높였다. 이러한 잡지 매체의 존속을 지탱했던 사람들 중에는 학교교육을 받아 일본어를 읽을 수 있는 독자들이 다수 포함되어 있었다. 따라서 1920년 이후 간행이 허가된 조선어 미디어의 경쟁 상대는 앞서 언급한 총독부 한글 기관지《매일신보》만이 아니라 일본에서 직수입된 일본어 미디어도 해당된다.

바로 이 시기에 "조선 청년의 사상이 일변"하고 "소설보다 사상가의 저술이 맹렬히 팔렸다"고 하는 오사카 교쿠코서점玉壺書店 관계자의 말이 조선어 미디어에 보도되었다. 예컨대 1923년 1월 1일 자《조선일보》는 1922년도에 커다란 전환점을 맞이한 독서 경향을 상징하는 것으로서 일본어 서적을 언급한다. 여기서는 "마르크스의《경제론》,《해방》이나《개조》"가 다뤄졌으며 "간행과 동시에 날개 돋친 듯 팔려 재고가 있을 때보다 품절·절판되는 경우가 더 많았다"고 한다. 정확히 말하자면 '간행'이 아니라 일본 본토로부터의 '이입'이다. 1922년경에는 이미 일본제국 출판문화의 중심지인 도쿄에서 간행된 잡지나 서적들이 조선어로 번역되지 않은 채 일본어 그대로 '조선 청년'들에게 수용되는 흐름이 만들어지고 있었음을 읽어 낼 수 있다. 게다가 사회주의 관련 서적들이 '날개 돋친 듯이 팔리는' 상황은 제국의 언어인 '일본어' 서적이 '불령선인'의 '양성'에 본격적으로 참여하게 됨을 뜻한다. 이에 대해서는 제4장에서 논의하고자 한다.

이 시기에 일본어를 매개로 '불령'하고자 꿈꾸었던 '조선 청년'은 조선에서는 극소수인 '국어(일본어)를 아는 자'였다. 이러한 엘리트들까지 끌어들이는 형태로 가네코 후미코와 박열 및 그 주변은《흑도》,《후테이센징》 등을 통해 새로운 '불령선인'운동을 시작했던 것이다.

| | | 4 | | |

가네코 후미코·박열과 '후테이센징'들

일본 내무성 경보국의 《출판물 경향 및 단속》에서 사회주의 계열로서 요주의 딱지가 붙은 조선인 미디어는 《형설螢雪》, 《대중시보》, 《청년 조선》, 《후테이센징》(그 전신이었던 《흑도》 포함), 《학지광學之光》, 《전진》, 《아세아공론公論》, 《문화신문》이다. 밑줄을 그어 놓은 것은 조선어 미디어이고 나머지는 일본어 미디어이다.

여기서 주목하고 싶은 것은 이 보고서의 다음과 같은 서술이다. "이들 대부분은 항상 원고 내열內閱을 청구했기 때문에 실제 발행금지된 사례는 《아세아공론》 6월호 및 《학지광》 7월호의 처분을 빼고는 아직 없다." '내열'이란 출판하는 측이 원고나 초벌 교정쇄 단계에서 내무성 검열관이 미리 열람하도록 하여, "출판자 측에서 말하자면 내무대신의 발금 처분을 피하기 위해 행하는 것이고, 경찰당국 측에서 보면 바람직하지 않은 출판물을 사전에 효과적으로 단속하기 위해 행하는 것으로서, 원고 및 교정쇄 검열"을 말한다.[41] 마키 요시유키의 상세한 조사에 따르면, '내열'은 1917~1918년에 시작되어 1927년 9월 전후까지 계속되었다.[42] 이는 편의적 조치이지 법령으로 설정된 것은 아니었다.

《출판물 경향 및 단속》을 보면 《흑도》와 《후테이센징》이 모두 간행물로 기재되어 있으므로, 내열을 통해 발금 처분을 회피했던 것으로 보인다. 잡지 《현사회》에 관한 내무성의 기록은 찾을 수 없지만, 《후테이센징》의 후속 잡지이고 그다지 시간차를 두지 않고 간행되었음을 보면 내열을 거쳤을 가능성을 부정할 수 없다. 이는 가네코와 박열이 잡지를 지하 미디어로 만들지 않기 위해 궁리한 결과였다. 이와 관련해 〈그림 3-7〉과 〈그림 3-8〉, 〈그림 3-9〉를 함께 살펴보자. 이 장에서 참조하는 《흑도》, 《후테이센징》, 《현사회》는 흑색전선사에서 간행한 《가네코 후미코 옥중 수기: 무엇이 나를 이렇게 만들었는가》(1975년 12월 증보 제2쇄)에 수록된 복각판이다. 가네코 후미코가 쓴 〈이른바 불령선인이란〉(《후테이센징》 제2호)의 본문은 〈그림 3-7〉과 〈그림 3-8〉을 함께 보면 내용을 완전히 파악할 수 있다.

> 불령선인! 이 말을 우리는 신문이나 잡지에서 가끔 봅니다. 또 여러분들도 곧잘 사용하는 듯한데, 과연 여러분은 이 말을 바르게 해석하고 바르게 사용하고 있습니까?
> 많은 경우 경멸하는 멸칭으로 사용하고 있지는 않습니까?(〈그림 3-7〉 본문)

〈그림 3-7〉에서 인쇄 납판이 찌그러져 판독이 어려운 지점들이 〈그림 3-8〉에서는 정성스레 옮겨 쓰여 있다. 즉, 경보국 담당자는 납판이

フテイ鮮人　【第二號】　2

其の言葉遣ひは拙かつた。だが其の聲は！あゝ、其の聲は！臓腑の奥の奥から搾り出したやうな其の聲は！否其の叫びは！
もし能く見たなら紅の血が交つて居たであらう！もし心して聴いたなら齒ぎしりの音も聞こえたであらう！汽車は一切の出來事に頓着なく虐たげられたる者を乗せてやがてプラットホームを離れた。[illegible]

…講談本などに見る昔の日本の仇討は概して斯うしたタイプのものらしかつた。即ちハイカラに云へば所謂紳士的だつた。
紳士的、其れは如何にも美しく望ましいことの様であるが而し時と場合によつて異つて居る。
昔は敵を二年三年長きは五年十年と飽きもせず探し歩いたものだそして愈々敵を見付けた場合、其處に生れた安心と其れに伴ふ遊戯的氣分とは仇討其のものよりは其の方法即ち『如何に手際よくやつてのけるか』と云ふ周圍に對する見榮から其の手段を美化し理想化したのだ。だが我々はそうした遊戯的氣分から仇討をするのでも無ければ又敵を探し歩るく必要も無い、斯ふした立場に有る我々に其れが如何に矛盾したツマラヌもので有るかを知つた時、我々にはそんなシャレは用の無いものとなつ[illegible]

所謂不逞鮮人とは

朴文子

不逞鮮人！新聞や雜誌にチョイ〳〵此の言葉が見受けられる、そして諸君もよく用われるやうだ、だが果して諸君は是を正しい意味に於て解し、而して正しい意味に於て使つて居らるゝだらうか？多くの場合侮蔑の意味を以つて呼ばれては居ないか？不逞鮮人とは朝[illegible]日本の帝國主義に反抗する總べてのものを云ふ。
[illegible]容れない思想の傳播を企てるもの或は無政府主義を主張するもの其の他何々と其の主張し運動する處の範圍は廣いが此の總べてを通じて共通な點は其れが直接であらうと間接であらうと或は是が單なる口先の主張であらうが身自らの行動であらうが等しく日本の帝國主義を向ふに廻した時に於てのみ[illegible]朝鮮人が假に隣國の支那或は露西亞の帝國主義に向ふて反抗しやうとも其の時もし日本の帝國主義を旗印として押し進んだなら[illegible]
[illegible]
白羽二重の振袖に同じく白の綾襷、向ふ鉢巻き甲斐々々しう長刀リューとしごきつゝ。『父の仇、サア尋常に勝負いたされよ！』とばかり詰めよつたり……

學者の戯言

京都帝國大學教授で法學馬鹿世の河上サンは其の主宰する社會問題研究に一つの社會組織は社會に生産力が其の組織中に於て發展の餘地有る限り發展し了えてからで無ければ決して崩壊する氣遣ひは無い。だから此の條件が具つて居ない時の社會革命は認められぬと云つて居るが是は云ひ換えれば資本主義が今の社會組織内に於て其の發展が行き詰まれば必然的に崩壊する、そして斯かる時に於てのみ社會革命は認め得ると云ふ事になるのだ。それでは一體資本主義は何時になつたら必然的に行き詰るのだ。
限りない反逆を加えて其の何時來るとも知れない資本주義の必然的崩壊の時期を待つて[illegible]か？それでもし其の資本主義が[illegible]

五四六

〈그림 3-7〉
《후테이센징》 제2호에 실린 가네코 후미코의 〈이른바 불령선인이란〉 본문 속 인쇄 납판이 찌그러져 판독할 수 없는 문자는 〈그림 3-8〉의 일본 내무성 경보국 서류에서 확인할 수 있다. 경보국의 내열을 받아들여 직접 찌그러트렸을 가능성이 크다.

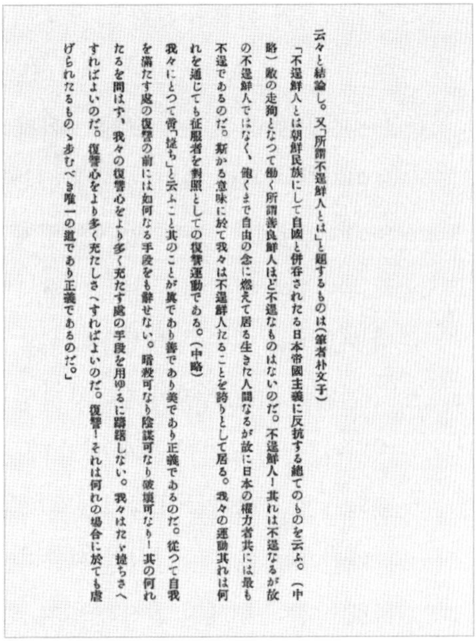

云々と結論し。又「所謂不逞鮮人とは」と題するものは(筆者朴文子)
「不逞鮮人とは朝鮮民族にして自國と併呑されたる日本帝國主義に反抗する總てのものを云ふ。(中
略)敵の走狗となつて働く所謂善良鮮人ほど不逞なものはないのだ。不逞鮮人!其れは不逞なるが故
の不逞鮮人ではなく、飽くまで自由の念に燃えて居る生きた人間なるが故に日本の權力者共には最も
不逞であるのだ。斯かる意味に於て我々は不逞鮮人たることを誇りとして居る。我々の運動其れは何
れを通じても征服者を對照としての復讐運動である。(中略)
我々にとつて晋「擲ち」と云ふこと其のことが眞であり善であり美であり正義であるのだ。從つて自我
を滿たす處の復讐の前には如何なる手段をも辭せない。暗殺可なり陰謀可なり破壞可なり!其の何れ
たるを問はず、我々の復讐心をより多く充たす處の手段を用ゆるに躊躇しない。我々はたゞ擲ちさへ
すればよいのだ。復讐心をより多く充たしさへすればよいのだ。復讐!それは何れの場合に於ても虐
げられたるものゝ歩むべき唯一の道であり正義であるのだ。」

〈그림 3-8〉
일본 내무성 경보국,
《출판물의 경향 및 단속》, 49쪽.
〈그림 3-7〉의 납판이 찌그러져서
판독이 안 되는 문장이
경무국 서류에는 완전한
형태로 옮겨져 있다.

【號一第】 人鮮イテフ 4

〈그림 3-9〉
《후테이센징》 제1호.
이 ×표가 어떤 단계에서
그어졌는지는 알 수 없다.
실제로 어떻게 처리되었고
또 유통됐는지는 한층 더
조사가 필요하다.

찌그러지기 이전의 문장을 알고 있었고, 〈그림 3-7〉은 내열을 받아들여 편집자 스스로 납판을 찌그러트렸을 가능성이 크다. 그러나 〈그림 3-9〉 제1호의 본문에 크게 그어진 ×표는 삭제 명령을 받은 흔적처럼 보이지만 아무런 조치도 취해지지 않았다. 때문에 《후테이센징》 제1호의 경우 실제로 배포되었던 것인지 아닌지를 판단하기는 어렵다. 가네코 후미코와 박열이 구속된 이후, 1924년부터 검열에 관여했던 이케즈미 모토메는 내열이 폐지됐던 이유가 두 가지 있다고 했다. 첫째는 "정식 검열에 비해 검열이 지나치게 엄격하여……복자투성이 출판물이 발행되어 '언론을 압박'하게 됐기 때문"이고, 둘째는 내열의 지시대로 삭제되지 않은 출판물이 증가했기 때문이다.[43]

마키 요시유키는 납판의 찌그러짐이란 일종의 복자를 뜻하며, 인쇄 바로 직전에 행해진 편집자의 자주[자율적] 규제라고 하면서, 납판의 이러한 훼손을 단순히 권력에 의한 폭력의 흔적이라 단언하지 않고 "권력에 대한 발행자의 저항"의 가능성도 생각해야 한다고 주장한다.[44] 그렇다고 한다면 찌그러진 납판 상태에서 판독 가능한 부분이 어떻게 남아 있는지, 그것이 독자의 독서행위에 어떻게 개입하는지를 생각해 볼 필요가 있다.

〈그림 3-7〉의 납판 상태를 자세히 보면서, 판독 가능한 한자들을 연결하면 의미를 짐작할 수 있다. 특히 주어의 위치에 있는 '불령선인'이라는 단어는 거의 판독이 가능한 방식으로 찌그러트려 놓았다. 앞서 인용했던 《후테이센징》 창간호의 〈발간에 즈음하여〉에서는 '불령선인'을 일본사회에서 '터무니없이 암살, 파괴, 음모를 꾸미고 있는 자들'로 '심한 오해를 받고 있'지만 실제로는 '자유의 염[원]에 불타는 인간'이라고 재해석했다. '불령선인'이라는 말을 마구 쏟아 내는 매체에서 인쇄 납판

을 찌그러트리는 연출은 극심한 폭력 속에서도 질기게 살아남았던 '불령선인'이라는 주체를 전면에 내세우는 효과를 낸다.

흥미로운 것은 《흑도》→《후테이센징》→《현사회》로 매체가 바뀜에 따라 갖가지 '불령'한 것들이 이들 주변에 모여들기 시작했다는 점이다. 《후테이센징》에는 〈찢어진 장지문[障子]으로부터〉라는 란이 있었다. 제1호에는 매체의 명칭이 "경시청의 고와이 오지상コワイオヂサン[무서운 아저씨]"과 옥신각신 입씨름 끝에 '불령선인[후테이센징]'이 아닌 '후토이센징太い鮮人'이 된 경위가 보고되어 있으며, 가네코와 박열의 메시지가 지면을 채웠다. 예컨대 "일요일 오후 별다른 일이 없으면 집에 있으니 부담없이 놀러들 오시오"라고 하면서, 흡사 자신들의 매체가 친근한 운동가들의 사랑방 역할을 하는 듯 연출하기도 한다. 그러나 《현사회》(창간호이지만 제3호로 표기, 〈그림 3-10〉)에 이르게 되면 페이지를 대폭 늘리며 잡지체제를 갖추어 간다. 그 제3호에는 충남 천안의 이카이 마사오가 쓴 〈재조선 불령일본인으로부터〉, 시로타의 〈불령류큐인不逞琉球人으로부터〉, 서부 시베리아를 방랑하고 돌아왔다는 서영완의 〈상하이의 불령선인으로부터〉의 메시지가 수록되어 있다. 《현사회》 제4호에는 신염파의 〈재선在鮮 불령선인으로부터〉, 박냉의 〈도사土佐의 불령선인으로부터〉, 고치삼의 〈하마마츠浜松의 불령선인으로부터〉, 스즈키의 〈아이치의 불령일본인으로부터〉, 비젠의 〈오사카의 불령선인으로부터〉, 그리고 시로타의 〈불령류큐인으로부터〉가 다시 등장한다. 특히 수평사 나카무라의 〈불령특수부락민不逞特殊部落民으로부터〉는 "아무리 자본주의를 때려부수는 사회주의라 하더라도, 무산불령선인無産不逞鮮人의 결사라 하더라도 우리들 특수 부락민이나 조선의 백정을 못살게 군다면 다 소용없다"라고 말하면서, 불령선인이라는 말 속에 깔

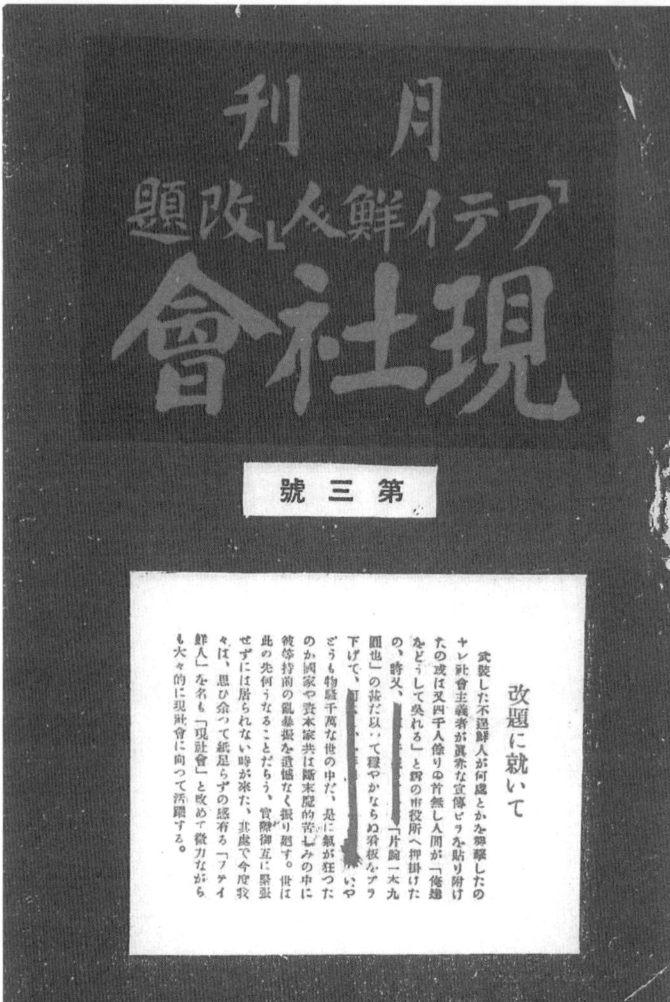
月刊

「フテイ鮮人」改題

現社會

第三號

改題に就いて

武裝した不逞鮮人が何處とかを襲擊したのヤレ社會主義者が眞赤な宣傳ビラを貼り附けたの或は又四千人餘りの宿無し人間が「俺達をどうして吳れる」と例の市役所へ押掛けたの、時又、[redacted]「片腕一本九圓也」の訴だ以って穩やかならぬ殺伐なアラ下げて、[redacted]いやどうも物騷千萬な世の中だ、是に氣が狂つたのか國家や資本家共は斷末魔的苦しみの中に彼等持前の亂暴振を遺憾なく振り廻す。世は此の先何うなることだらう、實際御互に緊張せずには居られない時が來た、其處で今度我々は、思ひ余つて紙足らずの感有る「フテイ鮮人」を名も「現社會」と改めて微力ながらも大々的に現社會に向つて活躍する。

〈그림 3-10〉

《현사회》 표지. 창간호이지만 제3호로 표기했다. 《후테이센징》의 후속 잡지임을 강조한 것이다. 표지에 있는 〈개제에 대해서〉는 '불령선인'에 대한 폭력이 정당화될 가능성을 우려하는 내용이다.

려 있는 차별구조를 상대화하는 논의까지 제시하고 있다.

《후테이센징》 발행인은 가네코 후미코와 박열 두 사람이고, 발행부수가 많지 않은 매체임에도《출판물의 동향 및 단속》을 묶어 낸 내무성 경보국 담당자는 당시 본격적으로 조직화가 시작되던 유학생 단체의 매체보다 이들의 매체에 더 많은 지면을 할애하여 매체의 내용과 성격을 상세히 기록했다. 경보국 보고서는 "조선 독립운동이 일본 본토의 무산자 해방운동과 제휴하게 되면 대對조선 문제는 점점 더 복잡해질 것임이 명료하며, 동시에 그런 경향의 변천은 장래 주목하지 않으면 안 될 현안 중 하나가 될 것으로 확신한다"[45]라고, 미래를 우려하는 말로 끝맺음하고 있다. 이 보고서가 작성된 것은 1923년 3월이다. 그로부터 반년 후, 간토 대지진이 일어났고, 이틀 후에 가네코 후미코와 박열은 검속되었다.

《현사회》는 1923년 3월에 간행되었다. 경보국 보고서와 거의 같은 시기에 편집되었다.《현사회》 표지(〈그림 3-10〉)에서 '불령선인'이 악의 집단의 대명사인 것처럼 여러 가지 험한 소문이 돌고 있는 상황을 엿볼 수 있다.

> 무장한 불령선인이 어딘가를 습격했다는 둥 사회주의자들이 새빨간 선전 전단을 붙였다는 둥, 혹은 4,000명의 목 없는 인간들이 '이제 우리들을 어찌 할 거냐'고 ㅁ〔판독 불가〕 시청에 몰려들었다는 둥, 또는 〔붉은 선이 그어진 아홉 글자 판독 불가〕……어쩐지 분위기가 심상치 않다. 게다가 정신이 나가 미쳐 버렸는지, 국가나 자본가들은 그 단말마적 고통에 빠진 이들에게 자신들의 난폭한 본성을 여지없이 드러내고 있다. 세상이 앞으로 어찌 될 것인가, 실제로 서

> 로 간에 긴장이 불가피한 상황이다. 그렇기에 이번에 우리는 굳게 마음을 먹고 지면이 충분하지 않았던 《후테이센징》을 그 이름도 《현사회》로 바꾸고 미력하지만 현사회를 향해 적극적으로 발언해 보고자 한다(《현사회》 창간호, 〈개제에 관하여〉).

간토 대지진이 일어나기 반년 전에 가네코 후미코와 박열은 '불령선인'에 대한 오해가 심각한 수준임을 토로했다. 그들은 "세상이 앞으로 어찌 될 것인가"라고 우려했다. 간토 대지진의 조선인 학살은 우연히 일어난 것이 아니었다.

결국 《현사회》도 두 차례(3호, 4호) 발행된 뒤 중단되는데, 가네코와 박열이 공동으로 미디어를 간행한 것은 그것이 마지막이었다. 그러나 '불령선인'이 소멸됐던 것은 아니다. 오히려 '불령'한 것들과 검열 간의 공방전은 여기서부터 본격화되기 시작한다.

[illegible]の聲は！あゝ、其の聲は！臟腑の奥の奥から搾り出したやうな其の聲は！否其の叫びは！

もし能く見たなら紅の血が交つて居たであらう！もし心して聴いたなら齒ぎしりの音も聞こえたで[illegible]

[illegible]者なく虐げられたる者を乘せてやがてプラットホームを離れた。三年[illegible]たない中に、あゝ！私の心に[illegible]だ。[illegible]れるな[illegible]三年[illegible]ないのに！あゝ

[illegible]討は徹して斯うしたタイプのものらしかつた。即ちハイカラに云へば所謂紳士的だつた。

紳士的、其れは如何にも美しく望ましいことの様であるが而し時と場合によつて異つて居る。

昔は敵を二年三年長きは五年十年と飽きもせず探し歩いたものだそして愈々敵を見付けた場合、其處に生れた安心と其れに伴ふ遊戯的氣分とは仇討其のものよりは其の方法即ち『如何に手際よくやつてのけるか』と云ふ周劇に對する見榮から其の手段を美化し理想化したのだ。だが我々はそうした遊戯的氣分から仇討をするのでも無ければ又敵を探し歩るく必要も無い。斯ふした立場に有る我々に其れが如何に矛盾したツマラヌもので有るかを知つた時、我々にはそんなシヤレは用の無いものとなつ

[illegible]

不逞鮮人は所謂其の[illegible]如何に[illegible]

所謂不逞鮮人とは

朴文子

不逞鮮人！新聞や雜誌にチヨイ〳〵此の言葉が見受けられる、そして諸君もよく用われるやうだ、だが果して諸君は是を正しい意味に於て解し、而して正しい意味に於て使つて居らるゝだらうか？多くの場合侮辱の意味を以つて呼ばれては居ないか？不逞鮮人こに朝[illegible]日本の帝國主義に反抗する總べてのものを云ふ。

[illegible]容されたる良識の侵害を企てるもの或は無政府[illegible]破壊するもの其の他何々と其の主張し運動する處の範圍は廣いが此の總べてを通じて共通な點は其れが直接であらうと間接であらうと或は是が單なる口先の主張であらうが身自らの行動であらうが等しく日本の帝國主義を向ふに廻した時に於てのみ[illegible]朝鮮人が假に隣國の支那或は露西

[illegible]旗印として押し進んだなら[illegible]

[illegible]

不逞鮮人[illegible]

白羽二重の振袖に同じく白の綾禪、向ふ鉢巻き甲斐々々しう長刀リユーとしごきつゝ。

學者の戲言

京都帝國大學教授で法學馬鹿世の河上サンは其の主宰する社會問題研究に一つの社會組織は社會に生産力が其の組織中に於て發展の餘地有る限り發展し了えてからで無ければ決して崩壊する氣遣ひは無い。だから此の條件が具つて居ない時の社會革命は認められぬとの發展が行き詰まれば必然的に[illegible]壊する、そして斯かる時に於てみ社會革命は認め得ると云ふ事になるのだ。それでは一體資本主[illegible]は何時になつたら必然的に行き[illegible]るのだ。

[illegible]限りない反逆で[illegible]其の何[illegible]來るとも知れない資本主義の必[illegible]

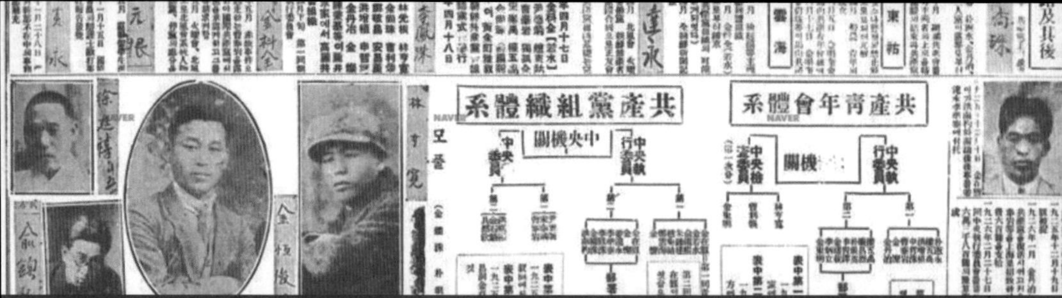
共產黨組織體系
中央機關
共產靑年會體系
中央機關

[제4장]

검열

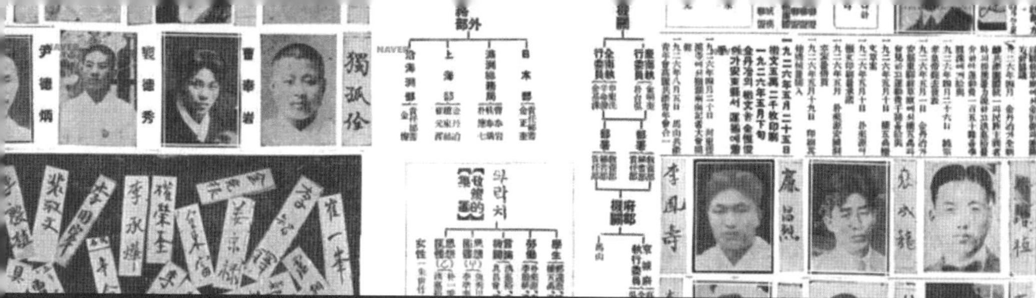

尹德炳
曹奉岩
獨孤佺
外部
日本部
上海部
沿海洲部
一九二六年五月二十五日
李鳳壽

||| 1 |||

〈비 내리는 시나가와역〉: 조선어와 일본어의 서로 다른 운명

나카노 시게하루의 〈비 내리는 시나가와역品川驛〉은 잡지 《개조改造》의 1929년 2월호에 실렸다(이하 '개조판'으로 표기). 이후로 이 시는 나카노가 세상을 떠날 때까지 많은 잡지나 단행본에 수록되어(조선어 번역 관련을 제외하고),[1] 거의 매회 표현의 미세한 수정이 이루어졌다. 그렇기에 어떤 시집을 읽느냐에 따라 시의 이미지는 변하게 된다.

개조판은 "××× 기념으로 이북만·김호영에게 바친다"라는 헌사로 시작한다. '×××'는 쇼와 천황의 즉위식을 의미하는 세 글자 '고타이텐御大典'이다. 개조판은 고타이텐(1928년 11월)으로부터 두 달 뒤에 발표됐다. 일본제국의 정치권력이 1928년에 특고[특별고등] 경찰체제를 확립한 것은 즉위식에 만전을 기하기 위해서이기도 했다. 나카노의 이 시는 천황 즉위식에 대비해 사회주의자와 조선인에 대한 감시가 강화되던 시기에 일본제국의 중심인 도쿄에서 추방된 '조선인'을 배웅하러 나

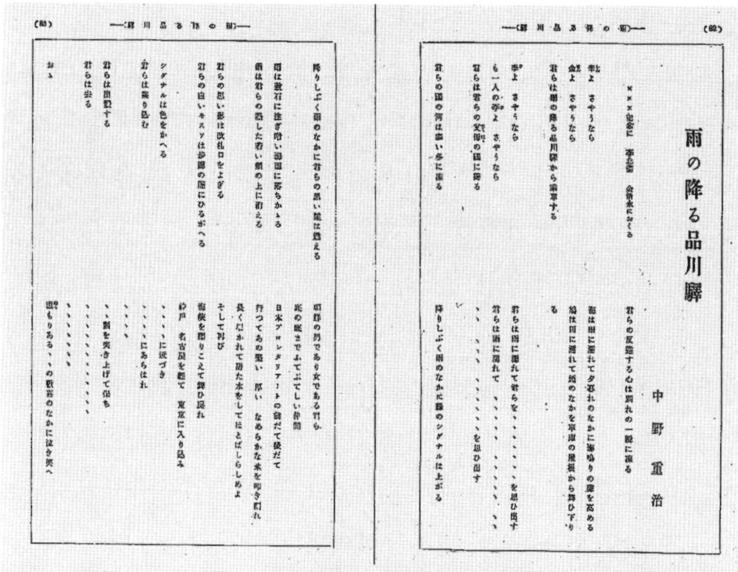

(82) —雨の降る品川驛—

雨の降る品川驛

中野重治

×××記念に 李北滿 金浩永におくる

辛よ さやうなら
金よ さやうなら
君らは雨の降る品川驛から乘車する

李よ さやうなら
も一人の李よ さやうなら
君らは君らの父母の國に歸る

君らの國の河は寒い冬に凍る
君らの叛逆する心は別れの一瞬に凍る

海は雨に濡れて夕暮れのなかに海鳴りの聲を高める
鳩は雨に濡れて煙のなかを車庫の屋根から舞ひ下りる

君らは雨に濡れて君らを、、、、、、、を思ひ出す
君らは雨に濡れて 、、、、、、、、、、、、を思ひ出す
、、 、、、 、、、、、、、、を思ひ出す

降りしぶく雨のなかに綠のシグナルは上がる
降りしぶく雨のなかに君らの瞳は燃える
雨は敷石に注ぎ暗い海面に落ちかゝる
雨は君らの熱した若い頰の上に消える
君らの黑い影は改札口をよぎる
君らの白いモスソは歩廊の闇にひるがへる
シグナルは色をかへる
君らは乘り込む
君らは出發する
君らは去る
おゝ
朝鮮の男であり女である君ら
底の底までふてぶてしい仲間
日本プロレタリアートの前だて後だて
行つてあの堅い 厚い なめらかな氷を叩き割れ
長く堰かれて居た水をしてほとばしらしめよ
そして再び
海峽を躍りこえて舞ひ戻れ
神戸 名古屋を經て 東京に入り込み
、、、、に近づき
、、、、にあらはれ
、、顎を突き上げて保ち
、、、、、、、、、、
、、、、、、、
溫もりある、、の歡喜のなかに泣き笑へ

(83) —雨の降る品川驛—

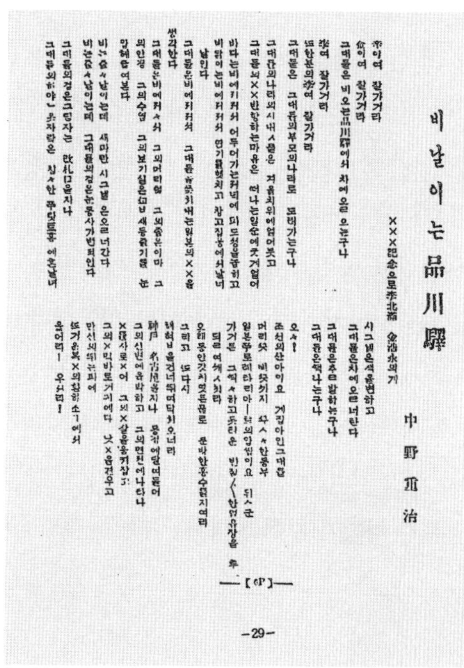

비날이는品川驛

中野重治

×××記念으로李北滿 金浩永의게

辛이여 잘가거라
金이여 잘가거라
그대들은 비오는品川驛에서 차에 오르는구나
李여 잘가거라
또한분의李여 잘가거라
그대들은 그대들의부모의나라로 돌터가는구나
그대들의나라의시내ㅅ물은 겨울치위에얼어붓고
그대들의××반항하는마음은 떠나는일순에굿게얼어
바다는비에저저서 어두어가는저녁에 파도성을놉히고
비닭이는비에저저서 연기를헤치고 창고집웅에서날너
날인다
그대들은비에저저서 그대들을××하는일본의××을
생각한다
그대들은비에저저서 그의머리털 그의좁은이마 그
의안경 그의수염 그의보기실은곱새등줄기를 눈
압헤그려본다
비는줄줄나리는데 새파란 시그낼은올나간다
비는줄줄나리는데 그대들의검은눈동자가번쩍인다
그대들의검은그림자는 改札口를지나
그대들의흰옷자락은 침침한 푸랫트폼에서휘날니도
시그낼은색을변하고
그대들은차에오른다
그대들은출발하는구나
그대들은떠나는구나
오—!
조선의산아이요 계집아이인그대들
머리끗 뼈끗까지 꿋꿋한동무
일본프로레타리아—트의압잡이요 뒷군
가거든 그딱딱하고두터운 번질번질한얼음장을 툭
때려 여쳐ㅅ치라
오래동안갓치엇든물로 분방한홍수를지여라
그리고 또다시
해협을건너뛰여닥쳐오너라
神戸 名古屋을지나 동경에달녀들어
그의신변에육박하고 그의면전에나타나
×를사로×어 그의×살을움켜잡고
그의×밋바로거긔에다 낫×을견우고
만신의뛰는피에
뜨거운복×의환희속에서
울어라! 우서라!

-29-

〈그림 4-1〉
개조판(1929년 2월)과
무산자판(1929년 5월).
개조판은 복자투성이지만,
무산자판은 복자가 적다.
내무성의 극비 서류에 따르면,
개조판은 아무런 문제 없이
검열을 통과했다.
이와 달리 무산자판은
발금 처분을 받았다.

온 '일본인'의 입장에서 쓴 것이다.

1929년 개조판이 다시금 주목받게 된 것은 미즈노 나오키가 1929년에 조선어로 번역된 〈비날이는 시나가와역品川驛〉을 일본에 다시 소개한 1976년 전후였다.[2] 이 조선어 번역은 개조판 발표 3개월 뒤에 조선어 잡지 《무산자》에 게재됐던 것이다(이하 '무산자판'으로 표기). 《무산자》는 조선공산당 재건 뷰로[bureau(사무국)]가 간행한 조선어 잡지이며, 주된 독자로 상정했던 것은 한반도에 있는 조선인이었다. 조선공산당은 1926년 4월 코민테른(공산주의인터내셔널, 1919~1943)에 의해 정식으로 승인되었다. 이후 잡지 《무산자》 창간 때까지 4년간, 조선공산당은 조선총독부의 검거로 여러 차례 와해되었고 네 번에 걸쳐 다시 조직되었다. 조직의 붕괴와 재건이 반복될 때마다 조선인 당원들 간의 주도권 다툼은 점점 더 과열되어 갔다. 이 내부 대립은 1928년 12월 코민테른의 〈조선 문제를 위하여〉(12월 테제)를 통해 비판되며, 조선공산당의 승인이 취소되는 하나의 원인이 된다. 12월 테제는 조선공산당의 재건에 관한 명령이었는데, 그것을 실행하기 위해 조선공산당의 섹터인 상하이 ML파가 파견한 고경흠이 조선에서 자금을 조달해 와 일본 본토에서 설립한 합법적 출판사가 무산자사였다. 이에 협력했던 이들이 〈비내리는 시나가와역〉을 조선어로 번역했다고 추정되는 이북만과 나카노 시게하루의 신인회新人會 후배 김두용이다.[3]

복자투성이었던 개조판에 비해 무산자판은 오른쪽 상단의 인용문같이 '천황'이라는 말과 천황을 가리키는 '그'라는 삼인칭 대명사의 일부만 복자 처리가 되어 있다.

● **개조판**
君らは雨に濡れて君らを、、、、、、、を思ひ出す
君らは雨に濡れて 、、、、、 、、、、、、 、、
、、 、、、 、、、、、、、を思ひ出す

● **무산자판**
그대들은비에저저서 그대들을쫓처내는 일본의 ××을생각한다
그대들은비에저々서 **그**의 머리털 **그**의좁은이마 **그**
의안경 그의수염 그의보기실은 싊새등줄기를 눈압헤글여본다

미즈노 나오키는 무산자판 조선어 시를 일본어로 '축어역逐語訳'한 다음, 마츠오 다카요시의 중개로 나카노 시게하루에게 보냈다[이때 나카노는 75세 무렵].[4] 《나카노 시게하루 전집》의 편집자인 마츠시타 유타카는 미즈노의 번역을 토대로 "복자의 글자 수에 맞춰" 개조판의 "시 구절을 추정"하면서 말을 짜맞추었다. 마츠시타는 이것을 개조판의 "복원"이라고 의미부여하면서 1977년에 간행된 《나카노 시게하루 전집 제9권》의 〈월보月報〉에 실었다(〈그림 4-2〉).

개조판과 무산자판 사이에는 3개월의 시간차가 있다. 개조판은 판독이 불가능할 정도로 복자 처리된 채로 발표되었다. 때문에 무산자판의 번역은 나카노가 썼던 원본을 직접 입수하여 이루어졌을 것이다. 인용해 놓은 개조판과 무산자판을 같이 살펴보면, 개조판의 '君ら'는 '조선의 남자아이이며 여자아이인 그대들'을 의미하고, 조선어 '그'는 '천황'을 의미하고 있음을 알 수 있다.

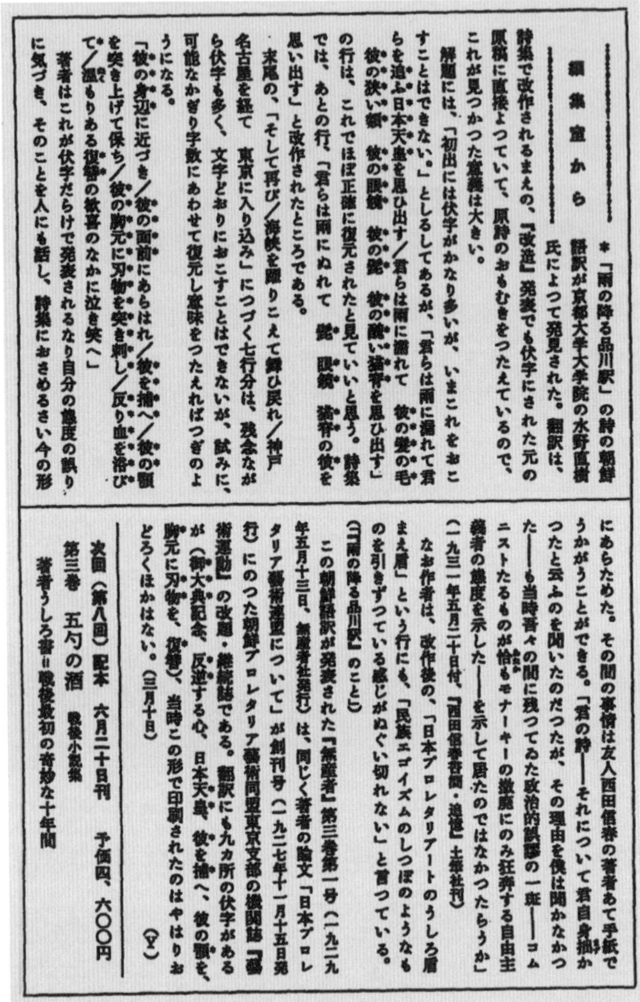

編集室から

＊「雨の降る品川駅」の詩の朝鮮語訳が京都大学大学院の水野直樹氏によって発見された。翻訳は、詩集で改作されるまえの、『改造』発表でも伏字にされた元の原稿に直接よっていて、原詩のおもむきをつたえているので、これが見つかった意義は大きい。

解題には、「初出には伏字がかなり多いが、いまこれをおこすことはできない。」としるしてあるが、「君らは雨に濡れて君らを追ふ日本天皇を思ひ出す／君らは雨に濡れて　彼の髪の毛　彼の狭い額　彼の眼鏡　彼の髭　彼の醜い猫背を思ひ出す」の行は、これでほぼ正確に復元されたと見ていいと思う。詩集では、あとの行、「君らは雨にぬれて　髭　眼鏡　猫背の彼を思い出す」と改作されたところである。

末尾の、「そして再び／海峡を躍りこえて舞ひ戻れ／神戸名古屋を経て　東京に入り込み」につづく七行分は、残念ながら伏字も多く、文字どおりにおこすことはできないが、試みに、可能なかぎり字数にあわせて復元し意味をつたえればつぎのようになる。

「彼の身辺に近づき／彼の面前にあらはれ／彼を捕へ／彼の顎を突き上げて保ち／彼の胸元に刃物を突き刺し／反り血を浴びて／温もりある復讐の歓喜のなかに泣き笑へ」

著者はこれが伏字だらけで発表されるなり自分の態度の誤りに気づき、そのことを人にも話し、詩集におさめるさい今の形にあらためた。その間の事情は友人西田信春の著者あて手紙でうかがうことができる。「君の詩――それについて君自身拙かつたと云ふのを聞いたのだつたが、その理由を僕は聞かなかつた――も当時吾々の間に残つてゐた政治的誤謬の一斑――コムニストたるものが恰もモナーキーの撤廃にのみ狂奔する自由主義者の態度を示した――を示して居たのではなかつたらうか」（一九三一年五月二十日付、『西田信春書簡・追憶』土筆社刊）

なお作者は、改作後の、「日本プロレタリアートのうしろ盾まえ盾」という行にも、「民族エゴイズムのしつぽのようなものを引きずつている感じがぬぐい切れない」と言っている。（「『雨の降る品川駅』のこと」）

この朝鮮語訳が発表された『無産者』第三巻第一号（一九二九年五月十三日、無産者社発行）は、同じく著者の論文「日本プロレタリア芸術連盟について」が創刊号（一九二七年十一月十五日発行）にのつた朝鮮プロレタリア芸術同盟東京支部の機関誌「芸術運動」の改題・継続誌である。翻訳にも九カ所の伏字があるが（御大典記念、反逆する心、日本天皇、彼を捕へ、彼の顎を、胸元に刃物を、復讐）、当時この形で印刷されたのはやはりおどろくほかはない。（三月十日）　（Y）

次回（第八回）配本　六月二十日刊　予価四、六〇〇円

第三巻　五勺の酒　戦後小説集

著者うしろ書＝戦後最初の奇妙な十年間

〈그림 4-2〉

《나카노 시게하루 전집 제9권》의 〈월보〉(1977).

무산자판을 통해 개조판의 재현이 시도되었다.

미즈노 나오키의 '축어역'을 근거로 전집의 편집자였던 마츠시타 유타카가

복자의 글자 수에 맞춰 시 구절을 추정하고 말을 짜맞추었다.

● **개조판**

君らは雨に濡れて君らを、、、、、、、を思ひ出す

(그대들은 비에 젖어 그대들을、、、、、、、을 떠올린다)

君らは雨に濡れて 、、、、、 、、、、、、 、、

(그대들은 비에 젖어) 、、、、、 、、、、、、 、、

、、 、、、 、、、、、、、を思ひ出す

、、 、、、 、、、、、、、(을 떠올린다)

● **무산자판을 근거로 한 마츠시타 유타카의 '추정' 번역**

君らは雨に濡れて君らを追ふ日本天皇を思ひ出す

(그대들은 비에 젖어 그대들을 쫓는 일본 천황을 떠올린다)

君らは雨に濡れて 彼の髪の毛 彼の狭い額 彼の眼鏡

彼の髭 彼の醜い猫背を思ひ出す

(그대들은 비에 젖어 그의 머리털 그의 좁은 이마 그의 안경

그의 수염 그의 추한 꼽새등을 떠올린다)

무산자판에 기초하여 고찰해 보면, 개조판의 복자는 '천황'의 신체적 특징을 추하게 묘사한 지점과 '대역大逆'의 욕망이 그려진 다음과 같은 지점에 집중되어 있다.

● **개조판**

神戸 名古屋を経て 東京に入り込み

、、、、に近づき

、、、、にあらはれ

、、、、

、、顎を突き上げて保ち

、、、、、、、、、、、、、

、、、、、、、

温もりある、、の歓喜のなかに泣き笑へ

(고베 나고야를 지나 도쿄에 들어와)

、、、、(에 육박하고)

、、、、(에 나타나)

、、、、

、、(턱을 움켜잡고)

、、、、、、、、、、、、、

、、、、、、、

(따뜻한)、、(환희 속에서 울고 웃어라)

● 무산자판을 근거로 한 마츠시타 유타카의 '추정' 번역

神戸 名古屋を経て 東京に入り込み

彼の身辺に近づき

彼の面前にあらはれ

彼を捕へ

彼の顎を突き上げて保ち

彼の胸元に刃物を突き刺し

反り血を浴びて

温もりある復讐の歓喜のなかに泣き笑へ[5]

(고베 나고야를 지나 동경에 달여들어

그의 신변에 육박하고

그의 면전에 나타나

×[그]를 사로×[잡]어

그의 ×[멱]살을 움켜잡고

그의 ×[턱]믹바로거긔에다 낫×[칼/날]을 견우고

만신의 뛰는 피에

뜨거운 복×[수]의 환히 속에서 울어라! 우서라!")

복자는 법에 저촉될 우려가 있는 표현을 출판사 측이 '자발적'으로 ○표나 ×표 같은 기호로 지우는 것으로서, 특정 표현이 제한되고 있음을 가시화하는 효과를 발휘했다. 문장을 숨긴다는 복자의 본래 기능을 배반하는 형태로, 복자는 독자의 호기심을 자극하고 상상력을 환기시킨다.[6] 복자는 검열제도에 굴복한 상흔임과 동시에 저항의 표상이기도 하다.[7] 그러나 그것만으로는 설명되지 않는 점이 많다.

와타나베 나오미의 《불경문학론 서설》에 따르면, 근대 초부터 1880년 전후의 자유민권운동 시대에 이르기까지 "'천황'은 누구보다도 빈번하게 또 거리낌 없이 거론되는 대상"이었다. 그러나 1882년에 불경죄不敬罪가 시행되면서 문학과 미디어는 위축되었고 '천황'을 서사화하는 것 자체가 터부시되었다고 한다.[8] 와타나베는 무산자판의 번역에 의거하여 이 시가 천황의 신체를 "머리털/이마/안경/수염/굽은 등"으로 "집요하게 절단分断하고 있는 사실"에 주목하고, 그 "절단성 자체의 생생한 폭력"이 대역행위의 재현이라고 지적했다.[9] 분명, 무산자판에서의 조선어 '천황' 언설은 이 시대의 형법 73조에 정해진 대역죄, 즉 "천황, 태황태후, 황태후, 황후, 황태자 또는 황태손에 대해 위해를 가하는, 또는 위해를 가하려고 하는 자는 사형에 처한다"는 조문에 해당한다.

1928년 11월 쇼와 천황 즉위식 전후로 1928년 3·15사건, 1929년 4·16사건 등, 공산당 관계자에 대한 경찰의 악명 높은 대검거가 있었다. 1928년 6월에는 국체 변혁을 꾀하는 결사행위를 사형·무기징역 등의 형벌에 처할 수 있도록 치안유지법이 개악됐다. 이 시가 발표된 시기는 '천황' 언설에 대한 검열이 더욱 강화된 시기였던 것이다. 게다가 《무산자》가 도쿄에서 간행됐던 시기는 〈표 4-1〉에서 제시되듯, 4·16

사건으로 세상이 떠들썩했을 것이다. 두 잡지 모두 일본 내무성 도서과의 검열 대상이었다. 무산자판도 납본되었으며 내무성 도서과에서 작성한 《출판경찰보報》의 〈금지출판물 목록〉(쇼와 4[1929] 5월 중)의 〈1. 안녕 2. 신문잡지〉 기록에 의하면 "무산자([조]선문鮮文)"는 "5월 14일"에 간행되었으며 같은 날 "발금" 처분되었다. 이에 반해 복자투성이 개조판 〈비 내리는 시나가와역〉은 《출판경찰보》의 기록에 따르면 그 어떤 지적도 받지 않고 무사히 간행되었다. 앞서 제3장에서 서술했던 것처럼, 출판하는 쪽이 원고나 초벌 교정쇄 단계에서 내무성의 검열관에게 열람하도록 하는 내열이 폐지된 뒤였기 때문에, 이러한 사전 지시 없이 잡지 《개조》 쪽이 자발적으로 복자 처리했고 이들의 처리 기술을 당국이 평가했던 것이다.

거의 동일한 시기에 동일한 일본 내무성 도서과에서 검열을 받았을 터인 개조판과 무산자판의 서로 다른 운명은 작품의 해석에서도 큰 차이를 낳았다. 우선 확인해 둬야 할 것은 발금 처분됐던 무산자판이 살아남아 상업출판이던 개조판의 복원에 이용되었다는 점이다. 발금 처분됐던 출판물이 생존하는 방법에 관해서는 제5장에서 다룬다. 다만, 1976년 무산자판의 일본어 축어역을 미즈노 나오키가 건네기 전까지는 저자 나카노조차도 개조판의 복자를 복원할 수 없었을 것이다. 복원 불가의 이유는 나카노 시게하루가 1931년 간행된 《나카노 시게하루 시집》에 〈비 내리는 시나가와역〉을 수록할 때 천황의 신체에 관한 표현을 바꿨고 암살을 내비치던 부분을 삭제했으며 복자가 집중된 시의 후반부를 대폭 개작했기 때문이다.

〈표 4-1〉 개조판과 무산자판에 관한 연표

1926년 11월	일본프롤레타리아예술연맹 (기관지 《문예전선》. 일본프롤레타리아문예연맹의 이름을 바꿈).
1927년 12월	일본공산당 재건. 후쿠모토 이론의 입장에서 야마카와를 비판.
1927년 2월	조선에서 신간회新幹會 창립. 5월에는 도쿄에 신간회 지부 결성.
1927년 4월	도쿄 유학 중이던 이북만·김두용 등이 제3전선사를 조직, 《제3전선》을 발행.
1927년 6월	일본프롤레타리아예술연맹에서 분열되어, 아오노 스에키치·구라하라 고레히토 등이 노농예술가연맹을 창립. 기관지 《문예전선》. 후쿠모토 비판.
1927년 7월호	일본프롤레타리아예술연맹의 기관지 《프롤레타리아 예술》 창간. (나카노 시게하루·가지 와타루 등).
1927년 7월	코민테른 일본문제위원회 〈일본에 관한 집행위원의 테제〉(27년 테제).
1927년 11월	노농예술가연맹의 분열, 전위예술가동맹의 결성(27년 테제 찬성파는 탈퇴).
1927년 11월	조선프롤레타리아예술가동맹 기관지 《예술운동》을 도쿄 지부에서 창간.
1928년 3월 15일	공산당원 대검거.
1928년 3월	전일본무산자예술연맹(나프) 결성.
1928년 4월	일프로핀테른(국제적색노동조합) 제4회 대회의 테제. 식민지 노동자는 현재 거주하는 나라의 노동조합에 가입하여 싸울 것.
1928년 5월호	나프의 기관지 《전기戰旗》 창간(《문예전선》과 대립함).
1928년 8월	코민테른 서기국 '1국 1당의 원칙' 재확인.
1928년 12월	코민테른의 12월 테제 〈조선의 농민 및 노동자 임무에 관한 테제〉.
1929년 2월호	나카노 시게하루 〈비 내리는 시나가와역〉(《개조》).
1929년 4월 16일	공산당원들의 대규모 검거.
1929년 5월	코민테른의 12월 테제 실행을 위한 ML파 '무산자사社'를 조직, 《무산자》 창간.
1929년 5월호	조선어 번역 〈비 날이는 시나가와역〉(《무산자》 창간호).

さやうなら　辛
さやうなら　金
さやうなら　李
さやうなら　女の李
行つてあのかたい　厚い　なめらかな氷をたゝきわれ
ながく堰かれてゐた水をしてほとばしらしめよ
日本プロレタリアートの後だて前だて
さやうなら
××の歓喜に泣きわらふ日まで[10]
(잘 가거라 辛
잘 가거라 金
잘 가거라 李
잘 가거라 여성인 李
가서 저 딱딱하고 두껍고 미끄러운 얼음을 깨부수어라
오랫동안 막혀 있던 물을 힘차게 내뿜게 하라
일본 프롤레타리아의 우시로다테[뒷배/후원자]
마에다테[전위/앞세워진 자]
잘 가거라
××의 환희에 울며 웃는 그날까지.)

또한 개조판 도입부에 있던 헌사 역시 삭제되는데, 어느샌가 작가 자신의 머리 속에서도 개조판의 원형은 사라졌던 것이다.

한편 잡지 《무산자》와 관련해서는 당시의 조선어 출판물의 이동 및 확산이라는 문제와 연계해 생각할 필요가 있다. 왜냐하면 《무산자》는 일본제국이 일본 본토와 식민지 검열의 독자성을 유지하면서도 상호 연계를 강화해 가던 시기의 매체였기 때문이다. 동일한 시기, 일본 본토에서 합법적인 출판물로 간행한 뒤 식민지로 이입되는 서적들이 증가했다는 점에도 주목하고 싶다. 이러한 조선어 출판물의 복잡한 이동과, 그것에 대처하면서 일본제국의 검열망이 연계되어 가는 과정을 살펴보겠다.

||| 2 |||

일본 본토와 일본어의 양의적인 역할

1928년 4월 10일, 식민지 조선의 대표적인 미디어 《조선일보》와 《동아일보》는 '일본공산당사건'을 대대적으로 보도했다. 〈비 내리는 시나가와역〉의 배경이 됐던 3·15사건에 관한 것이었다. 일본 본토에서는 3월 15일 공산당 관계자라는 명목으로 3,400명이 일제히 체포됐다. 이에 관한 보도가 해금된 4월 10일, 조선에서는 《조선일보》가 호외(〈그림 4-3〉)를 낼 정도로 다양한 정보가 상세히 보도됐다. 오쿠다이라 야스히로는, 내무성이 이처럼 미디어를 이용하여, 공산당은 대역을 꿈꾸는 흉악한 사상 집단이라는 이미지를 양산하면서 치안유지법의 토대를 만들었다고 지적한다.[11] 동일한 미디어 전쟁은 조선에서도 전개되고 있었다.

조선총독부는 민심의 동향을 파악하여 3·1운동 같은 민중의 저항을 예방하기 위해 조선인에 의한 미디어를 허가했다. 그리하여 1920년 3월 5일에는 《조선일보》가, 4월 1일에는 《동아일보》와 《시사신문》이 창

朝鮮日報 號外

揭載禁止中 今日에解禁

天下耳目을聳動한日本共產黨事件

各地警察、檢事總動員으로

一時에千餘名檢擧

一道、三府、三十縣에亘한未曾有의大事件

第三國際共產黨과直接聯絡한可驚할陰謀

再昨年十二月以來組織的赤化宣傳

東京附近八區四郡에

旋風的一大檢擧

全國各地에電文이雪飛

迅雷로出動한百五十警官

司法首腦一室密議

檢事出動五十餘名

過激한檄文

主要人物

日共黨機關紙

「赤旗」

暗鬪가發覺端緒

四十名立候補選擧도致疑

第三國際와聯絡

秘令을全國에傳達

〈그림 4-3〉

《조선일보》 호외. 일본의 3·15사건에 관한 보도(1928년 4월 10일 자).

간되어, 그때까지 유일한 조선어 신문이던 조선총독부 기관지 《매일신보》와 경합하게 된다. 《동아일보》 및 《조선일보》와는 달리 《시사신문》은 독자 획득에 실패하여 경영난에서 허덕였고 오래가지 못했다.[12] 그렇다고 해서 《동아일보》와 《조선일보》에 대한 검열이 상대적으로 가벼웠던 것은 아니다.

조선인에 의한 조선어 미디어가 금지되어 있던 1910~1920년의 10년간 총독부의 미디어 정책은, 제3장에서 서술했듯 비합법 매체의 적발에 중점을 두었다. 조선어 표현에 대한 처벌 기준이 만들어진 것은 1920년대 이후이다.[13] 조선어 미디어 시대의 개막은 조선총독부에 의한 검열의 정비와 강화를 동반하는 것이었다. 예컨대 《동아일보》는 창간한 해에 108일간의 제1차 발행정지 처분(1920년 9월 25일~1921년 1월 10일)을, 《조선일보》는 두 번의 장기 발행정지 처분을 받았다(1920년 8월 7일~9월 2일, 1920년 9월 5일~11월 5일). 이러한 처벌을 겪으며 민간 조선어 신문은 검열을 강하게 의식하게 된다. 그러나 장신이 서술하고 있듯이, 이를 '차압=탄압=저항(항일)'이라는 정형화된 등식으로 생각해서는 안 된다. 애초에 《조선일보》는 대표적인 친일단체였던 대정大正친목회가 만든 것이었다. 그러나 이후 《동아일보》를 넘어서는 30건의 차압, 23회의 발금, 그리고 두 번의 장기 정간 처분을 받았다.[14] 기존 연구는 이러한 숫자에만 의존해 《조선일보》의 피해를 부각하고 미디어 자체의 성격을 놓치고 있다.

조선총독부는 조선어 출판물을 엄격히 통제하면서 조선인 상대의 프로파간다도 전개했다. 예컨대 정책 선전용 영화를 제작해 지방을 순회 상연했다. 포스터나 《매일신보》, 《경성일보》 지면에 총독부 행정에 관한 계몽이나 업적의 강조에도 힘을 기울였다.[15] 이와 동시에 사회주의의 이미지 다운[image down]을 거듭 시도했다. 박헌호에 따르면, 1919년

3·1운동 직후부터 치안유지법이 공포된 1925년(일본 본토에서는 4월 22일, 조선에서는 5월 8일)까지 《매일신보》는 혁명에 성공한 러시아가 실제로는 성적으로 타락했고 강간·빈곤·기아에 의해 많은 사람들이 곤란에 빠져 있으며 러시아 거주 조선인에 대한 인종차별이 가혹하다는 식의 보도를 반복했다. 한편 일본은 조선을 근대화하고 경제적인 이익을 주었다고 강조하면서[16] 일본제국의 식민지 지배를 미화했다. 이 같은 이미지가 만들어지던 시기와 조선에서 사회주의운동이 본격화하고 조선공산당이 결성(1925년 4월)되기까지의 시기는 겹친다.

그러나 이 시기의 조선인 독자들의 경향과 그런 독자 확보에 열을 올리던 《동아일보》 및 《조선일보》 등 식민지 미디어 기사를 통해 알 수 있듯, 모든 것이 총독부의 입맛대로 진행된 것은 아니었다. 조선에서 사회주의 사상이 급속하게 보급됐던 것은 3·1운동 이후 "민중의 정치의식이 크게 고양되고 민족적·계급적인 모순이 드러남으로써 민족개량주의가 설득력을 잃"었기 때문이다.[17] 젊은 세대는 민족개량주의를 구세대적인 사고라고 비판하면서 사회주의 관련 서적들의 독자가 되었다. 제3장에서 서술했듯, 조선에서는 조선어 서적이 엄격한 검열을 받고 있었기 때문에 사회주의 관련 서적은 일본 본토로부터 이입되었으며 거의 대부분이 일본어 책이었다. 이는 일본 본토의 출판산업이 식민지에 비해 규모가 컸고, 해외의 사회주의 관련 서적이 일본어로 적극 번역되고 있었으며, 무엇보다 조선에서 일본어의 보급이 진척되고 있었기 때문이다.

《동아일보》의 서적 광고를 상세히 조사한 천정환에 따르면, 1920~1923년은 무정부주의를 필두로 하는 사회주의적 경향이 강한 책들이 많이 간행되어 판매되었다. 마르크스주의 관련 서적이 본격적으로 읽히게 된 것은 1920년대 중반 이후였다. 소비에트 러시아로부터 일본

(어)을 경유하여 레닌이나 스탈린, 부하린의 저작이 수입되었다. 천정환은 이러한 현상이 일어난 이유를 코민테른이 조선의 공산주의운동에 영향을 끼치게 됐던 점과 운동이 성장했던 점에서 찾는다. 제5장 및 6장에서 다루게 될 일본 본토의 사회주의 관련 합법·비합법 일본어 서적은 거의 시간차 없이 한반도에 흘러 들어왔고, "1928~1929년 경에는 사회주의 서적의 수용이 절정"에 이르게 된다.[18]

'일본어'의 역할은 양의적이었다. 지배자가 강제하는 억압의 상징이면서 그런 억압에 대한 저항 사상을 키우기 위한 도구이기도 했기 때문이다. 1928년 4월 17일 자 《동아일보》는 3·15사건과 관련해 일본 정부가 "언론 및 출판물에 대한 철저한 취체를 결정"했다고 전한다. 3월 13일의 각료회의에서 '언론 및 출판물'의 단속이 논의됐다는 것이다. 각료들은 "강경론으로 일치"되었고 "긴급조치로서는 현행 법령의 범위 내에서 중앙과 지방이 함께 언론 단속과 출판물 검열을 엄중히 할 것, 장기적인 대책으로는 이것(언론의 출판문)에 대한 상설 기관을 설치하지 않겠지만 현재의 경보국 위원회에서 심의하여 언론·출판물에 대한 철저한 단속 대책을 강구할 것"을 결정했다. 이 기사 바로 옆에는 '주목을 받는 신문과 잡지, 과격 사상 선전의 경향이 있을 때에는 가차 없이 처벌'이라는 표제로 다음과 같은 기사가 이어지고 있다.

> 사상 문제, 사회 문제를 논하여 국민 사상을 혼란시키며, 혹은 '마르크스'주의를 신봉하고 사상의 동요를 꾀하려는 종류의 언론 문장은 철저히 단속할 것. 그리고 같은 날 각료회의는 최우선적으로 감시해야 할 신문잡지로서, 무산자신문, 노동농민신문, 마르크스신문 및 전위, 해방, 적기赤旗, 정치비판, 노농, 프로예술 등을 예시했다. 이들

신문잡지에 대한 단속에는 극력 주의하지 않으면 안 된다는 의견이 있었다고 한다. 또 최근에 대단히 급진적인 태도를 취하고 있는 잡지 《개조》 등에 대해서도 주시한다더라(《동아일보》 1928년 4월 17일 자).

일본제국 각료회의는 단속을 강화해야 할 대상으로 공산당 계열 또는 비공산당 계열의 마르크스주의자가 발행하는 합법·비합법 매체를 지명했다. 발행부수가 그다지 많지 않고 《개조》를 제외하면 식민지 미디어에 광고를 할 엄두도 못내는 소규모 신문이나 잡지의 탄압에 조선어 신문은 관심을 보였다.

조선에서의 엄격한 검열시스템은 좌익적인 조선어 책들의 간행을 '금지-회피'시켰고 수입·이입의 흐름을 유발했다. 〈그림 4-4〉를 보면

〈그림 4-4〉 수입·이입 신문 및 잡지의 종류 및 수량

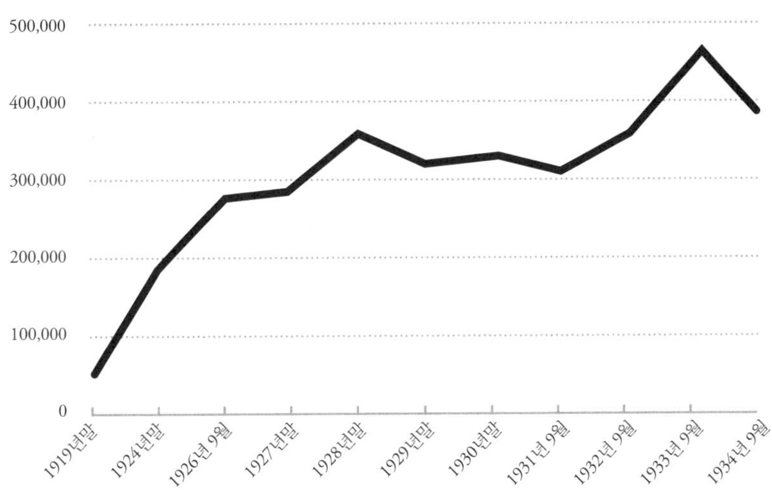

출처: 조선총독부 경무국, 《쇼와 4년 조선에서의 출판물 개요》, 《쇼와 7년 조선에서의 출판물 개요》, 《조선 출판경찰 개요》 1933·1934 참조.

일본 본토의 출판물이 제3장에서 다루었던 가네코 후미코와 박열의 《후테이센징》이 나온 1920년대 초반에 비해 1920년대 말에는 4배 이상이나 수입·이입되고 있음을 알 수 있다. 나카노 시게하루의 〈비 내리는 시나가와역〉을 조선어로 번역해 실었던 《무산자》가 도쿄에서 창간을 준비하던 1928년까지는 그 수치가 점점 더 올라갔다.

조선총독부 출판정책은 1910년대에는 발금과 압수가, 1920년대에는 검열이 중심이었다. 이에 대항하기 위해 조선어 문헌은 미국, 중국, 만주, 러시아 등에서 신문·잡지·서적으로 간행된다. 특히 1920년대 후반부터 조선의 여러 단체는 일본 본토에 있는 자신들의 지부에서 출판하여 조선으로 들여오고자 했다.[19] 조선총독부 경무국 도서과의 《신문지요람要覽》(1927)에 따르면 일본 본토에서 간행된 조선어 매체에는 《사상운동》, 《청년조선》, 《교육연구》, 《반도조선》, 《조선노동》, 《청년에게 호소한다》, 《노동독본》, 《일본 청년에게 호소한다》, 《사회개조의 여러 사상》, 《제1인터내셔널 창립 선언 및 규약》, 《러시아의 주요 인물의 모습》, 《자본주의의 해부》, 《로자 룩셈부르크》, 《금강저金剛杵》, 《학지광》, 《조선인의 새로운 운동》, 《대중신문》, 《신공론》, 《계契의 연구》, 《광선》, 《소작운동》, 《적위赤衛》, 《조선경제》, 《흑우》, 《송경학우회보》, 《사명》, 《자아성自我聲》, 《극성劇星》 등이 있었다. 출판물 외에도 조선어 전단지도 제작되었다. 1920년대 중반 이후, 일본 본토는 본격적으로 '불령선인'들이 '불온한' 조선어 미디어를 생산하는 공장이 됐던 것이다. 간행물의 대다수는 사회주의에 관한 내용이었다. 필자가 이러한 책들의 이동을 어느 정도 파악할 수 있게 된 것은 일본 내무성과 조선총독부가 진행한 집요한 조사 덕분이기도 하다.

||| 3 |||

검열제국의 탄생

경성에 있던 주일본 소련총영사관의 부영사 부인이며 소련공산주의청년동맹 중앙위원의 기관지 《콤소몰스카야 프라우다》의 통신원이기도 했던 파냐 이사악꼬브나 샤브쉬나는 해방 직후 경성의 상황을 상세히 기록했다. 그 기록은 정리되어 1974년 소련에서 간행되었다.[20] 그 가운데 1945년 8월 22일의 서술에 주목하고 싶다. 그날, 그녀는 통역과 함께 거리로 나갔다. 조선총독부에서 멀지 않은 남대문 주변에서 열린 민중집회를 엿본 뒤, 종로 방면으로 옮겨 가다가 다음과 같은 풍경을 보게 된다.

> 검은 연기 기둥과 함께 굴뚝에서는 계속하여 종이 조각들이 날아왔다. 한 골목에서 학생 아이들이 어떻게든지 그것들을 읽고 무엇을 제거하는지 알아보려고 노력했다. 그때 〔일제의〕 경찰이 그들에게

다가와 종이뭉치를 빼앗아 갈가리 찢더니 던져 버렸다. 학생들을 체포하지는 않았다.……“(불에) 탄 이 종이들에 무엇이 적혀 있었는지 여러분은 아십니까?”라고, 화신백화점 근처의 집회에서 어떤 사람이 발언했다. “조선의 애국자들을 체포하여 총살하라는 명령서, 고문 실시에 대한 중앙 기관의 명령서, 밀정들의 보고 및 그들의 명단입니다. 식민주의자들은 그 모든 것들을 태워 재로 만들고 있습니다.”[21]

1945년 8월 15일 이후 그렇게 대량으로 소각된 문서에 대한 정확한 기록은 남아 있지 않다. 다만 샤브쉬나가 혼마치[현재의 명동]의 서점에서 봤던 것들이 소각 처분된 것들의 정체를 보여 준다. 이 서점의 조선인 점주는 해방 이전에 서점을 방문한 샤브쉬나가 조선 관련 서적이 있는지를 물었을 때 “매우 유감스럽지만 조선에 관한 책은 없습니다”라고 신경질적으로 말하면서 샤브쉬나를 내쫓으려던 사람이었다. 그 점주가 일부러 그녀 일행을 불러 세우고서는 “당신들은 정말로 조선 역사에 관심이 있으십니까?……매우 흥미로운 책을 보여 드릴 수 있습니다”라고 영어로 물었다고 한다. 점주가 보여 준 것은 조선총독부의 비밀문서 보관국에 보관되어 있던 《조선경찰》, 《고등경찰용어사전》, 《사상휘보》를 비롯해, 조선총독부가 비공개로 간행한 보고서류였다. 여기에는 검열관이 쓴 것도 포함되어 있었다.

나는 어떤 방법으로 그 책들이 조선인 서점에 들어오게 되었는지 이해할 수 없었다.……식민주의자의 명예를 해칠 만한 문서나 책들을 태울 의무를 가졌던 경찰과 총독부 직원들이 〔패전 이후〕 서점

주인들에게 그것을 팔아 넘겼고, 주인들은 많은 금액을 받고 고객들에게 파는 것이다. 독자들을 전혀 염두에 두지 않고 조선에서의 식민지 통치 방법을 명백히 드러낸 비공개 출판물이 바로 그렇게 갑자기 사람들의 손에 닿게 된 것이다.[22]

샤브쉬나가 서점에서 우연히 만난 조선인 대학강사는 이 저작들을 두고 "우리를 어떻게 기만했고 우리의 훌륭한 사람들을 어떻게 괴롭혔는지 모든 것을 알기 위해서 꼭 필요한 책"[23]이라면서 구입했다고 한다.

앞에서 거듭 말한 것처럼, 검열의 주된 대상은 풍속과 사상이었다. 1920년대 조선에서 사상이란 총독부 통치에 대해 비판적이던 것, 특히 사회주의 사상을 의미했다. 활자매체만이 아니라 이러한 사상과 관련하여 쓰거나 번역한 사람, 제작에 관여한 사람, 그것을 읽은 사람도 단속 대상이 되었다. 그녀의 남편이 비밀 활동을 하기 위해 샤브신이라는 가명을 사용했듯이, 사회주의자의 태반은 오랜 기간 "감옥에 갇히거나 지하에서 활동했기 때문에 〔조선의〕 사람들은 그들에 대해 거의 알지 못했다."[24] 이런 사정으로 인해 해방 이후의 한반도에서는 자신의 저항운동 이력과 실적을 내세우면서 조선 민중의 지지를 모으는 활동을 뜻대로 전개할 수 없었다고 한다.

이혜령은 박헌영이나 이재유가 해방 직후에 "대표적인 사회주의자"로 호명된 큰 이유 중 하나는, 그들이 조선총독부에 여러 차례 검거되면서 재판과 투옥 관련 기사가 신문 사회면에 실렸던 "사상범"이자 "범법자"였기 때문이라고 설명한다. 당시의 신문 보도로부터 현재의 학술연구에 이르기까지 "그들의 생애와 사회주의자로서의 활동을 재구성하는 데 가장 유력한 자료들은 바로 이들을 범법자로 체포하고 구금했

〈그림 4-5〉 네이버 뉴스라이브러리에서의 키워드 '조선공산당' 검색(연도별)

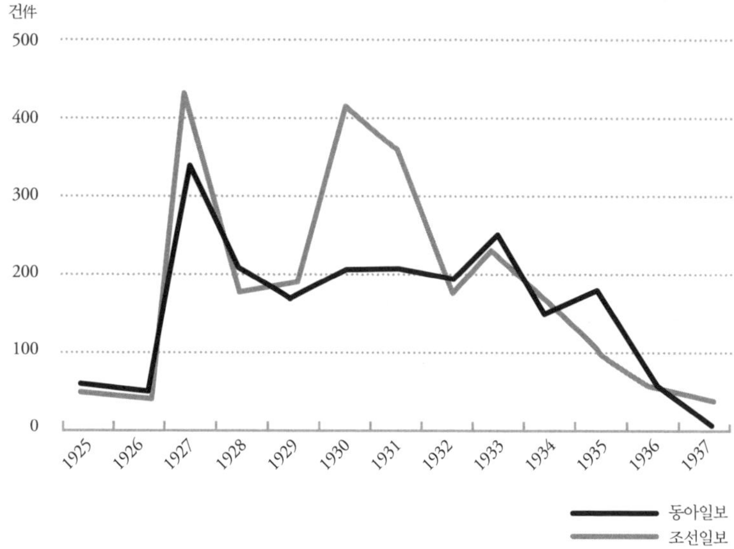

〈그림 4-6〉 네이버 뉴스라이브러리에서의 키워드 '조선공산당' 검색(월별)

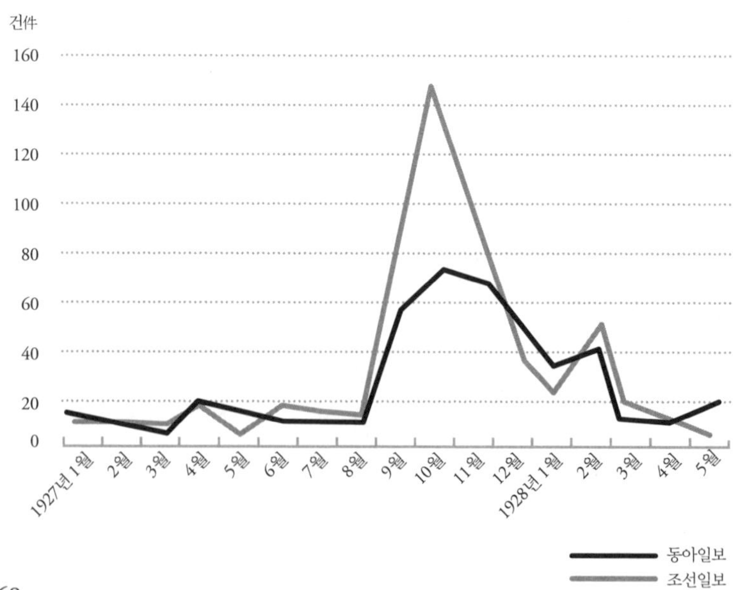

던 조선총독부 경무국과 검사국 등 식민지 권력의 것”이었다.[25]

한국의 네이버 뉴스라이브러리에서 《동아일보》와 《조선일보》를 날짜나 키워드로 검색하면 원문을 열람할 수 있다. 인터넷상에 무료공개된 것이므로 누구나 접속 가능하다. 이 기능을 이용하여 우선 '조선공산당'을 검색해 봤다. 앞서 서술했듯 조선공산당은 1925년 4월에 결성되어 1926년 봄에 코민테른의 승인을 얻었다. 〈그림 4-5〉에 정리해 놓은 것처럼, 1926년에는 모두 합쳐 119건이었던 것에 비해 1927년에는 780건으로 늘어나며 1928년에는 398건으로 감소한다. 이 시기는 네이버 뉴스라이브러리의 전체(1920~1999) 통계를 보더라도 '조선공산당'이라는 말이 가장 많이 노출되던 때였다. 이 시기를 월별로 나누면, 1927년 9월부터 11월, 1928년 2월에 '조선공산당'의 빈도가 상당히 높았음을 알 수 있다(〈그림 4-6〉). 기사를 읽어 보면 이 두 기간은 조선공산당 사건의 공판 시기와 그 공판의 판결 시기와 각기 겹친다.

조선공산당사건이란 1925년 11월에 발생한 제1차 공산당사건에서 시작해, 1926년 6월의 제2차 공산당사건, 같은 해 10월 나머지 당원의 전국적 검거로 이어지는 사건의 총칭이다. 1927년 9월 13일, 경성으로 이송된 당원들의 공판이 시작되자마자 《동아일보》, 《조선일보》는 매일같이 크게 다루었다(〈그림 4-7〉, 〈그림 4-8〉). 시기는 어긋나지만 나카노 시게하루의 〈비 내리는 시나가와역〉에서 기차에 올라탔던 '신', '김', '이', '여성인 이' 들의 종착지가 바로 그 공판 자리였다.

조선공산당사건은 예심이 종결되자 일부 자료가 공개되었고 신문 보도 역시 허락되었다. 공개된 정보에는 피고의 이름은 물론이고 본적·주소(현 주소)·직업·연령·사진까지도 포함되어 있었다. 이 같은 보도 방식을 두고 이혜령은 “암호로 통신”하거나 “변장해서 활동”하고 있던 사회주의자를 "지상의 뻔한 존재—행정적 법적 통치 대상인 호구 내지 인구의 기본사항만으로도 확인이 가능한—로 하강시켰다"고 지적한다.[26] 조선공산당사건을 둘러싼 보도 경쟁은 사회주의자에 대한 징벌적 본보기로서 이 사건을 이용하고자 했던 총독부의 의도와는 다른 효과를 냈다. 지면에는 피고의 사진과 더불어 "재판 하루 전날 밤 11시부터 줄을 서서" 방청을 희망했던 많은 이들의 사진이 크게 실렸다(〈그림 4-9〉). 신문의 표제대로, 이 재판은 "반도천지를 흔동掀動[크게 요동치도록]한 대사극大史劇"이라고도 할 수 있으며, 조선 민중의 커다란 관심을 모았다.

앞의 〈그림 4-3〉에서 보듯, 《조선일보》가 일본 본토에서 일어난 3·15사건에 대해 호외까지 냈던 것은 조선의 이 같은 여론과 결부해 이해할 필요가 있다. 1928년 3·15사건과 1929년 4·16사건 사이에는 1928년 11월의 쇼와 천황 고타이텐(즉위 의례)이 있었다. 바로 이 시기에 일본제국의 검열시스템은 종주국과 식민지를 연계하면서 정비되어 갔다. 신문은 3·15사건으로 1,600명(1928년 1년간 중간 검거를 포함하면 3,400명)이나 검거됐음을 경쟁적으로 보도하고 치안유지법 개악의 발판을 만들었다.[27] 그러나 실제로 기소된 것은 450명(최종적으로는 523명)이었으며, 700명이 검거되어 266명이 기소된 4·16사건보다도 기소율이 낮았다. 또 3·15사건에서는 공산당 간부의 체포에 실패했지만 4·16사건에서는 일본공산당 중앙위원장 겸 코민테른 상임집행위원이었던 사노 마나부를 6월 상하이에서 검거했고 중간간부 대부분을 체포하는 데 성공했다. 이로써 4·16은 특고[특별고등경찰]의 "눈부신 성장"을 증명한 사건으로 기록되었다.[28]

1928년 4월에 열린 제55회 일본 제국의회에서 3·15사건이 "사상 국

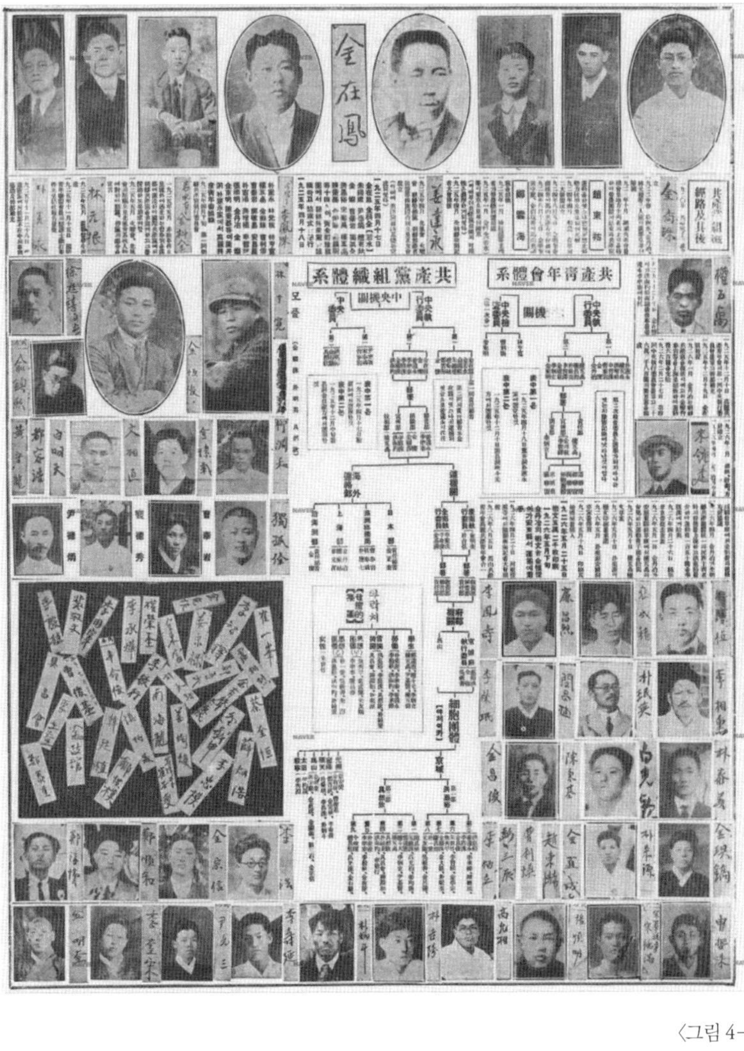
全在鳳

共產黨組織體系

共產青年會體系

〈그림 4-7〉

《동아일보》 1927년 9월 13일 자. 조선공산당 관계자의 사진과 이름,

그리고 조직도 등이 소개되어 있다.

今日 朝鮮共産黨公判

萬人注視中에 一大史劇은 開幕되다

被告百單一 인 全朝鮮的大秘密結社

組織 發覺 活動 重要人物

朝鮮日報 號外

〈그림 4-8〉.
《조선일보》 1927년 9월 13일 자.
조선공산당사건의 공판이 시작되었음을 대대적으로 전하는 기사.

半島天地를掀動한大史劇開幕日

馬蹄紛糾의重重鐵甕城裡

未曾有의共產公判開廷

延期又延期로在監三個星霜만에

天日을보게되는百單一被告

黎明부터法廷前엔萬頃人波

前夜十一時頃부터

法院前에冒雨守直

傍聽人身元一一調查

傍聽券數不過八十一

所持物全部任置

午前七時四十分

被告全部가到着

三年만에親知相面

意味深長한微笑

被告入廷光景片片

定刻보다一時間遲延

十時半에야開廷

交椅에안저서答辯

依稀한親知形影

一大史劇中悲劇種種

重態被告와

六名不出廷

〈그림 4-9〉

《동아일보》 1927년 9월 14일 자. 조선공산당사건의 공판을 보기 위해 전날부터 줄을 섰다는 많은 조선인의 사진을 게재했다.

난思想國難"으로 자리매김되면서 특고경찰이나 사상검사의 확충이 용인됐던 것도 일조하였다. 이 제국의회는 200만 엔이라는 막대한 예산을 경보국 확대를 위해 승인했다. 내무성 경보국 도서과장에 따르면 예산을 소화하기 위해 사무관과 검열관을 늘리고 기관 잡지를 발행했다고 한다.[29] 도서과만을 예로 들어도 전년도의 24명에서 61명으로 인원을 대폭 늘렸다(〈표 4-2〉). 이외에도 출판, 강연회, 강습회 등이 다수 기획되었는데, 그 대부분은 사회주의자의 검거와 검열을 위한 학습용이었다.[30]

식민지 조선에서도 동일한 움직임이 보인다. 1928년 5월 조선총독부 경무국도 추가예산 40만 엔을 인가받아 그중 5만 엔은 사상검사 배치에, 35만 엔은 고등경찰 확충에 사용했다. 대단히 흥미로운 것은 예산을 소화하기 위해 식민지와 종주국의 검열시스템이 연계되고 있다는 점이다. 경성에서는 1928년 9월부터 《조선출판경찰월보》가 발행되었으며 도쿄에서는 10월부터 《출판경찰월보》가 발행되었다. 《출판경찰월보》에 실린 일본어 잡지 정보가 《조선출판경찰월보》에 게재되는 등 상호 참고자료로 활용된다. 양쪽의 조직 재편 시기가 겹치고 예산 소화 방식이 유사하다는 점을 생각하면 서로 연계된 활동을 시야에 넣고 있었다고 할 수 있다.[31]

3·15사건 이후, 대대적으로 확충된 특고경찰도 "시찰 단속 태세의 엄중화가 각종 회의 및 통첩에서 요청되고" 있었음을 인식했고, 1928년 "8월 7일부터 3일간 신임 경시警視를 포함해 전국의 특고·외사外事 과장을 소집한 최초의 회의가 내무성에서 열렸다." 제1회 회의에는 조선·가라후토에서도 출석자가 있었다고 한다.[32] 쇼와 천황의 즉위식을 앞두고 무엇보다 강화됐던 것은 조선인에 대한 감시였다. 예컨대 특고 과장회의의 지시사항 제1항 〈대례에 관련한 각종 요주의 인물의 시찰 및 경계

〈표 4-2〉 경보국 특고 관계 과원課員의 추이(단위: 명)

	보안과		도서과	경보국 전체
1927년	42		24	121
기구 개혁	고등과	보안과		
1928년	14	85	61	236
1929년	14	67	58	212

출처: 오기노 후지오, 《특고경찰체제사》, 서키타셔보, 185쪽.

에 관한 건〉에서는 “재외在外 불령선인”의 본토 잠입에 대한 경계와 “아직 경찰이 파악하지 못한 위험인물의 발견”[33]이 강조되었다. 특고는 약 20만으로 알려져 있던 간사이關西 지방의 조선인 거주자 명부를 휴대하고 한 달에 1~2회 방문조사를 하거나 야간 가택 수사를 강행했다. 특고는 이를 좀 더 원활히 진행하기 위해 조선어 강습회도 열었다.[34]

이렇게 일본 본토로 조선인이 잠입하는 것을 막기 위한 갖가지 대책은 조선총독부 관계자와 연계해 마련되었다. 한편, 조선총독부 도서과는 일본으로부터 이른바 위험 사상이 이입되는 것을 막기 위해 시모노세키 등의 도시에 직원을 상주시키고 외부에서 조선으로 유입되는 서적들을 검열했다. 또 일본 본토 당국에 재외파견원을 보내 “위험한 정보의 흐름을 차단”하고자 했다.[35] 총독부 도서과장이나 직원은 일본 및 만주국, 각도에 설치된 경찰부로 빈번히 출장을 떠났다. 검열 업무에 관한 상담이나 업무 내용을 설명하기 위해서였다. 예컨대 도서과에서도 고등외사경찰 과장회의를 소집한다거나, 출판경찰사무연구회를 설립하여 각도 담당자를 교육하고 지시를 내렸다.[36]

1928년부터 1929년에 걸쳐 사상 및 서적의 교착과 이동에 대한 단속의 강화로 제국 전역을 느슨하게 연결하는 검열시스템이 구축되었다. 그 과정에서 내무성과 총독부를 오가며 쌍방의 경찰 및 검열을 접속시키는 시미즈 시게오 같은 인물들이 탄생한다. 시미즈는 내무성 산하의 경찰강습소 교수로서 《경무대계警務大系》(1932)를 출간했다. 그는 1931년 11월부터 1935년 1월까지 조선총독부 경무국 도서과장을 맡았고, 이후 내무성 보안과장이 된다.

경찰과의 연계 흔적은 조선총독부 도서과가 작성한 기록에서도 엿볼 수 있다. 예컨대 《쇼와 5년[1930] 조선에서의 출판물 개요》에는 연계가 잘 되고 있다는 기록이 보인다.

> 단속에 관해서 충분히 연구를 한 덕분에, 즉 간행물의 제1차 수입지·이입지 관할 경찰 관헌에서 항시 끊임없는 주의를 기울인 덕분에 수입·이입에 앞서 발견할 수 있었다. 검열 결과 불온사항이 발견되면 각각 발금 및 차압 처분했는데, 그 발견의 방법과 관련해서는 단순히 수입한 곳만이 아니라, 일본 본토에서 발행된 것에 대해서는 일본 본토 단속 관헌과 연락하고 국외 출판 쪽에 대해서는 재외 단속 관헌과 연락했다. 또 조선 내의 여러 관계 부처와도 원활하게 연락을 유지했다.……그 결과 수입·이입에 앞서 불온사항을 발견할 수 있었고 오늘날에는 그 반포가 거의 불가능한 상태라고 할 수 있다. 조선에서 발행된 간행물의 단속에도 만전을 기하고 있다(《쇼와 5년 조선에서의 출판물 개요》, 174쪽).

도서과 기록에 있듯이, 단속 강화가 효과를 발휘했던 것은 분명하다. 《조선출판경찰월보》를 상세히 조사했던 이혜령에 따르면, "일본에서 발행되는 유력한 일간신문처럼 '출판물에 관한 책임자'가 명백하게 알려져 있다고 하더라도 그들은 조선총독부의 법적, 행정적 대상이 아니었기에 조선 출판경찰에게는 비밀출판과 같은 성격이었다."[37] 또 시모노세키 등의 국경 도시를 통해 일본이나 외국에서 들어오는 서적은 조선의 법률 적용 대상이 아니었기 때문에 단지 차압만 가능했다. 예컨대 당시 잡지 《문예전선》에는 "조선의 독자"가 보내 온 다음과 같은 호소문이 실려 있다. "조선에서는 거의 매호가 계급적인 여러 잡지·신문들과 더불어 압수되고 있다. 조선도 일본 본토도 출판법이나 기타 법률에 차등을 둘 리가 없지만, 현재는 총독 관헌의 임의적인 '감'에 따라 제멋대로 압수되고 있는 것이다. 우리들 조선의 독자들은 작년 12월부터 매월 《문예전선》을 입수하지 못하고 있다. 이 방면으로도 검개운동檢改運動[검열 개선운동]이 확장되기를 바란다"(《문예전선》 1928년 11월호, 48쪽). 《전기戰旗》에도 "대만이나 조선 같은 식민지에서는 발금 여부와 상관없이 항시 차압되고 있는 상황"이라고 기록되어 있다.[38]

그러나 현재의 연구자가 역사를 서술할 때, 방대한 예산과 고도의 리터러시를 가진 제국 측에서 작성한 통계자료에만 의거해도 좋은 것일까. 사상 및 서적들의 이동을 막기 위해 권력자가 구축한 시스템은 전부 원활히 기능하고 있었던 것일까. 지배자의 기록에서 '억압'과 그 결과로 생겨난 사상적·민족적 '피해'만을 읽어 내야 하는 것은 아니다. 그렇기에 다음 장에서는 3·15사건의 대량 체포극에 대한 위기의식에서 탄생한 잡지 《전기》와 그 독자망의 확산에 주목해 보고 싶다. 출판경찰과 특별고등경찰이 '극좌익'으로 분류하여 엄격히 감시하고 있던 《전기》 같은 잡지가 오히려 '비합법'이라는 말을 전략적으로 사용하면서 검열시스템과 공방을 벌이고 있었다는 점을 단서로 삼고자 한다.

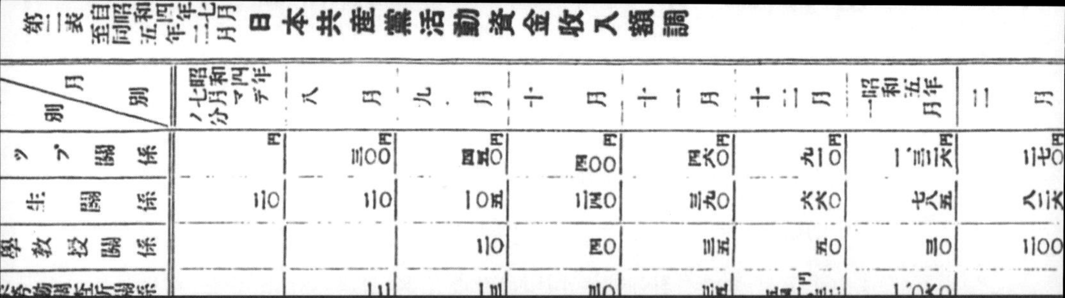

第二表 自昭和四年七月 至同五年二月 日本共産黨活動資金收入額調

別 / 月別	昭和四年七月マデノ分	八月	九月	十月	十一月	十二月	昭和五年一月	二月
ップ關係	円	三〇〇円	四五〇円	四〇〇円	四六〇円	九一〇円	一,三六〇円	二七〇円
生關係	二〇	二〇	一〇五	二四〇	三九〇	六六〇	七八五	[illegible]
學教授關係			二〇	四〇	三五	五〇	三〇	二〇〇

[제5장]

자본

レーニンの
救援會

解放運動犧牲者救援會

援會を支持せよ！

大きさ、　八ッ切（
値段、　一枚八十
申込は、　東京京橋
運動犧牲
二)又ハ郵

||| 1 |||

발매금지라는 부가가치: 잡지《전기戰旗》와《게 가공선》

일본에서 프롤레타리아 문학운동의 출발점은 1921년 창간된《씨 뿌리는 사람種蒔く人》이었다. 1924년에는 잡지《문예전선》이 운동의 중심이 되며, 1925년에는 일본프롤레타리아문화연맹이 결성되었다. 이 시기부터 1934년 일본프롤레타리아문화연맹이 와해되기까지가 일본 프롤레타리아 문화운동의 전성기였다. 이 시기를 대표하는 잡지로《전기戰旗》가 있다. 이 잡지는 1928년 3월에 일본프롤레타리아예술연맹과 전위예술가동맹이 합동으로 전일본무산자예술연맹(이하 '나프'로 약칭)을 결성하면서 양쪽의 기관지《프롤레타리아 예술》과《전위》를 합병하는 형태로 창간되었다.

〈표 5-1〉에 제시되어 있듯,《전기》는 창간호 7,000부로 시작하며 그 2년 뒤인 1930년 4월에는 2만 2,000부를 발행할 정도로 급성장한다. 이는 엔본円本[엔폰][1]에 밀려 고전하고 있던 잡지《중앙공론》의 1927년 발

〈표 5-1〉《전기》의 발행부수(단위: 권)

호수	부수	비고
1928년 창간호	7,000	
6월호	7,300	발금
7월호	7,000	
8월호	6,000	
9월호	7,000	
10월호	8,000	
11월호	8,000	발금
12월호	8,000	발금
1929년 1월호	10,000	
2월호	10,000	발금
3월호	10,000	
4월호	11,500	발금. 79지국(도쿄 23개, 지방 56개). 지국 판매 수 약 2,000부
5월호	12,000	
6월호	13,000	발금
7월호	13,000	
8월호	14,000	발금
9월호	15,000	발금
10월호	16,000	발금
11월호	17,000	202지국(도쿄 86, 지방 116). 지국 판매 수 약 4,500부
12월호	18,000	
1929년 1월호	20,000	
2월호	21,000	발금
3월호	22,000	발금
4월호	22,000	256지국(도쿄 94, 지방 156, 미국 6). 지국 판매 수 약 7,000부
7월호	23,000	발금
10월호	23,000	발금. 지국 판매 수 7,000부

출처: 〈메이데이와 더불어 맞이하는 전기 2주년: 탄압을 날려 버리고 모집 기금 3,000엔 돌파〉(《전기》 1930년 5월호, 61쪽). 야마다 세이자부로, 〈프롤레타리아 문화운동사〉(《일본 자본주의 발달사 강좌》 제4권, 이와나미쇼텐, 1932, 43쪽)의 통계에 근거하여 작성했다. 1930년의 발금 상황에 관해서는, 일본 내무성 경보국 편, 《쇼와 5년의 사회주의 운동 상황》(1011쪽, 여기서는 복각판, 산이치쇼보, 1971 사용).

행부수와 거의 동일하다.[2] 《중앙공론》은 1928년 9월호에 사장 교체를 공식화했고, 새 사장으로 취임한 시마나카 유사쿠가 경영 재건에 나섰다. 예컨대 시마나카는 종래의 《중앙공론》이라고 하면 떠오르는 "요시노 사쿠조 및 다이쇼 데모크라시" 같은 사회적 고정 이미지로부터 벗어나기 위해 《전기》의 작가들을 중용했고 《문예전선》 이미지가 강했던 《개조》와 라이벌 싸움을 연출했다. 이 시기 《중앙공론》 편집자였던 아메미야 요조는 경쟁 상대인 《개조》와의 주도권 싸움에서 이기기 위해 시마나카가 취했던 "마르크스의 도입은 '영화·마르크스·스포츠' 같은 유행"을 좇은 것과 다를 바 없는 피상적 접근이었다고 비판적으로 회상했다. 더 나아가 아메미야는 시베리아 출병을 다룬 구로시마 덴지의 〈빙하〉(1929년 1월호)가 발매금지 처분을 받았을 때의 일화를 다음과 같이 소개한다.[3]

> 사장과 함께 교정하면서 '이거 위험한데'라고 말했는데도, 사장은 '괜찮아'라며 밀어붙였다. 발매금지가 됐을 때 나는 속으로 '역시 사장은 선견지명이 있다'고 감탄했는데 그것은 시대 감각의 차이이기도 했다. 1월 특별호가 발금되자 아사다 전前사장이 경제적 타격을 걱정하면서 달려오셨는데, 시마나카는 '이제 잘 팔릴 것'이라 예견했다. 편집자의 신경을 마모시키는 일이었지만, 당시는 사상적으로도 풍속적으로도 발금 일보 직전의 아슬아슬한 편집선編集線이라는 것이 잡지의 채산성을 확보하는 방법이었다. 본심은 리버럴리즘을 지지하더라도 자발적인 편집 좌익編集左翼이 형성되었다.

아메미야에 따르면, 《중앙공론》은 '편집 좌익'을 연출하기 위해 수천

부 발행에 머물던《문예전선》이 아니라 판매부수가 2만 수천 부로 증가한《전기》를 자사 이미지에 덮어씌워《개조》에 대한 "반격 체제를 취했다." 그럼에도 고바야시 다키지와 도쿠나가 스나오 같은 전기파 작가뿐만이 아니라 "상품가치가 있다고 판단하면《문예전선》파에도 지면을 할애했다."[4] 중앙공론사가 매력적으로 느꼈던《전기》의 급성장은 발금이 이어지던 1929년부터 본격화되었다(〈표 5-1〉). 이 상승곡선과 연동하는 형태로 중앙공론사와 개조사의 '사회주의' 경쟁이 가시화되며, 좌익 도서 전문출판사가 난립하게 되는데, "좌익 출판사"와 "좌익적 출판사"가 구분되어 사용될 정도로 그 수가 많았다. 예컨대 간로지 하치로에 따르면 "좌익 출판사"란 "프롤레타리아 계급에 소속되어 그 계급의 전략전술에 입각해 인쇄·출판하는 계급적 출판소"이다. 이와 달리 "좌익적 출판사"란 "대체로 거대 출판사의 판매 방법과 동일한 경로를 따라가기 때문"에 "형태적으로는 부르주아 출판사(상업 출판사)이며 내용적으로는 좌익적인 출판물을 전문으로 취급하는 출판사"로 정의된다.[5] 간로지는 대표적인 "좌익적 출판사"로 기보카쿠希望閣, 도진샤同人社, 교세카쿠共生閣, 소분카쿠叢文閣, 마르크스쇼보マルクス書房, 이스크라카쿠, 하쿠요샤白揚社, 세카이샤世界社, 뎃토쇼인鐵塔書院, 우에노쇼텐上野書店, 난반쇼보南蠻書房, 난소쇼인南宋書院, 고분도弘文堂가 있다고 하면서, 하쿠요샤만은 "좌익의 신뢰를 받지 못하는 좌익물 출판사"라고 단정했다. 그 이유는 간단하다. "하쿠요샤의 책은 좀처럼 발금 처분을 받지 않기" 때문이었다.

이상한 소문이 있다. 하쿠요샤의 책은 좀처럼 발금 처분을 받지 않는다는 것이다. 손님들이 발매금지가 되지 않으면 그 책의 진가를

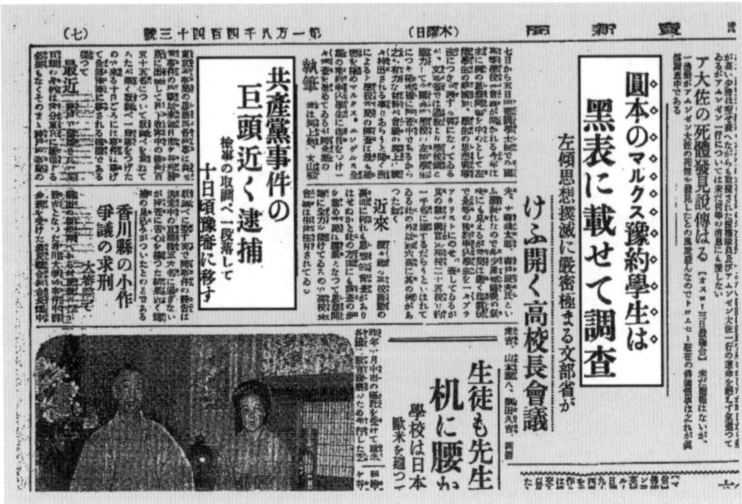

〈그림 5-1〉
《요미우리신문》 1928년 7월 5일 자. 오른쪽은 《마르크스·엥겔스 전집》 예약 학생을 블랙리스트에 올려 조사한다는 기사. 왼쪽은 3·15사건의 관계자를 체포했다는 기사. 마르크스주의에 경도되면 처벌될 가능성이 있음을 보여 주고 있다.

의심하기 때문에, 이 현상을 실로 기묘하다고 했다. 그 때문인지 터무니없는 소문이 일었다. 하쿠요샤가 독자 카드를 ××청에 넘기는 교환조건으로 발금을 면제받았다는 식의 소문 말이다. 이것의 사실 여부와 관계없이 이 같은 소문은 순진한 학도들의 적대심을 불러일으키는 원인이 되었다.[6]

여기서 말하는 '순진한 학도들'의 용돈을 노려야만 하는 '좌익적 출판사'의 주된 경쟁 상대는 '사회주의'의 상품화에 여념이 없는 개조사나 중앙공론사 같은 '부르주아' 출판사다. 예컨대 "엔본 소동 때 가장 비극적인 사건"[7]으로 기록된 1928년 《마르크스·엥겔스 전집》 간행을 둘러싼 '좌익적 출판사'(연맹판版: 이와나미쇼텐, 기보카쿠, 도진샤, 고분도, 소분카쿠) 대對 '부르주아 출판사'(개조사) 간의 치열한 경쟁이 그것이다.[8]

쌍방의 광고 전쟁이 시작되자, 문부성과 전국 고등학교가 협력하여 "《마르크스·엥겔스 전집》의 예약을 신청한 학생들을 파악해" 블랙리스트를 작성했다(〈그림 5-1〉). 그 숫자가 거의 1,000명에 달했던 것이 화제가 되었다. 또 소학교 교사의 사상 조사와 관련해서도 "《마르크스·엥겔스 전집》 예약 신청자는 무조건 좌경左傾 낙인을 찍는 방침"을 취했으며, 소학교 교사의 채용에서도 노골적으로 배제했다(〈그림 5-2〉). 이 시기는 이 같은 정보들이 (제4장에 다룬) 3·15사건 관련 기사 바로 옆에 배치되어(〈그림 5-1〉) 사회주의 사상을 가지면 곧바로 처벌될 것임을 대대적으로 보도하던 때였다. 바로 이런 시기에 학생이나 교사 등의 지식인 독자들은 《마르크스·엥겔스 전집》 같은 사회주의 상품을 욕망하고 있었다.

이러한 분위기 속에서 고바야시 다키지의 〈게 가공선蟹工船〉이 잡지 《전기》 1929년 5월호와 6월호에 실린다. 마침 이 시기에 공산주의자 및 노동운동가가 대량으로 검거·투옥되는 저 악명 높은 4·16사건이 일어났으며, 출판 검열과 전기사戰旗社에 대한 감시 역시 강화되었다. 그러나 발금 처분을 받은 6월호는 많은 사람들에게 읽혔고 〈게 가공선〉에 대한 호의적인 논단의 비평들이 《도쿄아사히신문》(6월 17일 자, 구라하라 고레히토, 〈작품과 비평〉), 《신쵸新潮》(7월호, 가츠모토 세이치로) 등에 게재되었으며, 일반 독자들로부터도 좋은 반응이 이어졌다.[9] 1931년에 작성된 간로지 하치로의 〈출판 서점 조감론 (4) 전기사의 책들〉은 발금 처분이 오히려 《전기》 독자들의 독서욕을 북돋우는 역할을 하고 있다고 했다.

小學校教員の思想を調査

マルクス讀者は左傾と決め

全國的に不採用の垣

濡れ衣が怖い

飾るが開の山の本だらうに

放任廿年の博士論文四つ

今ごろ漸く審査開始さる

受難の主は保科教授や岡澤教授

上田万年博士のとんだ悠閑ぶり

〈그림 5-2〉.

《요미우리신문》 1928년 7월 16일 자. 《마르크스·엥겔스 전집》의 예약이 소학교 교사의 채용에도 불리하게 작용하고 있다고 보도했다.

잡지를 간행하는 보통 출판사는 발매금지를 가장 두려워한다. 발매금지도 가끔이라면 선전에 효과적인 약이 되겠지만, 《전기》같이 한 달 간격으로 처분을 받는다면 대부분 망할 것이다.……원래 전기사의 판매 방침이 일반서적 시장을 목표로 하고 있지 않다는 점을 알게 된다면 더더욱 그렇게 생각할 것이다. 왜냐하면 이 같은 좌익 잡지가 그 성격상 발매금지를 목표로 삼을 리는 없겠지만, 잡지의 계급적인 임무 및 ××적인 이론의 선전·선동을 하면 할수록, 기세 좋은 ××이 눈에 불을 켜고 감시할 것이다. 게다가 《전기》를 읽을 정도의 사람들은 발금 처분도 안 되는 것은 시시껄렁하다고 쳐다보지도 않는다.[10]

발금된 책의 유통에 관해서는 뒤에서 서술한다. 사회주의에 대한 사상 통제가 강화될수록 나프에 거점을 둔 작가에게 원고 의뢰가 증가했으며 원고료 역시 올라갔다. 아메미야에 따르면 《개조》와 《중앙공론》이 "서로 경쟁하듯이 프로[프롤레타리아(트)] 작품을 앞다투어 게재하는지라 이른바 부르주아 문단은 당황한 기색이 역력"했다.[11] 나아가 아메미야는 "고바야시 다키지는 내가 《중앙공론》 원고를 의뢰하자 뛸 듯이 기뻐했"고, "고바야시와 쌍벽을 이루는 도쿠나가 스나오는 원고료를 받으러 왔을 때 너무 좋아서 변변히 말 한마디도 못하고 나중에 감사 편지를 보내 왔다"고 회상한다.[12] 그의 회상을 완전히 신뢰할 수는 없다. 하지만 이 같은 사회적 분위기에 고무되어 나프는 전기사라는 출판사를 설립해 '좌익 출판'의 총본산이라는 독자적인 브랜드 이미지를 만들기 위해 검열과 맞서 싸우는 모습을 연출하게 된 것이다.

《게 가공선》은 전기사가 세상에 내보낸 첫 단행본이었다(1929년 9월,

'일본 프롤레타리아 작가총서' 시리즈). 〈게 가공선〉을 단행본으로 만들 때 전기사는 《전기》판의 복자들을 모두 복원했다.[13] 전기사의 출판전략은 《전기》에 실었던 〈게 가공선〉의 광고문에 잘 드러나 있다.

- 1929년 10월호 직접 신청하라! 발금 강습強襲 속에서 계급적 출판을 지켜라!
- 1929년 11월호 초판 역시 발매금지 / 초판 발행 바로 당일에 완판되었지만 장정을 새로 입혀 개정보급판을 발행하다 / 직접 신청하면 입수는 확실! 발금 강습 속에서 계급적 출판을 지켜라!(〈그림 5-3〉).
- 1929년 12월호 증판增版 또 증판! 전국 노동자 농민의 압도적 지지 덕에 제6판이 나가다!!!

복자를 거의 없앤 《게 가공선》 초판은 '예상대로' 간행 당일에 발금 처분을 받는다. 더 가혹한 처분 대상이 되었던 것은 〈게 가공선〉과 함께 실렸던 〈1928년 3월 15일〉이었다.[14] 3·15사건 때의 오타루 지역이 그려져 있는 〈1928년 3월 15일〉은 〈그림 5-3〉을 통해 알 수 있듯, 《게 가공선》 개정판에서는 전문 삭제된다. 그러나 이러한 조치를 취한 개정판(〈게 가공선〉의 몇몇 부분을 복자 처리) 역시 곧바로 발금되었다.[15] 1930년 3월에는 복자를 늘리고 독자들이 좀 더 쉽게 읽을 수 있도록 '전체 루비첨부ルビ付[모든 한자 위에 작은 발음표기를 붙임]' 형식의 개정보급판이 발행된다. 광고에서는 발행부수가 약 1만 6,000부에 달했다고 강조되어 있다(〈그림 5-4〉). 되풀이되던 발금이 화제를 일으키면서 배본을 둘러싸고 중개상들 간의 충돌이 일어날 정도로 주문이 폭증했다. 1931년

〈그림 5-3〉
《전기》 1929년 11월호(제2권 11호).
《게 가공선》의 개정보급판 발행이 예고되어 있다.
발금 처분에 대비하여 직접 전기사에
신청할 것을 권하고 있다.

〈그림 5-4〉
《전기》 1930년 3월(제3권 5호).
발금 처분이 이어지고 있었음에도 1만 6,000부가
완판되었다고 강조하고 있다.

의 다음과 같은 증언을 통해, 매출에 민감한 서점 주인들이 《게 가공선》 출간에 어떻게 대비하고 있었는지를 알 수 있다.

> 책값이 싼지 비싼지는 문제가 아니었다. 도쿄 어느 서점에서 들은 이야긴데, 《게 가공선》이 처음 나왔을 때는 아무래도 발금 처분될 것 같다는 생각이 들어 진열대에 내놓지 않고 감춰 놓았다는 것이다. "그런 책은 반드시 팔리게 될 것"이라는 게 그 이유였다.[16]

신생 출판사였던 전기사는 검열, 즉 권력과의 대항을 가시화하면서 발금-비합법이라는 부가가치를 획득하는 전략을 취했다. 그것은 사상 운동에 대한 분석만으로는 포착하기 어려운, 자본획득운동이었다.

||| 2 |||

잡지《전기》와 비합법 상품의 자본화

전기사가 독자와 직접 거래를 하더라도, 발금 처분된 서적을 어떻게 유통시켰을까. 예컨대《게 가공선》이 간행되던 시기에는 4장에서 언급했듯이, 자금 및 인원 등 모든 측면에서 출판 검열이 강화되었다. 이 당시의 상황을 발매금지 덕분에《전기》가 급성장하는 1929년 여름부터 경영에 관여하면서 1930년 9월호~11월호까지 발행·편집·인쇄의 법정 서명인이었던 츠보이 시게지의 증언을 토대로 정리해 보자. 그는《전기》가 거의 매월 발금 처분을 받았으며, 어떤 때는 "경보국에 납본도 하지 않았는데 내무성이 전국에 발금 명령서를 내려보낸"[17] 경우도 허다했기 때문에, "부르주아 잡지라면 이런 채산성이 없는 일은 즉시 그만두었을 것이다"라고 말한다. 그러나 프롤레타리아 잡지도 발금이나 압수는 경영에 치명상을 입힌다는 점에서 다르지 않다. 츠보이는 "그렇기에 부르주아 법률에 따라 발금 처분을 당하면서도 관헌의 손에 압수되지 않도록 궁리했고, 덕분에 잡지를 경제적으로 방위하는 프롤레타리아 잡지 특유의 경영 방식이 발명되었다"고 말한다.[18]

> 원고가 제본소에서 조판되고 있을 때는 아무리 경찰이라 해도 이것을 압수할 수 없었다. 또 인쇄 중일 때도 경찰은 이 인쇄본을 어찌할 수 없었다. 우리들에게 제일 위험한 순간은 인쇄본을 제본소에 다시 보내 완성 작업을 시작하기 전후였다. 그러므로 우리들은 이 위험을 방지하기 위하여 제본소 한 곳에만 작업을 맡기는 일은 결코 하지 않았다. 대개 2~3곳에 분산하여 맡겼고, 혹시 한 곳이 피해를 입으면 나머지 두 곳은 살아남을 수 있도록 방책을 세웠다. 동일한 제본소에 계속 일을 맡기지 않는다는 방침도 세웠다. 때문에 새로운 제본소를 계속해서 개척해 가지 않으면 안 되었다.[19]

또 법적으로는 발행 3일 전에 내무성 도서과에 납본해야 했지만 실제로는 발행·발매 3일 후에 납본했다. 이 시점에서 발금이 될지라도, 경찰이 서점에 압수하러 갔을 때는 이미 어느 정도는 판매가 이루어진 뒤였다고 한다.[20]

《전기》의 〈모든 독자 제군들에게 호소한다〉(1928년 9월호, 〈그림 5-5〉)를 보면, 《전기》가 창간 초기에는 합법적인 출판을 지향하고 있었으며 이른바 "부르주아 배급망"을 적극적으로 활용하고자 했던 듯하다.[21] 서두에서 발금이나 나프 관계자의 검거·구류, 1928년 8월 7일의 나프 본부 강제수색 등을 보고하면서 "독자 제군의 직접적·간접적 협력"을 호소했다. 그리고 "우리 잡지가 판매대에 나와 있지 않은 서점이 있다면

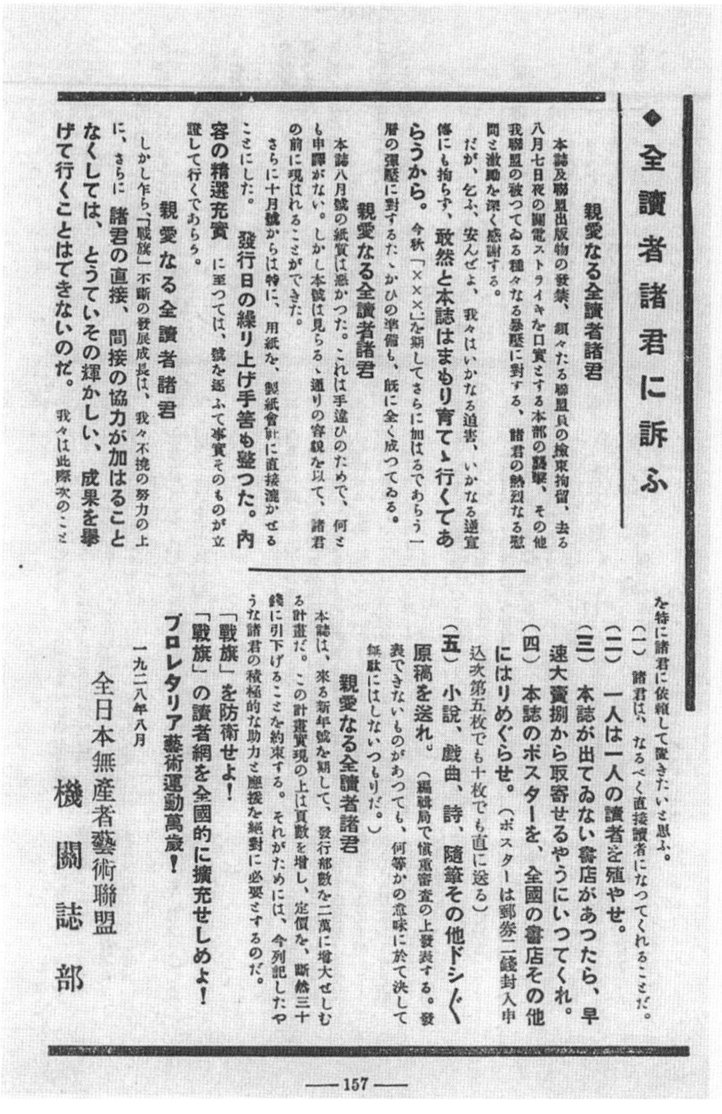

全讀者諸君に訴ふ

親愛なる全讀者諸君

本誌及聯盟出版物の發禁、頻々たる聯盟員の檢束拘留、去る八月七日夜の闘電ストライキを口實とする本部の襲撃、その他我聯盟の被つてゐる種々なる暴壓に對する、諸君の熱烈なる慰問と激勵を深く感謝する。

だが、乞ふ、安んぜよ、我々はいかなる迫害、いかなる逆宣傳にも拘らず、**敢然と本誌はまもり育てゝ行くてあらうから。**今秋「×××」を期してさらに加はるであらう一層の彈壓に對するたゝかひの準備も、旣に全く成つてゐる。

親愛なる全讀者諸君

本誌八月號の紙質は惡かつた。これは手違ひのためで、何とも申譯がない。しかし本號は見らるゝ通りの容貌を以て、諸君の前に現はれることができた。

さらに十月號からは特に、用紙を、製紙會社に直接漉かせることにした。**發行日の繰り上げ手筈も整つた。内容の精選充實**に至つては、號を逐ふて事實そのものが立證して行くであらう。

親愛なる全讀者諸君

しかし乍ら、「戰旗」不斷の發展成長は、我々不撓の努力の上に、さらに**諸君の直接、間接の協力が加はることなくしては、とうていその輝かしい、成果を擧げて行くことはてきないのだ。**我々は此際次のことを特に諸君に依賴して置きたいと思ふ。

(一) 諸君は、なるべく直接讀者になつてくれることだ。

(二) 一人は一人の讀者を殖やせ。

(三) 本誌が出てゐない書店があつたら、早速大賣捌から取寄せるやうにいつてくれ。

(四) 本誌のポスターを、全國の書店その他にはりめぐらせ。(ポスターは郵券二錢封入申込次第五枚でも十枚でも直に送る)

(五) 小說、戲曲、詩、隨筆その他ドシドシ原稿を送れ。(編輯局で愼重審査の上發表する。發表できないものがあつても、何等かの意味に於て決して無駄にはしないつもりだ。)

親愛なる全讀者諸君

本誌は、來る新年號を期して、發行部數を二萬に增大せしむる計畫だ。この計畫實現の上は頁數を增し、定價を、斷然三十錢に引下げることを約束する。それがためには、今列記したやうな諸君の積極的な助力と應援を絕對に必要とするのだ。

「戰旗」を防衛せよ!

「戰旗」の讀者網を全國的に擴充せしめよ!

プロレタリア藝術運動萬歲!

一九二八年八月

全日本無產者藝術聯盟

機 關 誌 部

—157—

〈그림 5-5〉

《전기》 1928년 9월호.

전기사와 함께 잡지 《전기》를 육성하는 일이 독자들의 사명이라고 강하게 호소했다.

당장에 도매상에서 갖다 놓도록 독촉해 줄 것", "우리 잡지의 포스터를 전국 서점 및 기타 곳곳에 빠짐없이 붙일 것" 등 구체적으로 조력을 구했다. 1928년 11월호에서는 《전기》를 갖다 놓지 않는 서점에 대해 "독자회가 중심이 되어 다른 단체와 공동으로 규탄운동을 일으켜야" 하며, "나아가 그런 서점의 장소, 서점명, 거래점을 출판부에 알려 주길 바란다"며, "우리 출판부는 거대 도매상과 교섭하여 반드시 잡지를 보내게 할 것"(135쪽)이라고 강조했다.

당시 모더니즘적인 좌익 청년이 모여 들던 신주쿠 기노쿠니야서점에서는 발금 이전에 《전기》를 사려는 사람들이 대기하고 있었고 수백 부가 점두에 진열되자마자 바로 완판되었다.[22] 《전기》의 독자투고란 〈전열戰列로부터〉에는 모리오카에 사는 독자의 다음과 같은 목소리가 실렸다.

> 발금된 6월호 《전기》를 판매했다는 혐의로 시내의 도잔도東山堂라는 서점이 벌금 10엔에 처해졌다는 소문이, 작은 도시라서 금방 퍼졌고 《전기》의 존재가 순식간에 알려졌다. 덕분에 7월호 이후의 《전기》는 시내 서점에서 맹렬히 팔리기 시작했다(《전기》 1929년 1월호, 183쪽).

《전기》는 제작비를 줄이고 발금 위험을 분산시키기 위해, ① 통상적인 도매상이나 일반 서점을 경유하는 '부르주아 출판' 유통망, ② 독자적인 회원시스템을 이용한 '좌익적 출판' 유통망,[23] ③ 독자회 등을 통한 직접적 판매망을 구축했다. 특히 '발금'이라는 부가가치가 효과적으로 작용했던 것은 ③ 독자회를 통한 판매망이었다.

《전기》가 비약적인 성장을 이룬 1930년대 초까지 출판자본은 사회주의 관련 도서를 상당히 많이 간행했고 격렬한 판매 전쟁을 펼쳤다. 그러나 금전적인 이해관계가 일치할 경우, 나프는 자신들이 부르주아 출판이라고 비판하던 개조사와 협력해 기획상품을 만들기도 했다. 《전기 36인집》(1931)이[24] 그것이다. 나프가 전기사가 아니라 개조사에서 이 선집을 출판한 이유가 기관지 《나프》(전기사, 1931년 3월호, 121쪽)에 실린 서평에 다음과 같이 기록되어 있다.

> 개조사에서 《전기 36인집》을 출판했다.……이 책은 각 작가의 대표적 걸작을 선별하여 만든 게 아니라(전기사에서 간행된 것은 게재가 허락되지 않았기 때문에) 최근작을 망라한다는 방침에 따라 모은 것이다. 따라서 단적으로 말하건대, 36인의 작가는 이 책에 실려 있는 작품 수준의 작가들이 아니다. 특히 1931년에 들어와 우리 작가들은 맹렬히 전진하고 있다. 그렇다면 어떤 목적에서 이 《전기 36인집》을 출판했는가. 에구치 칸이 서문에 말한 대로, 이 선집은 1930년도에 우리 '계급적 희생자'들의 가족들을 위로하기 위해 출판한 것이다. 이 인세를 어려움에 빠진 가족들에게 나누어 보냈다(기시 야마지, 〈신간 소개, 《전기 36인집》을 위하여〉).

1930년도의 '계급적 희생'이란 나프 단체들이 일본공산당 재건을 위해 조직했던 자금망 관계자가 5월 20일에 일제히 검거·체포되었던 사건을 가리킨다. 이날 《전기》 편집부는 물론이고 사무국 관계자 전원, 광고 중개점 점원, 인쇄소 노동자까지 연행되어 "유치장이 넘쳐나서 창살도 없는 다다미가 깔린 도장道場에 수용될" 정도였다고 한다.[25] 또 같은 시기 '《전기》 방위 3,000엔 기금모집운동'을 위해 '전기·나프 방위 대강연'으로 지방을 돌고 있던 고바야시 다키지, 나카노 시게하루, 하야시 후사오, 츠보이 시게지, 무라야마 도모요시 등이 공산당에 자금을 제공했다는 이유로 연달아 체포됐다.

《전기 36인집》에는 공산당에 자금을 제공했다는 혐의로 체포된 작가가 다수 포함되었다. 전기사가 발행한 '일본 프롤레타리아 작가총서'에는 이들의 대표작[26]으로 〈게 가공선〉(고바야시 다키지), 〈철鐵의 이야기〉(나카노 시게하루), 〈태양 없는 거리〉(도쿠나가 스나오) 등이 수록되어 있었다. 이 가운데 나카노의 소설 외에는 "지금까지 판매부수가 상당하며 앞으로도 잘 팔려 나갈 것"이므로, 진보쵸神保町의 야시장에 출품되는 전기사의 재고털이 세일에도 좀처럼 나오지 않을 정도로 인기가 있었다.[27] 《전기 36인집》은 앞의 서평에 언급된 것처럼 "전기사에서 간행된 것은 게재가 허락되지 않았기 때문에" 각 작가들의 대표작이 수록되지는 않았다. 이와 관련해 '일본 프롤레타리아 작가총서'의 광고(〈그림 5-6〉)에는 "엄밀한 통제 아래 확고한 정견定見을 갖고 걸작·역작을 전기사판으로 간행하고, 결코 다른 곳(출판사)을 허용하지 않을 것임을 결의한다"고 쓰여 있다. 이는 《전기 36인집》과 '일본 프롤레타리아 작가총서'가 나프의 하부조직인 일본프롤레타리아작가동맹 중앙위원회가 제시한 엄격한 규정을 지키고 있었음을 보여 준다. 이 위원회는 다음과 같은 두 가지 경우에만 '프롤레타리아 작가·예술가'의 '부르주아 출판'과의 협력관계를 허가했다.[28] ① 부르주아 출판업자에 의해 출판되기는 하지만 그 편집을 우리가 완전히 통제 가능한 경우, ② 각 개인이 생계를 위해 부르주아 출판물의 편집 사무, 즉 단순한 기술(교정 사무 같은)을 제공하는 경우.

〈그림 5-6〉.
전기사의 '일본 프롤레타리아 작가총서'(《전기》 1930년 5월호).
일본프롤레타리아작가동맹에 소속되어 있는 작가의 대표작은
전기사에서만 간행되고 있음을 강조하고 있다.

개조사가 출판한 《전기 36인집》은 간행 3개월이 안 되어 "10판을 돌파!!"(〈그림 5-7〉)했다. 앞서 썼듯 1930년 나프사건 이후로 전기사는 서점 공급망뿐만 아니라 독자조직 역시 상당히 파괴되어 경영을 유지하기 어려운 상황에 빠졌다. 나프는 《전기》의 이미지를 이용하여, 합법적인 유통시스템을 통해 수입을 얻고자 했던 것이다.

일본프롤레타리아작가동맹 중앙위원회는 "부르주아 간행물이 때때로 우리들의 원고를 요구하는" 것은 "지식인 독자를 노리는 것이라기보

〈그림 5-7〉
《아사히신문》에 실린 광고(1931년 2월 27일).
개조사가 간행한《전기 36인집》이야말로 전기사 정예들의
작품이 모인 것이라고 쓰여 있다.

다는 좀 더 광범위한 독자층을 획득할 필요가 있기 때문"이라고 비판했다. 나아가 "부르주아 신문·잡지의 영향 아래에 있는 독자"를 탈취하여 전기사의 출판물 독자로 삼기 위한 방책이 필요하다고 역설했다.[29] 이러한 독자 획득의 방법은 그다음 호《전기》에 일본프롤레타리아작가동맹 중앙위원회의 방침〈예술 대중화에 관한 결의〉라는 타이틀로 발표된다.《전기》는 창간 초기부터 독자 2만 명 확보를 목표로 내걸고 있었다.[30] 전기사는 다양한 방법으로 위험을 분산시키면서 잡지《킹》(고단샤)

과 동일한 100만 독자를 지향했다. 구라하라 고레히토와 나카노 시게하루의 '예술 대중화 논쟁'에서도 100만 독자의 획득을 대중화의 목표로 삼았다. 나프를 대표하는 두 이론가의 논쟁은 타협점을 찾지 못했지만[31] '대중화'의 구체적인 목표치는 일치했다.

> 현재 프롤레타리아적 견지에서 볼 때 우리가 예술성이 높은 작품을 만들더라도, 아마도 이것은 백만 프롤레타리아트 가운데 겨우 5만이나 10만 정도의 관심밖에 얻을 수 없을 것이다. 게다가 다른 한편으로 우리는 예술운동을 통해 90만 혹은 95만의 프롤레타리아트를 아지테이트[선동]하고 그것을 이데올로기적으로 교육해야 하는 중대 사명을 부여받았다. 이 모순을 어떻게 해결할 것인가. 바로 이 물음의 지점에야말로 우리의 현실적인 문제가 놓여 있는 것이다.……물론 지금 우리 예술이 비대중적이라는 점에는 변명의 여지가 없다. 현재 우리들의 예술은 단적으로 말해 5만이나 10만 수준이 아니고 기껏해야 3,000~4,000의 독자 관중……게다가 주로 지식인 독자들밖에는 없는 상태이다(구라하라 고레히토, 〈예술운동 당면의 긴급 문제〉, 1928년 8월호, 83쪽).

> 우리가 어떤 대책을 세워야 무지막지한 부르주아적 독서물의 홍수를 막아 낼 수 있을까. 우리는 어느 노동자가 그의 공장에서 조사한 통계표 하나를 갖고 있다. 이 노동자는 이 공장이 인쇄산업에 속하고 있는 까닭에 다른 산업부문의 노동자보다도 독서력이 높다. 그의 조사에 따르면, 노동자 100명의 일상적인 독서물(신문을 제외하고)의 60퍼센트가 고단샤 계열에 속한다. 어떤 식으로든 사회주의

> 적이라고 말할 수 있는 잡지는 겨우 1퍼센트에 불과하다. 이에 대해 우리는 무엇을 해야 할 것인가. 더구나 그 100명에 의지하고 있을 500명의 가족 구성원, 그중에 특히 다음 세대를 형성할 아이들을 어떻게 할 것인가.……방대한 자본가적 상품 생산 방법에 의한 부르주아적 독서물의 홍수에 우리가 어디까지 대항해 갈 수 있을지를 지금 예측하는 것은 불가능하다(나카노 시게하루, 〈이른바 예술의 대중화론의 오류에 대하여〉, 1928년 6월호, 19쪽).

이 논쟁을 분석하면서 마에다 아이는 "엔본에 의해, 또 고단샤 문화에 의해 '계몽'되어지는 '대중'"이 등장했고, "이 '대중'을 어떻게 프롤레타리아 문학 쪽으로 탈환할 것인지, 어떻게 정치적으로 '계몽'시킬 것인지가 프롤레타리아 문학운동이 직면한 새로운 과제가 됐다"고 지적한다.[32] 마에다는 대중을 "매스커뮤니케이션에 의해 조작되는 '대중'"과 "계급투쟁의 주체로서의 '대중'"으로 구분한다.[33] 상업출판과 계급투쟁을 명확하게 구분지은 것이다. 이와 관련하여 사토 다쿠미도 전기사의 독자 획득을 위한 노력을 "《킹》의 대중적 공공성에 정면으로 도전한 대항운동"[34]으로 파악했다. 이렇게 예술 대중화 논쟁은 상업출판을 '자본'으로 파악하고 잡지 《전기》나 전기사를 이런 자본과는 다른 성격의 계급투쟁 혹은 대항운동이라고 정의했다. 그러나 전기사의 대표적인 작가인 도쿠나가 스나오가 "우리는 《전기》를 통해 《킹》 독자층인 노동자를 탈환함으로써 그 경제적 목적도 달성할 수 있으리라 믿는다"고 서술한 점에 주목해야 한다.[35]

다시 한번 강조하지만, 《전기》는 엔본의 전성기에 등장했고 엔본이나 잡지 《킹》의 광고·선전·유통 시스템을 응용했다. 즉 대량 생산이나 염가 판매, 독자카드, 과격한 명령조의 광고, 유명 저자의 강연회뿐만 아니라 잡지 《개조》의 가격 인하책까지 교묘하게 받아들였다. 천황제 타도를 내걸었던 《전기》의 출판운동은 《킹》이 만들어 낸 출판시스템 바깥에 있었던 게 아니다. 《전기》도 제지업자,[36] 인쇄소, 제본소[37]와 더불어 책을 만들었고 도매상이나 서점뿐만이 아니라 '직접판매망'의 멤버들인 노동자 및 농민과도 거래했다. 《전기》도 출판시장의 시스템 안에 포함되어 있었고 《개조》 등과 더불어 《킹》의 독자 탈환을 꿈꾸며 '자본' 활동의 한 축을 이루고 있었다.

||| 3 |||

비합법 상품의 카탈로그, 《전기》

발금 처분이 이어지던 1928년 말(11월호, 12월호, 1929년 2월호)부터 《전기》는 '직접 독자가 되라!'라는 제목으로 "전국으로 직접배포망을 확장해 대항하라!!"고 격문을 띄우면서 전국, 즉 "조선, 대만, 기타 지방에서 《전기》가 매호마다 사전에 발매를 ×지당하고 있다"고 호소한다(1929년 3월호, 201쪽). 《전기》는 '조선'이라는 단어를 다양한 형태로 사용했던 잡지다.

《전기》에는 일본어 능력이 뛰어난 조선인의 글도 게재되었다. 예컨대 창간호(1928년 5월호)에는 이북만의 〈조선에서의 무산계급 예술운동의 과거와 현재〉, 〈메이데이를 맞이하면서〉, 이병찬의 〈메이데이가 다가왔다〉가 실렸다. 가와사키에서 일어난 조선인 노동자들 사이의 무력 충돌을 다룬 〈가와사키 난투사건의 진상〉(1929년 7월호)은 재일본조선노동총동맹 중앙집행위원장 김두용의 논고였다. 그는 1929년 말부터 재일본

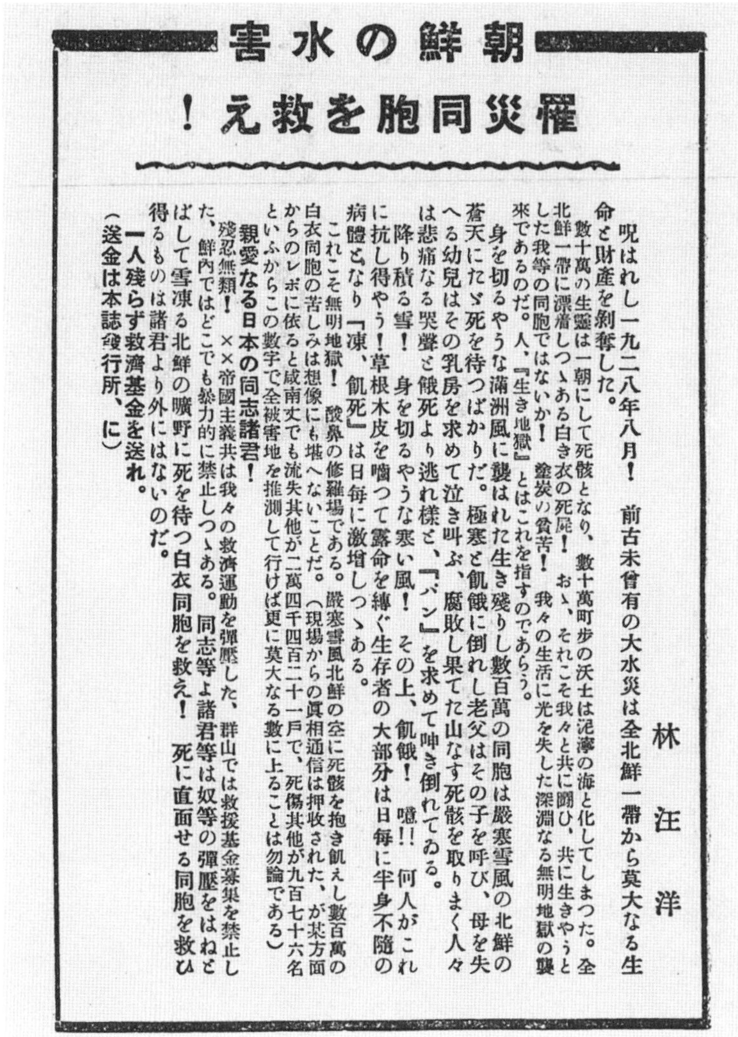

朝鮮の水害

罹災同胞を救え！

林 汪洋

呪はれし一九二八年八月！ 前古未曾有の大水災は全北鮮一帶から莫大なる生命と財産を剝奪した。

數十萬の生靈は一朝にして死骸となり、數十萬町步の沃土は泥濘の海と化してしまつた。全北鮮一帶に漂着しつゝある白き衣の死屍！ おゝ、それこそ我々と共に鬪ひ、共に生きやうとした我等の同胞ではないか！ 塗炭の貧苦！ 我々の生活に光を失した深淵なる無明地獄の襲來であるのだ。人、『生き地獄』とはこれを指すのであらう。

身を切るやうな滿洲風に襲はれた生き殘りし數百萬の同胞は嚴寒雪風の北鮮の蒼天にたゞ死を待つばかりだ。極寒と飢餓に倒れし老父はその子を呼び、母を失へる幼兒はその乳房を求めて泣き叫ぶ、腐敗し果てた山なす死骸を取りまく人々は悲痛なる哭聲と餓死より逃れ樣と、『パン』を求めて呻き倒れてゐる。

降り積る雪！ 身を切るやうな寒い風！ その上、飢餓！ 噫!! 何人がこれに抗し得やう！草根木皮を嚙つて露命を繋ぐ生存者の大部分は日每に半身不隨の病體となり『凍、飢死』は日每に激增しつゝある。

これこそ無明地獄！ 酸鼻の修羅場である。嚴寒雪風北鮮の空に死骸を抱き飢えし數百萬白衣同胞の苦しみは想像にも堪へないことだ。（現場からの眞相通信は押收された、が某方面からのレポに依ると咸南丈でも流失其他が二萬四千四百二十一戶で、死傷其他が九百七十六名といふからこの數字で全被害地を推測して行けば更に莫大なる數に上ることは勿論である）

親愛なる日本の同志諸君！

殘忍無類！ ××帝國主義共は我々の救濟運動を彈壓した、群山では救援基金募集を禁止した、鮮內ではどこでも暴力的に禁止しつゝある。同志等よ諸君等は奴等の彈壓をはねとばして雪凍る北鮮の曠野に死を待つ白衣同胞を救え！ 死に直面せる同胞を救ひ得るものは諸君より外にはないのだ。

一人殘らず救濟基金を送れ。

（送金は本誌發行所、に）

〈그림 5-8〉

〈조선의 수해〉 구원기금 모금(《전기》 1928년 12월호).

한반도에서는 구원기금 모금이 금지되고 있다면서 일본 본토 독자들에게 구원기금 후원을 호소하고 있다.

조선노동총동맹을 해체하고 일본노동조합전국협의회(이하 '전국협의회'로 표기함) 산하로의 흡수를 추진했는데(《특고월보》 1930년 4월분, 121~124쪽) 난투사건은 그 과정에서 발생한 것이었다. 《전기》 1928년 9월호에는 이북만의 〈추방〉이 실렸다. 《전기》에서 이북만과 김두용이 전하는 정보는 일본제국 영토 내에 있는 조선 '지방'의 '동지' 혹은 '동포'의 목소리를 대변하는 것으로 수용되었다. 또 조선을 구원하는 활동도 이루어졌다. 예컨대 〈조선의 수해: 이재[민]동포를 구하라!〉(하야시 오요, 1928년 12월호, 〈그림 5-8〉)는, 조선에선 구원기금 모금이 "전부 폭력적으로 금지되는" 현실을 고발하고, "친애하는 일본의 동지"에게 "백의동포를 구하라!"고, "한 사람도 남김없이 구제기금을 보내라"고 호소했다. 송금을 받는 곳은 전기사로 되어 있었다.

이 같은 자금 모금을 내무성 경보국은 예의주시했다. 경보국이 전기사의 독자조직을 집요하게 추적했던 이유 중 하나는 일본공산당과 나프의 관계를 밝히기 위해서였다. 일시적이었지만 전기사가 일본공산당의 재건 뷰로bureau가 발행하던 《제2무산자신문》이나 《노농동맹》, 《무산자청년신문》을 선전하거나 각종 상품의 판매를 대행하고 있었기 때문이다(〈그림 5-9〉). 경보국은 자체 보고서에서 다음과 같이 강조했다. "최근 쇼와 4년[1929] 말~쇼와 5년 사이에 '나프' 간부 혹은 유력분자의 소위 '심퍼사이즈[동정同情]'의 입장에서 개인적으로 일본공산당의 운동을 원조한 혐의로 검거된 자가 30여 명"에 이르며, "그것은 무엇보다 주의를 요하는 점이다."[38] 이는 앞서 서술했던 고바야시 다키지나 나카노 시게하루 등이 체포된 사건을 말한다.

《무산자신문》이나 해방운동희생자구원회 등 관련 단체의 기금을 지면으로 모금한 것도 문제가 되었다. 당시 《전기》는 다양한 '비합법 상품'을 판매하는 일종의 카탈로그였다. 모든 상품은 선불이었다. 그중에는 잘 나가는 상품도 있었는데, '해방운동희생자구원회'의 구원 수건(한 장에 15전+배송비 2전, 1928년 8월호, 91쪽)은 "대만, 조선, 만주는 말할 것도 없고 미국에서도 구입 신청이 왔는데 판매 시작과 동시에 품절될 정도로 판매 실적이 좋아 아직 발송을 못한 곳도 많다"(1928년 9월호, 109쪽)고 말할 정도였다. '레닌' 역시 중요한 상품 중 하나였다. 예컨대 해방운동희생자구원회는 나프에 레닌의 흉상 제작을 위탁하여 75

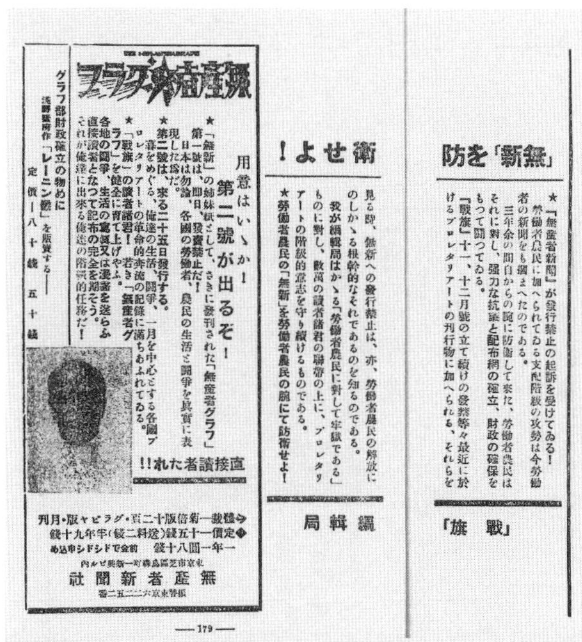
「無新」を防衛せよ!

★「無産者新聞」が發行禁止の起訴を受けてゐる!
勞働者農民に加へられてゐる支配階級の攻勢は今勞働者の新聞をも摑まへたのである。
三年余の間自からの腕に防衛して來た、勞働者農民はそれに對し、强力な抗議と配布網の確立、財政の確保をもつて闘つてゐる。
「戰旗」十一、十二月號の立て續けの發禁等々最近に於けるプロレタリアートの刊行物に加へられる、それらを見る時、無新への發行禁止は、亦、勞働者農民の解放にのしかゝる根幹的なそれであるのを知るのである。
我が編輯局はかゝる「勞働者農民に對して牢獄である」ものに對し、數萬の讀者諸君の聯帶の上に、プロレタリアートの階級的意志を守り續けるものである。
★勞働者農民の「無新」を勞働者農民の腕にて防衛せよ!

「戰旗」編輯局

無産者グラフ

用意はいゝか!
第二號が出るぞ!

★「無新」の姉妹紙として、さきに發刊された「無産者グラフ」第一號は、即日、發賣禁止だ! 日本は勿論、各國の勞働者、農民の生活と闘爭を眞實に表現した爲だ。
★第二號は、來る二十五日發行する。一月を中心とする各國プロレタリアートの革命的奔流の記錄に滿ちあふれてゐる。
★「戰旗」の讀者諸君! 若き「無産者グラフ」を健全に育て上げやふ。
各地の闘爭、生活の寫眞又は漫畫を送らふ
直接讀者となつて配布の完全を期そう。
それが俺達に出來る俺達の階級的任務だ!

グラフ部財政確立の爲めに
淺野畫房作「レーニン像」を販賣する——
定價 一 八十錢 五十錢

直接讀者たれ!!

◆體裁―菊倍版十二頁・グラビヤ版・月刊
◆定價―十五錢(送料二錢)半年九十錢
一年一圓八十錢 前金でドシドシ申込め
東京市芝區烏森町一新興ビル內
無産者新聞社
振替東京六二二五二番

— 179 —

〈그림 5-9〉
《전기》 1929년 1월호.
《전기》 편집부가 발금 상태에 있는 《무산자신문》의
독자가 되어 달라고 호소하고 있다.

전에 판매했다. 이 흉상이 《무산자신문》 클럽의 운영기금을 모을 때에는 80전에 판매됐다. 레닌의 대형 초상도 구원회의 관련 상품으로 빈번히 등장했다(〈그림 5-10〉). 전기사가 독자적인 상품을 개발하고 판매하기도 했다. 그중에서도 '노동자농민당 창립대회' 사진(1장에 20전+배송비, 1929년 2월호, 140쪽)은 특고가 연설을 중지시키는 장면, 청중이 항의하는 장면 등 비합법이 연출되는 순간을 포착하여 상품화했다. 이 광고는 창립대회 모습을 전하는 기사 맨 끝에 배치되었다. 그럼으로써 기사의 "합법성을 이용하여 ×합법성을 관철하고, ×합법성의 관철을 통해 합법성을 획득하는, 그 변증법적 투쟁의 생생한 실제 사례"라는 표현이 마치 비합법 상품의 광고문 같은 역할을 했다. 즉 비합법과 합

〈그림 5-10〉
레닌의 초상 광고(《전기》 1929년 8월호).
레닌의 초상을 비롯해 레닌 관련 굿즈[goods]는 인기가 있었다.

법의 경계는 명확하지 않고 억압받는 쪽도 비합법성을 전략적으로 얼마든지 연출할 수 있다는 점을 보여 주고 있는 것이다.

전기사가 힘을 기울인 것은 무엇보다도 직접적인 자금 확보였다. 발금 처분이 반복되던 시기인 1929년 2월호의 〈《전기》의 지국을 어떻게 조직할 것인가!〉라는 기사는 지국 설립과 독자회 결성을 구체적으로 제안한다. 《전기》의 경영 책임자였던 츠보이 시게지는 1931년에 "발금, 압수, 배포망의 파괴, 기타 온갖 수단으로 습격해 왔던 ×테러 속에서 어떻게 잡지를 재정적으로 지켜갈 것인지"가 커다란 과제라고 하면서, 프롤레타리아 잡지의 "재정적 기초를 쌓아 올리기 위해서는 지국 및 독자회"가 "구독료 납입"을 100퍼센트 달성하는 게 중요하다고 강조했다.[39] 《전기》의 발금 처분이 반복되면서 그러한 호소는 더욱 증가했다.

> 《전기》를 계속 발행하기 위해서는 아무리 절약해도 매달 2,000엔 이상의 자금이 필요하다. 본사는 현재 전국의 공장, 농장, 병영, 학교 등을 중심으로 직접배포망을 통해 1만 부 이상의 잡지를 제군들의 손에 배부하고 있다. 이 외에 우리는 5,000부 이상을 가두판매한다. 하지만 가두판매는 압수 위험에 항시 노출되어 있는 까닭에 《전기》 발행을 위한 재정적 기초는 되지 못한다. 《전기》 발행을 위한 재정적 기초는 어디까지나 지국에 있다. 지금 가령 전국 지국의 독자들이 잡지 구독료를 매월 완전히 납부해 준다면, 이것만으로도 2,600엔 이상의 금액이 된다. 이 돈이라면 《전기》를 1회 내고도 600엔이 남지 않겠나?……매달 2,600엔이라는 돈을 완전히 납부해 주신다면, ×가 간사한 책략을 강구하여 아무리 《전기》에 강한 재정적 압박을 가하더라도 《전기》는 불사신이 될 수 있을 것이다.[40]

《전기》 창간호로부터 1930년 8월호까지 발행·편집·인쇄의 법정 서명인이던 야마다 세이자부로의 1932년 기록에 따르면, 지국 관련 규정이 설정됐던 1929년 4월의 지국 숫자는 79개였으며 1930년 4월에는 256개였다(앞의 〈표 5-1〉). 1년 만에 3배 이상으로 확장된 것이다.[41] 각 지국에 소속된 독자들에게는 등사판 뉴스 인쇄물이 배송되었으며, 지국 독자들을 상대로 구독료 납입, 기금 참가 호소, 데모 및 이벤트 안내, 각 지역에서의 쟁의 및 정세 등 해당 지역에 특화된 정보가 발신됨으로써 결속력을 키워 갔다.[42]

1930년 5월에는 전기사 사건으로 지국 독자들의 명부가 압수되었으며, 이 일로 인해 지국과 독자회는 큰 타격을 받는다. 그때까지는 특고도 전기사의 조직 전체를 파악하지 못했고 잡지 《전기》에 공개된 정보나 구속된 관계자가 제공한 정보에 의존하지 않을 수 없었다.

> 나프 기관지 《전기》의 간행 방법은 최근 들어 점점 더 교묘해지면서 이른바 배포망을 이용한 배포는 더 민첩해지고 있으며 발행부수는 확인하기조차 곤란한 실정이다. 《전기》의 독자가 시간이 갈수록 늘어나는 추세이다. 항시 강렬한 색채의 외형을 유지하면서 기발하고 과격한 논조를 지속함으로써 공공연히 공산주의 선전에 이바지하고 있다. 최근 거의 매호에 걸쳐 발금 처분받고 있지만 전혀 굴하지 않고 있으며 처분에 항거, 간행을 지속할 수 있는 것은 각지에 상당한 지지자가 있다고 해야 할 터이다(〈프롤레타리아 예술운동의 상황 (2) 전기사〉, 《특고월보》 1930년 3월분, 59쪽).

전기사 사건 직전, 《특고월보》(〈프롤레타리아 예술운동의 상황 (3) 전기사의 상황〉, 1930년 4월분, 66쪽)는 "《전기》의 간행은 점점 더 교묘해지고 있다. 특히 나아가 4월 나프 중앙협의회 결정에 따라 '기금 3,000엔 모금' 운동을 전개하고 있는데 상당한 효과를 거두고 있다"고 보고하면서, 전기사의 기금 모금을 지탱하는 지국과 독자회의 역할을 여러 차례 강조했다. 즉, 특고가 《전기》의 수입·지출을 파악하기 위해 애썼던 까닭은 단지 《전기》의 수입 2,600엔에 관심이 있었기 때문이 아니다. 《전기》의 2만 명 독자들이 《무산자신문》의 재발행 기금 및 해방운동희생자구원회의 기금 같은 공공연한 자금 모금이 어려워진 비합법 단체의 지원자였기 때문이다.

《전기》의 발금 처분이 매출을 올리고 발행부수가 증가함에 따라 지국 역시 증가했고, 지국이 증가함에 따라 노동자나 농민 등 대중독자들 역시 증가했다. 조선의 원산지국이 발신한 〈조선에서(원산 ×藤 ×一[○토 ○이치])〉(1929년 6월호)에 흥미로운 사례가 소개되어 있다.

> 얼마 전에 조선의 동지들과 피크닉을 다녀왔습니다. 산을 두세 개 넘어가서야 간신히 회합이 가능했습니다.……아지 비라[선동적 삐라]도 뿌릴 수 없을 정도로 우리에겐 힘이 없습니다. 조선의 많은 동지들은 젊지만 처자식이 있으므로 맘대로 표면적인 운동에 나서지 못합니다. 그것은 대개 지하운동이라는 이름으로 불리고 있으니까요.
>
> 하지만 이미 원산 ××학교에는 《전기》의 독자회가 조직되고 있습니다. 조선사람들은 점점 더 발전하고 있으니 걱정하실 필요가 없습니다.……
>
> 특히 조선에서는 노동자가 대부분 조선인이므로 조선문학의 아지

[선동적] 잡지가 있으면 좋겠습니다. 경성과 그 밖의 도시에 사는 동지들이 잡지를 발행하고는 있어도, 이런 말 하는 게 좀 그렇지만 대중성이 없고, 출판법 역시 극도로 엄격하기에 곤란을 겪고 있습니다.……5엔을 송금합니다. / 1엔은 무신無新[무산자신문]에, 1엔은 나프 내부 구원회에, 나머지는 유지비에!(124~125쪽).

여기에 등장하는 '조선의 동지들'이 《전기》의 내용을 충분히 이해하고 있었는지는 의심스럽다. 도쿄에 있는 조선노동총동맹 지부에서 나프가 제작한 영화를 상영했을 때 조선어 통역을 붙였음을 생각한다면, 일본인과 조선인 노동자가 어떻게 소통했는지는 연구가 더 필요하다.[43] 《전기》 조선 지국에서 편집부로 보내 온 편지의 태반은 일본인이 쓴 것이며, 조선인 노동자의 투고는 거의 없다. 그러나 《전기》 지면에 소개된 '비합법' 상품의 구입자나 기금 송금자의 리스트에는 조선인의 이름이 항시 등장한다(〈그림 5-11〉). 또 김두용이나 이북만 등은 일본어로 사회주의 이론에 관해 논의하거나 조선인 노동자에 관한 일본어 논고를 기고하고 있는데, 이런 지식인 계급이 아닌 무명의 조선인도 《전기》에는 극소수지만 등장한다. 〈독자 편집실〉(1930년 1월호, 119쪽)에는 "나는 무학생無學生"이므로 엽서 한 장의 문장을 쓰는 데에도 "이틀에 반나절이 더 걸립니다"라고 한 오사카 거주 조선인 노동자 송투천宋鬪千의 편지가 소개되어 있다. 조선에서 어머니의 사망을 알리는 전보가 도착해도 돈을 마련할 수 없어 장례에도 가지 못할 정도로 가난한 송투천은, "나는 목이 날아가도 반드시 반드시 전기사를 지키겠습니다"라는 굳은 결의로 글을 마치고 있다. 《전기》에서 '지킨다'는 것은 '기금'을 보낸다는 의사표명과 다름없다.[44]

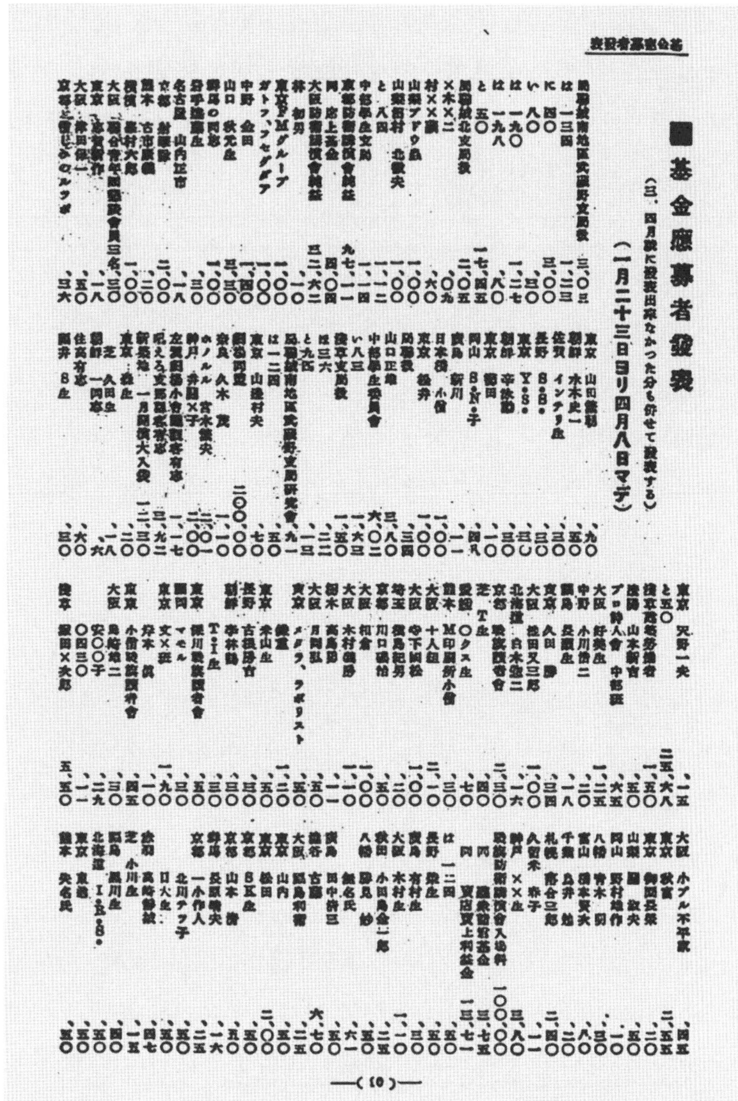

基金應募者發表

■基金應募者發表

（三、四月號に發表出來なかった分も併せて發表する）

（一月二十三日ヨリ四月八日マデ）

—(10)—

〈그림 5-11〉

《전기》에 기금을 보내 온 독자들과 조직 리스트(1931년 5월호).

실명인지 알 수 없지만 전기사가 모집·공개한 기부자 이름에는 조선인의 성명이 많이 들어 있다.

1년에 일곱 번이나 발금이 계속되자 전기사의 편집부는 〈문서 쓰기의 방식에 대해: 전체 독자 제군에게〉(1929년 11월호)를 발표한다. 이제까지 대중화의 노력을 소홀히했음을 반성함과 동시에 독자들에게 좀 더 많은 투고를 촉구하는 내용이 담겨 있다.

> 우리들은 《전기》를 더욱더 좋게 만들어 가야 한다. 한편으로 잡지 배포망을 단단하게 다지고 확대하면서도 동시에 다른 한편으로는 내용을 점점 더 훌륭하게 만들어 가야만 한다. 그 누구에게든, 남자에게든 여자에게든 친근감이 들게 해야 한다. 그렇게 하기 위해서는 모든 것을, 즉 논문이든 소설이든 강좌 같은 것이든 그림 설명이든 다양한 투쟁의 통신이든 알기 쉽게 써야 한다.…… 좀 더 쉽게 설명해 달라는 독자들의 편지가 매일같이 편집국에 날아오고 있다.……우리 《전기》를 가장 열심히 읽는 이들은 누구인가. 두말할 나위 없이 우리 노동자 농민 대중이다.……우리들 중에는 소학교조차 졸업하지 못한 사람도 상당히 많다.……그러한 독자들이 도쿄에도 규슈에도 조선에도 대만에도 남중국에도 미국에도 가득하다(1929년 11월호, 61~64쪽).

1929년 말부터 1930년에 걸쳐 독자들의 목소리를 소개하는 페이지가 늘어난다. 많은 독자들이 요청했던 한자 발음표기를 붙였고 어려운 표현을 없애 달라는 요구에도 응했다. 예컨대 "〈게 가공선〉은 분명 역작이지만 조금 복잡하게 뒤얽혀 있다. 좀 더 간단하면 얼마나 좋을까. 우리가 읽기에는 조금 어렵다"(스미다 인쇄소의 한 소년공, 1929년 7월호, 145쪽)라는 독자평도 등장했다. 이러한 바람들에 답하기라도 하듯, 《게 가공선》의 작가 고바야시 다키지는 두 페이지로 기획된 〈벽소설壁小說〉이라는 란에 전체 루비를 붙인, 대단히 평이한 〈프롤레타리아의 수신修身〉(1931년 6·7월 합병호)과 〈부정할 수 없는 사실〉(1931년 9월호)을 발표했다.

특히 전기사 사건 전후부터 강화된 발금 및 탄압을 견뎌 내기 위해 《전기》의 대중화 전략은 가속화되었다. 발금에 맞서는 지국과 독자공동체를 연출하면서 대중잡지의 성격을 강조한다. 이처럼 《전기》가 대중화를 추진했던 커다란 동인은 발금 처분 및 경보국에 의한 노골적인 탄압이었다.

||| 4 |||

이동 미디어로서의 '불령선인'과 식민지 시장

1930년대 여름 무렵부터 나프 내부에서 《전기》에 대한 격렬한 비판이 전개되었다. "예술을 중심으로 하는 문화적 대중잡지라고 하는 원칙을 망각하고", "프롤레타리아트의 정치신문과 다름없는 경향으로 내달리고 있다"고 하여, 《전기》의 방향성을 둘러싸고 의견 대립이 있었던 것이다. 그 결과 8월에 《전기》는 "대중적·계급적 선동선전을 사명으로 하는, 광범위한 노동자·농민의 정기 간행물로 탈바꿈"하기 위하여 나프로부터 독립한다.[45] 나프는 후속 잡지로서 《나프》를 창간했다. 그러나 1931년 말에는 나프도 해산되고, 일본프롤레타리아문화연맹(이하 '코프'로 약칭)이 조직된다.[46] 《전기》는 1931년 12월호를 끝으로 폐간되며 코프는 1931년 11월부터 기관지 《프롤레타리아 문화》를 세상에 내보낸다. 발행처도 전기사가 아니라 일본프롤레타리아문화연맹으로 바뀐다. 코프는 1932년 1월에 《일하는 부인》, 2월에 《대중의 친구》, 3월에 《작은 동지》를 연달아 창간한다. 부인, 노동자, 아동 등 제각각의 독자들에게 특화된 잡지를 만들었던 것이다. 그 잡지들의 판매 방법이나 독자조직은 《전기》의 것을 그대로 답습했다.

앞서 서술했던 대로, 내무성 경보국은 전기사와 그 상부조직인 나프의 자금 모금 및 그 자금의 흐름을 예의주시하고 있었다. 1930년에 잡지 발행부수가 2만 부를 넘을 때에도 전기사의 경영 상태는 대단히 어려웠고, 경보국도 그런 상황을 상세히 파악하고 있었다.[47] 특히 경보국이 관심을 기울인 것은 《전기》와 나프의 일본공산당 외곽단체(자금원)[48]로서의 역할이었다.[49]

《전기》가 판매한 상품들에는 '구원자금'과 《무산자신문》에 관련된 것들이 많았다. 경보국이 작성한 1929년 7월~1930년 1월까지의 〈일본공산당 활동자금 수입액 조사〉에 따르면, 나프는 수입의 일부를 부담했다(〈그림 5-12〉). 흥미로운 것은 나프에 대한 기부금액 증가와 발행부수 증가가 비례한 점이다. 때문에 경보국은 《전기》의 수입보다도 지면에서 연출되는 독자공동체와의 공동투쟁을 통해 모여 드는 자금에 더 관심을 기울였다. 경보국은 《전기》가 호명하는 대중을 일본공산당 재건에 나선 지원자로 간주했다. 그중에는 자진하여 지원자가 되는 독자들도 있었다. 그러나 모금 책임자들이 "의지가 공고하고 맥락을 잘 이해하고 있는 이들에게는 기금이 사실은 당의 활동자금이 된다고 털어놓았지만, 기타 사람들에게는 구원자금 혹은 무신[《무산자신문》] 기금 등의 명목으로 모금했다"[50]고 보고하고 있듯, 모든 독자가 자신들이 《전기》에 보낸 돈의 흐름을 파악하고 있었다고는 할 수 없다. '독자공동체'의 일원이었던 조선인 역시 예외가 아니었다.

이렇게 자금을 모아 가던 코프가 격심한 탄압을 받으며 발행하던

《대중의 친구》의 부록으로 조선어 잡지 《우리동무》[51]를 간행했다는 점에 주목할 필요가 있다.[52] 1928년 적색노동조합 인터내셔널(프로핀테른) 제4회 대회에서는 식민지 출신 노동자에게 거주국의 노동조합에 가입할 것을 강제하는 테제가 채택된다. 같은 해 8월, 코민테른 서기국 역시 '일국일당一國一黨 원칙'을 재확인한다. 이로써 일본 본토에서는 1929년 9월 무렵부터 재일본조선노동총동맹의 해체가 본격화된다. 앞서 언급했던 김두용이 그 총책임자였다. 뒤이어 1931년 10월에는 일본공산당 기관지 《적기赤旗》에 조선공산당 일본총국과 고려공산청년회 일본 본부가 공동 해체성명을 발표하고 일본공산당 산하 조직이 된다. 조선프롤레타리아예술가동맹KAPF 중앙위원회의 결정에 따라 무산자사無産者社를 이어받은 동지

第二表 自昭和四年七月至同五年二月 日本共産黨活動資金收入額調

種別＼月別	ナップ關係	學生關係	大學教授關係	産業勞働調査所關係	醫師關係	雜	合計
昭和四年七月マデノ分	円	二〇				六〇	八〇
八月	三〇〇円	二〇		三	一〇	八〇	四一三
九月	四五〇円	一〇五	二〇	一三	四〇	九一	七一九
十月	四〇〇円	二四〇	四〇	三〇	五〇	一九九	九五九
十一月	四六〇円	三九〇	三五	三五	七〇	九七	一,〇八七
十二月	九一〇円	六六〇	五〇	五四一・三三円	一〇〇	二八六	二,五四七・三三円
昭和五年一月	一,三二六円	七八五	三〇	一,〇六〇	四〇	五七	三,二九八
二月	二七〇円	八二六	二〇〇		二〇〇	一七	一,五一三
計	四,一一六円	三,〇四六	三七五	一,六九一・三三円	五一〇	八八七	一〇,六二五・三三

備考 本表ハ關係者ノ聽取書ヲ基礎トスルモ概數タルヲ免レス

〈그림 5-12〉
일본 내무성 경보국이 관계자 취조서를 근거로 작성한 〈일본공산당 활동자금 수입액 조사〉, 내무성 경보국 편, 《쇼와 5년도 사회운동의 상황》, 89쪽.

사同志社[53] 역시 코프의 멤버가 되며, 김두용·이북만 등 동지사 멤버를 주축으로 하는 조선협의회가 설립된다. 코프는 조선협의회에 “제국주의 국가의 국어를 배제하고 모국어·민족어를 창작적 실천의 기초로 삼으라”고 지시했다(제5회 대회, 1932년 5월 11일~13일). 《우리동무》는 그 일환으로 창간됐던 것이다.

이와 관련하여 코프 기관지 《프롤레타리아 문화》에 실렸던, 《우리동무》의 창간[54]을 선전하는 일본어 광고를 보기로 하자(〈그림 5-13〉).

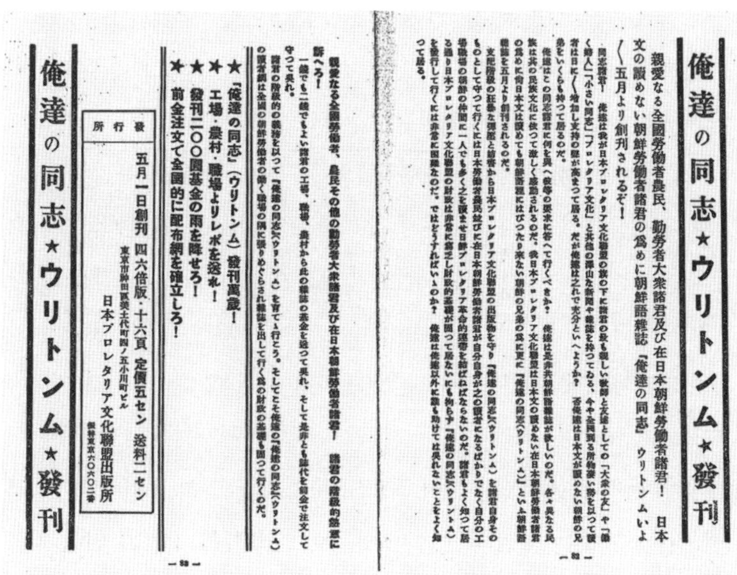
俺達の同志★ウリトンム★發刊

親愛なる全國勞働者農民、勤勞者大衆諸君及び在日本朝鮮勞働者諸君！ 日本文の讀めない朝鮮勞働者諸君の爲めに朝鮮語雜誌「俺達の同志」ウリトンムいよいよ五月より創刊されるぞ！

同志諸君！ 俺達は我が日本プロレタリア文化聯盟の旗の下に諸君の最も親しい教師と友達としての「大衆の友」や「働く婦人」「小さい同志」「プロレタリア文化」と其他の澤山な新聞や雜誌を持つてゐる、今や全國到る所物凄い勢を以つて讀者は日に日に増加し支持の聲が高まつて居る。だが俺達は之れで充分といへようか？ 否俺達は日本文が讀めない朝鮮の兄弟をいくらも持つて居るのだ。

俺達はこの同志諸君に何を與へ彼等の要求に答へて行くべきか？ 俺達は是非共朝鮮語雜誌が欲しいのだ。各々異なる民族は其の民族文化に依つて激しく感動されるのだ。我日本プロレタリア文化聯盟は日本文の讀めない在日本朝鮮勞働者諸君の爲めに尙日本文は讀めても朝鮮語程にはぴつたり來ない朝鮮の兄弟の爲に更に「俺達の同志(ウリトンム)」といふ朝鮮語雜誌を五月より創刊されるのだ。

文化階級の狂暴な彈壓と妨害から日本プロレタリア文化聯盟の出版物を守り「俺達の同志(ウリトンム)」を諸君自身そのものとして守つて行くには日本勞働者農民並びに在日本朝鮮勞働者諸君が自分自身が之の讀者になるばかりでなく自分の工場職場の朝鮮の仲間に一人でも多く之を讀ませ日鮮プロレタリア革命的連帶を結ばねばならないのだ。諸君もよく知つて居る通り日本プロレタリア文化聯盟の財政は非常に窮乏し財政的基礎が固つて居ないにも拘らず「俺達の同志(ウリトンム)」を發行して行くには非常に困難なのだ。ではどうすればいいのか？ 俺達は俺達以外に誰も助けては呉れないことをよく知つて居る。

親愛なる全國勞働者、農民その他の勤勞者大衆諸君及び在日本朝鮮勞働者諸君！ 諸君の階級的熱意に訴へろ！

一錢でも二錢でもよい諸君の工場、職場、農村から此の雜誌の基金を送つて呉れ、そして是非とも誌代を前金で注文して守つて呉れ。

諸君の階級的の義務を以つて「俺達の同志(ウリトンム)」を育てゝ行こう。そしてこそ俺達の「俺達の同志(ウリトンム)」の讀者網は全國の朝鮮勞働者の働く職場の隅に張りめぐらされ雜誌を出して行く爲の財政の基礎も固つて行くのだ。

★「俺達の同志」(ウリトンム)發刊萬歲！

★工場・農村・職場よりリレポを送れ！

★發刊二〇〇圓基金の雨を降せろ！

★前金注文で全國的に配布網を確立しろ！

發行所

五月一日創刊 四六倍版・十六頁 定價五セン 送料二セン

東京市神田區美土代町四ノ五小川町ビル

日本プロレタリア文化聯盟出版所

振替東京六〇六〇二番

俺達の同志★ウリトンム★發刊

〈그림 5-13〉

《프롤레타리아 문화》(1932년 4월호).

코프가 조선어 잡지 《우리동무》를 창간했음을 알리는 광고.

조선어를 읽지 못하는 일본인 노동자에게도

독자가 되어 달라고 호소하고 있다.

> 친애하는 전국 노동자·농민, 근로 대중 제군 및 재일본 조선 노동자 제군! 일본어를 읽을 수 없는 조선의 노동자 제군을 위하여 조선어 잡지 《우리들의 동지》(우리동무)를 드디어 5월에 창간한다!……
> 지배계급의 광폭한 탄압과 방해로부터 일본프롤레타리아문화연맹의 출판물을 지키고 《우리들의 동지》(우리동무)를 다름 아닌 제군들 자신의 분신이라 여기고 지켜 가기 위해서는 일본 노동자·농민 및 재일본 조선 노동자 제군들 스스로가 이 잡지의 독자가 되어야 한다. 또 자신의 공장·직장의 한 사람이라도 많은 조선 동료들에게 이 잡지를 읽힘으로써 일선日鮮 프롤레타리아[의] 혁명적 연대를 맺어 가지 않으면 안 된다.……제군의 공장, 직장, 농촌에서 1전이든 2전이든 좋으니 이 잡지의 기금을 보내 주시길. 그리고 아무쪼록 구독료는 선불로 주문해 주시길.
> 제군들이여, 계급적 의무로 《우리들의 동지》(우리동무)를 육성해 가자. 그럼으로써 《우리들의 동지》(우리동무)의 독자망은 전국의 조선 노동자가 일하는 직장 구석구석까지 확장될 것이며 잡지 출간을 위한 재정적 기초도 탄탄해질 것이다.……발간 200엔 기금의 빗줄기를 쏟아 내리게 하라!(《프롤레타리아 문화》 1932년 4월호, 82~83쪽).

앞장에서 검토했던 《전기》의 광고와 구조가 완전히 동일하다. '일본어를 읽을 수 없는 조선의 노동자 제군'이 《전기》를 지키기 위해 기금을 보냈던 것과 마찬가지로 '조선어를 읽을 수 없는 일본의 노동자·농민 제군'에게 매달 잡지를 구독하고 '일선 프롤레타리아[로] 혁명적 연대'를 해 가자고 호소한다. 이렇게 조선의 노동자가 일하고 있는 장소라면 어디든지 《우리동무》의 독자망을 넓혀 주길 요청했다.

6451

LA URI DONG MU

우리동무

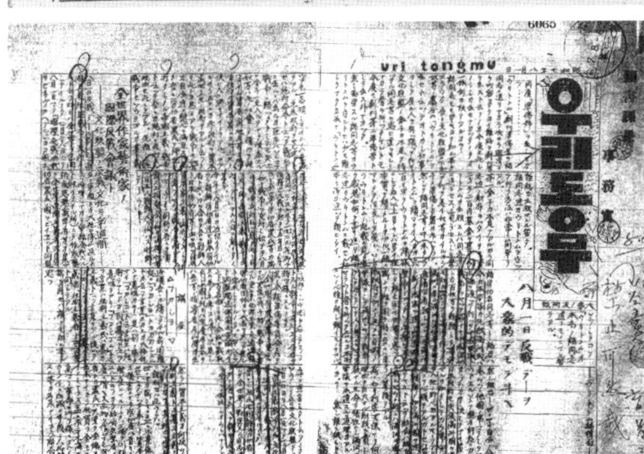

uri tongmu

우리동무

〈그림 5-14〉

《우리동무》 조선어판(위)과 일본어 번역(아래).
일본어판은 일본 내무성 도서과에서 번역했다. 이 도판은 내무성 도서과의 것으로,
《우리동무》는 발금 처분을 받았다. 이 자료는 미즈노 나오키 씨가 제공해 주었다.
또 일본어판에 관한 정보는 정영환 씨가 제공해 주었다.

이 당시에는 코프 잡지의 독자망을 조직하거나 가입하여 잡지를 배포하면 일본공산당 자금원으로 의심받거나 처벌될 위험이 있었다. 1930년대 이후, 이른바 "목적수행죄[일본공산당의 '목적 수행을 위한 행위]"가 외곽단체에 적용되었기 때문이다. 〈그림 5-14〉(위)의 조선어판에 찍힌 도서과 사무관과 과장의 결재 도장과 검열관이 써 넣은 글자를 보면《우리동무》는 창간호부터 발금 처분을 받고 있었음을 알 수 있다.

당국은 목적수행죄를 확대해석하면서 먼저 재일조선노동총동맹을 흡수한 전국협의회를 겨냥하여 조사했다. 일본프롤레타리아작가동맹 등의 외곽단체에 가입만 해도 기소될 수 있다는 사상검찰의 새로운 해석이 서서히 힘을 얻어 가기 시작했다. 목적수행죄의 초기 판례는 공산당과 아무런 관계가 없음에도《무산자신문》을 배포한 행위만으로 유죄를 선고했던 1930년 11월의 대심원(대법원) 판결이다. 이후에도 확대해석이 연이어져, 1931년 5월에는 "행위자가 '국체' 변혁의 목적을 갖지 않는 이상 처벌되지 않는다고 하는, 기존의 의회 답변 등에서 확인되었던 규율을 파기하고, 경찰이나 검찰이 당의 목적 수행에 기여한다고 판단하면 처벌될 수 있다"고 판결했다.[55]

재일조선노동총동맹의 해체 이후 특고가 검거했던 관계자 일람을 살펴보면, 목적수행죄에 의한 기소가 압도적으로 많았다. 혐의의 태반은《전기》나《무산자신문》의 배포, 독자망의 조직이다. 또 전국협의회에 소속된 사람들의 비율이 높다. 예컨대 1930년 10월 10일에 기소된 김문준의 "범죄 사실"은 "목적 수행,《무산자신문》 배포, 격문 작성·배포"였으며 소속은 "전국협의회 화학부, 오사카 지부 상임위원"으로 되어 있다(《특고월보》 1930년 10월, 4쪽).《우리동무》가 창간된 1932년에는 코프 관계자 100명 이상이 목적수행죄로 처벌된다. 프롤레타리아 문화운동에 대해 당국은 "일본공산당의 인적·이론적 풀[pool]에 다름 아니며, 당의 별동대"로 인식하고 있었다.[56] 이러한 해석에 의거하여 당국은 《우리동무》의 독자망 구축을 '조선 노동자가 일하는 전국의 직장'에 '일본공산당의 별동대'를 만드는 것으로 간주했다.

한편 코프의 입장에서 보면, 일본 본토에 있는 20만 이상의 조선인 노동자는 잠재적인 독자였으며, 일본공산당을 지탱하기 위한 매력적인 '시장'이었다. 앞서 서술했듯, 조선인 노동자가 실제로 일본어·조선어 문장을 읽을 수 있느냐 없느냐는 개의치 않았다. 《우리동무》를 창간한 이북만 등의 조선협의회의 임무는 20만 조선인 노동자를 독자로 조직하고 잡지 이름을 빌려 자금을 모으는 불령선인이 되는 것이었다. 〈조선협의회 보고〉(《프롤레타리아 문화》 1933년 6·7월호, 66~67쪽)는 "현재 '조선협의회'는 철저하게 일본 프롤레타리아의 입장에 서 있지 않고, 일본프롤레타리아문화연맹에 소속해 있으면서도 조선 프롤레타리아 조직에 소속되어 후자에 중점"을 두는 "섹트적[분파적] 투쟁"을 하고 있다고 엄중하게 비판했다. 이는 식민지 독립투쟁과 프롤레타리아 혁명 투쟁이 공존할 수 없다는 점을 강조해 온 일본공산당의 방침과 일치한다. 또 "《우리동무》의 편집 및 배포 활동에서는 어떤 지점이 비판 대상인가?"라는 물음과 관련해서는 독자회를 조직하고 자금 모금에 힘쓸 것을 요청했다.

> 〔《우리동무》의〕 통신문은 조선 땅으로부터 온 것이 태반을 점하고 있기 때문에, 마치 조선 땅의 노동자에게 읽히기 위한 계몽잡지 같다. 이것이 문제다.……《우리동무》의 실질적 독자의 숫자가 빠른 템포로 증가했다는 점을 보면, 언뜻 배포 활동이 원활하게 이뤄진 것

처럼 보이지만 결코 그렇지 않다. / 그것은 '조선협의회' 멤버가 (지역협의회, 지구협의회 혹은 각 동맹의 배포선전부의 활동으로서 조직적으로 이뤄지지 않고) 대충 분담해서 이 사람 저 사람에게 일방적으로 나누어 주기부터 했기 때문에, 일본 내에서의 구독료는 거의 모이지 않았다. 이런 활동은 일본 내 조선 노동자에게 중점을 두어야 하고……금후에는 코프 배포선전부에 조선인 멤버를 보내어 코프의 배포·선전 활동의 일환으로 이루어지도록 해야 한다.……'조선협의회'의 확립을 위해서는 각 동맹에서 유능한 일본인 일꾼들을 끌어다 넣어, 조선인들만이 모여 만드는 섹트적 투쟁을 극복해야 할 것이다(《프롤레타리아 문화》 1933년 6·7월호, 66~67쪽).

이렇게 '조선협의회'는 일본의 프롤레타리아트라는 의식을 갖고 '일본인 동지'의 지도 아래 일본의 조직을 지탱하라는 지시를 받았다. 앞의 보고서가 발표된 1933년 6월은 일본공산당 위원장 사노 마나부와 나베야마 사다치카의 전향을 계기로 '전향' 붐이 시작된 시점이기도 했다. 같은 해 2월, 고바야시 다키지가 고문으로 살해당한 일이 상징하듯, 코프에 대한 탄압은 나날이 강화되고 있었다. 이렇게 급격히 위축된 일본공산당운동을 지탱하기 위한 대안이 다름 아닌 조선인 독자나 조선인 노동자로부터의 자금 획득이며, 이를 위해 만들었던 것이 《우리동무》였을 가능성이 있다. 《우리동무》는 제4장에서 서술했던 대로, 조선공산당 재건을 위해 도쿄에서 무산자사를 설립한 이북만·김두용 등이 중심이 되었던 잡지다. 다시 말해, 《우리동무》는 조선공산당 재건을 위한 인적·물질적 기반이 일본공산당 재건을 위해 횡령되었음을 상징하는 상품인 것이다.

이제까지 일본어로 작성된 다수의 연구는 일본인과 조선인 사회주의자의 문화운동을 동지적 연대로 긍정적으로 평가했다. 그 대표적인 사례가 제4장에 다룬 나카노 시게하루의 〈비 내리는 시나가와역〉과 관련된 것이었다. 그러나 당시 비합법적인 출판도 자본의 운동과 깊이 연결되어 있었으며 저항운동 역시 자본의 논리로부터 자유롭지 않았다는 점에서 1930년 전후의 일본 프롤레타리아 문화운동을 다시 검토할 필요가 있다. 조직의 운영에는 돈이 든다. 이 단순한 원칙으로 되돌아가, 일본 사회주의운동의 사활을 건 1930년대 초반의 투쟁이 조선 사회주의운동의 재건 가능성을 거덜내는 형태로 진행되었음을 놓쳐서는 안 될 것이다. 그런 뜻에서, 1930년 전후 사회주의자에 의한 문화운동은 다시 논의되지 않으면 안 된다.

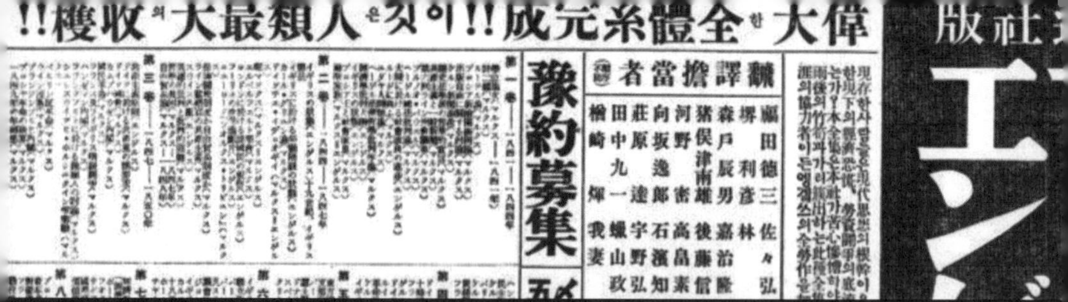
偉大한全體系完成!! 이것은人類最大의收穫!!

豫約募集

飜譯擔當者

[제6장]

식민지

[redacted]

||| 1 |||

야마모토 사네히코의 만주·조선

야마모토 사장은 만·선滿鮮을 시찰하러 나갔다.

잡지 《개조》 1932년 6월호의 〈편집자 편지〉에 나오는 한 문장이다. 《개조》는 1919년 4월에 창간되어 1944년 6월 강제로 폐간되었다. 패전 이후 1946년 1월에 복간, 1955년 2월 사내 내분으로 종간됐다. 지금은 아카데미즘 세계 밖에서는 잊힌 잡지이지만, 필자가 대상으로 삼은 1920년대부터 1930년대는 《개조》의 전성기였고 한 시대의 획을 긋는 잡지였다. 개조사의 사장 야마모토 사네히코는 "20세기 전반부의 일본어 미디어 역사를 대표하는 편집자 겸 기업가"로 자리매김되어 왔다.[1] 그는 자사 상품에 대한 관심을 불러모으는 화려한 퍼포먼스를 장기로 삼았다. 이는 《개조》가 단기간에 《중앙공론》과 쌍벽을 이루는 종합지로 급성장하게 되는 원동력이 되었다.

1919년 2월 27일, 야마모토 사네히코는 《개조》의 창간을 기념하는 '문성文星 초대회'를 아카사카 산노시타의 요정 미카와야三河屋에서 열었다.[2] 이 모임은 1907년에 수상 사이온지 긴모치가 모리 오가이, 우치다 로안 같은 당대의 유명 문인들을 초대해 세간을 떠들썩하게 했던 '우세카이雨聲会'라는 연회에서 연유한 것이다. 사네히코는 제1차 세계대전 후, 잡지 창간 붐이 일던 시기 개조사를 일으켰는데, 《개조》는 3호까지 판매 실적이 좋지 않아 고전하고 있었다. 그러나 당시 편집을 담당하던 아키타 다다요시 및 요코세키 아이조 등의 주도로 제4호부터는 지면의 좌선회左旋回에 성공했고,[3] 러시아혁명 이후의 세계적 사회운동이나 일본 노동운동의 유행을 적극적으로 다루게 된다. 그 덕분에 "당시 시판되고 있던 거대 종합잡지 중에서는 가장 빈번하게 검열 처분"을 받는다.[4] 제4장에서 다뤘던 〈비 내리는 시나가와역〉 개조판의 고도의 복자 처리는 내무성 도서과와의 오랜 교섭을 통해 배양된 기술이었다.

또 야마모토 사네히코는 교토제국대학의 교원들을 적극적으로 기용해 훗날 '교토학파'라고 불리는 니시다 기타로 등과 연계하여 아카데미즘을 저널리즘 속으로 편입시키는 데 성공했다. 《지지신보》 출신의 다키이 고사쿠를 편집자로 영입해 그의 인맥을 이용하면서 원고료 인상을 단행하여 인기작가의 작품을 연이어 실을 수 있었다. 철학자 버트런드 러셀, 물리학자 알베르트 아인슈타인, 일본 가족계획운동의 단서를 열었던 마거릿 생어, 노벨문학상 수상자 조지 버나드 쇼 같은 세계적 저명 인사들을 초빙, 강연회를 열어 큰 주목을 모음으로써 잡지 판매 실적을 끌어올렸다. 고미부치 노리츠구가 지적한 대로, "눈 깜짝할 사이에 시대를 대표하는 오피니언 잡지라는 지위에 오른" 《개조》는 이 잡지를 "손에 든 독자의 자존심까지도 충분히 만족시킬 수 있

는" 매체가 되었다.[5]

야마모토 사네히코는 출판 역사에 남는 '엔본' 붐을 일으킨 장본인이기도 했다. 1926년의 《현대일본문학전집》은 근대 이후의 각종 명작을 한 권에 1엔 값으로 예약을 받았는데, 제1회 모집에서 25만 명의 예약자를 확보할 수 있었다. 이러한 엔본 붐에 의해 오늘날의 출판과 유통의 기반이 되는 새로운 시스템이 만들어졌다.[6] 또 프롤레타리아 문화운동가들에게 지면을 제공함으로써 수익을 거두기도 했다. 제5장에서 서술한 것처럼, 비합법과 합법의 경계에 있는 《전기》 같은 매체에 글을 쓰던 사람들이 인세를 얻을 수 있게 됨으로써 그 멤버들에 의해 '공산당에 대한 자금 제공'이 가능한 상황이 만들어졌다.

6장에서는 이렇게 시대의 움직임을 민감하게 감지하는 능력을 가졌던 야마모토 사네히코의 만주·조선 출장에 주목한다. 당시 《개조》 편집자였던 미즈시마 하루오는 야마모토의 만주·조선 시찰에 대해 《개조사의 시대時代》(전전편戰前篇)에서 다음과 같이 회상하고 있다.[7]

> 나는 '야마모토 개조山本改造'가 보인 '지나[중국] 광기'와 관련해서는 큰 영향과 자극을 받았고 많이 배웠고 감탄했다. 이 점에서는 그를 대단하다고 슬그머니 칭찬해 주고 싶다. 즉 긴장도가 높아지던 일본과 지나의 관계에 대해 그가 《개조》의 주간 입장에서 모종의 교류 및 화해를 기획하고 있었음은 사실이다. 그것은 결코 차원이 높지 않았고 개인적·자의적 범위를 넘어서지 않는 것이었지만, 좋은 의미에서의 애국자[國士]로서 분주히 움직였다는 점에는 의심의 여지가 없다. 그는 한반도 및 중국 대륙의 정세에 관심을 기울였고 끊임없이 문제를 파헤쳐 과제를 제기했다. 거기에 맞는 여러 전문

가와 학자, 평론가, 유명인들의 글을 요청했으며, 자신도 직접 (현장에) 뛰어나가 르포르타주를 했던 까닭에 한반도에서 중국에 걸쳐서 《개조》 독자들은 상당수에 이르렀다. 그렇다고 그가 꼭 잡지 판매를 위한 영업정책 때문에 그렇게 움직였던 것은 아니다. 지금 유행어로 문화교류를 했던 것이라고 할 수 있을 터이다. 우리 잡지의 편집 경향 덕분에 그는 일본 쪽의 대륙정책주의자나 대륙 쪽의 민족독립국가주의자 같이 좌우파를 막론하고 각계 인사들과 자유로이 만날 수 있었기 때문이다. 나는 야마모토 그 사람의 본질이 민족주의자이지 사회주의자는 아니었다고 생각한다.

미즈시마의 《개조사의 시대》는 야마모토의 보수성에 대한 비판적 관점에서 작성되었다. 약간 비꼬는 듯하지만, 중국에 대한 야마모토의 관심만은 '칭찬해 주고 싶다'고 서술하면서, 야마모토가 '좌 · 우파'를 불문하고 '각계 인사들과 자유로이 만날 수 있는' 입장을 활용해 조선과 만주국을 분주히 들나들었음을 증언하고 있다. 이는 '영업정책'이 아니라 '문화교류'를 위한 것이었다고 미즈시마는 회상한다. 하지만 1931년 9월의 만주사변 발발과 다음 해 5·15사건을 계기로 《개조》 편집부가 "편집 방침을 둘러싼 모색에 여념이 없었다"[8]고도 회상하는데, 야마모토의 만·선 시찰이 "동아시아를 시장으로 삼는 경영 노선"의 일환이라는 점은 명확하다.[9]

야마모토 사네히코의 《만선滿·鮮》은 이처럼 《개조》의 진로를 모색하고 있던 1932년 5월 9일부터 6월 11일까지의 약 한 달에 걸친 그의 '만·선 시찰'을 기록한 것이다. 여행 중에 그의 기록은 《개조》에 연재되었고 1932년 10월에 단행본으로 개조사에서 출판되었다. 일본제국의 대륙 침략 루트, 일본 본토의 간행물이 식민지에 이입되는 루트를 더듬으면서 야마모토는 우선 한반도로 들어가서 만주를 향해 북상했다. 미즈시마가 '야마모토 개조'라고 표기할 정도로 야마모토는《개조》그 자체를 상징하고 있었으며, 그의 여행은 '개조사'라는 일본제국의 대표적 출판자본의 영향 아래 있던 식민지 출판물의 생산·유통·소비에 관여하는 사람들과의 접촉 및 여러 새로운 기획들을 환기시키는 것이었다. 이 장에서는 야마모토의 여행을 단서로 삼으면서 개조사 같은 일본제국의 대표적 상업자본이 만주사변 이후 '식민지'를 매개로 어떤 시장의 재편성을 시도했는지에 대해 생각해 보고자 한다.

||| 2 |||

《개조》와 《동아일보》의 연회

먼저 어떤 연회를 담은 사진 한 컷에 주목해 보자(〈그림 6-1〉).

〈그림 6-1〉
천향원의 연회(야마모토 사네히코, 《만·선》에서). 《동아일보》 사장의 주최로 열렸다.
광고주에 대한 접대의 의미가 강했다. 참가자 리스트는 〈표 6-1〉 참조.

> 경성에서 유쾌하고도 기쁜 일이 하나 더 있었다. 송진우 대인大人이 나를 위해 경성의 예술가들과 접촉할 수 있는 기회를 만들어 주셨던 일이다. 5월 11일. 그 밤, 고요한 변두리에 있는 동대문 밖 천향원天香園으로 불러 주셨고, 그 자리에는 조선 문단의 기숙耆宿[명망 높은 이] 이광수 씨를 비롯해 극작가 윤백남, 화가 이상범, 시인 주요한, 김병석, 백남운 씨 등도 손님으로 배석했다(《만·선》 18쪽. 이하 쪽수만 표기).

야마모토 사네히코는 이 연회를 두고 동아일보사 사장 송진우가 그를 '경성의 예술가들'과 만날 수 있도록 주최한 자리라고 설명했다. 분명 당시 조선 예술계를 대표하는 면면들이었지만, 참가자의 직함을 보면, 연희전문학교 교수였던 백남운을 빼고는 모두가 동아일보사 사원들이기도 했다(〈표 6-1〉). 조선 요리에 익숙한 야마모토는 "오늘 밤과 같이 마음이 담긴 정수精粹는 처음 느끼는 것"이라며 만족과 기쁨을 표현했다. 명기名妓의 노래나 춤이 있는 연회라는 형식은, 야마모토에게는 조선의 민족주의자와 접촉하는 사교의 장일지 모르지만 동아일보사 사장 입장에서는 접대의 의미가 강했다.

이제까지 거듭 서술했던 대로, 1920년부터 1940년까지 식민지 조선의 조선어 신문은 항시 3곳의 발행체제로 유지되었다. 그러나 야마모토가 경성에서 《동아일보》 관계자와 연회를 즐기고 있던 시기, 조선어 신문은 이례적인 혼란에 빠져 있었다. 《동아일보》를 빼고 나머지 두 신문은 우연히도 각기 격심한 내분에 빠져 누가 경영권을 거머쥘지를 예상할 수 없는 상태였다. 야마모토와 만나고 싶어도 그럴 여유가 없었을 것이다. 〈표 6-2〉에서 볼 수 있듯이 조선어 민간지는 모두 총독부에 의

〈표 6-1〉 연회 참가자

성명	일본 본토에서의 교육경험	직업 (1932년 당시)	기타
1 송진우	세이소쿠正則영어학교, 긴조錦城중학교, 와세다대학 중퇴, 메이지대학 졸업	동아일보사 사장·주간	
2 이광수	다이세이大成중학교, 메이지가쿠인明治學院중학교 졸업, 와세다대학 예과 중퇴	《동아일보》 편집국장	《동아일보》 1923~1933년 재직. 1926년부터 편집국장. 소설가.
3 윤백남	와세다대학 중퇴, 도쿄고등상업학교 졸업	《동아일보》에 소설 〈해조곡海鳥曲〉 연재 중. 1933년 편집고문.	1920년 재직. 소설가, 연극인, 영화감독, 번역가. 1930년 이래 《동아일보》에 소설 연재. 1930년 《동아일보》 창간 10주년 기념영화를 제작. 1932년 경성방송국 조선어채널 개설에 관여했음.
4 이상범		《동아일보》 학예부. 삽화 담당	《동아일보》 1927~1936년 재직. 주로 연재소설 삽화를 담당. 손기정 '일장기 말소사건'으로 체포되어 사직.
5 주요한	메이지가쿠인중학교, 도쿄제일고등학교 졸업	《동아일보》 논설반 촉탁	《동아일보》 1925~1932년 재직. 1929년 편집국장.
6 백남운	도쿄상과商科대학 졸업	연희전문학교 교수	같은 대학 교수(1925~1938), 경제학자.
7 김기진	릿쿄대학 중퇴	《조선일보》 사회부장	조선 프롤레타리아 예술가동맹(카프) 결성을 주도(1925). 소설가, 시인, 문학평론가.
8 염상섭	교토제2부속중학교, 게이오慶應대학 중퇴	《조선일보》 전前 학예부장	1929년 9월부터 《조선일보》 학예부장, 1931년 6월에 사직.

주: 7(김기진)과 8(염상섭)은 야마모토가 화제로 삼았던 사람.
출처: 참석 멤버와 《동아일보》의 관계에 관해서는 한종민, 〈1930년대 《동아일보》의 인적 구성과 변동〉(《민족문화연구》 84호, 고려대 민족문화연구원, 2019); 동아미디어그룹 공식 블로그 '동네'를 참조.

한 장기간의 발금 처분을 몇 번씩이나 경험했다. 특히 나머지 두 신문은 1920년대 후반부터 더욱 강도가 높아진 검열로 인해 상당히 심각한 재정적 어려움에 처해 있었다. 이런 사정은 조선을 대표하는 경성방직이라는 모회사를 가진 《동아일보》와는 크게 다른 점이었다. 그러나 이 당시에는 발금보다는 내분으로 인해 발행이 불가능한 상태였으며, 1932년 7월부터 11월 중반까지 약 반년간은 신문을 발행하던 곳이 《동아일보》 한 곳뿐이었다.[10]

조선어 잡지 《별건곤別乾坤》 1929년 6월호에서 박찬희는 신문산업이 성장하기 어려운 이유에 대해, 교육이 보급되어 있지 않은 까닭에 문자해독 능력이 없는 사람들이 압도적 다수를 이루고 있는 상태로 인한 독자난, 산업기반의 빈약함에 따른 자금난 및 광고난을 들어 설명하고 있다.[11] 1935년이 되어도 여전히 조선에서는 "신문사의 힘으로 극복할 수 없는 객관적인 정세[검열]"나 "교육이 보급되지 않은 까닭에 문맹의 숫자가 너무 많아 신문을 구독하는 사람이 적다"는 점이 커다란 장애로 운위되고 있었다.[12] 제2장에서 서술했듯이, 의무교육이 실시되지 않은 데다 조선인이 입학할 수 있는 학교가 압도적으로 부족한 상황이었기 때문에, 보통학교나 고등보통학교에 다니는 조선인은 극히 일부에 불과했다. 《동아일보》는 1930년에 한글보급운동을 통해 3년간 조선어 독해자를 30만으로 늘리겠다고 선언했다.[13] 하지만 《동아일보》는 영업을 위해 "만몽[만주·몽골] 일대를 돌면서 재만在滿동포로부터 독자들을 확보하려"고 했으나 뜻대로 되지 않아, 우선 식자율 향상에 착수했던 것에 불과하다는 비판도 들었다.[14] 즉 한글보급운동을 순수한 문화운동으로 파악할 수는 없다는 것이다.

그러나 식자율 향상에는 상당한 시간이 필요하다. 그러므로 당면하

〈표 6-2〉 조선어 민간지의 발행정지 기간

시기	《동아일보》	《조선일보》	《중외일보》·《조선중앙》
1920~1925	1920. 9. 25~1921. 1. 10	1920. 8. 7~1920. 9. 2 1920 9. 5~1920. 11. 5 1925. 9. 8~1925. 10. 15	
1926~1930	1926. 3. 7~1926. 4. 29 1930. 4. 17~1930. 9. 1	1928. 5. 9~1928. 9. 19	《중외일보》 1928. 12. 6~1929. 1. 17
1931~1940	1936. 8. 27~1937. 6. 2		《조선중앙》 1936. 8. 27~1937. 6. 2

주: 《동아일보》·《조선일보》는 양대 신문으로서 1920년부터 1940년까지 간행되었다. 1920년 두 신문과 동일한 시기에 창간된 《시사신문》은 1921년 2월에 폐간. 1924년 3월 31일 《시대일보》가 새로 창간되었고, 이후 《중외일보》→《중앙일보》→《조선중앙일보》로 신문 이름 및 경영진, 판권의 소유자가 바뀌었다.
출처: 박용규, 《식민지 시기 언론과 언론인》, 소명출판, 2015, 54쪽.

는 경영자금의 확보를 위해 《동아일보》를 필두로 하는 조선의 미디어는 도쿄나 오사카 등 일본 본토의 기업 광고를 확보하고자 경쟁했다. 《동아일보》는 창간 때부터 서무부·경리부·판매부 이외에 광고부도 설치했는데, 광고부에는 내지內地 광고계, 외지外地 광고계, 원고 정리계, 정판整版 교정계, 계산집금集金계를 두었다.[15] 이처럼 일본 본토의 광고 유치에 선수를 친 것은 동아일보사였다. 1923년 상무이사 겸 편집국장이던 이상협을 도쿄로 파견하여 광고 유치와 광고료 인상에 성공했다. 《동아일보》가 적자 경영에서 벗어나기 시작한 것은 이 무렵부터였다.

> 그[이상협]는 한국 신문에 나는 일본 광고의 요금이 너무나 싼 것을 발견하고는 동경으로 가서 일본전보통신의 사장과 만나 담판하는 한편으로 광고주들을 찾아다니면서 교섭한 결과, 그들도 지금까지의 광고료가 너무나 저렴했던 것을 인정하고 요금을 조금씩 올려주게 되었다는 것이다. 그리하여 1928년 경에는 5호 1행에 1원씩을 받게 되었으며 이 때문에 동아일보 사장 송진우도 1년에 한 번씩은 일본에 가서 광고료를 올리는 데 전력을 경주하였다고 한다.[16]

사장 송진우가 몸소 도쿄로 달려가 광고료 인상에 동분서주했음을 알 수 있다. 《동아일보》는 1927년부터 본사 외지광고계 외에도 도쿄·오사카에 지국을 두고 지국장에는 현지 사정에 밝아 광고 영업에 강한 사람을 임명했다.[17] 다른 미디어도 동아일보사의 뒤를 좇아 동일한 체제를 취하면서[18] 광고 유치와 광고료 인상을 시도했다. 식민지 시대를 살펴보면 민간지 수입의 30~40퍼센트는 광고료가 점하였고 그 가운데 6할 이상은 도쿄나 오사카의 기업 광고였다. 광고 획득 경쟁이 치열해짐에 따라 일본 본토의 광고주를 초대하거나 관광 안내를 하는 등의 접대행위가 증가했고, 이에 대한 조선사회의 비판이 거세졌다. 예컨대 야마모토 사네히코를 초대해 송진우가 연회를 베풀던 1932년, 동아일보사의 오너 김성수와 사장 송진우는 도쿄와 오사카에서 광고주를 접대하거나 조선으로 초대하여 금강산을 관광시키면서 광고를 수주했다. 이로 인해 《동아일보》는 "일본 당국에 대한 비판"을 포기하고 "지주와 상공업 부르주아를 대변하는 기구로 전락했다"는 비난을 받았다.[19] 1935년에는 다음과 같은 말이 나오기도 했다. "한 손으로는 조선민족을, 다른 한 손으로는 도쿄·오사카의 상품을 선보이는 것이 《동아일보》, 아니 조선의 신문들이다. 다만, 그 마술이 가장 뛰어난 것이《동아일보》이다."[20]

이런 사정은 동아일보사에 한정되는 것이 아니었다. 조선일보사의 경영이 안정되는 1933년 이후는 광고를 둘러싼 치열한 경쟁이 두 신문사 사이에서 전개됐다. 언론 통제가 강화되는 가운데 "과거 저항의 상징이었던 압수와 정간은 이윤 창출을 목표로 하는 기업 경영을 위해서는 가능한 한 피해야 할 사항이 되었다."[21] 야마모토와의 연회에 참석했던《동아일보》편집국장 주요한은 당시 편집 방침의 변화에 대해 다음과 같이 회상한다.

> 초기의 일간신문은 이틀이 멀다 하고 일본 총독부에 의해 발매금지와 압수 처분을 당했고, 그때마다 판매원들이 뜰에 모여 만세를 불렀다. 만일 여러 날을 지나도 압수를 아니 당하면 편집이 무능하다고 욕을 먹게 된다. 그러나 내가 편집국장이 될 무렵[1929]에는 회사의 방침이 되도록이면 압수를 당하지 아니할 정도에서 논설이나 기사를 쓰라는 것으로 바뀌었다. 따라서 편집국장의 임무는 모든 기사의 초교를 자세히 읽어 보고, 필요하면 압수 아니 당하도록 문장이나 용어를 바꾸는 것이 가장 중요했다.[22]

아직 많은 독자들은 "총독부의 정책을 비판하면서 민족의식을 고양하는 기사를 좋아했다. 그런데 독자의 기호를 따르다 보면 불가피하게 경영상의 손실을 가져올 수 있었다. 독자를 만족시키면서도 총독부를 불편하게 하지 않는 기사를 생산하는 게" 편집국장에게 요구되는 능력이었다고 한다.[23] 한만수는 일제의 만주침략 이후 전쟁 호황 덕분에 일본 상품의 광고가 증가했다고 하면서, 그 대표적인 사례로 《동아일보》의 광고 수입을 거론한다. 만주국이 출범하고 야마모토의 연회가 있던 1932년의 광고 수입은 14만 6,617원이었는데, 1933년에는 20만 865원, 1934년에는 24만 6,539원으로 급격히 증가했다.[24]

일본 본토에서 신문의 3대 광고주는 약품·화장품·출판이었는데 식민지 조선에서도 마찬가지였다. 고미부치 노리츠구는 출판 광고가 "단지 거래액을 넘어서는 효용이 있다"고 보면서 "잡지 광고라면 매월 안정적인 수입을 바랄 수 있었고 출판 광고는 독자층의 '격'을 기호화하는 절호의 재료"로 인식됐다고 지적한다.[25] 종주국과 식민지에서의 법제도는 다를지라도 《개조》나 《동아일보》는 미디어를 규제하는 당국 아래서 표현을 조정하지 않으면 안 되었다. 단, 거래에 관해서는 개조사 쪽이 우위에 있었고, 앞에서 다룬 《동아일보》 사장 주최 연회는 광고주로서의 개조사 사장에 대한 '접대'의 의미도 있었던 것이다.

만주사변 이후 《동아일보》는 대단히 흥미로운 경영 환경에 놓였다. 그때까지 총독부는 지속적으로 경성방직을 지원했고 자회사인 동아일보사도 그 혜택을 입었다. 경성방직은 만주 시장 개척이 진척됨과 더불어 매출이 급격히 증대되었는데, 결국 《동아일보》 역시 일본제국의 만주 침략에 의한 막대한 이익을 나눠 가졌다고 할 수 있다.[26] 그 과정에서 《동아일보》의 경영기반은 안정된다.

경성방직 및 동아일보사의 오너 김성수와 연회 주최자 송진우는 평생에 걸쳐 맹우관계였다. 《동아일보》는 브나로드운동(식자識字운동), 물산장려운동(국산품 장려운동) 등을 추진하면서 성장했는데 그 운동의 파급 효과를 생각하면 단순히 식민지 지배정책에 적극적으로 협력했다고 단언할 수는 없다. 한편 《개조》는 '사회주의'를 상품화해서 성장했다.

그러나 야마모토의 정치적인 성향은 보수적이었으며, '사회주의' 상품을 통해 얻는 수익은 야마모토가 민정당(보수 여당)으로 입후보하기 위한 자금으로 흘러갔다.[27] 그 두 매체는 한쪽은 '민족'을 간판으로 내걸고 다른 한 쪽은 '사회주의'를 간판으로 내걸고 있었으므로 방향성은 서로 다른 것이었다.[28] 그러나 당시 두 회사는 모두 일본군의 움직임에 발맞추듯, 본격적으로 만주라는 시장에 눈을 돌리기 시작했다.

만주사변 이후의 《개조》는 "일본 국내만이 아니라 중국·조선 등 동아시아 지역을 시장으로 삼아 그곳 정보를 적극적으로 지면에 반영하는 편집 방침을 취했고, 사장이 직접 선두에 서서 《만·선》을 간행하며 전력을 다해 매출을 올리고자" 했다.[29] 《만·선》 탄생의 이면에 일본제국의 출판시장을 성립시키는 새로운 상품의 개발과 독자층의 개척이 복잡하게 연루되어 있었음을 좀 더 고찰해 보자.

||| 3 |||

개조사로부터 사회주의를 배우다

제4장에서 논의한 것처럼, 《동아일보》에 실린 광고를 보면, 조선에서 개조사는 '사회주의' 저작 출판사라는 이미지가 강했다. 개조사는 조선의 구매층(일본어를 읽을 수 있는 독자)이 어떤 책을 바라고 있는지를 잘 이해하고 있었다. 〈그림 6-2〉는 1928년 "현행 검열 반대 주간"에 도쿄에서 상연됐던 연극 〈조선朝鮮 장場〉의 포스터이다(1월 19일~20일, 국민강당). 희곡의 제목은 일본어로 읽으면 '쵸센쵸', 즉 '도전장挑戰狀'으로 읽히도록 고안되어 있었다.[30] 주최는 조선프롤레타리아예술가동맹(이하 '카프'로 약칭), 후원은 일본프롤레타리아예술연맹이었다. 그 하루 전날에는 같은 장소에서 〈시와 음악과 강연의 저녁〉이 개최되었다(〈그림 6-3〉). 이 포스터에는 주최자로서 조선과 일본의 프롤레타리아 예술운동 단체명이 나란히 제시되어 있다. 이 행사에서는 〈조선 장〉의 대본을 쓴 김두용이 나카노 시게하루와 함께 강연했다.

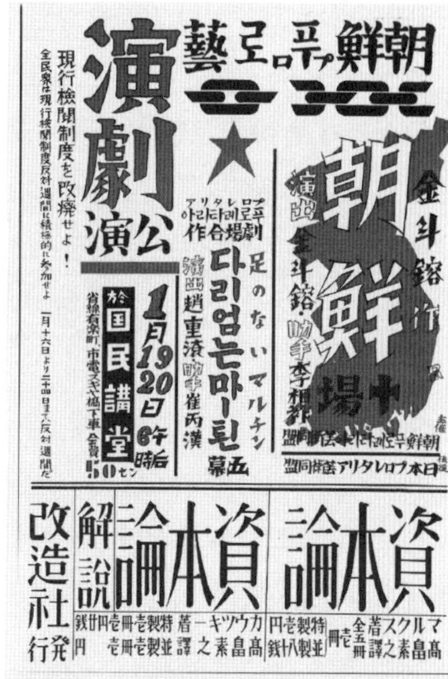

〈그림 6-2〉
1928년 도쿄에서 상연됐던
조선프롤레타리아예술가동맹과
일본프롤레타리아예술연맹
공동주최의 연극 포스터.
유일한 스폰서였던 개조사는
《자본론》 광고를 실었다.
오하라사회문제연구소 소장.

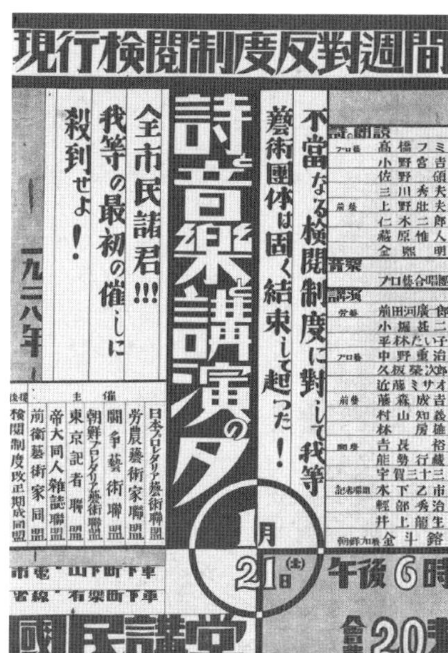

〈그림 6-3〉
〈그림 6-2〉와 동일한 주최자에 의한
〈시와 음악과 강연의 저녁〉 포스터.
조선인 프롤레타리아 운동조직이
도쿄에서 조선어 잡지를
간행하고 있었기 때문에
일본 본토 내무성의 검열을 받게 된다.
때문에 일본 본토의 프롤레타리아
운동조직과 더불어 '현행 검열제도
반대 주간'을 기획하게 되었다.

카프가 일본 내무성의 검열에 항의하기 위한 '현행 검열제도 반대 주간' 이벤트에 참여하게 된 것은 본부가 있는 경성에서는 "단속이 엄중하여 기관지 발행이 곤란하기에" 도쿄에서 기관지 《예술운동》을 발행하고 있었기 때문이다.[31] 제4장에서 다뤘던 조선어 잡지와 마찬가지로 도쿄에서 발행해 조선으로 반입할 예정이던 《예술운동》은 일본 본토의 법률을 적용받았다. 카프의 도쿄 지부가 주최한 조선어 무대 공연에 광고를 냈던 기업은 개조사뿐이었다. 광고한 책은 《자본론》이었다. 즉 개조사 쪽에서도 자기 회사의 '사회주의' 저작들의 단골손님으로서 카프 주변 사람들을 상정하고 있었던 게 된다. 바꿔 말하면, 식민지 조선의 독자들은 《개조》와 프롤레타리아 예술운동을 같은 사회주의운동의 범주에 속한다고 여겼을 가능성이 크다.

앞의 제4장 및 제5장에서 서술했던 것처럼, 내무성 경보국이 사회주의 관련 저작들을 엄중히 경계하고 있던 1920년대 말, 야마모토는 사회주의 상품으로 시장 경쟁에서 이기기 위해 온갖 노력을 다했다. 개조사가 엔본 영업을 위해 조선·만주까지 사원을 파견한 일[32]은 잘 알려져 있다. 이것은 반드시 외지의 일본인 독자만을 의식한 것은 아니었다. 이를 잘 알 수 있는 사례가 "엔본 소동에서 가장 비극적인 사건"[33]으로 알려져 있는 《마르크스·엥겔스 전집》이다. 1928년 5월 개조사판과 5개 출판사 연맹판(이와나미쇼텐, 기보카쿠, 도진샤, 고분도, 소분카쿠)의 발행이 예고되었고, 5월 12일 개조사판의 광고를 시초로 광고 전쟁이 시작되었다. 5월 18일 《도쿄아사히신문》의 개조사판 광고는 "우리 회사가 일단 전집계획을 발표하자마자 폭풍과도 같은 반향"이 있었다며, "내용 견본을 청구하는 자 실로 수십만을 돌파했다"고 요란스럽게 선전했다.

개조사는 일본 본토와 동일한 내용의 광고를 약간의 시간차를 두고

《동아일보》에도 게재했다(〈그림 6-4〉).[34] 또 개조사판 전집의 제1차 배본일이던 6월 23일 자 《도쿄아사히신문》의 "당일 초판 매진, 인기 폭발이다, 모레 재판이 나옴. 대중은 압도적으로 우리 전집을 지지한다"라는

醉興겨운正服巡査
老婆를亂打重傷
被害者告訴準備中

咸興에初有大火
六十餘戶一時灰燼
損害概算六萬餘圓

露中國境에서
同胞二名被殺

廿九組參加
白熱的競技

愛妻前에飮毒

假帳簿備置
萬餘圓橫領

富豪脅迫

改造社版
マルクス
エンゲルス
全集

偉大한全體系完成!! 이것은人類最大의收穫!!

豫約募集

壹圓

改造社

〈그림 6-4〉
《동아일보》 1928년 5월 22일 자 개조사판 《마르크스·엥겔스 전집》 최초 광고.
《도쿄아사히신문》 1928년 5월 12일 자(1면 하단 전6단 광고)와 완전히
동일한 것의 조선어 번역. 광고 내용은 조선어로 번역되어 있지만,
조선의 독자들에게 판매하는 책은 일본어 그대로였다.

〈그림 6-5〉
《동아일보》 1928년 6월 30일 자 《마르크스·엥겔스 전집》 광고.
《도쿄아사히신문》 1928년 6월 23일 자와 동일한 내용. 조선어로 번역한 이 광고에는, 민중의 압도적 지지를 얻고 있는 것이 개조사판이라는 점을 강조하고 있다.

광고도 6월 30일 자 《동아일보》(〈그림 6-5〉)에 게재됐다. 〈표 6-2〉(235쪽)에서 보듯 《마르크스·엥겔스 전집》의 광고 전쟁이 확대되고 있던 시점에 《조선일보》는 총독부로부터 장기 발행정지 처분을 받았다. 일본 본토에서 배본이 시작된 23일부터 《동아일보》에는 구매 신청을 독려하는 광고가 실렸다. 일본 본토에서는 개조사판의 배본 개시 다음 날인 6월 24일, "망설이지 말고 개조사판을!!", "번역을 보라!!"는 광고가 실리고 25일에는 "재판 완성, 마감 연기", 29일에는 "세계 유일의 완벽한 전집", "대중은 압도적으로 우리 전집을 지지한다!!", "초판·재판 수만 부 삽시간에 매진, 오늘 3판 완성"이라는 광고가 이어진다. 이에 연맹판은 "가장 좋은 것을 택하라=연맹판을 향한 신뢰"라는 광고로 대항했다(1928년 6월 21일 자. 〈그림 6-6〉). 그러나 연맹판 출판사들은 개조사와는 달리 식민지의 독자들을 향한 광고에는 적극적으로 나서지 않았다. 연맹판 광고가 《동아일보》에 처음 등장한 6월 말은 일본 본토에서 제1권 간행이 예정되어 있던 때였는데, 연맹판은 번역 작업이 진척되지 않

東亞日報

滿蒙外交問題는 國民政府에 移牒

常蔭槐一派各地往來

國民政府의 諒解運動

米國의 對中態度

張敬堯軍謀叛

各派의 暗中飛躍

南軍의 通謀事實明瞭

楊氏心腹常氏被逮

十六日張學良麾下에

奉天側調印拒絕

「日本諒解로 平和를 支保」

關外撤退完了

十日以內歸奉

南京政府回避

北京平穩

議會가 不認하면 現行法은 無効

濟南의 南軍接近

濟南事件의 要求

轉勤說

山東撤兵

聯盟版 マルクス エンゲルス 全集

가장조코흔것을選擇하라─聯盟版에의信賴

河上肇 岩波書店

櫛田民藏 希望閣

大山郁夫 同人社

森戶辰男 弘文堂

高野岩三郎 叢文閣

申込金不要 一冊一圓

見本

マルクス エンゲルス 全集 刊行聯盟

〈그림 6-6〉

《동아일보》 1928년 6월 21일 자의 연맹판 《마르크스·엥겔스 전집》 광고.
《도쿄아사히신문》 1928년 6월 14일 자(1면 1단) 광고와 완전히 동일한 것의 조선어 번역.
연맹판은 조선의 독자들 대상으로 하는 광고·선전에는 적극적이지 않았다.
광고에서는 이 전집을 위해 뛰어난 번역자를 다 끌어 모았다고 강조했다.
그 뛰어남이란 조선어 번역이 아니라 '전집'의 일본어 번역에 관련된 것이다.

아 출간이 지연되면서 예약자에게 책을 보낼 수 없었다.

일본 본토에서의 격렬한 경쟁과 관련하여 7월 10일 자 《요미우리신문》은 '검열관이 예의주시하고 있는 마르크스·엥겔스'라는 제목으로, "피투성이가 될 때까지 싸움을 계속하여", "염가가 되면 될수록 보급력이 확대될 것이다. 저 공산당 사건[3·15사건] 이래, 갑작스레 대거 증원된 내무성 경보국 도서과 사람들도 이 9백 수십 쪽짜리 책을 눈앞에 두고 창백한 얼굴로 한숨을 내쉬며 엄청난 시간을 들여 작업을 해야 할 것이다"라고 잔뜩 비꼬아 전했다(〈그림 6-7〉).

檢閲官が睨むマルクス・エンゲルス

見物の手に汗を握らせたあの激烈な宣傳の競爭——改造社と岩波書店との兩『資本論』鉢合せの廣告戰——も今日では一向異とするに足らぬ。それよりも更に猛烈な販賣の苦鬪が、改造社對五社聯盟の同じ『マルクス・エンゲルス全集』を血みどろにするまで戰ひ續けられつゝある時、また他の一方では春陽堂の『クロポトキン全集』があり、北辰館の『木下尚江全集』も近く花々しい初陣振りを見せやうとしてゐる。マルクス書房、希望閣、叢文閣、同人社、白揚社南宋書院の面々また敢て肉彈戰を辭するものでない。左傾出版の盛觀蓋し今日より甚だしきは無からう。見よ、最近第一回配本を了つた改造社の『マルクス・エンゲルス全集』第一卷は四六判實に九百數十頁で以つて一圓の豫約である、天下また之に優るの廉價版ありとも覺えず。しかし廉價なれば廉價なるほど、その普及力は廣大であらねばならぬ。彼の共産黨一件以來、俄に大增員をした內務省警保局圖書課の各位も、この九百數十頁を前にしては靑白眼を拭つて嘆息これを久しうするでもあらうか。抑もまた黑表の汗牛充棟いづれの期にか盡きん（寫眞上からマルクス次がエンゲルス）

〈그림 6-7〉
《요미우리신문》 1928년 7월 10일 자.
일본 내무성 도서과도 《마르크스·엥겔스 전집》을 주시하고 있음을 전하는 기사.

흥미로운 것은 두 전집 모두 6월 18일의 개조사판 광고(《도쿄아사히신문》)부터 소비에트연방의 마르크스·엥겔스연구소Institut für Marx-Engels(이하 IME로 약칭)) 소장이자 《마르크스·엥겔스 전집》의 편집자[구舊 MEGA의 발행인]이기도 한 다비드 보리소비치 라쟈노프의 지지를 받고 있다고 대대적으로 선전했다는 점이다. 특히 죽은 레닌의 라쟈노프에 대한 신뢰가 절대적이었음을 강조했다. 라쟈노프의 승인이 레닌의 승인을 의미하는 회로가 만들어지고 있었던 것이다.

개조사판과 연맹판의 경쟁이 일본제국에서 전개되고 있던 무렵, 소비에트 IME판(프랑크푸르트 사회연구소와 공동출판)은 1927년에 제1권이 간행되었을 뿐이었다. 1928년이 되면 독일사회민주당과 소련공산당의 관계가 악화되면서 IME판은 사회민주당으로부터 마르크스·엥겔스 초고(사진판) 제공을 거절당하고 프랑크푸르트 사회연구소의 협력도 얻을 수 없게 된다. 결국 저자의 유고에 기초해 있던 전집의 편집은 좌절되고 만다. 게다가 제1권은 러시아혁명 10주년에 맞추기 위해 편집과 교정 작업을 서둘러 출판했기 때문에,[35] IME판은 완성도가 떨어졌다. 개조사판과 연맹판은 IME판을 둘러싼 문제를 언급하지 않고 단지 라쟈노프의 권위에 기댄 형태로 광고 전쟁을 전개했다. 실제로는 개조사판도 연맹판도 준비 단계에서부터 IME판을 사용하지 않았을 가능성이 크다.

개조사판의 광고

① 마르크스·엥겔스 연구의 세계적 절대권위, 마르크스·엥겔스연구소 소장 라쟈노프 씨는 그가 감수한 《마르크스·엥겔스 전집》 모스크바판 제1권에조차 넣지 않았던 보충자료를 제공하면서 개조사

전집에 협조를 약속했다. 이로써 개조사판 전집은 그 어느 것과도 비교할 바 없는 완벽무비의 것이 되었다. 각 계급 제현의 열렬한 지지를 기대한다(《도쿄아사히신문》 6월 18일 자).

② 라쟈노프 씨의 협조, 세계 최고의 완벽한 전집. 망설이지 말고 개조사판을!!/ 재판 완성/ 마감 7월 10일까지 연기. 내용 증가와 번역자 증가/ 제1회 배본에 대해 상찬과 감격의 소리가 충만하며, 당일 초판 매진.……제1권에는 440매의 라쟈노프 저, 사카이 도시히코 번역 〈마르크스·엥겔스전傳〉을 부록으로 실었음(《도쿄아사히신문》 6월 25일 자).

연맹판의 광고

③ 지난 19일, 이 방면 학계의 세계적 권위로서 모스크바 마르크스-엥겔스연구소 소장 라쟈노프 씨는 돌연히 우리 연맹판 편집주임 오하라사회문제연구소장 다카노 이와사부로 박사에게 다음과 같은 전보를 보내 왔다./ "귀하는 어느 쪽《마르크스·엥겔스 전집》을 지지하고 편집할 것인가."/ 엄연한 이 사실은 무엇을 의미하나?/ 연맹은 이 세계적 인식 아래서 모든 책임을 지고 마감일을 연기하였다(《도쿄아사히신문》 6월 25일 자).

④ 연맹판《마르크스·엥겔스 전집》 제1회 배본에 관하여

《마르크스·엥겔스 전집》 출간을 위해 마르크스·엥겔스연구소가 국가사업으로서 전력을 기울였지만 아직까지 완성되지 못했고 새로이 많은 것들을 추가하여 여러 차례 개편할 필요가 있는 듯하다. 연맹판 전집의 간행은 이 연구소의 지지 없이는 정확한 단서조차 잡을 수가 없다. 지난달 30일 연구소장 라쟈노프 씨는 우리 연맹판

에 연구 성과의 권리를 위임하고 지지한다는 전보를 보내 왔다. 이는 우리 연맹판이 진실로 학문적 양심에 입각한 것임을 세계적으로 인정받은 증거라고 하겠다.……이미 예정된 7월 10일 배본 일정을 맞추기 위해, 번역자, 번역위원, 편집주임 등 여러 사람이 전력을 다해 원고를 10여 차례에 걸쳐 수정과 교정을 거듭했지만, 결국은 제1차 배본에 한하여 부득이하게 30일을 연장하지 않을 수 없게 되었다(《도쿄아사히신문》 7월 14일 자).

편집이나 번역 책임자에 주목하면, 연맹판이 일본공산당이나 코민테른과 더 가까운 관계에 있었고 3·15사건으로 큰 피해를 입었다. 그러나 앞의 광고에서도 보듯, 라쟈노프의 승인을 먼저 획득한 것은 개조사판이었다. 《마르크스·엥겔스 전집》을 둘러싼 광고 전쟁은 앞에서(4~5장) 상세히 서술했던 사회주의 사상의 취체단속(검열) 강화 방침이 발표된 날로부터 겨우 한 달 뒤의 일이었다. 연맹판이 기획된 것은 1928년 2월 1일이다. 그러나 3·15사건에 의해 그 기획의 중심이던 편집 책임자(〈그림 6-6〉의 광고 참조) 가와카미 하지메는 교토제국대학에서 쫓겨나고 번역자 다수가 소속되어 있던 오하라사회문제연구소는 관헌의 수색을 받게 된다. 연맹판 출판사 중 하나인 기보카쿠의 사주社主 이치카와 요시오는 체포됐다. 3·15사건으로 큰 타격을 입은 오하라사회문제연구소장 다카노 이와사부로는 3월 24일에 전집에서 손을 떼겠다고 가와카미에게 전했다. 그러나 4월 10일을 경계로 상황이 급변한다. 좌절될 것 같던 연맹판과 관련하여 이와나미 시게오가 출판사의 재결성을 알리고 다카노에게 다시금 참여를 요청했다. 이렇게 우여곡절을 거쳐 연맹판의 번역이 시작됐던 것이다.[36]

6월 25일 자 광고(③)에는 라쟈노프가 연맹판 출판에 관심을 표명했다고 기록되어 있다. 간행을 포기하지 않고 있다는 점이 강조되었다. 한편 개조사판 제1권이 발매 첫날 매진됐기에 중판했다는 개조사의 광고(②)가 ③과 같은 날에 나왔다. 그때로부터 2주일 이상이 지난 연맹판의 광고(④)에는 "라쟈노프 씨는 우리 연맹판에 연구 성과에 관한 권리를 위임하고 지지의 뜻을 전보로 보내 왔다"고 되어 있다. 개조사판도 연맹판도 제각기 자신들의 전집이 라쟈노프의 지지를 얻었다고 주장한 것이다.

이렇게 신문지면을 떠들썩하게 했던 격렬한 광고 전쟁을 벌이면서 개조사판과 연맹판은 라쟈노프의 지지를 획득하기 위해 앞다투어 그에게 계속 편지를 보냈다. 이 자료는 모스크바에 있는 연방정부 직할 아르히브[Archiv(공문서 보관소)]에 잠들어 있다가 2005년 오무라 이즈미에 의해 일본에 공개됐다.[37] 오무라가 소개한 자료에 따르면, 연맹판을 응원하고 있던 것은 오무라K. Omra(코민테른 모스크바 본부 주재 일본공산당 관계자)였다. 라쟈노프에게 보낸 7월 5일 자 그의 편지는 "연맹판이 코민테른과 일본공산당의 지원을 받고 있다는 점, 이에 반해 개조사의 기획은 코민테른이나 일본공산당과 대립관계에 있는 사회민주주의자, 중앙파, 청산주의자의 영향 아래에 있다는 점을 거듭 강조하면서 라쟈노프가 개조사판을 지원하는 일이 있어서는 안 된다"는 내용이었다.[38]

한편, 개조사 측에 서서 라쟈노프를 설득한 이는 주일 소련대사 [올렉] 트로야노프스키였다. 그가 라쟈노프와 친교가 있음을 알고 있던 개조사의 야마모토 사네히코는 우선 트로야노프스키를 자기 쪽으로 끌어들였다. 트로야노프스키는 자료 사용료를 지불하는 게 좋을 거라고 조언했고, 이에 개조사는 라쟈노프의 승인을 얻은 즉시 그쪽으로 442루블을 지불하고 이후에도 자료 사용료로 900루블을 송금했다.

라자노프는 코민테른과의 연결을 강조하며 '도덕적 지원'을 요청하는 연맹판에도, 사용료를 올리겠다고 교섭해 온 개조사판에도 6월 중순까지 어정쩡하고도 애매한 태도를 취했다. 그가 개조사에 사용료 수취 거부를 알리고 개조사판에 대한 지원을 철회했을 때(6월 27일 개조사에 보낸 전보)는 이미 개조사판 제1권의 초판은 매진된 상태였다. 게다가 개조사판 제1권에는 라자노프 자신이 쓴 〈마르크스·엥겔스전〉이 부록으로 첨부되어 있었다(광고 ②, 사카이 도시히코에 의한 영역본 중역). 그것이 'IME의 소장' 라자노프가 개조사판을 지지한 증거가 되어 판매에 큰 공헌을 했음은 두말할 나위도 없다.

이런 싸움이 한 달 가까이 이어지고, 번역은 좀체 완성되지 않는 상황에서 연맹판의 배본 가능성이 낮다고 판단한 이와나미 시게오는 7월 31일 5개사 연맹에서의 탈퇴를 결단했다. 이와나미의 탈퇴 성명은 이러했다. "경쟁 출판의 성격상 배본 지연은 단 하루일지라도 견디기 어려운 일입니다. 다른 출판사가 이미 제2차 배본을 하고 있는데도 우리 연맹판은 공약했던 6월은 물론이고 7월에 이르러서도 1차 배본이 불가능할 뿐만 아니라 8월에도 여전히 배본 전망이 불투명한 상황입니다."[39] 결국 5개사 연맹은 해체되었고 한 권도 출판되지 못했다. 번역이나 조판, 광고 등의 막대한 비용은 주로 이와나미 시게오가 부담했다. 그는 "큰 빚을 지게 되었다."[40]

1930년대에 들어서면 IME판조차도 상황이 급변한다. 1931년 라자노프는 스탈린의 지시로 체포되어 1938년 1월에 "반反소비에트, 우파 트로츠키, 적대적 조직의 참가자"로서 처형된다.[41] IME판 전집 기획은 1936년에 중지됐다. 결국 1927년부터 라자노프의 감수로 출판됐던

IME판 《마르크스·엥겔스 전집》은 전 5권에서 간행을 멈추었다. 그러나 일본어 개조사판은 1932년 10월 전 30권을 간행하고 《자본론》까지 더하여 전 35권으로 완결된다. 야마모토 사네히코의 저서 《만·선》이 개조사에서 간행된 시점도 1932년 10월이었다. 전집의 완결을 알리는 개조사판 제30권 〈월보〉에는 이미 실각한 라쟈노프의 이름이 기재되어 있지 않다. 이는 단순한 우연으로 볼 게 아니다. 야마모토의 《만·선》은 '사회주의'가 아니라 '식민지'를 전면에 내걸고 있으며 마치 새로운 시대의 개조사가 취할 전략을 예고하는 듯했기 때문이다.

||| 4 |||

개조사의 전향

만주사변을 계기로 야마모토가 조선과 만주로 여행을 떠날 무렵, 일본의 출판시장은 엔본 붐의 후유증으로 고통을 겪고 있었다.[42] 고미부치 노리츠구는 《부인공론婦人公論》(중앙공론사 발행) 편집부가 주최하여 강연과 좌담회를 진행하면서 전국을 순회한 '전국 독자 방문'(1931) 이벤트가 "엔본 붐 이후의 출판 유통망 재편성"을 목표로 "일본제국의 식민지나 군사적 세력권을 편입시키고 있었다"[43]는 중요한 지적을 하고 있다. 《부인공론》 편집부는 오키나와를 제외한 일본 열도를 8개의 블록으로 나누고, 여기에 조선·만주·대만을 특별반으로 묶어 전부 9개의 블록을 만들었다. 중앙공론사 사장 시마나카 유사쿠는 조선을 직접 방문해 강연하기도 했다. 강연회는 조선의 주요 도시인 부산, 대구, 경성, 평양 등지에서 진행되었다. 시마나카의 〈오모테겐칸表玄關[집·나라·도시의 정식 출입구] 기록: 조선·만주·대만 여행의 인상〉《부인공론》 1931년 12월)에 따르면, 1931년 9월 7일 밤 《부인공론》 일행이 경성에 도착했을 때 "애독자들과 경성일보, 동아일보, 조선일보 관계자들"이 마중 나와 있었다. 일행은 그날 밤 동아일보사 사장 송진우, 조선일보사 사장 안재홍이 명월관에서 준비한 접대를 받았다. 명월관은 당시 경성에서 제일가는 고급 조선요리집이었으며, 야마모토 사네히코가 동아일보사 사장의 초대를 받았던 천향원과 마찬가지로 명기의 노래와 춤을 즐길 수 있는 곳이었다.[44] 또 8일에는 《오사카아사히신문》 경성지국장의 안내로 장안사와 금강산을 관광하기도 한다. 다른 일정들과 합하면 시마나카는 중앙공론사 사장으로서 조선 민간지의 접대 코스를 얼추 경험했다고 할 수 있다. 이렇게 《부인공론》의 애독자 방문 여행은 재조일본인만이 아니라 조선어 미디어의 접대를 받으면서 이루어졌다.[45]

출판부가 없어 엔본 붐을 타지 못한 중앙공론사는, 제5장에서 논의했던 대로 1920년대 말 경영 재건을 위하여 "'편집 좌익'으로 노선 전환"[46]을 시도했다. 이로써 1931년 무렵에는 "최근에 반동적인 풍조가 일반화되면서", "예전 한때 일본 사상계의 진보적 경향을 대표하던" 《개조》까지도 "점차 그 진보성을 상실했고, 요즘은 경쟁 잡지 《중앙공론》이 약간 더 급진적인 경향을 보인다"[47]는 평가까지 나돌게 된다. 이는 《문예전선》 대 《전기》의 대립 구도를 《개조》 대 《중앙공론》의 대결로 재현해 매출을 올리려는 중앙공론사의 전략이 적중했음을 뜻한다.

이렇게 '사회주의' 관련 서적들의 인기가 높아지면서 '비합법'을 상품화해 판매하는 전기사와 상업자본의 중심에 있던 개조사는 제휴하게 된다(제5장을 참조). 두 회사는 서로 간에 독자층이 어느 정도 겹친다고 생각했던 것이다. 《부인공론》이 애독자 방문 여행을 진행하고 야마모토 사네히코가 만주 및 조선을 돌아다니고 있을 무렵, 출판경찰이 '전기파'로 간주하고 있던 나프는 조직을 재편성했다. 1931년 말에는 나프의 해체와 코프의 설립이 연이어지고, 코프는 조선어 잡지 《우리동무》를 창간했다. 중앙공론사나 개조사의 사장이 식민지 독자들 및 출판 관계자들과 직접 만나 대화하면서 새로운 시장으로서 '식민지'를 발견하고 있던 시기, 붕괴 위기에 있던 프롤레타리아 문화운동의 운동가들은 일본 본토의 '식민지'라고도 할 수 있을 조선인 노동자를 독자로서 묶고자 했던 것이다.

그것만이 아니었다. 엔본의 재고 처리장으로서 식민지 시장이 발견된 것도 바로 그 시기였다. 예컨대 잡지 《경제 왕래》 1931년 12월호에는 〈잔본残本[팔다 남은 책] 제국주의〉라는 제목으로 "엔본 시대 이래의 일대 스톡[재고품]이 만주에 출동한 우리 군에 못지않은 기세로 파격적인 특가 제공을 통해 식민지로 밀어닥쳤다"[48]는 에피소드가 소개되었다. 제국의 잔본이 식민지에서 자본으로 전환된 것이다. 일본제국의 군사적 지배지가 "엔본 붐 이후, 신간본·헌책[古本]·특가본을 가리지 않고 모든 서적시장의 새로운 옥토로 발견되었"다.[49] 다른 산업보다 다소 늦었지만, 출판산업에서도 '식민지'를 이용하는 경영 능력과 수완이 시험대에 오르게 된 것이다.

이 같은 출판계의 동향을 참조하면서 《만·선》을 읽어 보자. 야마모토는 만·선 여행의 목적에 대해 "우리나라의 미래, 우리 민중의 일대 결의가 신新만주국의 그것과 어떻게 상호 관계적인 입장을 취해야 하는지를" 고민하기 위해, 또 "조선의 사상적 움직임을 살필" 필요가 있기에 "경성과 간도에 비교적 오래도록 체류해 보고 싶다"고 썼다(〈여행하는 마음〉, 4~5쪽). 간도를 택한 이유는 조선인의 항일투쟁의 주요

거점이기 때문이었다. 출발 전 "'간도는 위험하니까 가지 말라'고 주의를 주는 사람들이 많았다. 실제로 그때는 공산당, 반정부군, 반일군이 합류하여 용정龍井이나 국자거리局子街조차 일본인에게는 위험한 시기였다. 그러나 간도에 도착했을 때 '아아 오길 잘 했다'고 생각했다"(54쪽)는 야마모토는 간도를 "조선민족 음모의 책원지策源地"라고 불렀다(5쪽).

야마모토는 간도에서 "이량李亮 중좌[중령]"(363~370쪽)를 만난 일화를 길게 소개했다. 야마모토는 "유물사관혁명에 심취해" 간도에서 항일운동을 했던 이량이 관동군에 협조하는 "길림군의 중좌"로 다시 태어난 일을 "《개조》의 독자 중에서 만주 신국가 건설을 위한 리더의 출현"이라고 기뻐했다. 그는 마치 《개조》가 사회주의자 조선 청년을 '전향'시킨 듯이 설명했다. 그러나 야마모토는 《개조》나 개조사의 책에 영향을 받아 이량이 사회주의자가 됐을 가능성에 대해서는 일부러 언급하지 않았다. 야마모토의 말대로라면 이량이 《개조》를 열심히 읽은 건 "와세다에 재학 중일" 때였다. 그 무렵 이량은 "조선 독립운동의 최고 지도자"를 꿈꾸고 있었으며, 그것을 실현하기 위해 '조선민족 음모의 책원지'인 간도로 들어가 공산주의자가 됐던 것이다. 즉, 야마모토가 자신도 모르게 《개조》가 '조선민족 음모의 책원지'로 독자를 인도한 것을 실토한 것이다.

야마모토는 이량의 전향에 대해 "동양 민족의 지향과 전통이 유물사관혁명과 맞지 않다"는 것을 알아차렸기 때문이라고 말한다. 마치 이량을 직접 인터뷰라도 한 것처럼 그 부분을 회화체로 재현했다.

공산주의와 파쇼운동, 이 둘로는 어찌해도 동양 민족이 구원될 수

> 없다는 것을 절실히 깨달았습니다. 아무래도 우리는 오랜 동양의 전통과 민족의 실천에서 배움을 얻어 어디까지나 서양의 정치와는 다른 새로운 형태의 조직을 창조할 사명과 그 조직을 구체화시켜야 할 의무를 다하지 않으면 안 될 것입니다. 즉, 새로운 만주국을 우리의 이상을 실천할 수 있는 유일한 시험대로 삼아, 우리 민족 전통의 좋은 부분을 섭취하고 새로운 사회기구와 정치기구를 완성시키는 것이 최후 목적이 될 터입니다(368쪽).

이런 사고는 뒤에서 서술할 사노·나베야마의 전향 선언과 비슷한 구도를 취하고 있다. 야마모토에 따르면 이량은 '공산주의'와 '파쇼운동'을 '서양의 정치 형태'라고 선을 긋고, 여기에 조선민족의 전통을 접목시켜 '새로운 만주국' 건설에 공헌하고 싶다고 말한 것이다. 야마모토는 인도나 만주, 이집트, 베트남 등의 피압박 민족의 정치철학이 시대의 움직임과 동일한 속도로 변화·발전하지 않고 있기에 "만주에서 새로운 국가기구를 창건하기 위해서는" "다른 경로, 다른 세력이 대표가 되어 참가"할 필요가 있기 때문에 이량을 거론했다고 넌지시 암시하고 있다.

야마모토는 간도 공산당의 실정을 경찰관계자나 일본인·중국인·조선인에게서 들었지만 직접 사상감옥을 견학하고 "간도 공산당의 실제 세력이 도쿄나 경성에서 들었던 것과는 달리 그 규모가 거대하며 간도에 주재하는 조선민족 40만이 틀림없이 전부 당원이라는 사실"(67쪽)을 실감한다. 그런 위기감에서 이량과 같은 청년이 계속 나오기를 염원했던 것이다. 사네히코는 만주국의 건설이 성공하기 위해서는 '조선인'에 대한 효과적인 지배가 중요함을 절감했다.

《만·선》에서 야마모토는 개조사의 주력 상품인 '사회주의' 관련 서적들의 주요 고객이던 조선의 젊은 청년들에 대해 이 같은 저항사상보다도 민족이나 전통에 더 신경 쓰라고 호소한다. 〈경성[제국]대학 방문〉(22쪽)의 장에서는 "조선의 대학생들이 지닌 지향"이 순문학보다도 "철학 및 법학에 기울어져" 있음을 우려하고, "일본 본토 유학을 경험한 조선예술 연구자는 무엇보다도 민족문화를 만들어 내는 언어에 대한 연구부터 시작하길 바란다"고 말했다. 백남운의 초대로 연희전문학교에서 진행한 〈예술운동의 전개와 특수성〉이라는 강연에서도 "이제 정치적·사회적 운동의 설파는 멈추라"고 권했고, 전통에서 얻은 아이디어로 "창조적 예술운동을 통해 그 사회적 임무를 다할 수 있도록 힘써야 한다"고 주장하면서 "일선日鮮 예술의 제휴"를 설파했다(27쪽). 결국 정치적인 것은 잠시 뒤로 미뤄 두고 민족문화와 순문학을 통해 새로운 문화를 창조하라고 호소했던 것이다.

또 〈천향원의 저녁〉이라는 장에서 야마모토는 송진우가 자신을 위해 경성의 예술가들과 접촉할 수 있는 기회를 만들어 주었다고 언급했다. 그런데 《만·선》을 읽는 일본 본토의 독자들은 송진우가 대체 누구인지 알 수 없었을 것이다. 또 '동아일보'라는 단어는 이광수를 소개하는 다음과 같은 대목 말고는 나오지 않는다.

> 조선에서 광수 씨의 문단적 지위는 우리에게 있어 기쿠치 간 씨의 그것과 같다. 그를 중심으로 김정진, 김억, 염상섭 씨가 유익遊弋[(경계하기 위해 함선 등이) 바다 위를 떠다님]하거나 이합離合하고 있다. 이에 맞선 대립적 존재로서 백조파의 김기진 씨 일파가 있는데, 광수 씨든 기진 씨든 모두 와세다 동문 출신이다. 지금은 광수

씨를 부르주아파의 원로처럼 부르기도 하지만 젊은 시절의 광수 씨가 민족적으로도 상당히 힘든 싸움을 전개했음은 그의 작품을 통해서도 분명히 알 수 있다. 광수 씨는 현재 《동아일보》 편집국장이며, 김기진 씨 등은 《조선일보》에 지지자들이 많은 것 같다. 그 두 신문은 공히 조선문자로 되어 있다. 그들 이외에 장래가 유망한 이들이 서너 명 프롤레타리아파 진영에 있는 것 같은데, 우리나라의 예술수준에 도달하려면 조금 더 노력해야 한다(20쪽).

이광수의 직함은 《동아일보》 편집국장이었지만 출근할 의무는 없었으며 신문의 연재소설을 쓰는 자리였다. 잔병치레를 자주했던 그는 연락 담당이자 의사이기도 했던 아내를 동아일보사에 입사시킬 정도로 특별대우를 받고 있었다. 이광수는 1922년 5월, 잡지 《개벽》에 〈민족개조론〉을 발표한 이래 세간으로부터 차가운 눈길을 받고 있었지만, 《동아일보》의 김성수와 송진우는 이광수의 좋은 이해자였다.[50]

야마모토는 조선문단을 이광수(《동아일보》, 민족·부르주아파)와 김기진(《조선일보》, 프롤레타리아파)이라는 두 대립 축으로 설명하고 있다. 야마모토가 위의 인용문에서 '예술'이라고 표현하고 있는 것은 문학을 말한다. 조선의 예술이 "우리나라의 예술 수준에 도달하려면 조금 더 노력해야 한다"고 감상을 피력하고 있지만, 흥미로운 것은 야마모토가 말하는 조선과 일본 문학의 우열관계에 대해 그가 이름을 거론한 염상섭이나 이광수(〈표 6-1〉 참조)가 조금 다른 입장에 있었다는 점이다.

염상섭과 이광수는 야마모토가 '조선민족 음모'의 온상으로 두려워했던 프롤레타리아 문학과는 거리를 두고 있던 소설가들이다. 염상섭은 독립 후에 〈문학소년 시대의 회상〉[51]에서 식민지 시대의 독서 경험에 관해 다음과 같이 말했다.

> 일본에 있는 동안 대학시절이 겨우 2년쯤 되고 3·1운동을 치른 뒤에 귀국하였으니, 나의 문학수업이란 중학시절 5년간 문학소년으로서 닥치는 대로 체계 없이 읽은 것뿐이었지마는, 초기 문학 지식의 계몽은 주로 《와세다문학》(월간지)에서 얻은 것이라고 하겠다. 작품[일본어 소설]을 읽고 나서는 월평이나 합평을 쫓아다니며 구독求讀하는 데서 문학 지식이나 감상안이 높아졌다고 하겠지마는, 《중앙공론》, 《개조》 기타 문학지 중에서도 태서 작품[서양 작품]의 번역·소개와 비판 및 문학이론 전개에 있어 《와세다문학》은 나에게 있어 독학자의 강의록이었다.

그러나 실제로, 그가 《개조》의 독자였다고 여겨지는 식민지 시대에는 "민족적 고난의 경험도 없는 일본문학에서 배울 점은 기술과 표현뿐이었다"고, 《동아일보》 연재 칼럼에서 비판했다.[52]

한편, 이광수는 《동아일보》의 조선어 독자들에게는 "적어도 〔조선의〕 소설만은 일본문학에 뒤지지 않는다고 할 수 있을 만큼의 진보를 이룩했다"[53]고 평가하지만, 《개조》의 일본어 독자들에게는 "오늘날의 조선문학은 아직 세계시장에 내보낼 수준은 아니다"[54]라고 말한다. 이광수의 이러한 비판적 에세이와 야마모토의 '만·선 시찰' 에세이는 《개조》의 같은 호에 나란히 실렸는데, 조선의 예술 수준에 대한 이광수와 야마모토의 평가는 서로 호응한다.

그렇지만 염상섭과 이광수는 조선어 매체인 《동아일보》에서는 조선문학과 일본문학이 동등하다고 강조했다. 이러한 조선 예술가의 복잡한 위치를 야마모토는 이해할 수 없었을 것이다. 즉, 저 연회에 참가했던 《동아일보》 편집자와 야마모토는 '조선민족'의 능력에 대해 서로 다른 평가를 하고 있었다. 이 같은 차이는 《개조》의 조선인 독자들이 지닌 사상 경향을 누구보다도 잘 파악하고 있음에도 일부러 모르는 척하는 야마모토의 전략과 더불어 생각할 필요가 있다.

||| 5 |||

만주·조선이라는 신상품

일본 게이오대학 미타三田도서관에 기증된 옛 개조사 경영관계 자료[55]에는 개조사가 광고 계약을 위해 사용한 〈지방신문 보통단가 일람표〉가 포함되어 있다. 거기에는 "대만·조선·만주·칭다오·톈진·상하이 등 중국 각 도시, 하와이로부터 캘리포니아에 걸쳐 발행되고 있던 신문들"의 이름이 있으며, "1932년 7월 14일 자, 9월 1일 자에는 조선 및 만주의 지역 신문이 소규모의 것들까지 모두 포함된 총 32개"[56]가 추가되어 있다.

이 자료에서 주목하고 싶은 것은 식민지 매체들이 〈지방신문 보통단가 일람표〉에 추가된 시기이다. 야마모토가 《만·선》에는 전혀 밝히지 않았던 만주와 조선에서의 광고 관련 거래 가능성을 보여 주기 때문이다. 〈표 6-3〉에서 알 수 있듯, 조선과 만주의 지역 신문 총 32개지의 광고 단가가 사내 자료에 추가된 것은 야마모토가 '만·선'에서 귀국한 뒤였다. 이 시기 《개조》의 편집 방침이 중국·조선 등 동양의 정세를 의식했음은 분명하지만 32개지와의 광고 계약이 《개조》의 새로운 시장 개척을 의미하지는 않는다.

왜냐하면 이미 시장은 형성되어 있었기 때문이다. 이러한 기반을 통해 조선의 지방 도시에서 소학교 교사로 일하던 장혁주는 개조사가

〈표 6-3〉 야마모토 사네히코의 만·선 여행과 개조사의 광고 계약

연월일	사건
1931. 9. 18	만주사변
10. 31	《개조》 제5회 현상 창작 모집 마감일
1932. 3. 1	만주국 성립
4월호	《개조》 제5회 현상 창작 2등 당선작, 장혁주 〈아귀도餓鬼道〉
5. 9	야마모토 사네히코, 경성에 도착
5. 11	《동아일보》 관계 문화인들과 만남
5. 15	5·15사건
6월호	야마모토의 만·선 시찰 〈편집자 편지〉, 이광수 〈조선의 문학〉
6. 11	야마모토 사네히코, 도쿄에 도착
7. 14와 9. 1	조선과 만주의 지역 신문, 소규모 포함 총 32개지 추가
10월호	《만·선》 최초의 광고, 윤백남 〈소설 휘파람口笛〉, 장혁주 〈쫓기는 사람들〉
10. 31	《개조》 제6회 현상 창작 모집 마감일
1933	백남운, 《경제학 전집 61권 조선사회경제사》, 개조사 출판

발굴한 신인으로 화려하게 데뷔할 수 있었던 것이다. 장혁주는 《개조》의 제5회 현상 창작 모집에 당선됨으로써 조선어가 아니라 일본어로 먼저 데뷔했다. 그가 응모했을 때의 마감일은 만주사변(9월 18일) 발발 한 달 뒤인 1931년 10월 31일이었고, 당선이 발표된 것은 만주국 건국 선언 한 달 뒤인 1932년 4월이었다. 우연하게도 장혁주의 원고 심사부터 결과 발표까지는 만주사변에서 만주국 성립에 이르기까지의 과정과 동일한 궤를 이룬다. 장혁주는 "어떻게 하면 문단에 나갈 수 있을까? 이는 문단에 단 한 명의 지기도 없던 내겐 실로 고통스런 고민이었다. 여러 문장을 읽고서 나는 현상에 입선하거나 동인지로 인정을 받는 것 외에 다른 길이 없음을 알게 되었다.……그 봄, 세리자와 고지로 씨의 〈부르주아〉를 보고, 이 정도라면 나도 당선될 것 같다는 자신감에 투고했다"[57]고 한다. 장혁주의 당선에 자극받은 것인지, 6회 현상 모집에는 "조선에서의 응모가 많았다."[58] 이즈미 츠카사는 《개조》 현상 소설의 응모작 및 당선 경향을 분석하면서 식민지나 일본인 이민이 많았던 지역에서의 엔본 붐이 응모 투고라는 형태로 일본으로 환류되어 들어오는 구도를 발견했다.[59] 아울러 이즈미는 "《개조》가 해외나 외지로의 판매 확대를 의식했던 것의 방증"이라고도 지적한다.[60] 이렇게 현상 소설의 투고는 출판사가 자기 회사의 독자층과 수용 범위를 파악하는 자료가 되었다.

야마모토는 자신이 《개조》의 주간이라는 점을 항시 의식하고 있었다.[61] 《만·선》 속에서 그의 여행 경로를 더듬어 보면 만주와 조선의 경계선을 따라 이동하고 있음을 알 수 있다. 거기서 그는 '나진羅津'을 발견한다. "북만北滿, 동만東滿, 북선北鮮을 가기 위해 부산을 통과하지 않고 나진, 웅기, 청진을 경유함으로써……일본의 변경[裏日本]에서 일본의 중심[表日本]으로 비약할 수 있을 것이다"(108쪽). 그는 이런 포석으로서 나진의 역할에 기대를 품고 있었다. 야마모토 식의 일본팽창론이라고 할 수 있다.

> 나는 지금 청진, 웅기, 나진이라는 세 항구를 두고 그 우열을 논하려는 것이 아니다. 청진은 개항장으로서 기성품이라고 할 수 있으며, 웅진도 절반은 기성품이다. 그러나 나진은 그 내용 및 규모를 아는 사람들이 거의 없으며 조선인조차도 열에 아홉은 나진이 어디에 있는지도 잘 모른다. 하물며 그 항구가 역사적 위업을 달성해야 한다는 인식을 갖는 이는 전무할 것이다. 현재 나진이라는 땅에 일본 본토 사람이 단 한 명도 살고 있지 않다는 점을 봐도 분명하다. 일본인의 집은 단 한 채도 없다. 나는 생각하는 바 있어 이 항구를 우리나라의 모든 이들에게 소개하고 싶다. 내 구상을 십 년 뒤 백 년 뒤에, 국민들이 반드시 재고할 거라는 자신이 있기 때문이다. 철도도 전등도 없고, 여관도 없을 뿐 아니라 아직까지 증기선조차 정박하지 않는 이 시골 땅의 한 항구에 대해 내가 온힘을 다하는 것은, 이 나진이 머지않아 우리나라가 국가정책으로 힘을 기울여야만 하는 항구라고 생각하기 때문이며, 이에 상세한 지면을 할애하는 것이다(112쪽, 114쪽).

야마모토는 만주 쪽 대륙이 아니라 일본 쪽 바다에 면한 조선의 청진, 웅기, 나진의 항구에 주목하였다. 일본 본토에 알려진 청진은 '기성품'이며 웅기 역시 '절반은 기성품'이라고 표현하면서 나진에 관해서는 아무도 관심을 갖지 않는다고 주장했다. 일본의 미래를 짊어질 신'상품'의

가치를 알아차린 것은 야마모토 자신뿐이라는 것이다.

앞서 서술했듯 《만·선》에서는 만주를 매개로 조선을 재발견했다. 장혁주가 당선됐을 때, 《개조》는 그에 대해 일본제국의 "문단에 웅비하는 최초의 사람"이며, "넓게는 세계를 향해 조선문학의 존재감을 강하게 드러낼 것"이라고 평했다.[62] 이러한 평가는 같은 호의 편집 후기로 배치된 〈국민생활의 안정〉 및 〈국제무역의 대약진〉과 같은 논법으로 쓰였다. 결국 일본제국의 중앙에서 '장혁주'는 일본제 신상품[63]으로 개발되어, 그 신상품은 출판제국 개조사의 생산–유통–소비의 레일을 타고 제국의 전역으로 퍼져 나간다.

야마모토의 《만·선》 광고(〈그림 6–8〉)가 처음 게재된 10월호에는 장혁주의 (조선에서 만주로) 〈쫓기는 사람들〉이 실려 있다. 만주에 사는

〈그림 6–8〉
《만·선》 광고가 처음으로 실린 《개조》 1932년 10월호. 이 호에는 장혁주의 〈쫓기는 사람들〉과 윤백남의 〈소설 휘파람〉이 실려 있다.

조선인의 엄혹한 생활을 묘사한 이 소설은 야마모토 식의 일본팽창론인 《만·선》과 비슷한 논리구조를 가졌다.

> 간도 및 훈춘琿春에 퍼져 있는 40만 조선농민의 지위에 대해 한마디 하고 싶다. 그들은 조선농촌에서의 낙오자들이다. 끝없이 밀려드는 산업자본주의의 거센 파도에 맞서지도 못하고 납세에 허덕이고 생활고에 시달리다 고국에서 쫓겨나듯 소달구지 한 대에 처자식과 다듬잇돌, 절굿공이, 괭이, 쟁기를 싣고는 집시와도 같이 간도로! 둔화敦化로! 국경을 넘어 표류의 길을 떠난다. 그 기분, 그 슬픈 곡조는 한 편의 시로 읊기에는 너무나도 비참함의 연속이다(71쪽).

언뜻 만주의 소농들에 동정을 표하고 있는 것처럼 보이는 구절들이다. 하지만 이는 조선인의 관심을 사회주의로부터 민족의 문화나 전통으로 돌림으로써 저항의 의지를 달래는 일이 만주국의 장래를 좌우한다는 그의 지론을 보강하는 서술일 뿐이다. 실제로 거의 같은 시기에 야마모토는 조선민족의 문화나 전통의 상품화에 나선다. 이 지점에서, 다시 한번 야마모토와 《동아일보》 관계자들의 연회로 돌아가 보자. 야마모토는 이광수를 민족주의자로, 김기진 등을 '프롤레타리아파 진영'으로 구분하면서 이광수의 관점을 빌려 조선의 예술에 대해 이야기했다. 이광수가 쓴 〈조선의 문학〉이 《개조》에 실린 것은 1932년 6월호이며, 7월호부터 만주·조선을 다룬 야마모토의 에세이가 연재되기 시작한다. 또 10월호에는 《만·선》의 첫 광고와 함께, 연회 참석자였던 《동아일보》 윤백남의 〈소설 휘파람〉이 게재된다. 동석했던 주요한에 따르면, 《동아일보》 관계자들에게 원고를 의뢰한 시점은 바로 그 연회 자리였다.

주요한: 연전에 춘원[이광수]도 쓰고, [윤]백남도 쓰고 할 때에, 개조사의 야마모토 사네히코 씨가 내게도 '시가詩歌'를 써 달라고 부탁한 것을, 나는 그네의 호기심의 대상이 되기 싫어서 거절한 일이 있었습니다. 한마디로 결론을 말하라면, 현재 외지 문단[일본]에서 이름을 날리는 이의 작품은 반드시 본토의 우리들[조선인] 문단 것보다 수준이 높아서 그런 것은 아니고, 또 국내의 우리들은 될수록 영미 문단에 영미의 어학을 가지고 진출하는 것이 기쁘고 환영할 현상으로 보며 진실로 조선이 노벨상을 타기 위해서는, 세계에 널리 알려지는 언어를 가지고 제작하는 것이 좋을 줄 압니다.[64]

《만·선》과 《개조》에 게재된 조선(인)이나 조선인의 원고는 20년대 중반부터 30년대 초까지 인기상품이던 '사회주의', '사상'을 대체할 '조선민족의 문화'라는 신상품이었다. 한편, 주요한은 노벨상(영어)을 변경의 언어인 일본어보다 우위에 놓으면서, 이것을 이유로 《개조》의 의뢰를 거절했다는 듯이 발언하고 있다.

야마모토 사네히코의 원고 청탁에 이광수와 주요한이 달리 대응했다는 점에 주목하면, 야마모토가 《만·선》에서 일본어 독자들에게 전하는 연회의 화기애애한 분위기란 실제로는 '민족民族[민조쿠]'이라는 말에 내재하는 차이를 은폐함으로써 성립하였음을 알 수 있다. 무엇보다도 이 연회 자체가 광고주를 접대해야만 하는 식민지 미디어 《동아일보》와 제국의 중앙에 군림하는 《개조》가 만든 자본을 둘러싼 거래의 자리였음도 잊어선 안 된다.

1932년 10월 《마르크스·엥겔스 전집》이 완간되었고, 이어 야마모토의 《만·선》이 출판되었다. 이는 개조사의 중심이 '사회주의'에서

'민족'으로 변했음을 상징하고 있다. 잘 알려져 있듯, 《개조》 1933년 7월호에는 사노 마나부와 나베야마 사다치카가 공동으로 서명한 〈공동 피고 동지들에게 고하는 글〉이 발표되었다. 이것은 일본제국의 미디어를 들썩이게 하면서 사회주의자의 연쇄 전향을 낳았다. 이 글이 전면에 내세운 것은 일본공산당과 코민테른의 관계에 대한 비판이었다. 그들의 전향 선언이 있기 1년 전에는, 제5장에서 다뤘던 대로, 일본을 활동거점으로 삼고 있던 조선공산당 당원들이 코민테른의 지시에 따라 일본공산당으로 흡수되었다. 결국 일본을 중심으로 "조선, 대만뿐만 아니라 만주 및 지나 본부까지도 포함된 하나의 거대한 사회주의 국가가 성립하는 미래를 예상하는" 사노·나베야마의 기대는, 코민테른의 지시와는 차별화된 일본민족의 독자적인 제국 건설을 향한 꿈이었다고 할 수 있다.

사노·나베야마적인 일본 중심의 세계관, 전향 붐이 주도하는 시대의 흐름에 민감하게 반응한 개조사가 발굴한 장혁주는 개조사의 전향을 상징하는 것이면서 '사회주의'라는 상품의 대안으로 발굴됐던 '조선민족의 문화'를 상징하게 된다. 그러나 장혁주는 식민지에 뿌리내리는 데 실패하면서 제국 쪽으로 반품되었고 1936년에는 일본 본토로 거점을 옮긴다. 이는 《개조》가 판매하고 싶은 조선민족의 문학과 《개조》를 원하는 조선어 독자 사이에서 균열이 생기고 있음이 드러나는 사건이었다.

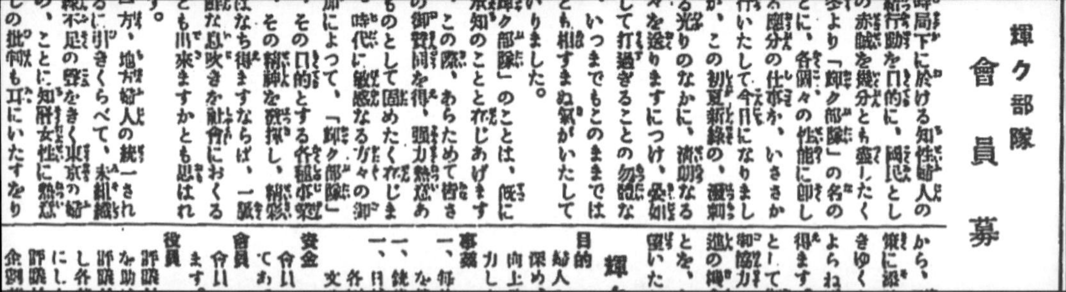

輝ク部隊 會員募

時局下に於ける知性婦人の
銃後行動を目的に、團體とし
の赤誠を幾分とも盡したく
參より「輝ク部隊」の名の
とに、各個々の性能に即し
る應分の仕事か、いささか
行いたして今日になりまし
が、この初夏新緑の、溌剌
る光りのなかに、清明なる
々を送りますにつけ、晏如
して打過ぎることの勿體な
いつまでもこのままでは
とも相すまぬ氣がいたして
りました。
輝ク部隊」のことは、既に
承知のことと存じあげます
この際、あらためて皆さ
の御賛同を得、强力熱烈あ
ものとして固めたく存じま
時代に敏感なる方々の御
節によって、「輝ク部隊」
その目的とする各種事業
その精神を發揮し、組織
はなち得ますならば、一層
潑剌な息吹きを社會におくる
とも出來ますかとも思はれ
す。
一方、地方婦人の統一され
るに引きくらべて、未組織
組不足の聲をきく東京の婦
め、ことに知識女性に熱烈
しの批判も耳にいたすなり

から、
策に沿
きゆく
よられ
得ます
として
御協力
進の機
とを、
望いた

輝

目的
婦人
深め
向上
力し
事業
一、毎
な
一、銃
一、日
各
文
資金
會員
てお
會員
會員
ます
役員
評議
な助
評議
し各
にし
評議
余興

[제7장]

번역

號外

編輯兼印刷發行人 [illegible]
東京市麴町區有樂町二丁目三番地
發行所 東京朝日新聞社

[redacted]

||| 1 |||

내선일체의 표상으로서의 번역

1940년 8월 5일부터 6일까지 이틀간 경성에서 열린 문예총후銃後운동의 강연회는 대성황이었다. 당시의 대표적인 조선어 잡지 《문장》은 그 날의 모습을 다음과 같이 전하고 있다.

> 문예총후운동으로 '일본문협文協'의 기쿠치 간 씨를 필두로 구메 마사오, 고바야시 히데오, 나카노 미노루, 오사라기 지로 씨의 호화진이 경성에 왔고, 8월 5, 6일 이틀 저녁은 부민관 대강당이 터질 듯한 인파로 대성황을 이루었다. 이 예리하고도 심오한 지성인들이야말로 총후신민의 의기와 신념과 각오를 고취시키기에 충분한 현대의 소진蘇秦과 장의張儀들이었다.[1]

일본어 잡지나 저작을 통해 친근해진 기쿠치 간 같은 일본 본토의 저명인들을 보려고 모인 조선의 독자들로 강연회장은 '터질 듯한 인파로 대성황'이었다. 조선에서도 인기 있는 필자들이 동원된 덕분에, 전쟁 협력을 호소하는 강연회는 조선사람들의 주목을 끄는 데 성공했다. 이 기사를 1939년 경성을 방문한《문예춘추》사원 이케지마 신페이의 증언과 같이 읽어 보자.

당시 문예춘추사는 사원 모두에게 대륙을 보여 준다는 방침을 내걸었다. 거기에 처음으로 뽑힌 사원이 이케지마였다. 그가 "조선에 건너와 가장 놀랐던" 것은 일본 본토에서는 상상도 못할 "군국주의적 분위기"였다.

> 경성의 거리를 걸으면 목검이나 죽도를 가진 소학생들과 자주 마주친다. 무릎께가 반질반질한 바지를 입고 새까만 무명 상의를 입은 조선의 아이들이 약속이라도 한 듯 목검을 어깨에 메고 가슴을 펴고 걸어가고 있었다. 이는 소학교에서 목검을 휘두르는 체조를 하기 때문으로, 그 체조는 경성만이 아니라 지금은 조선 전역에서 철저하게 이루어지고 있다. 국어화운동, 황국신민의 서사誓詞, 근로봉공, 인내훈련 등등, 지금 반도의 교육회에는 페스탈로치가 들어갈 틈이 없을 정도로 철저한 일본화운동이 진행되고 있다.[2]

이때 동행했던 조선 인텔리가 "저 소년들의 말은 이제 더 이상 순수한 조선어가 아니라 일본어와 짬뽕チャンポン된 것입니다"라고 탄식하면서 "10년 전 소학교에선 일본어 한마디 했다고 뭇매를 맞기도 했었죠"라고 덧붙였다. 그로부터 30년 후인 1970년대에 이케지마는 이런 상황에 대해 "뭐라고 말할 수 없는 답답함을 느꼈다. 참을 수 없었다"고 회상한

다.[3] 전시체제에 적극적으로 협력했던 기쿠치 간이 경영하던 문예춘추사의 기자를 당혹케 한 경성의 풍경은 일본 본토보다도 오히려 식민지에서 젊은 '황국신민'이 순조롭게 양성되고 있었음을 말해 준다.

문예총후 강연회 4일 뒤에는 《동아일보》와 《조선일보》가 용지 절약을 이유로 폐간되었다. 이로써 조선인 필자들이 조선어로 표현하고 원고료를 벌 수 있었던 중대한 터전이 사라진 것이다. 이렇게 조선어 미디어가 사라진 직후, 강연회를 위해 경성에 와 있던 기쿠치 간, 고바야시 히데오, 나카노 미노루가 참가한 〈기쿠치 간 씨 등을 중심으로 문인의 입장에서 반도의 문예에 대해 말하는 좌담회〉가 총독부 기관지 《경성일보》(일본어 신문)에 다음과 같은 주제로 7회에 걸쳐 게재되었다. ① 8월 13일 〈문인협회의 성립〉, ② 8월 14일 〈내선 피[內鮮血]의 연결〉, ③ 8월 15일 〈문인과 글쓰기 기관〉, ④ 8월 16일 〈국어보급의 기간〉, ⑤ 8월 17일 〈내선 힘[內鮮力]을 협동시켜〉, ⑥ 8월 18일 〈'문학상'의 문제〉, ⑦ 8월 20일 〈중앙 문단과의 교류〉.

출연자는 문예가협회(기쿠치 간, 고바야시 히데오, 나카노 미노루), 국민정신총동원조선연맹(시오바라 도키사부로, 마스다 미치요시, 오쿠야마 센조), 문인협회(이광수, 김동환, 유진오, 정인섭, 박영희, 가라시마 다케시, 스기모토 요시오, 데라다 에이), 도쿠나가 스스무(《오사카마이니치신문》 기자)였다.

좌담회 사회는 시오바라 도키사부로 총독부 학무국장이 맡았다. 미나미 지로 조선총독의 황민화 정책을 수행하는 유능한 기획자로 활약했던 시오바라는 1938년 조선어를 자유선택 과목으로 격하하는 등의 조선교육령 개정을 실현했고, '황국신민'이라는 조어를 만들어 낸 인물로 알려져 있다.[4] 또한 그가 관여했던 소학교 국사교과서는 "일본 본토의 문부성보다 훨씬 뛰어난 것"으로 평가받았고, 특히 '국체 명징'이나

'황국신민의 육성'을 내건 조선의 황민화 교육은 일본 본토보다 더 철저하게 황민화 이데올로기를 수행하는 내용이었다.[5] 이 좌담회에서 시오바라의 직함은 국민정신총동원조선연맹 이사장이었다. 이 외에 같은 연맹의 이사 및 기획과장이 참가했다. 조선 쪽에서는 소설가 이광수를 필두로 조선문인협회(1939년 10월 결성) 멤버들이 참가했다. 주로 시오바라, 기쿠치, 이광수를 중심으로 진행된 좌담회였는데, 그들은 내선일체를 추진하는 데 유효한 도구로써 '번역'에 주목했다. 번역에 요구됐던 것은 일본 본토의 독자들을 만족시키는 수준 높은 문장이었다.

> **이광수**: 반도인의 가장 큰 고민은(단, 저는 중학교 때부터 줄곧 도쿄에서 교육받았습니다만) 언제나 언문[조선어]으로 쓰고 있기 때문에 국문[일본어]으로 쓰게 되면 좀처럼 마음대로 표현할 수 없다는 겁니다. 어떤 것이 바른 글쓰기인지 헷갈립니다.
>
> **고바야시 히데오**: 아키타 우자쿠 씨가 편집한 것이 있습니다만, 기차 안에서 읽었는데 번역이 별로였습니다. 좀 더 자연스럽게 번역하면 좋았을 텐데.
>
> **기쿠치 간**: 참, 작년부터 일본 본토로 조선문학이 유입되기 시작했지?
>
> **시오바라 도키사부로**: 그것은 말입니다, 문인협회 결성을 전후로 해서 시작되었죠(〈내선 피의 연결〉).

이 대화는 1939년부터 1940년에 걸쳐 일어난 조선문학의 일본어 번역 붐을 배경으로 하고 있다. 고바야시 히데오가 혹평한 아키타 우자쿠·무라야마 도모요시·장혁주·유진오 공편 《조선문학선집》(아카츠카쇼보赤塚書房, 1940)만이 아니라 《문예춘추》, 《문예》, 《문학계》 등 주요 잡지에도 일본어로 번역된 조선문학이 소개되었으며, 조선의 창작물이나 에세이들로 구성한 문예춘추사의 《모던 일본》 임시 대大증간호 조선판(1939년 11월호, 1940년 8월호) 기획은 큰 화제가 되었다. 특히 이광수의 작품은 집중적으로 번역되었는데, 그는 1940년 3월 기쿠치 간이 제정한 조선예술상을 수상하기도 했다. 이 상의 심사위원은 가와바타 야스나리, 기쿠치 간, 구메 마사오, 고지마 마사지로, 사토 하루오, 무로우 사이세이, 요코미츠 리이치 등 당시 아쿠타가와상 심사위원이었다. 그들은 김사량의 〈빛 속으로〉를 아쿠타가와상(1939년 하반기) 후보작으로 선정했던 심사위원이기도 하다. 조선어를 모르는 그들이 읽은 조선문학 작품이란 일본어로 번역된 것에 한정되었다.

개조사의 야마모토 사네히코와 더불어 조선문학의 강력한 후원자였던 기쿠치 간은 "감성적으로 융화하기 위해서는 역시 문학이나 영화를 통해 일치점을 찾는 길 말고는 없다"면서, 조선총독이나 시오바라에게 잡지의 간행자금과 식민지 조선의 독자적 문학상에 대한 지원을 요청했다.

> **이광수**: 문인들도 새로운 마음가짐으로 대기하지만 정작 글을 쓸 매체가 없습니다.
>
> **도쿠나가 스스무**: 첫째는 번역이 어려워요. 저 역시 조선판에는 대대적으로 조선인 작가들의 글을 게재했었는데, 이번에 창씨개명한 고토라는 저희 쪽 기자가 말하길, 분만 직전의 신음 소리, 그것을 어떤 식으로 번역하면 좋을지 모르겠다더군요…….
>
> **이광수**: 국민교육이 의무가 되어 국어가 보급되고 조선인 전체가

국어를 읽을 수 있게 되는 것은 빨라도 30년, 혹은 50년 뒤가 되리라고 생각합니다. 그렇다고 해서 언문밖에 읽을 수 없는 사람을 방치할 수도 없습니다. 조선인 모두가 국어 사용이 가능할 때까지는 일시적일지라도 언문 문학이 필요하다고 봅니다.

시오바라 도키사부로: 그 말씀이 맞아 찬성이지만, 그것은 신중히 생각해야 할 문제야. 일단은 병행해야겠지만, 어느 지점에서 하나로 통일할 때 어떤 수단을 취해야 할지가 문제겠지(〈국어 보급의 기간〉).

이 좌담회에서 시오바라, 기쿠치, 고바야시 등은 조선인 작가들에게 두 가지 방법으로 창작할 것을 요청했다. 우선 수준 높은 조선어 작품을 쓰고, 번역을 매개로 하여 일본 본토의 눈 밝은 독자들에게 흥미를 갖게 할 것, 이어 그런 조선어 작품을 조선인에게도 제공할 것, 둘째는 식민지에서 간행되는 매체에서 일본어로 창작하고 재조일본인이나 조선인에게 읽힐 것. 흥미로운 것은 조선 내부에서 조선인이 쓴 일본어 작품에 관해서는 좌담회의 누구도 일본어의 질적 수준을 문제삼지 않았다는 점이다.

이와 같은 논의는 일본 본토와 조선의 작가가 함께한 최초의 좌담회로 알려진 1938년 〈조선문화의 장래와 현재〉(《경성일보》 1938년 11월 29일·30일, 12월 2일·6일·7일·8일. 〈그림 7-1〉)와 1939년 〈조선문화의 장래〉(《문학계》 1939년 1월호)에서도 보인다.[6] 이 두 좌담회는 《문학계》 동인 하야시 후사오, 무라야마 도모요시가 아키타 우자쿠, 장혁주와 함께 만주로 가는 도중에 들른 경성에서 이루어진 것으로, 《경성일보》와 《문학계》가 각각 편집하여 게재했다.[7] 일본 본토 멤버는 앞서 인용한 고바야시 히데오가 비판했던 《조선문학선집》 편자들이다. 조선에서는 가라시마 다케시(경성제국대학 교수[중국문학자]), 후루카와 가네히데(총독부 도서과장[출판 검열의 책임자]) 외에 정지용(시인), 임화(평론가), 김문집(평론가), 유치진(극작가)이 참가했다.

여기서 조선인 작가들은 창작 언어로서 조선어를 포기할 수는 없으며, 의무교육제도가 없는 조선에서 독자층을 확장하기 위해서는 조선어를 사용할 필요가 있다고 역설한다. 그러나 그것은 황민화 정책의 선두에 서 있던 시오바라의 고민이기도 했다. 결국 조선인이 조선에서 쓴 일

朝鮮文化の將來と現在
座談會 ①
出席者
苦しい半島の作家
舞台が少くて生活は不如意
趣味と學藝
伏見丸にて
京日俳句紙上互選
半島俳壇空前の懸賞
京城日報社
沈清
半島映畫の再生

〈그림 7-1〉
《경성일보》 1938년 11월 29일 자. 일본 본토와 식민지 작가가 함께한 최초의 좌담회.
거의 같은 내용이 《문학계》(1939년 1월호)에 실렸다.

본어 작품은 일본어 리터러시를 가진 조선인 독자를 만족시키기에는 역부족이었고 일본어 리터러시가 없는 조선인 독자는 애초부터 이 정책에서 배제되었다. 그렇기에 당시 조선인에 의한 일본어 창작은 읽을거리라기보다는 내선일체의 증표였을 가능성에 대해 논의할 필요가 있다.

즉, 조선인 작가의 일본어와 조선어에 의한 글쓰기는 일본 본토와 식민지에서 각기 다른 의미를 갖고 있었을 가능성이 있다. 게다가 조선인들 사이에는 언어 능력에 차이가 있기에 황민화 정책이 동일한 효과를 발휘하지 않았다. 때문에 식민지에서 황민화가 본격화되는 중일전쟁 전후 시기는 조선의 황민화 정책을 창씨개명이나 일본어 글쓰기로 단순화시켜 살핀다고 해서 전쟁과 문화의 관계를 충분히 분석했다고 할 수는 없다. 또, 많은 일본학 연구가 그러하듯이 조선을 보지 않고 일본 본토와 중국 전선만을 연구 대상으로 삼아서는 안 된다. 제6장에서 야마모토 사네히코의《만·선》이 만주사변을 계기로 조선의 중요성을 재인식했음을 상기해 주길 바란다. 제7장에서는 중일전쟁의 발발을 계기로 하여 일본 본토와 식민지 작가의 접촉이 문학장을 어떻게 변용시키고, 번역이 어떻게 내선일체를 만들어 냈는지를 살펴볼 것이다.

||| 2 |||

잡지 《문장》과 일본 본토에서 온 '전선문학선'

잡지 《문장》은 조선에서 전시 동원을 위한 황민화 정책이 본격화되고 있던 시기에 조선인 문학자가 조선어로 활동하기 위해 만들어진 잡지이다. 1939년 2월에 창간되어 1941년 4월까지 겨우 2년밖에 지속되지 못했음에도, 같은 해 창간된 잡지 《인문평론》(1939년 10월~1941년 4월)과 함께 식민지 시대 말기를 대표하는 잡지로서 자리매김되어 왔다.[8]

《문장》의 창간은 큰 기대와 환영을 받았다. 창간호는 5일 만에 매진되었고 바로 3,000부를 증쇄하지만 그것도 일주일 만에 모두 팔렸다. 종이 입수의 어려움으로 더 많은 증쇄는 이뤄지지 않아 지방에서의 주문에는 응하지 못했다.[9] 당시의 손익분기점이 3,000부였음을 감안하면 창간호의 판매 실적은 잡지의 지속성을 기대할 수 있게 했다. 조선총독부 경무국이 파악한 1939년 말의 잡지 반포 상황을 보면, 일본 본토의 대표적인 종합잡지 《개조》나 《중앙공론》의 이입부수와 《문장》의 간행부수는 비슷하다(〈표 7-1〉). 그러나 조선인 독자들만 보면 《문장》 쪽이 더 많은 독자를 확보하고 있었다.

《문장》에는 판소리, 고전소설, 한문학, 고시조古時調, 가사 등의 고전문학부터 근대적인 문학작품(소설, 시, 시조, 수필, 평론), 연구논문, 번역, 주해 등의 학술적인 글, '전선문학'을 비롯해 시국을 다룬 글에 이르기까지 문예지로 한정하기 어려울 정도로 다채로운 작품이 혼재되어 실렸다.[10] 이 잡지 제2호부터는 '전선문학선'란이 만들어져 폐간 직전까지 이어졌다(〈그림 7-2〉).[11] '전선문학선'은 히노 아시헤이나 하야시 후미코 등 인기 있는 일본 본토 작가의 종군기를, 관련 정보가 전혀 없이 편집을 약간 가미한 형태로, 조선어 번역으로 실었다. 하야시 후미코의 《전선》은 여러 차례 반복해서 실렸는데, 동일 작품의 번역임에도 작품 내용의 전후관계를 무시했고, 각 회마다 한 페이지에 수록되는 길이로 잘

〈표 7-1〉 이입·수입 잡지 반포 상황(1939년 말 현재)

잡지명	전체 부수(단위: 권)	조선인 구독(단위: 명)
킹(1위)	41,994	10,763
주부지우主婦之友(2위)	34,259	6,283
개조	4,922	1,435
중앙공론	3,181	1,271
부인구락부	27,704	3,822
부인공론	6,219	1,214

출처: 조선총독부 경무국, 《조선 출판경찰 개요 쇼와 14년》 1940년 5월, 132~147쪽.

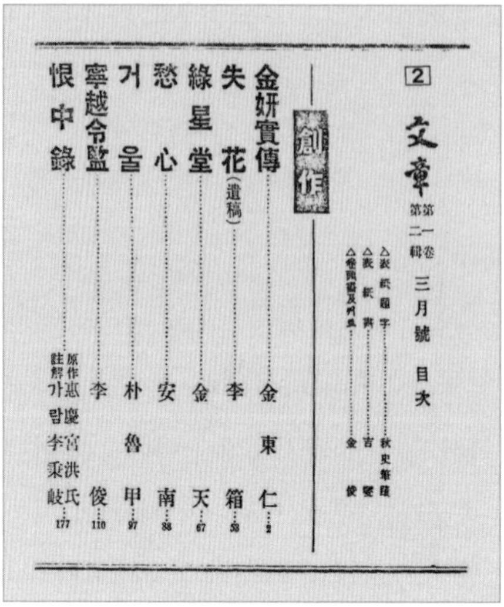
2

文章 第一卷 第二輯 三月號 目次

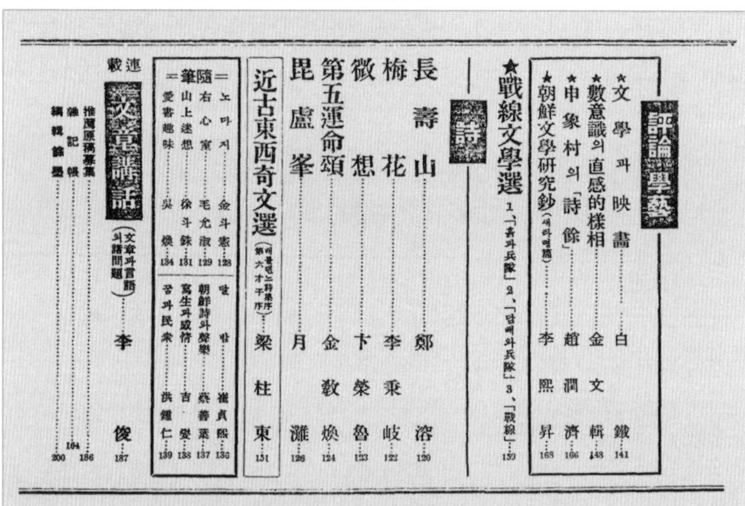

〈그림 7-2〉
《문장》 제1권 제2호의 목차, 1939년 3월. "전선문학선戰線文學選"이라는 코너가 만들어져, 일본인 작가의 종군기가 조선어 번역으로 소개되었다. 1회는 히노 아시헤이와 하야시 후미코의 작품이 게재됐다. 사진은《문장》의 영인본이다. 월북작가의 문학작품이 해금되기 전에 복각된 판본인 탓에 월북작가의 성명은 복자로 처리되어 있다.

랐다(〈그림 7-3〉). 그런 형식으로 폐간 때까지 계속된 '전선문학선'은 당시의 일본어 서적의 수용 방식으로서는 대단히 이례적인 것이었다.

이미 제6장에서 분석했던 것처럼, 1920년대부터 1930년대에 걸쳐 조선어 잡지·미디어에서 일본어 출판물의 광고가 점하는 비율이 급증한다. 조선어 신문에 실린 광고는 일본어 그대로의 것과 조선어로 번역된 것이 혼재되어 있었지만 신문·잡지·단행본은 일본어 그대로 수입되어 읽히고 있었다. 일본어 간행물이 조선어로 번역되는 일은 드물었다. 이 시기가 되면 일본어 책에 흥미를 가진 독자들은 이미 조선어 번역이 필요하지 않을 정도의 일본어 능력이 있었기 때문이다. 특히《문장》은 교양 수준이 높은, 혹은 그런 교양을 갖고 싶어 하는 독자를 상정하고 만들어진 잡지였다. 이 같은 독자라고 한다면 일본어 종군기를 일부러 조선어 번역으로 읽을 필요가 없었다.

천정환은《문장》이 창간된 "1939년은 한국 근현대사 전체에서 '출판 활황'이 구가된 몇 안 되는 해"였다고 하면서, "그것은 '사변'과 관련된 일시적이고 예외적인 현상이라기보다는 '신문학'을 중심으로 한 독자층의 누적과 대중문화·대중지성의 전방위적 성장"이라는 측면에서 고찰해야 한다고 서술했다. 그는 조선총독부의 조선어 기관지《매일신보》사설의 일부를 인용하면서 1939년의 '출판 활황'에 조선총독부도 큰 기대를 품고 있었다고 했다.[12]

> 近來에 이르러 出版物은 戰爭의 武器와 다름이 업시 重要한 役割을 하고 잇다. 銃後의 國民精神을 더욱 昂揚시키고 興亜의 大理想을 一般에게 徹底식힘에 文章報國의 힘이 큰 때문이다. 兵站基地로서의 半島의 地位는 날이 갈수록 漸次로 必要性을 加하야오고 잇는

戰線文學選

一、火野葦平作

「흙과兵隊」에서

밤은 깊었다。半쯤 잠이 들어 있는데 누가 흔드는 바람에 나는 벌떡 이러났다。「分隊長、殊常한 놈이 옵니다」하고 마침 監視番으로 警戒中이던 戶成上等兵이 내게 일렀다。그의 가르치는 곳을 보니、딴은 물줄기 같은 길우를 꺼먼 그림자가 주춤거리며 이쪽을 向해 오는 모양이다。나는 敵兵의 斥候임에 틀림이 없다고 생각했다。그래 잘 지키고 있다가 붓잡으리라 마음을 먹고 가까워 오기를 기대렸다。그랬더니 突然요란하게 機關銃소리가 나며 우리들이 있는곳으로 彈丸이 날러왔다。우리들의 머리를 스치며 塹壕둔덕에 彈丸들이 부드쳤다。우리들은 깜짝 놀라 危險하다！라는 소리를 질르며 塹壕속으로 고개를 움추렸다。어디서 쏘는것인지 全혀 알수없다。조곰만에 射擊이 끄쳤기에 나는 머리를 쳐들어 보았다。그랬더니 아까의 꺼먼 그림자가 보이질아니한다。단지 강물같은 흰 길만이 보인다。갑재기 나는 氣分이 나뻐짐을 느꼈다。遡陷를 操心하라고 나는 兵丁에게 일렀다 마약 그러고 나니까 어데서인지 피리를 부는것같은 소리가 들리기 始作한다。次々 그 소리가 커졌다。귀를 기우리고 있으려니 나죽한 呻吟소리도 들렸다。그것은 길이 있는 쪽이라고 生覺이 되었기에 나는 白橋 上等兵에게 가서 偵察을 해오라고 말했다 한참만에 白橋上等兵은 도라와서 「土民이 죽어있옵니다」라고 내게告했다。그의 말을 들으면 아까의 殊常한 꺼먼 그림자는、土民이 밤늦타서 다라나려 하는것을 敵의「토ー치카」에서 機關銃으로 쏘은것인데、늙은이 하나는 即死하고、中年女子하나는 瀕死의 重傷을 입고 쓰러졌으며、길바닥에는 젓메기 어린애가 내동댕이 처져 있다는 것이다。어린애 우름소리는 더욱 커지며 밤새도록 끄치지 아니하였다。커졌다가 적어졌다가 어떤때는 딱 긇어지기도 해서 한참동안 들리지안는다、그러다가 또 울어댄다。그 처량한 어린애 우름소리가 귀에 사모쳐 우리들은 자못 마음이 언짢어 졌다。게다가 머치기로 풀밭에서 우는 벌네소리까지 이 어린애 우름에 哀調를 마춰다。우름소리와 버레소리는 더한층 兵丁들에게 故鄕生覺을 자아

159

〈그림 7-3〉

《문장》 제1권 제2호, 1939년 3월. 히노 아시헤이, 《흙과 병정兵隊》에서. 번역된 종군기는 대개 한 페이지가 넘지 않도록 편집되어 있다.

> 이시대에 當하야 銃後國民으로서의 結束은 勿論 나아가 그 任務를 다하게 하는데 잇서서 今後의 半島出版界의 任務는 實로 至大한 바가 잇다(《매일신보》 1939년 12월 24일 자).

분명 '총후 국민정신'의 앙양과 결속을 다지는 데 출판물이 수행할 역할에 큰 기대가 표명되어 있다. 이것은 이 사설의 마지막에 제시된 조선총독부 경무국 도서과장 후루카와 가네히데의 말과 서로 공명한다. 그는 조선인 독자들의 성장은 국민정신총동원운동의 목적에 부합하므로, 일본 본토에서는 전체적으로 종이 절약에 애쓰고 있지만 "내용이 알차고 전시색戰時色[전시 분위기]을 띠고 있다고 한다면 다소 무리를 하더라도 '종이 절약'의 예외를 만들 예정"이라고 말했다.

전시색 강한 출판물이 '전쟁의 무기'라는 것을 비유의 차원이 아니라 현실에서 증명한 것이 조선총독부 지시[13]로 검열관 니시무라 신타로가 번역한 《보리와 병정兵隊》 조선어판이다.[14] 니시무라는 이 책을 번역하며 후루카와 도서과장의 후원으로 작품의 공간적 배경이 된 상하이까지 시찰할 수 있었다.[15] 조선총독부 경무국이 혼신을 다해 기획했던 《보리와 병정》 조선어 번역은 "조선어 번역권 및 출판권을 무상 양도"[16]받아서 "희생적인 보급판"[17]으로 출판되었다. 1939년 7월 중반에 간행되자마자 초판 1만 2,000부가 모두 팔렸고 10월까지 20쇄를 거듭하며[18] 조선에서 커다란 반향을 일으켰다.

이렇게 《문장》은 조선총독부가 출판물이 '전쟁 무기'가 될 수 있음을 확신하고 적극적으로 이용하기 시작한 시기에 간행된 잡지다. 《조선 출판경찰 개요 쇼와 14년》에 따르면, 1937년 7월 12일에 "반도 언론의 중심지인 경성부 안에서 발행되는 신문사 대표를 비롯해 각 지국장을 합쳐

50여 명"을 경무국 도서과에 모아 "협력을 요청했다. 모두가 당국의 의도대로 민심을 인도하는 일에 협력할 것을 쾌히 승낙했다"고 되어 있다. 이어 1938년 4월 및 10월, "조선 전 언론기관 대표자 및 편집 책임자를 총독부에 불러들여 정부의 성명을 비롯해 총독부의 대책과 기사 단속 방침 및 대외선전 요지 등을 설명하고 간담했다"고 보고되어 있다. 계속해서 1939년 7~12월 사이에는 전 한반도로 범위를 확장했고 "각 언론사들에 당국의 방침"을 "사설 및 일반 기사에 반영해 민심의 지도와 여론의 환기에 노력"하라고 지시했다. 한편 "존재가치가 의심스러운 출판물에 대해서는 단호한 태도로 제34조 출판 금지 조치를 취하는 등 엄중하게 처벌할 것"[19]이라고 경고했다고 한다.

당시 상황에 비춰 볼 때, 《문장》의 '전선문학선'은 출판사의 독자적인 기획이 아니라 총독부 경무국의 지시에 따른 것일 가능성이 크다.[20] 폐간되기까지 오래 지속됐던 '전선문학선'란에 관해 《문장》의 편집부는 연재 목적이나 의도 등을 독자들에게 일체 설명하지 않았다. 《문장》에 대한 기존 연구는 가장 자주 등장했던 것이 히노 아시헤이이며 경무국 주도로 《보리와 병정》의 조선어 번역이 추진되고 있던 시기와 게재 시기가 겹친다는 점에서, '전선문학선'을 식민지 지배의 억압을 상징하는 것으로 다루었다. 잡지를 계속 간행하기 위해서는 어쩔 수 없는 선택이라는 것이다.

그러나 문제는 그렇게 단순하지 않다. 《문장》 편집부 역시 전시 협력에 가담하고 있었다. 《문장》 편집주간이던 소설가 이태준은 1939년 3월에 결성된 황국위문작가단의 운영에 협력했다. 그는 황군위문작가단을 위해 조선문단 사절 파견비로 100엔을 기부했으며, 편집부원 전원이 황군위문품 비용 명목으로 각기 1엔씩을 냈다.[21] 그리하여 문단 사절로서 소설가 김동인, 비평가 박영희, 시인 임학수가 파견됐다. 《문장》 1939년 7월호와 8월호에는 임학수의 〈북지北支 견문록〉이 2회에 걸쳐 연재됐고, 11월호에는 박영희와 임학수의 종군기가 신간 소개로 다뤄졌다.

여기에는, 경무국의 지도나 검열 같은 억압만으로는 설명할 수 없는 부분도 있다. 김재용은 1938년 10월 일본군에 의한 "우한 삼진武漢三鎮의 함락"을 계기로 조선에서 "친일 협력"이 시작됐다고 했다. 그리고 '친일 협력'은 "일반 통념과 달리 외부의 강요에 못 이겨 어쩔 수 없이 한 것"이 아니라 "철저하게 자발적으로 이루어진 것"이었다고 하면서, 그 "자발성을 뒷받침해 주는 내적 논리"에 주목해야 한다고 주장했다.[22] 분명 조선에서는 우한武漢 작전으로 일본이 승리할 때 "조선의 독립은 불가능하다"는 체념 분위기가 확산되었으며 문단은 '협력'과, 비협력을 통한 '저항'으로 분열되어 간다.[23] 그런 움직임에는 언제나 조선어와 일본어 중 어떤 언어로 창작할 것인가라는 논의가 뒤따랐다. 여기에다 이 창작 텍스트를 누가 읽을 것인가라는 독자 문제를 연계해 보면 꽤나 복잡한 양상이 드러나게 된다.

고미부치 노리츠구가 지적했던 것처럼, 히노 아시헤이의 《보리와 병정》(1938) 이후 "전쟁 수행 권력은 문학이 사상전·선전전의 일익을 담당하는 프로파간다가 되기를 원했고 문학은 실제로 그런 역할을 해 낸 것이다." 1938년 9월 내각 정보부의 주도로 조직된 펜부대[Pen Corps][24]가 전쟁 권력에 의한 사상전·선전전의 상징 그 자체라는 점을 생각한다면 "당시 일본군과 정부가 구체적으로 어떻게 정보 선전전략을 세웠는지, 문학자나 문화인에게는 무엇을 기대했는지를 검토"해야 한다.[25] 나아가 그것은 일본 본토의 문학만을 살펴서는 파악할 수 없는 지점이기도 하다. 중일전쟁 이후의 문화정책은 일본 본토와 조선에서 거의 시

〈표 7-2〉 잡지《문장》의 '전선문학선' 및 종군기

연·월	권·호	작가	출처	제목
1939. 3	1권 2호	히노 아시헤이 히노 아시헤이 하야시 후미코	흙과 병대 담배와 병대 전선	〈흙과 병대〉에서 〈담배와 병대〉에서 (가) 젊은 소위의 사死 (나) 눈물의 한커우漢口 입성
1939. 4	1권 3호	하야시 후미코 히노 아시헤이 도쿠나가 스스무	전선 흙과 병대 설중雪中종군일기	별 밝던 하로밤 적전敵前상륙 대부대大部隊의 적
1939. 5	1권 4호	오자키 시로 기나베 우시히코 하야시 후미코	문학부대 중간부대 전선	상공 1500미터 특무병대 전장의 도덕
1939. 6	1권 5호	니와 후미오 오자키 시로 우에다 히로시	돌아오지 않는 중대 문학부대 건설전기戰記 혹은 어떤 분대장의 수기	관전觀戰 육군비행대 건설전기
1939. 7	1권 6호	임학수		북지 견문록(1)
1939.8	1권 7호	임학수 다케모리 가즈오 오자키 시로 이나무라 류이치 세리자와 고지로	황군위문 문단 사절 주둔기 전장노트 해남도기海南島記 잠 못 자는 밤	북지 견문록(2) 주둔병 비전투원 비적匪賊 병원선病院船
1939.9	1권 8호	정인택 히노 아시헤이 호소다 다미키	서평 해남도기 대흥안령大興安嶺을 넘어서	보리와 병정 동양의 남단 소련기 공습
1939.10	1권 9호	이헌구 히노 아시헤이 오에 켄지	 동완행東莞行 호소전구湖沼戰區	전쟁과 문학 달과 닭 호소전구
1939.11	1권 10호	히노 아시헤이 오자키 시로 민촌(이기영) 윤규섭 정인택	꽃과 병정 문학부대 신간평新刊評	전장의 정월 장군의 얼굴 국경의 도문圖們, 만주소감 임학수《전선시집》 박영희《전선기행》
1939.12	1권 11호	인정식 히노 아시헤이 오자키 시로 하야시 후미코	 꽃과 병정 전장 잡감 전선	시국과 문화 전장의 정월 전장 잡감 전선

1940.1	2권 1호	인정식 히노 아시헤이	꽃과 병정	흥아 전망 신춘 좌담회(〈문학의 여러 문제: 전쟁과 문학〉 내선일체의 새로운 과제 전장의 정월
1940. 2	2권 2호	오자키 시로 중국인	신보申報	산문시 지나 항일작가의 행방
1940. 3	2권 3호	하야시 후미코	전선	전선
1940. 4	2권 4호	셰빙잉謝冰萤 셰빙잉 장혁주 윤규섭	밤의 화선火線 여병	밤의 화선火線 문학부대장 문학 잡감 (부기: 일본 본토 조선문학) 아쿠타가와상 후보작품 기타 3월 창작평
1940. 5	2권 5호	셰빙잉 슈분周文 앙드레 모루아	여병 중경피폭격기重京被爆擊記	공포의 일일 방공호에서 전선에 나가면서
1940. 7	2권 6호	히라노 요시타로		사변 제3주년을 맞이하여 일지日支 문화제휴에의 길
1940. 9	2권 7호	오사라기 지로	《문예춘추》 〈의창宜昌종군기〉	양동襄東작전종군기: 의창
1940. 10	2권 8호	사토 하루오 티엔 위안田原	《신쵸》 상하이《흥건興建》	문화개발의 길: 한 문학자로서의 대지對支방책 흥아건국의 특수성과 보편성
1940. 11	2권 9호	육군성 정보부 소좌 스즈키 구라조 이태준 곤 히데미	《아사히신문》	일독이日独伊 동맹의 의의 지원병 훈련소의 일일 문예신체제
1940. 12	2권 10호	이토 세이 시미즈 이쿠타로		국민문학의 기초 신체제와 문화인
1941. 1	3권 1호	마츠오카 코이치 사카키야마 쥰	시국과 문화 란欄 시국과 문화 란	대외 문화선전의 정치성 국민문학이란 무엇인가
1941. 2	3권 2호	히노 아시헤이	니시무라 신타로의 번역에 의함	《보리와 병정》에서

차 없이 추진되면서 연계되고 있었기 때문이다.

여기서 주목하고 싶은 것은 제국의 중심 도쿄에서 조직된 펜부대의 종군기[26]가 황군위문작가단을 지원했던 조선인 문단 사절의 종군기와 함께 《문장》에 조선어로 나란히 실려 있다는 점이다(〈표 7-2〉).

육군반: **하야시 후미코**, 구메 마사오, 가타오카 텟페이, 가와구치 마츠타로, **오자키 시로, 니와 후미오**, 아사노 아키라, 기시다 구니오, 사토 소노스케, 다키이 고사쿠, 나카타니 다카오, 후카다 규야, 도미자와 우이오, 시라이 교지.
해군반: 요시야 노부코, 스기야마 헤이스케, 기쿠치 간, **사토 하루오**, 요시카와 에이지, 고지마 마사지로, 기타무라 고마츠, 하마모토 히로시(강조는 《문장》에 종군기가 실린 작가).

이 문제에 관해 단독작품으로서는 가장 게재 횟수가 많은 하야시 후미코의 종군기 《전선》(아사히신문사, 1938년 12월)을 예로 삼아 검토해 보자. 이 텍스트는 1938년 9월에 펜부대의 일원으로서 중국 전선에 파견된 하야시 후미코의 편지 형식을 취하고 있다. 펜부대는 문예협회 회장 기쿠치 간을 중심으로 육군반 14명과 해군반 8명으로 조직되었는데, 여성작가는 육군반의 하야시와 해군반의 요시야 노부코뿐이었다. 종군기 발표 당초부터 미디어에서는 이들에게 초점을 맞춰 두 여성의 경쟁관계를 전면에 내세우는 논의가 많았다.[27] 그런 기대에 부응하듯, 하야시는 출발 전에 《도쿄아사히신문》에 기고한 글에서 "여성작가 따위는 종군이 불가능하리라고 생각했는데 의외로 이번 종군행에는 요시야 씨와 내가 뽑혔다"며 "전장에서 요시야 씨와 함께 있게 될는지는 알 수 없지만 혹시라도 함께 있게 된다면 잘 협력하여 열심히 둘러보겠다"고 썼다.[28] 그러나 두 사람이 협력하는 장면은 연출되지 않았다. 요시야가 10월 11일에 다른 해군반과 함께 먼저 귀국했기 때문이다. 이와는 달리, 하야시는 9월 11일에 육군반 제1진으로 도쿄를 출발, 13일에는 상하이에 도착했고, 10월 17일부터는 아사히신문사의 트럭 '아시아호號'를 타고 전선으로 향했다.

'전선문학선' 에는 일본인 작가 13명과 중국인 작가 2명 등 총 열다섯 작가의 작품이 번역되어 실렸다. 일본인 작가의 종군기를 게재 횟수순으로 나열하면, 히노 아시헤이가 8회, 오자키 시로가 6회, 하야시 후미코가 5회이다. 그러나 작품별로 보자면(〈표 7-2〉) 하야시 후미코의 《전선》이 가장 많다. 《전선》에 대해서는 다음 장에서 논의하겠지만, '전선문학선' 이 사라지는 1940년 7월 전후부터 《문장》에는 전시 협력을 촉구하는 일본인의 다양한 글이 번역된다. 예컨대 육군성 정보부 소좌 스즈키 구라조(1940년 11월호), 총독부 경무국 도서과 과장 오카다 준이치(1941년 3월호), 국민총력조선연맹 문화부장 야나베 에이자부로(1941년 4월호) 같은, 정보전·검열·신체제운동 등을 지도하는 당국 측 인사뿐만 아니라 오사라기 지로, 사토 하루오, 이토 세이, 곤 히데미, 사카키야마 쥰 등의 문화인들이 시국을 강하게 의식하며 쓴 글이 지면에 등장한다. 이렇게 번역을 통해 내선일체의 이념을 확장시키려는 매체에서 하야시 후미코는 일본 본토의 대표가 되었다.

||| 3 |||

제국의 소설가 하야시 후미코의 전선

하야시 후미코는 "언론 보국報國이라는 장르 중에서도 '보고報告 보국'의 제1인자"[29]라고 말해질 정도로 중일전쟁과 문학 문제를 거론할 때 빠질 수 없는 존재다. 1937년 7월 중일전쟁이 시작되자 하야시 후미코는 《도쿄니치니치신문》, 《오사카마이니치신문》의 특파원으로 중국 전선에 파견됐다. 1938년에는 펜부대 육군반의 일원으로 한커우 공략전에 동행하며, 《도쿄아사히신문》에 몇몇 기사를 연재한 다음 《전선》(서간체), 《북안北岸 부대》(일기체, 《부인공론》 1939년 신년특별호에 게재된 이후 중앙공론사에서 출판)라는 두 권의 종군기를 발표했다. 당시 발행부수 1위를 다투던 양대 신문과 연이어 특파원 계약을 맺었다는 점을 보더라도 하야시 후미코에 대한 미디어의 기대를 엿볼 수 있다.[30]

하야시의 인기가 급상승한 것은 이미 많은 논자들이 지적하고 있듯 《오사카마이니치신문》이나 《도쿄아사히신문》 등의 미디어가 화려하게 연출했던, 전승의 장場에 '이치방노리一番乗り[제일 먼저 들어감]' 덕분이다. 예컨대 난징에 들어갔을 때의 기사 제목은 〈하야시 후미코 여사, 난징 이치방노리: 일본 일색이 된 상하이의 새로운 풍경〉이었다(《도쿄니치니치신문》 1938년 1월 6일). 펜부대의 일원일 때는 《도쿄아사히신문》과 계약을 맺고 있었다. 전선에서는 아사히신문사의 트럭을 타고 펜부대와는 별도로 행동했으며, 1938년 10월 26일에 한커우漢口가 함락될 때는 놀랍게도 바로 그 이틀 뒤에 현지로 들어갈 수 있었다. 《도쿄아사히신문》의 호외 〈황군 당당히 한커우 입성〉(〈그림 7-4〉)이 나오고, 다음 날부터 〈펜부대 여장부 한커우에 이치방노리〉(《오사카아사히신문》 1938년 10월 29일) 및 〈펜부대의 '수훈갑殊勳甲' 후미코 씨의 결사 한커우 입성〉(《도쿄아사히신문》 1938년 10월 30일. 〈그림 7-5〉)이 이어진다.

> 하야시 씨가 저 황량한 우한武漢 평원을 행군하는 것, 그 자체로 전장의 기적이다. 하야시 씨는 순식간에 전장에서 인기를 독차지했다. 하야시 씨의 용감함과 겸양에 모든 장병이 마음으로 존경하고 감격했다. 모래바람과 빗속을 뚫고 전진하며, 밤이슬에 젖은 채 야영을 했다. 자동차가 언제 지뢰를 밟을지 알 수 없는 위험한 상황이었다. 하야시 씨도 물론 결사의 각오로 종군했다. 25일 밤, 한커우 북쪽의 대새호大賽湖 제방이 붕괴되어 아시아호는 건널 수 없었다. 곧 한커우 진입이 코앞이므로 기자(와타나베 특파원)는 하야시 씨를 뒤에 남겼다. 하야시 씨는 하루 늦게 한커우에 입성했지만 펜부대 가운데서는 가장 빨랐다. 하야시 씨의 한커우 입성은 모든 일본 여성의 자랑이다.

(C)朝日新聞社 聞蔵IIビジュアル 1938年10月28日 東京 号外 1P 日本大学

地軸も揺げ萬歳！皇軍堂々漢口入城

二十六日・大木特派員撮影・けふ本社汐風機空輸

東京朝日新聞

號外

この號外は本紙には再錄致しません

〈그림 7-4〉
《도쿄아사히신문》의 호외(1938년 10월 28일 자).
〈황군 당당히 한커우 입성〉의 호외가
나온 다음 날부터 하야시 후미코의 활약을 전하는 기사들이 이어진다.

한커우에 도착하기까지 '결사의 각오'로 야영도 마다하지 않았던 하야시는 최전선 병사들과 행동을 함께하며 그들로부터 '존경'을 얻어 냈다. 이 기자는 펜부대를 제쳤던 하야시를 '모든 일본 여성의 자랑'이라고 추켜세웠다. 아사히신문사는 "우한 작전에 기자 및 연락원, 무선반, 사진반, 영화반, 항공부원 등을 합쳐 400명을 동원"했다. 이 숫자는

縮刷版~1999＞キーワード検索＞印刷範囲確定表示

(C)朝日新聞社 朝日新聞クロスサーチ・フォーライブラリー 1938年10月30日 東京 夕刊 2P

ペン部隊の「殊勳甲」
芙美子さん決死漢口入り

【漢口にて渡邊特派員二十八日發】たゞ一人の日本女性として林芙美子女史が漢口に入城した

林さんは本社特派員一行に加はり去る十八日廣濟を出發、本社の無電トラックアジア號に乗り或は行軍を續け決死部隊に從つて決死の行軍を續けた、戰場に日本の女が來たと、全軍將兵は夢ではないかと驚いた

林さんがあの[illegible]たる武漢平原を行くのはそれこそ戰線の奇蹟である、林さんは忽ち戰場の人氣の中心となつて林さんの勇敢さと[illegible]さに全軍將兵心から[illegible]した、砲煙の中を、雨の中を行き夜露に濡れて[illegible]して進んだ、自動車はいつ地雷に引つかゝるか知れない、林さんも初めて決死の覺悟である

從軍した、二十五日夜漢口北端大[illegible]の[illegible]でアジヤ號は[illegible]す、"新"漢口突入であるので記者（渡邊特派員）は林さんに後に[illegible]つて貰つた、林さんは一日遅れて入城しやがそれでも我がペン部隊での漢口一番乗りである、林さんの漢口入城は全日本女性の誇りである

從軍姿の林女史

〈그림 7-5〉
〈펜부대의 '수훈갑' 하야시 후미코 씨의 결사 한커우 입성〉,
《도쿄아사히신문》 1938년 10월 30일 자. 하야시 후미코의 사진이 첨부되었는데,
펜부대 모두를 제치고 제일 먼저 전승지에 도착했음을 전하며
"모든 일본 여성의 자랑"이라고 추켜세웠다.

"일본방송협회, 각 지방신문, 잡지사 등 미디어 전체에서 동원한 약 2,000명의 보도관계 인원"의 20퍼센트에 해당한다. 아사히신문사는 이렇게 사운을 걸고 임한 취재 전쟁에서 "국책 통신사·동맹을 능가하는 보도를 함으로써 타사를 앞질러 더 일찍 한커우에 입성"했다.[31] 이 빛나는 위업을 '하야시 후미코'를 내세워 선전하고 있는 것이다.[32] 하야시 후미코 및 그녀의 《전선》을 둘러싼 미디어 이벤트는 《아사히신문》이 당시 발행부수 1위를 자랑하는 《마이니치신문》을 추격하여 1위 자리를 탈환하는 중요한 요인이 되었다.[33]

이러한 미디어 이벤트는 조선에 어떻게 전해졌던 것일까. 《조선 출판경찰 개요 쇼와 14년》은 1939년 말 〈이입·수입 신문 및 잡지의 일반 상황〉을 다음과 같이 정리하고 있다.

> 최대 다수를 점하고 있는 것은 《오사카마이니치신문》 8만 3,339부(전년 대비 8,468부 증가)이며, 이어 다음가는 것은 《오사카아사히신문》 7만 2,859부(전년 대비 4,508부 증가)이다. 최근 이 두 신문은 대자본을 투자해 내용을 더욱 충실히 하고 조선 내부로 세력을 확대하면서 지반을 획득하는 데에 힘쓰고 있는데, 그 성적이 괄목할 만하다. 다음으로 《후쿠오카니치니치신문》, 《요미우리신문》, 《도쿄아사히신문》, 《도쿄니치니치신문》 및 《호치신문》 등은 그 부수가 훨씬 적어서 도저히 앞의 양대 신문에 미치지 못한다.[34]

《오사카마이니치신문》과 《도쿄니치니치신문》, 그리고 《오사카아사히신문》과 《도쿄아사히신문》은 각기 동일 계열의 신문이며 조선으로의 이입부수에서도 수위를 점하고 있다. 이 두 신문사의 확장 속도는 다른 미디어를 훨씬 넘어서는 것이었다. 나아가 조선 출판경찰은 일본 본토의 신문이나 잡지는 내용 면에서도 가격 경쟁 면에서도 "조선 안에서 발행되는 것들이 도저히 경쟁하거나 따라잡을 수 없다"고 분석했다.[35] 같은 자료에 따르면, 이입된 《오사카마이니치신문》 8만 3,339부 가운데 조선인 구매자는 1만 4,319명이다. 《오사카아사히신문》의 7만 2,859부 가운데 조선인 구매자는 1만 2,527명이다.[36] 제2장에서 논의했듯이, 도서관에서 신문을 열람한 조선인이 많았음을 고려하면, 실제로 두 신문의 조선인 독자는 출판경찰의 조사를 웃돌 것이다. 하야시 후미코의 난징 및 한커우의 '이치방노리'를 화려하게 연출했던 이 양대 신문은 조선어로 번역되지 않아도 조선에서도 많은 독자를 확보하고 있었던 것이다.

고미부치 노리츠구는 "'종군 펜부대' 계획을 둘러싼 문학자들의 반응은 '가서 무엇을 하는가'가 아니라 '누가 가는가'에 집중되어 있다"고 보았다. 그리고 구메 마사오는 "비장한 목소리로 힘차게 '야스쿠니 신사에서 만나자'고 말씀하셨다"(〈일본 여성의 각오〉, 《도쿄니치니치신문》 1938년 9월 8일 자)라는 요시야 노부코의 말을 인용하면서, 이 흥분 상태는 "단지 구메 마사오만의 돌출적 행동은 아니었다"고 말한다. 더구나 펜부대의 참가자가 대형 미디어와 차례로 계약을 맺고 종군작가의 장행회壮行会[송별회]가 "중앙공론, 개조, 일본평론, 신쵸, 주부지우, 고단샤, 쇼치쿠松竹, 도호東宝, 신코新興 같은 이름난 기업의 공동주최"로 열렸다는 점에서도 알 수 있듯 "'종군 펜부대' 계획 그 자체가 미디어 기업들 간의 격렬한 보도 전쟁을 예상하면서 구상되었다"고 지적한다.[37]

중일전쟁 개시 이후 미디어 상황에 대해, 정보 통제로 인해 전쟁에 협력했다는 강제성에 초점을 맞추는 경우가 많다. 그러나 그 어떤 상황에서도 이익을 추구하는 대중미디어는 독자들의 반응을 의식하면서 표현 수위를 조절하고 있었다는 점 역시 간과해선 안 된다. 조선에도 많은 독자들이 있던 《부인공론》, 《주부지우》, 《부인구락부》, 《신여성》 등은 중일전쟁을 계기로 시국을 강하게 반영하는 방향으로 편집 방향을 전환한다. 이 시기 잡지의 판매부수를 보면, 부인 잡지는 상위 8개 잡지만으로도 상업지 전체 판매부수의 25~30퍼센트를 점하고 반품율도 0.1퍼센트밖에 되지 않아 경영은 비교적 안정되어 있었다. 미키 히로코는 당국이 "여성 잡지를 여론 환기=총후 여론의 적극적 이용 무대로 설정하고자 하여", "용지 배급도 비교적 우대"했다고 지적한다.[38] 이렇게 우대를 하면서도 1938년의 《출판경찰보報》에서는 다음과 같이 보고한다.

> 부인 잡지가 이런 비상시국에도 구태의연한 편집 방침을 지속하여 연애 또는 비속한 소설, 저급한 고백 기사, 기타 반시국적인 기사, 광고를 무분별하게 게재하고 있다. 이들의 게재 방침을 뜯어고치기 위해 19일에 우선 주부지우사 및 부녀계婦女界사의 편집 책임자를 본청에 불러들여 이 보고의 본문 끝에 수록해 놓은 〈부인 잡지에 대한 단속 방침〉을 중심으로 기사 편집에 관한 지도 간담회를 행했고, 21일에는 부인구락부사, 부인공론사, 22일에는 부인화보사의 편집 관계자를 소환해 주부지우사와 동일한 지도를 했다.[39]

여기서 언급된 〈부인 잡지에 대한 단속 방침〉(쇼와 13년 5월)이란 모두 성과 풍속에 관한 경고였고, 전황이나 총후 생활 등을 어떻게 전달할 것인지에 관한 지시로 보이지는 않는다.[40] 1938년에 들어서면서부터 부인 잡지의 시국색이 점점 더 강해진다는 점을 고려하면, 이 '지도'

란 시국에 관해서가 아니라 게재해선 안 될 풍속에 관계된 것이었다고 할 수 있다.

와카쿠와 미도리가 부인 잡지에서 활약하는 여성들을 전쟁의 "치어리더"였다고 비판할 정도로 부인 잡지의 전쟁 협력은 자발적이고 적극적이었다. 와카쿠와는 "전시 상황에서 여성의 역할을 '번식용 암말[雌馬]'과 '열등한 노동력'이라고만 보면, 여성은 전쟁의 단순한 희생자이자 피해자가 될 것"이지만, "실제로는 대다수 여성들이 전쟁 그 자체를 열심히 응원했으며 아이나 남편을 '자진하여' 전장에 내보냈다(그렇지 않다고, 그것은 본의가 아니었다고 많은 여성들은 말할 것이다. 하지만 사회적 현상과 담론은 명확한 증거를 남기고 있다)"고 지적한다.[41] 나아가 많은 여성 리더가 전시 협력을 호소하는 말이 "신문 부인란이나 부인 잡지 등 매스컴에 자주 오르내렸고 평범한 여성 민중은 그들 리더의 동작에 맞춰 열띤 응원을 시작했다"고 하면서, 그것은 "어쩔 수 없이 협력을 강요당했다는 차원을 넘어섰다"고 강하게 비판했다.[42]

이 같은 경향은 "애국부인회에도, 국방부인회에도 들어가고 싶어 하지 않았던, 그렇다고 부인선거권운동이나 각종 실천운동 단체에 소속되기도 주저하던 문학 애호적 인텔리 여성들의 거처"[43]였던 잡지 《가가야쿠輝ク》에서도 엿볼 수 있다.[44] 《가가야쿠》는 《여인예술》의 후속 잡지로서 월간 리플릿[한 장짜리 선전용 인쇄물] 형식으로 1933년 4월에 창간되었고 [발행자] 하세가와 시구레가 사망한 1941년 11월에 폐간되었다. 잘 알려져 있듯, 하야시 후미코의 〈방랑기〉는 《여인예술》에 연재된 이후 베스트셀러가 된다(1928년 10월~1930년 10월 연재. 그 일부분이 1930년 6월 개조사의 신예문학총서로 간행되었다). 《여인예술》은 "1930년 전후의 여성 표현자·지식인들이 각자의 입장을 넘어서 결집했고 그런 까닭에

'여성'의 다수성이 현저하게 드러났던 잡지"이다.[45] 《가가야쿠》 역시 창간호부터 "좌경화된 《여인예술》의 색깔을 유지하면서도 다른 부인 잡지들에서는 볼 수 없게 된 프롤레타리아 소설이나 시가, 소비에트 찬가, 해외통신 등 자유롭고 국제적인 지면 구성으로 52~53호까지 이어졌다."[46]

그러나 '황군皇軍 위문호'(1937년 10월 17일. 〈그림 7-6〉)부터 돌연 전시 협력을 시작하여 1939년에 "부인답게 바르게 시국을 인식하고, 국책에 부합하는 부인의 지위 향상과 국가 봉사를 실현"[47]하기 위해 여성문학자 112명을 모아 '가가야쿠[빛나는] 부대'를 결성하기에 이른다(〈그림 7-7〉). '가가야쿠 부대' 평의원들은 해군과의 협조를 통해 잇따라 해외 위문 활동에 나섰다. 이 활동은 1937년 부인 단체가 국민정신총동원 중앙연맹에 포섭되어 여성의 전쟁 협력이 조직화되는 와중에 시작되었다. '가가야쿠 부대'는 이른바 "여성문단 총동원"[48]이라고 부를 만한 활동이고, 활동 내용은 앞서 서술한 다른 여성 잡지들과 비슷하다. '가가야쿠 부대'의 리더 격이라고 할 수 있을 하세가와 시구레는 "어머니로서의 여성"이라는 깃발을 전면에 내세우고는 "각기 자신이 잘 할 수 있는 활동을 나라에 바치"라면서 여성들의 전쟁 협력을 촉구했다.[49]

그러나 잡지 《가가야쿠》 멤버가 모두 동일한 방향의 전시 협력을 생각하고 있었던 것은 아니다. 대표였던 하세가와가 자신의 위치를 군대를 응원하는 후방에 두었음에 비해, 하야시 후미코는 "간호사든 뭐든 좋으니 전지戰地로 따라가고 싶다"(〈감상〉 1937년 9월 17일)고 쓰면서, '어머니로서의 여성'과는 다른 위치에서 발언하였다. 일본제국은 패전 때까지 여성을 병력으로 동원하지 않았고 후방에서의 지원에 한정하는 젠더 분리체제를 취했다. 이 때문에 전사하여 '군신軍神'이 되는 '영광'

에서 여성은 배제되었지만, 예외적으로 종군간호부로서 순직하면 야스쿠니 신사에 모셔졌다.[50] 이 지점에 주목하여 가나이 게이코는 종군한 여성작가들도 예외적으로 "야스쿠니에 합사合祀될 가능성"이 있었다고 말한다. 총력전 체제의 젠더 편성에서 "여성에 부여된 '지정석'은, '야스쿠니의 어머니'(우에노 치즈코)였던 시대에 전쟁터에서의 현지 보고를 통해 나라에 헌신한 여성작가들은 전사하면 군신이 될 수 있는 극히 특권적인 존재였다"[51]는 흥미로운 지적을 하고 있다. 여성 종군작가로서 '나'를 이야기하는 하야시 후미코의 시각은 자신을 '어머니'라는 위치에 놓았던 게 아니다. 모든 여성을 '어머니'라는 위치에 고정시키는 하세가와를 비롯한 '가가야쿠 부대' 멤버의 의견을 존중하면서도 하야시 자신은 그들과 거리를 두었다.

앞서 서술했던 것처럼, 일본 내각 정보부는 1938년 8월 23일에 "문단을 동원하여 장기전하에서의 국민 여론을 고취하기" 위해 "한커우 함락을 묘사하라고 문예계에 '동원령'을 내렸다"(《도쿄아사히신문》 8월 24일 자). 그다음 날 《도쿄아사히신문》은 "예정 인원을 초과"할 정도로 참가를 희망하는 작가들이 모이자 기쿠치 간이 인선에 골몰하는 모습을 전하고 있다. 동일한 기사에서 하야시는 "꼭 가고 싶다, 자비를 들여서라도 가고 싶다.……여자이니까 쓸 수 있는 것이 대단히 많다"[52]고 전장에 가고 싶다는 뜻을 피력했다. 그리고 하야시는 총성이 교차하는 전선에서 병사와 함께 행동했다는 강점을 귀국 후의 강연이나 문필 활동에서 유감없이 발휘했다.

> 이번에야말로 진짜 탄환이 날아오는 최전선에 종군했습니다. 여자 따위가, 라고 말들이 많지만 그런 만큼 신경을 더 썼습니다. 아침에

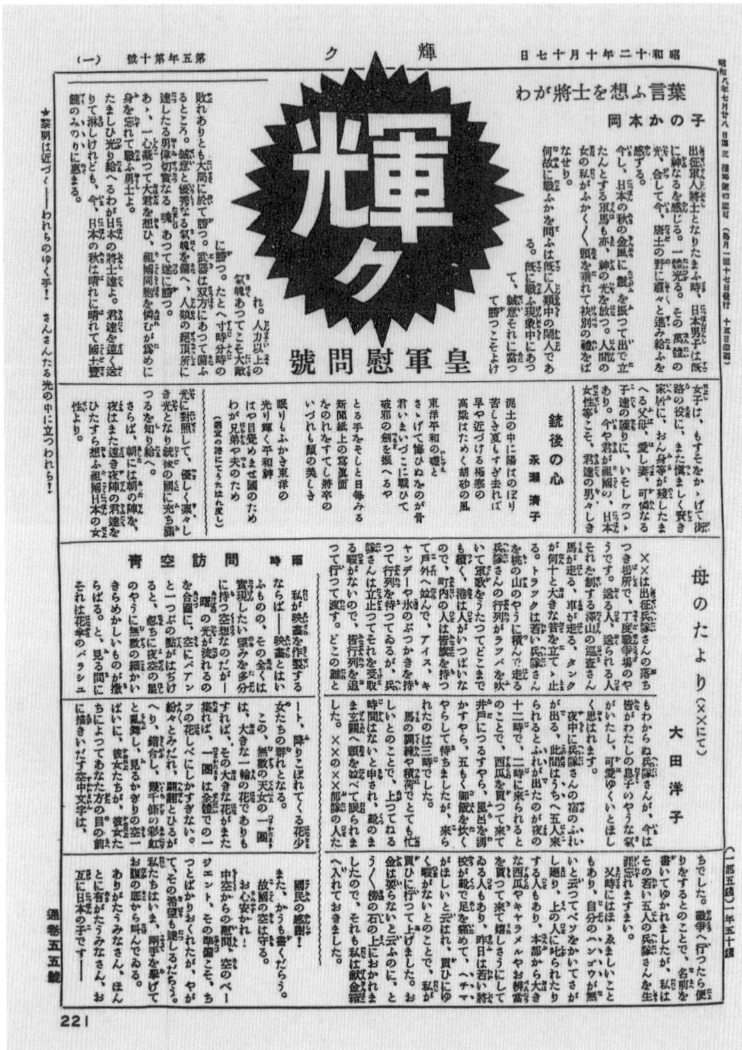

昭和十二年十月十七日　輝ク　第五年第十號（一）

昭和八年七月廿八日第三種郵便物認可（毎月一回十七日發行　十五日印刷）

輝ク

皇軍慰問號

わが將士を想ふ言葉

岡本かの子

出征軍人將士となりたまふ時、日本男子は既に神なるを感じる。一體光る。その萬體の光、合して今、唐土の野に粛々と進み給ふを感ずる。

今し、日本の秋の金風に、劔を振つて出で立たんとする軍馬も亦、神の光を放つ。人間の女の私がふかぶかく頭を垂れて袂別の禮をばなせり。

何故に戦ふかを問ふは既に人類中の閑人である。既に戦ふ現象中にあつて、誠意それに當つて勝つこそよけれ。人力以上の氣魄あつてこそ大敵に勝つ。たとへ寸時分時の敗れありとも大局に於て勝つ。武器は双方にあつて備ふるところ。誠意と優秀なる氣魄を備へ、人類の絶頂所に達したる勇偉切實なる魂あつて遂に勝つ。

あゝ、一心凝つて大君を想ひ、祖國同胞を憫ひが爲めに身を忘れて戦ふ勇士よ。

たましひ光り給へるわが日本の將士達よ。君達を遠く送りて淋しけれども、今、日本の秋は晴れに晴れて國土豐饒のみのりに惠まる。

女子は、もすそをかゝげて御路の役に、また愼ましく賢き家守に、おん身等が殘したまへる父母、愛し妻、可憐なる子達の護りに、いそしみつゝあり。今や君が祖國の、日本女性等こそ、君達の男々しき

銃後の心

永瀬清子

泥土の中に陽はのぼり
苦しき夏もすぎ去れば
早や近づける極寒の
高粱はためく胡砂の風

東洋平和の礎と
さゝげて悔ひぬなのが骨
君いまいづこに戦ひて
破邪の劔を振へるや

とる手をそしと日毎みる
新聞紙上の寫眞面
おのれをすてし將卒の
いづれも顔の美しき

眠りもふかき東洋の
光り輝く平和鉾
はや目覺めませ國のため
わが兄弟や夫のため

（國定の譜にてうたはれ度し）

光に對照して、優しく凛々しき光となり銃後の國に充ち溢つるを知り給へ。
さらば、朝には朝の陣を、夜はまた遠き夜陣の君達をひたすら想ふ祖國日本の女性より。

母のたより（××にて）

大田洋子

××は出征兵隊さんの落ちつき場所で、丁度戦爭場のやうです。送る人、送られる人それぞれに劇する深山の巡査さん馬が走る、車が走る、タンクが何十と大きな音を立てゝ止る。トラックは若い兵隊さんを桃の山のやうに積んで走る兵隊さんの行列がラッパを吹いて軍歌をうたつてどこまでも續く、港は人がいつぱいなので、町内の人は皆旗を持つて戸外へ竝んで、アイス、キャンデーや氷のぶつかきを持つて行列を待つてゐるが、兵隊さんは立止つてそれを受取る暇がないので、皆行列を追つて行つて渡す。どこの誰ともわからぬ兵隊さんが、今は皆がわたしの息子のやうな氣がいたし、可愛ゆくいとほしく思はれます。

夜中に兵隊さんの宿のふれが出る、此間はうちへ五人來られるとふれが出たのが夜の十二時で、二時に來られるとのことで、西瓜を買つて來て井戸につるすやら、風呂を沸かすやら、五もく御飯を炊くやらして待ちましたが、來られたのは三時でした。

馬の調練や積荷でとても忙しいとのことで、上つてねる時間はないと申され、靴のまゝ玄關へ頭を竝べて眠られました。××の××部隊の人たちでした。戦爭へ行つたら便りをするとのことで、名前を書いてゆかれましたが、私はその若い五人の兵隊さんを生涯忘れますまい。

又時にはほゝゑましいこともあり、自分のハンゴウが無いと云つてベソをかいてさがし廻り、上の人に叱られたりする人もあり、本部から大きな西瓜やキャラメルやお辨當を貰つて來て嬉しさうにしてゐる人もあり、昨日は若い將校が靴で足を痛めて、ヘチマがほしいと云はれ、買ひにゆく暇がないとのことで、私が買ひに行つて上げました。お金は要らないと云ふのに、とうとう縁の石の上におかれましたので、それも私は獻金箱へ入れておきました。

雨時　青空訪問

私が映畫を作製するならば――映畫とはいふものの、その全くは實現したい望みを多分に持つ空想なのだが――

曙の光が流れるのを合圖に、空にパアンと一つぶの點がはぢけると、忽ちに夜空の星のやうに無數の細かいきらめかしいものが撒らばる。と、見る間にそれは花傘のパラシュート、降りこぼれてくる花少女たちの群れとなる。

この、無數の天女の一團は、大きな一輪の花でありもすれば、その大きな花がまた集れば、一團は全體での一ツの花しべにしかすぎない。

紛々とみだれ、翩翻とひるがへり、錯合し、幾千條の彩虹と亂舞し、見るかぎりの空一ぱいに、彼女たちが、彼女たちによってあなた方の目の前に描きいだす空中文字は、

國民の感謝！

また、かうも書くだらう。

故國の空は守る。

お心安かれ！

中空からの慰問、空のページェント、その準備こそ、ちつとばかりおくれたが、やがて、その希望も達しるだらう。

私たちはいま、兩手を擧げてお臍の底から叫んでゐる。

ありがたうみなさん、ほんとに有がたうみなさん、お互に日本の子です――

★黎明は近づく――われらのゆく手！　さんさんたる光の中に立つわれら！

通巻五五號

221

〈그림 7-6〉
《가가야쿠》의 '황군 위문호'(1937년 10월 17일).
잡지 《가가야쿠》는 이때부터 전시 협력에 박차를 가한다.

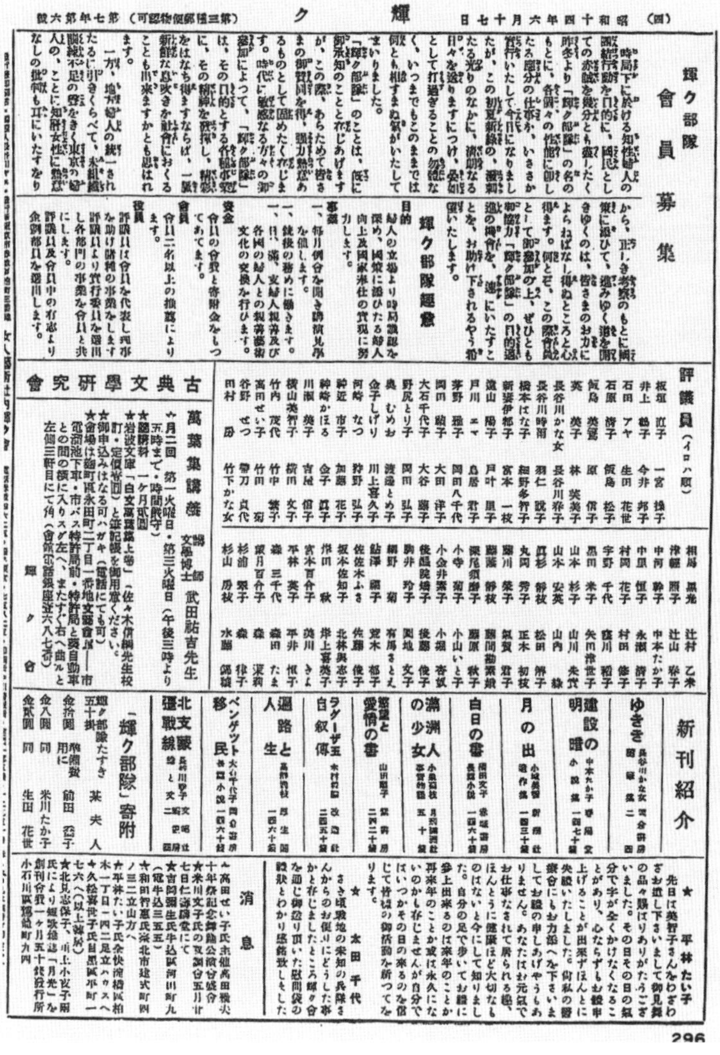
(四) 昭和十四年六月十七日　輝ク　(第三種郵便物認可) 第七年第六號

輝ク部隊 會員募集

輝ク部隊趣意

評議員（イロハ順）

古典文學研究會

萬葉集講義

新刊紹介

「輝ク部隊」寄附

消息

296

〈그림 7-7〉

'가가야쿠 부대 회원 모집'과 임원이라고 할 수 있을 '평의원' 명부가 실려 있다. 《가가야쿠》 1939년 6월 17일 자.

도 반드시 병사들보다 일찍 일어나 몸치장을 했습니다. 만약 병사들에게 방해가 된다면 목숨을 내놓아도 부족할 테니까요.[53]

하야시는 "남성 문인들도 대부분 귀국"한 걸 은근히 강조하면서 자신이 여성 출입금지 구역인 전선에 발을 들여놓은 특별한 여자임을 전면에 내세웠고 후방에 있는 '여자'와 전쟁터의 '병사'를 연결하는 매개자임을 자처했다.[54] 1938년 11월 2일에 진행된 〈우한 공략 강연회〉 기사는 넓은 히비야 공회당을 가득 메운 관객과 하야시의 뒷모습 사진을 함께 보도했다(〈그림 7-8〉). 여기서 그녀는 "이번 전쟁에서 인상에 남은 것은 병사들의 저 얼굴색입니다. 1년 전에 난징에서 보았던 병사들의 얼굴과는 상당히 다릅니다. 비와 먼지로 1년의 고생이 누적된 병사들의 저 얼굴을 여러분 모두에게 한번 보여 드리고 싶어요"라고 울먹였다.[55] 1937년 12월의 난징 함락 직후 전선의 병사들과 입성했을 때의 자신의 기억을 상기하면서 감정이 극에 달해 눈물까지 보였던 것이다.

《도쿄아사히신문》 주최로 열린 위문부인 좌담회 〈우리들은 무엇을 느꼈는가?〉에서 하야시는 "병사들과 같이 뒹굴면서 지냈다"[56]는 말로 전선에서의 병사들과의 친근함을 환기한 다음, 병사들을 대변하는 듯한 어조로 그들이 "아이·여성·어머니"들에게 무엇을 요구하고 있는지에 대해 이야기한다.[57] "'사랑'에 굶주린" 병사들이 "어머니의 사랑, 아이의 사랑, 특히 고국 여성의 사랑을 얼마나 갈구하고 있는지를 절실히 느꼈다"면서 위문품보다는 편지를 보내는 것이 좋겠다고 말했다.[58]

이러한 하야시의 발언에 대해 '여성의 목소리'라는 이름의 투고란에서는 호의적인 반응들이 넘쳐났다. "여사는 5,000만 우리 여성을 대표하여 한커우로 입성했다"(히라이 츠네코, 〈하야시 후미코 여사에게〉, 《도쿄아사히신문》 1938년 11월 2일 자 조간); “하야시 후미코 씨가 얼마나 병사들을 따뜻하게 감동시켰는지, 전선과 후방으로 갈린 마음들을 얼마나 잘 묶어 주셨던가를 생각하니 감사하지 않을 수가 없다. 하야시 씨, 진심으로 감사해요!”(미타카 무라·미타 카스미, 〈하야시 씨, 감사해요〉, 《도쿄 아사히신문》 1938년 11월 4일 자 조간). ‘전선과 후방’을 결속시켜 주었다는 감사의 말은 여성과 병사의 매개자로서의 하야시가 지닌 역할을 인정했음을 나타내는 것이다. 하야시 후미코의 목소리는 일본 본토의 여성에게만 전해졌던 것은 아니다. 소설가 ‘하야시 후미코’는 일본어 리터러시가 높은 식민지 조선의 여성들, 주로 중산계급 이상의 교양을 지녔거나 상승 욕구가 높은 여성들의 기대가 집약된 기호이기도 했다.

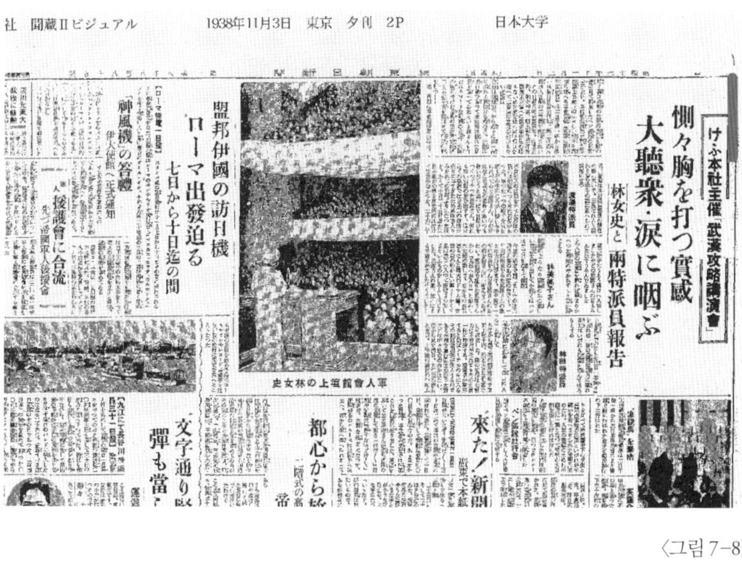
社　聞蔵IIビジュアル　1938年11月3日　東京　夕刊　2P　日本大学

けふ本社主催「武漢攻略講演會」

惻々胸を打つ實感

大聽衆・涙に咽ぶ

林女史と兩特派員報告

軍人會館壇上の林女史

盟邦伊國の訪日機

ローマ出發迫る

七日から十日迄の間

「神風機」の答禮

伊大使館へ正式通知

援護會に合流

〈그림 7-8〉

《아사히신문》 1938년 11월 3일 자. 하야시 후미코와 《아사히신문》 특파원의 강연회는 히비야 공회당이 거의 만석이 될 정도로 대성황이었다. 그만큼 독자들의 관심이 많았음을 엿볼 수 있다.

||| 4 |||

여자들의 내선일체

하야시 후미코가 처음 조선의 독자들 앞에 모습을 드러낸 것은 문예총후운동의 강연회였다. 그녀는 고바야시 히데오, 가와카미 데츠타로, 니이 이타루와 함께 1941년 10월 20일부터 11월 3일까지 대전·경성·평양·함흥·청진을 순회했다. 하야시는 "원조 배낭여행자"[59]라고 말해질 정도로 각지를 돌아다녔다. 이러한 경험에서 탄생한 《방랑기》(개조사, 1930)와 《속續 방랑기》(개조사, 1930)는 연달아 베스트셀러가 되었으며, 하야시는 그 인세로 일본 본토 바깥으로 이동 범위를 넓혀 갔다. 1930년 8월 중반부터 9월 말까지 하얼빈 등 중국 대륙을 여행하고 1931년에는 시베리아 철도에 올라 파리 및 런던에서 반년 이상을 지냈다. 그녀가 가장 좋아한 여행지 중 하나가 중국 대륙이었다. 중국은 펜부대 일원으로, 또는 미디어와 계약을 맺고 전장으로 경험한 장소이기도 했다. 1942년 10월 말부터 다음 해 5월 초까지는 육군정보부 보도반의 일원으로 싱가포르, 자바·보르네오에 체류했다.

하야시는 대만이나 조선 같은 식민지에는 그다지 관심이 없었던 것 같다. 대만과 관련해서는, 1930년 1월 대만총독부의 초대로 마이니치 신문사 주최 〈부인문화 강연회〉에 참가하지만, 이를 제외하고는 1943년 5월에 남방에서의 귀국길에 1박 했을 뿐이다. 조선도, 1931년 4월 파리 및 1940년 북만주를 가는 도중에 각각 들렀을 뿐이고, 그 뒤로는 1941년에 고바야시 히데오 일행과 문예부흥운동 강연회를 함께했을 뿐이다. 대만에 관해서는 에세이와 소설의 소재로도 삼고 있지만, 조선에 관해서는 그런 글들조차 남기지 않았다. 전혀 흥미가 없었던 것이다.[60]

그러나 조선에서 하야시의 인기는 높았다. 여러 방법으로 조사를 했지만 일본의 식민지 지배 시대에 잡지 《문장》을 제외하고는 하야시 후미코의 소설이나 에세이의 조선어 번역은 찾을 수 없었다. 그러함에도 이화여자전문학교의 학교생활을 특집으로 꾸민 잡지 《삼천리》에서 학생들이 가장 좋아하는 작가로 뽑은 이는 다름 아닌 펜부대로 파견된 하야시 후미코와 요시야 노부코였다.[61] 1930년대 후반이 되면, 잡지 《여성》에 "도쿄의 유학생은 물론이고 요즘 조선의 중학생조차 조선 책은 읽지도 않고, 보잘것없다고 거들떠보지도 않습니다"라는 문장이 보일 정도이다.[62] 일본 본토에서 유입된 일본어 단행본, 신문, 잡지는 신간, 헌책, 도서관, 윤독(돌려 읽기) 등 다양한 경로로 식민지 공간에 확산되고 있었다.[63]

하야시 후미코가 처음 경성에 모습을 드러낸 문예총후운동의 강연회(1941년 10월 24일)는 대성황이었다. 이날의 풍경에 대해 소설가 이석훈은 창씨명 마키 히로시牧洋라는 이름으로 다음과 같이 전하고 있다.

도쿄 문인들의 문예총후운동 경성 강연회를 들었다. 강사는 고바야시 히데오, 가와카미 데츠타로, 하야시 후미코, 니이 이타루 등으로, 그들이 일본 문단의 중견으로 이름이 잘 알려졌기 때문에 부민관도 강연이 시작되기 전부터 만원을 이루며 대성황이었다. 청중은 학생을 비롯해 인텔리가 태반이었는데, 젊은 여성들이 상당히 많이 몰려왔던 것은 《방랑기》나 《청빈의 책》을 쓴 하야시 후미코의 영향일까. 그 문인들의 위업에 경의를 표한다.[64]

이는 경성제국대학 교수 츠다 사카에가 창설한 녹기연맹의 일본어 잡지 《녹기綠旗》[65]에 실린 글이다. 소설가 김성민은 소설 《녹기연맹》(하네다쇼텐羽田書店, 1940)의 〈작가의 말〉에서 "'녹기연맹'이란 오늘날 조선에서의 내선일체화운동의 표어"이며 "반도인의 황민화운동에 진력하는" 단체라고 했다(〈그림 7-9〉). 이 《녹기》에서 황민화운동에 협력적인 〈성지 참배 통신〉 및 〈나아가자, 일장기와 함께〉 등을 썼던 이석훈이 강연회의 모습을 정리한 것이다. 단, 이석훈의 보고는 단순히 일본 본토의 저명인을 칭찬하는 내용이 아니었다. 예컨대 "주의력을 집중하여 한마디도 놓치지 않겠다고 노력하지 않는 한 뭐가 뭔지 알아먹을 수 없을 정도의 빠른 말투"로 강연했던 고바야시 히데오의 정돈되지 않은 이야기 방식을 비판하거나 경성을 교토에 비유한 하야시를 비꼬았다. 이런 이석훈은 젊은 여성이 눈에 많이 띄는 관객석이나 하야시가 등단하자 "박수갈채가 쏟아지는" 분위기에 대해 "역시 여류작가라는 것만으로도 덕을 많이 본다"고 말할 정도로 이날 강연회에 적응하지 못했던 것 같다.

이석훈에 따르면, 재조일본인뿐만이 아니라 조선어 번역이 없는 《방랑기》를 일본어로 읽은 조선인 독자들도 상당히 많이 몰린 이 강연회에서 하야시는 〈총후부인 문제〉라는 제목으로 《전선》 및 《북안 부대》와 같은 내용의 종군 경험에 대해 이야기했다.

> 양쯔강 방면의 종군 일화를 이야기하면서, 형식 같은 건 신경 쓰지 말고 출정 군인에게 후방의 마음을 전해 달라는 당부, 꽃이나 차나 요리는 격식에 얽매이지 말고 자기 형편에 맞춰서 창의성을 발휘하라는 주장 같은 것은 좋았다.

諸名士に訊く・ハガキ訪問（到着順）

戰時下の朝鮮に何を期待するか

佐藤春夫（詩人）

すべて內地同樣に考へますけれど、その地理的關係と人智の程度とに鑑み、特に流言を愼んで人心の動搖とスパイの警戒とに用心すべきかと存じます。爲政者の方には民を安んぜしむる用意を期待してゐますが、これは別に申しません。一たい現今は、庶民よりも官公吏、それも上層ほど緊張の必要ある時代かと愚考致します。右悉答のみ。

高濱虛子（俳人）

取り敢へず豊富なるを祝福す。

林房雄（小說家）

私は半島の文學に注目してをります。最近では李光洙、李泰俊兩君の作品集を讀んで非常に感服いたしました。その激しさと美しさ、深い悲しみと慟哭は我々內地の者にもよく解ります。朝鮮の美しさは李朝の壺にのみあるのではありません。半島の同胞の美しさと激しさは、そのまゝ內地人の胸にと傳ります。戰時下の半島にのぞむことは、この「魂の高さ」の發揮だけであります。

鈴木正文（朝日新聞）

朝鮮同胞に大らかな建設的氣魄を望みたい。戰ひはそれ自體いゝことではないかも知れぬが、戰爭は民族を鍛へる。戰後日本はむろん、支那も、その他各民族も、鍛へなほされた民族生命力を提げて新しい歴史を出發するでせう。朝鮮同胞も、この戰ひの裡で鍛へなければ又歴史に遅れる。それには、大らかな建設的精神を民族として身につけなければならぬ。些々たる不平や非建設的小乘的批判なんか並べてブツブツ言つてゐると、また歴史から轉落するほかない。

日本も新なる日本になる。半島同胞もこの新なる日本の中に溶け込んで立ち上る。この根本的な認識をもつことを何を措いても半島同胞に要望したい。爲政者もこの線に沿つて、政治に一層の魂を持たせてほしい。

江田俊雄（駒澤大學教授）

その全的徹底的日本化、これである。然らずんば、半島は大日本構成の一要素として、超非常時下の日本の手足の如く働くことが出來ないであらう。ことに半島の日本化の具體的二方法として要望したきことは、

（一）創氏制の徹底。國民教育の重大なる任務を分擔せる各種教育者に、せつに望む。

（二）朝鮮佛教の日本化。最近つけ燒刃の不徹底なる總本山制できたる如きも舊態依然たるべし。今日現代宗教の日本化の傾向にあるも、滴を逐ふの意味にて朝鮮佛教に對して、先づ日本佛教の輔導を受くべき制度を講ずるの要あるを思ふ。

大竹十郎

愈々益々「皇國臣民ノ誓詞」の趣旨を徹底せしむる事、眞に切要と存候。

張赫宙（小說家）

眞の內鮮一體の實現。

池田林儀

――在半島の內地人は衷心から內鮮一體運動を支持してゐるか。半島人の態度はどうであるか。

――この兩者の積極的な努力によつて始めて成るものであることは得論をまたないが、戰時下國民緊張の折こそ絶好の時期であると思ふ。

大政翼贊運動の根本精神たる生命體國家の建設理念を深く確實に認識することを希望します。之によつて東亞共榮圏の意義を知ると同時に、半島の地位及使命をはつきりと認識することが出來ると信ずるからであります。

現下の半島への期待としては、この意味から「生命體國家理念の認識」の外はありません。

-241- -240-

〈그림 7-9〉

《녹기》 1941년 10월호. 〈여러 명사들에게 듣는다. 전시하의 조선에서 무엇을 기대할 것인가〉(엽서로 조사, 도착순으로 게재)처럼 조선인을 '동포'라면서 격려하는, 본토 저명인사들의 메시지가 게재되었다.

앞서 언급한, 전선의 병사들과 후방의 여성 사이의 매개자를 자처하는 하야시의 이야기는 일본 본토에서 행한 그녀의 강연회와 동일한 구도를 갖고 있다. 하야시를 전면에 내세운 《아사히신문》의 미디어 이벤트는 조선의 독자들도 끌어들였다. 또 하야시의 다른 종군기 〈북안 부대〉를 게재했던 《부인공론》은 당시 조선에서 독자들이 급증하고 있던 매체였다. 여성 잡지의 동향에 관해 총독부 경무국은 "여전히 《주부지우》의 부수가 압도적이고 매년 증가하고 있지만 《여성구락부》 및 《여성공론》 같은 잡지들 역시 조선 이입부수가 점차 《주부지우》에 근접하고 있다"[66]고 분석했는데(앞의 〈표 7-1〉도 참조), 이는 앞서 서술한 잡지 《여성》의 좌담회에서 화제가 됐던 조선인 여성 독자들의 독서 경향과도 합치하고 있다.[67]

1938년에 들어오면 여성 잡지의 시국색은 점점 더 강해진다. 그럼에도 불구하고 식민지 조선에서 여성 잡지의 인기는 여전했고, 오히려 이입부수는 늘어갔다. 단, 설령 일본 본토에서 합법적인 출판물이라고 할지라도 사상이나 풍속에 관계된 것은 조선에서 다른 의미를 가질 가능성이 있었고 조선에 반입이 금지되는 것들도 많았음에 유의해야 한다.[68] 이러한 정보 통제시스템을 경유하여 이입된 단행본, 잡지, 신문을 접할 수 있는 사람들에게 인기 매체에 빈번히 등장하고 연일 미디어를 떠들썩하게 하는 하야시 후미코는 무시할 수 없는 작가였다.

그러나 하야시의 강연이나 전쟁 협력 호소가 일본 본토와 조선에서 동일한 영향을 끼쳤던 것은 아니다. 하야시가 말하는 '병사들'은 일본 본토의 일본인을 가리키고 있었다. 식민지 조선에서는 1938년 4월부터 '육군특별지원병령'이 발포됐다. 도입 직후 지원병의 선별 기준은 엄격했다. 지원자 자격으로 6년제 소학교 졸업자일 것, 민족운동이나 공산주의운동에 가담한 일이 없을 것, 일본어 구두시험에 합격할 것이 요구되었다. 한 번 입소한 자는 자신의 의지로 퇴소할 수 없었다. 육군특별지원자 훈련소에서 반년 동안 "훈육과 보통학과, 술과術科, 정신훈련에 중점을 둔 교육을 받았다." 이런 교육에 대해 권학준은 "병사 육성의 방침이라기보다는 식민지 통치정책의 일환으로서 지원병을 조선인의 모범으로 삼고자 하는 의도가 엿보인다"고 지적한다.[69] 1940년에는 지원자 자격을 4년제 소학교 졸업으로 낮추는 등 모집조건을 완화한다. 이런 조건을 충족할 수 있는 조선의 지원병은 1939년 7월에 국민징용령(내무성·후생성 차관 통첩)의 〈조선인 노무자 일본 본토 이주에 관한 건〉에 규정된 집단적 강제연행의 대상자와는 다른 계층의 사람들이었다. 또한 주로 군대를 지탱하는 하층 노동력으로 간주되고 있던 조선인과, 본토 일본인만을 생각하고 있는 하야시의 저 '병사들' 사이에는 민족의 위계구조가 그대로 투영되고 있었다. 이 같은 전쟁 협력의 분열된 양상은 조선의 여성들에게서도 선명히 드러났다.

하야시는 전시 협력에 그다지 적극적이지 않은 젊은 여성에 대한 답답함을 거듭 표현했다. 예컨대 하세가와 시구레 및 히라이 츠네코가 총후의 여성 대표로 참가했던 좌담 〈하야시 후미코 여사에게 듣는 모임 (1) 지금 모국의 땅을 밟고 한커우 종군을 이야기하다〉(《도쿄아사히신문》 1938년 11월 5일 자)에서는 다음과 같은 말들이 오갔다.

하야시 후미코 씨: 지나의 여군들처럼 철포를 사용하는 것만이 전선에서의 여성의 일이라고 생각하진 않습니다. 미싱[재봉]부대라거나 급수부대, 위생부대 등에 좀 더 많은 여성들이 나가도 좋지 않을까 합니다. 제가 돌아와서 느꼈던 것은, 젊은 여성들이……유럽대전 때 독일

여성들이 열정적으로 솔선하여 간호부를 지원했던 것처럼, 그런 직종에 지원하는 사람들은 없는지, 그런 생각을 하면 씁쓸합니다.

히라이 츠네코 씨: 국내의 젊은 여성들이 전쟁과 거리를 두게 된 것은 어떤 이유 때문이라고 생각하는지요?

하야시 후미코 씨: 어떤 면에서는 저도 이해가 됩니다. 여자는 집에서 아이를 지키기만 하면 된다는 식의 사고방식 말입니다. 그러나 전장에 다양한 병사들이 있는 것처럼 다양한 여성들이 있을 것입니다. 집을 지켜야 하는 사람은 집을 지키고 간호부가 될 사람은 간호부가 되는 식으로 뭔가 강한 생활력을 가졌으면 좋겠습니다.

하야시는 젊은 여성이 '전쟁과 거리를 두게 된' 원인 중 하나로 여성을 '어머니'로서 집에 속박하는 당대 규범의 문제가 있음을 지적하면서 '강한 생활력'을 가진 이들에게 종군간호부를 권하고 있다.[70] 하야시의 불만은 우에노 치즈코가 말하는 "일본이 '국가 총동원' 체제에서 마지막까지 '젠더 분리'의 체제를 깨지 않았다"는 점에 대한 것이 아니다.[71] 하야시는 여성이 '어머니'라는 고정된 역할에서 벗어나 제각기 자신에게 적절한 역할을 만들어 전쟁 수행에 공헌하라고 촉구하고 있는 것이다. 이것이 '강한 생활력'이라는 하야시의 말에 담긴 의미이다. 그녀의 이러한 발화를 《아사히신문》은 "후방의 여성이 한결같이 갈망하고 있던, 같은 여성의 현지 보고이며 앞으로 일본 여성이 가야 할 길"이라고 보도했다(〈그림 7-10〉).[72]

다양한 여성들이 있을 터이므로 그들에게 다양한 역할을 요구하는 하야시의 논의란, 여성의 전쟁 협력이 본격화되고 황민화 정책이 추진되고 있던 식민지 조선의 존재가 있기에 비로소 성립될 수 있는 것이었

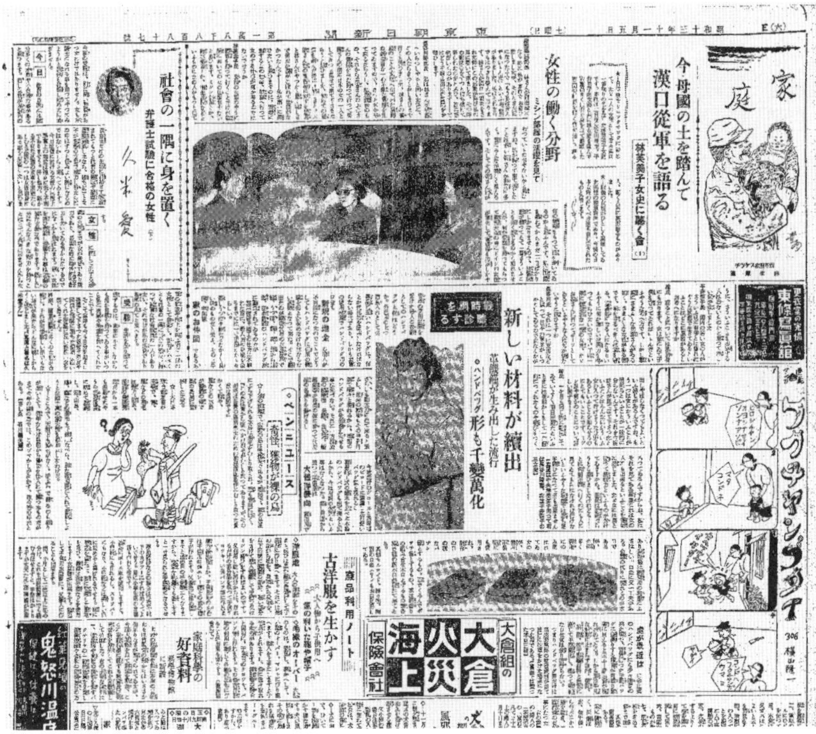

家庭

今、母國の土を踏んで
漢口從軍を語る
林芙美子女史に聽く會

女性の働く分野

社會の一隅に身を置く
弁護士試驗に合格の女性

新しい材料が續出

古洋服を生かす

大倉組の
大倉火災海上保險會社

〈그림 7-10〉
《도쿄아사히신문》 1938년 11월 5일 자. 하야시 후미코의 종군 경험을 듣는 기획이다. 하야시 후미코의 발언에 대한 독자들의 반응도 같은 지면에 게재된다.

다. 일본에서는 어머니의 역할이 '군국의 어머니'와 같은 형태로 사회적으로 확대되어 가지만, 조선에서는 "광신적인 모성 칭송의 양상을 보이지 않"았다. 조선에서는 여성에 대해 출산을 장려하지 않았고 다른 한편에서 노동자·위안부로 동원했다. 이와는 달리 일본 본토 여성에 대해서는 출산과 좋은 아내가 될 것을 장려하고 있었다.[73] 그 이유와 관련하여 가와모토 아야는 "모성 칭송이 아시아 여러 나라들의 선두에 선 일본민족의 우수성을 입증하는 것으로 이용됐기 때문에 그런 일본이 아닌 식민지 조선에는 적용하기 망설여졌던 것"이라고 주장했다. 이에 대해서는 자세한 검토가 필요한데, 조선에서의 황민화 정책은 "일본인 여성을 모방할 것"을 요구하는 것이었다. 여성들의 내선일체는 일본 여성을 상위에 두는 형태로 진행되었다.[74] 이 같은 제국의 정책과 하야시 후미코가 말하는 다양한 여성의 역할을 식민지 조선의 문맥에 맞춰 보기 좋게 변주했던 것이 소설가 최정희이다.

| | | 5 | | |

조선의 하야시 후미코, 최정희

하야시 후미코와 최정희는 하야시가 문예총후운동의 강연회에 출석하기 위해 경성을 방문했을 때에 처음 만났다. 최정희는 식민지 조선의 대표적인 여성작가이다. 그녀는 1931년 데뷔한 이래 식민지 지배, 해방, 한국전쟁, 4·19혁명, 5·16군사정변, 베트남전쟁 등 격동하는 한반도를 무대로 50년 동안 소설을 썼다. 한국의 여성작가로서는 예외적 경우다. 그녀는 1929년부터 1년 반 정도 짧은 도쿄 유학을 경험했다. 도쿄에서는 미카와 유치원에서 보모로 일하면서 학생예술좌에 참가했었다. 귀국 후 1931년에 삼천리사에 입사하여 기자생활을 하면서 조선어 단편소설 〈정당한 스파이〉로 그해 문단에 데뷔했다. 1934년 2월에는 조선프롤레타리아예술가동맹KAPF 사건으로 체포되어 다음 해 12월에 무죄 사면되었다. 이 시기까지는 사회주의적 경향의 작품을 썼고 경찰의 감시를 받았다.

1930년대에 들어오면, 1920년대에 여성해방을 호소하며 각광을 받았던 신여성들의 기세가 사그러든다. 여성작가는 "보다 현명한 방식으로 사회제도 속에서 자신의 자리를 찾아나가려고 노력했다. 이때 등장하는 것이 모성 담론이다."[75] 그 선두에 섰던 것이 사회주의적 소설과 거리를 두고 있던 최정희였다. 그녀는 1940년대에 들어와 전쟁 협력적인 문학 활동에 힘을 기울였다. 현재 최정희에 관해서는 "가장 여류다운 여류"라는 평가와 마치 "남성을 떠올리는 '여성답지 않은' 작가의 대명사"라는 양극단의 평가[76]로 나뉘어져 있다. 이는 그녀가 쓴 작품의 변화에서도 드러난다.

중일전쟁 이후 전쟁에 협력했던 대표적인 여성작가로는 모윤숙·장덕조·최정희가 거론된다. 이들이 작품이나 강연회에서 적극적으로 전쟁 협력을 호소했기 때문이다. 이런 황민화 정책에 부응한 일본어 소설은 일곱 작품이 확인되는데, 그중 최정희의 것이 여섯 편이다.[77] ① 〈환상의 병사〉(《국민총력》, 1942년 2월), ② 〈2월 5일의 밤〉(《녹기》, 1942년 4월), ③ 〈여명〉(《야담野談》, 1942년 5월), ④ 〈장미의 집〉(《대동아》, 1942년 7월), ⑤ 〈야국초野菊抄〉(《국민문학》, 1942년 11월), ⑥ 〈징용열차〉(《반도의 빛半島の光》, 1945년 2월).

다시 말하지만, 최정희가 하야시 후미코와 처음으로 만난 것은 1941년 10월이다. 이는 최정희가 일본어 창작을 시작하기 반년 정도 전의 일이다. 이날에 대해 최정희는 〈하야시 후미코와 나〉라는 일본어 에세이에서 다음과 같이 쓰고 있다.[78]

> 언제부터 내가 하야시 후미코를 좋아하게 됐는지는 모른다. 너무도 좋아했기 때문일까, 자연스럽게 조선의 하야시 후미코라는 말을 듣

> 기도 했다. 나는 이런 말을 들어서 불쾌하다고는 생각지 않았다.……애초에 나라는 여자는 자신이 좋아하는 작가에겐 연인을 대하듯 여러 감정을 품는 것이 보통이었는데, 꿈에까지 나타난 여성 작가는 하야시 후미코뿐이었다.……그녀가 쓴 것이라면 뭐든지 읽고 싶었다. 기행문 같은 것은 별로 안 좋아하지만 그녀의 글은 읽었다. 읽어 보니 그녀가 풍경보다는 인간에 대해 애틋함을 갖고 있었고, 그것이 매력적이었다. 그녀는 인간 중에서도 언제나 불우한 인간, 가난한 인간, 약한 인간에게 애착을 가졌다.……10월 24일 그녀가 경성에 왔다. 그녀의 첫인상은 우연히 꿈에서 본 그녀와 크게 다르지 않았다.……그녀는 경성이 좋아졌다고 아이처럼 들떠 즐거워했다. 자신은 여행이 좋아서 [만주] 안동현安東県까지 곧잘 다녔는데 경성에는 친구가 없어서 들르지 않았다고 후회했다. 앞으로는 열심히 조선의 문학, 조선의 미술을 공부할 것이라고 말했다. 지금까지는 이태준의 《복덕방》 등을 읽었을 뿐이라고 말하면서 말이다.

최정희가 언제부터 하야시의 작품을 읽었는지는 알 수 없다. 《방랑기》는 조선에서도 널리 읽혔기 때문에 조선에 이입된 일본어 책들이나 매체를 통해 하야시의 것이라면 '뭐든지' 읽었다고 생각된다. 그녀가 '조선의 하야시 후미코'라고 불렸던 것은 빈곤을 경험했다는 공통점이 있기 때문일지도 모른다. 그래서인지 최정희는 하야시가 젊은 시절의 빈궁한 생활을 테마로 삼은 작품이 더 좋았다고 말했다. 또한 황민화 정책에 협력했던 최정희가 하야시의 문예총후운동 강연에 대해 호의적으로 썼던 것 역시 의외는 아니다.

여기서 주목하고 싶은 것은 에세이 〈하야시 후미코와 나〉에 실린 하

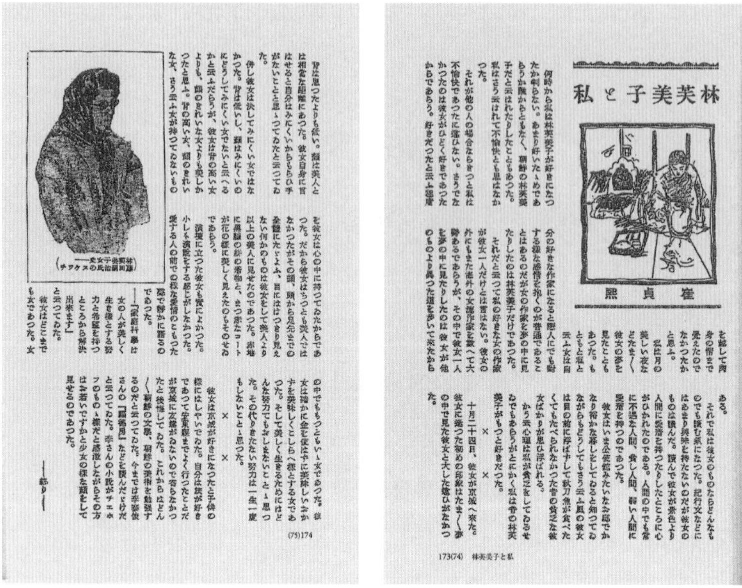

〈그림 7-11〉
일본을 대표하는 저명한 화가 후지타 츠구하루가 그린
전장의 하야시 후미코(《전선》에 수록된 것을 최정희의 에세이에 다시 수록한 것).

야시의 초상화이다(〈그림 7-11〉). 이는 하야시의 종군기 《전선》에 수록되어 있는 삽화로, 전장에서 우연하게 조우한 저명한 화가 후지타 츠구하루의 작품이다. 최정희의 에세이에는 《전선》이나 하야시의 종군기에 관해서는 아무런 언급도 없다. 그럼에도 최정희가 '조선의 하야시 후미코'라고 자기를 소개하는 에세이에 격렬한 전장에서 그려진 하야시의 초상을 게재하고 있는 것이다. 이 초상은 최정희가 아닌 잡지 편집자가 배치했을 가능성이 큰데, 그 경위와 의도는 알려져 있지 않다. 그러나 이는 마치 최정희의 이후 활동을 예시하는 것 같다. 두 사람의 만남은 각기 일본 본토와 식민지 조선을 대표하는 여성작가들이 마치 제휴라도 하는 것처럼 연출되었다. 종군기의 스타 하야시를 상징하는 초상화가 자기 자신을 '조선의 하야시 후미코'라고 소개하는 최정희의 말과 어우러져 일본과 조선의 여성 대표의 '내선일체'를 상징하는 기호로 기능하게 된다.

하야시는 1942년부터 남양南洋[군도]으로 향했고, 두 번 다시 내선일체를 이야기하는 장에는 등장하지 않는다. 한편 최정희는 '모성'을 전면에 내세우고 내선일체의 이념을 이야기하는 대표적인 소설가로 세간의 인정을 받게 된다. 단, 최정희의 소설이 여성의 규범으로서 모성을 강요한 것은 아니었다. 그러나 최정희가 하야시의 《전선》을 이어받음으로써, 하야시의 '보국' 담론은 하야시 자신에겐 아무 관심도 없었던 조선에서 번역되면서 확장되어 갔다.

老人も争って入学

生れた日本人帰化学校

サンフランシスコ 池添通信員

産側に火を吹く

韓国人はいう ふところ手の日本

鮮戰線に日本

—中村特派員十五日発—

[제8 장]

전쟁

マ元帥けさ

京城付近

AP特約】マックアーサー元帥は二十九日朝、朝鮮の前線に出発した、
京城付近」で少くとも二日間同地に滞在、親しく戦況を視察する予定である
AP特約】マ元帥と同行したのはフィリピン戦で同元帥に従った総司令部
極東空軍司令官ストラトマイヤー中将および参謀長アーモンド少将であ
P特約】マックアーサー元帥は同日韓国に到着した

米、武力侵略を防

ト大統領演説 未開國援助に努

シントン特電二十八日発＝AP特約】トルーマン大統領は廿八日米国
說し、今回韓国が何ら挑発行為をしないのに北鮮軍から攻撃を受けたと
諸国が危険にさらされていることを示すよい例であるとし、要旨次のよ

米の行動は正当

ア長官談 台湾、比島防衛策

||| 1 |||

옛 제국의 총력전과 군수 주가의 폭등

1950년 6월 25일, 한국전쟁이 발발했다. 이 전쟁에는 대한민국과 조선민주주의인민공화국만이 아니라 남측에는 미국을 중심으로 하는 16개국의 국제연합군이, 북측에는 중국군이 참전했다. 소련의 강력한 지원 없이는 북측은 전쟁 수행이 어려웠을 것이다. 일본은 공식적으로는 참전국이 아니지만 남측의 전쟁 수행에 중대한 역할을 맡고 있었다. 한국전쟁에는 남북 분단의 고착을 막고자 하는 지역 전쟁의 요소에 세계 전쟁의 요소가 복잡하게 얽혀 있었다. 제2차 세계대전 이후 처음으로 본격적인 세계 전쟁의 장이 된 한반도는 제2차 세계대전 말기에 개발된 제트기, 기관총, 로켓포, 네이팜탄 등 신무기의 실험장이 되었다. 그 과정에서 동아시아 냉전체제의 확장과 자본의 재편성이 가시화되었다.

미국의 요청을 절호의 기회로 판단한 일본 정부와 기업이 적극적으로 한국전쟁에 관여한 사실은 《아사히신문》 한국특파원이 쓴 〈조선 전선에 일본 무기〉의 다음과 같은 문장들을 통해 확인할 수 있다. 게재일은 전쟁 발발로부터 2년이 지난 1952년 11월 16일이다(조간 2면. 〈그림 8-1〉).

> 우선 이 전쟁은 '강 건너 불구경이 아니다'라는 것이다. 일본에서 일본인의 손으로 만든 병기와 탄약이 여기서는 이미 공산 측을 향해 불을 뿜고 있다. 지프는 거의 대다수가 일본의 공장에서 조립 또는 수리된 것으로, 완성 일자와 공장 이름이 선명히 새겨져 있다. 트럭 역시 그렇다. 특히 한국군의 전선前線에는 미제가 아니라 이스즈, 닛산日産, 도요타의 것들이 넘쳐난다. 미군의 참호 속에도 일본제 군용 모포가 즐비하며 외투나 피복류가 눈에 띄게 늘었다. 일본의 군수회사는 현실적으로 이 전선에 참전하고 있다. 어제도 일본의 라디오에서 "전차, 비행기의 수리 인수를 비롯해, 얼마 지나지 않아 TNT폭약 3,000톤, 무연 화약 5,000톤의 발주가 있을 것"이라고 기세 좋게 전하는 것을 들었다. 군수 주가는 오르고 있으며 주주는 싱글벙글거리고, 거기서 일하는 사람들은 이번 겨울 보너스의 기대감에 들떠 있을 터이다.……일본과 한반도 사이에는 더 이상 바다가 없다고 해도 될 만큼 밀접해졌다. 국제연합군 사령부가 도쿄에 있고 보급기지도 항공기지도 모두 일본에 있다. 그리고 전투부대가 이 반도에 있다. 재팬·코리아 에어리어(일본·조선지구)라고 곧잘 외국인 기자들이 말하고들 있는데, 바로 이것이 아시아 작금의 현실이다.

한반도에서의 전투가 격렬해질수록 뉴욕의 주가는 올랐고 일본에는

朝日新聞

朝鮮戰線に日本兵器

共産側に火を吹く

韓国人はいう ふところ手の日本人

朝鮮中部戦線の激戦を物語る薬きょうの山(AP特約)

国連総会 朝鮮問題の

〈그림 8-1〉
〈조선 전선에 일본 무기〉, 《아사히신문》 1952년 11월 16일 자.
한국전쟁에 일본이 깊게 관여하고 있음을 전하는 기사.

막대한 달러가 떨어졌다. 이렇게 '메이드 인 재팬' 없이는 전쟁 수행이 불가능한 사태는 이미 개전 직후부터 예상되고 있었다. 한국전쟁이 발발한 것은 1950년 6월 25일 일요일 오전 4시경. 그 정보가 세계에 퍼졌던 것은 같은 날 오전 10시 무렵, UP통신의 급보를 통해서였다.

개전 다음 날인 월요일의 니혼바시카부토초日本橋兜町에서는 아침부터 주식을 사려는 주문이 쇄도했다. 6월 24일 토요일의 전체 거래가 103만 주였던 것에 비해 25일은 7할이 증가된 180만 주였다. 인기가 집중됐던 주식은 그때까지 30~40엔 선에서 바닥을 맴돌던 '옛 군수주軍需株'였다. 주가는 급등을 거듭했고 휴전협정이 조인되던 1953년 7월 27일까지 3년 동안 4배가 되었다고 한다.[1] 이 때문에 정전 성립 전후로 일본에서는 주가 폭락의 문제가 큰 이슈가 되었다. 이승만이 독단으로 반공포로를 석방한 까닭에 한국전쟁의 휴전 교섭이 한 달 늦어진 것이 "현실에서는 적절한 '냉각 기간'이 되었다. 뉴욕 주식의 대폭락도 없었다"는 기사가 한국전쟁 정전 성립 하루 전(7월 26일) 《아사히신문》에 게재될 정도였다. 조금이라도 더 오래 전쟁 경기가 지속되길 바랐던 일본에 한반도의 '평화'만큼 불리한 뉴스는 없었다. 한반도의 유사[시]를 어떻게 잘 활용할 것인가는 옛 종주국의 후속 과제였다고 할 수 있다.

한국전쟁을 계기로 일본제국의 침략 전쟁을 지탱했던 군수산업이 활기를 띠게 됐을 뿐만 아니라 식민지 조선의 지배 경험까지 소환되었다. 남과 북을 불문하고 한반도의 지리와 설비에 대해 가장 상세히 알았던 것은 식민지를 지배했던 옛 종주국 일본이었기 때문이다. 1952년에 초대 주일미국대사로 부임한 로버트 머피는 "한국전쟁이 일본인에겐 마치 천재일우의 기회와도 같았다"고 서술하면서 "일본인은 놀랄 만한 속도로 그들의 섬 4개를 하나의 거대한 보급창고로 변화시켰다"

고 회상한다.

> 일본인은 우리를 돕기 위해 군대를 보급하도록 요구받지도 않았으며 그런 요구 자체가 허용되지 않았다. 그럼에도 선박·철도의 일본인 전문가들은 숙련된 부하들과 함께 조선으로 가서 미국 및 국제연합의 사령부에서 일했다. 이는 극비였다. 그러나 연합군은 한반도를 잘 알고 있는 일본인 전문가들 수천 명의 원조가 없었다면 한반도에 잔류하는 데 큰 곤란을 겪었을 터이다.[2]

'조선을 잘 알고 있는 일본인 전문가들 수천 명'이 한반도로 건너와 '극비' 원조를 하지 않았더라면 미군은 한반도에 잔류할 수 없었으리라는 머피의 증언은 다른 데서도 확인할 수 있다. 일본은 사상자 19명을 낸 해상보안청 '특별 소해대掃海隊'나 이동수단으로서의 선박 등, 옛 제국의 다양한 자원들을 활용하여 참전했다.[3] 예컨대 한국전쟁의 흐름을 바꿨던 인천상륙작전에서의 대승리에도 한몫했다. 전쟁 발발 직후부터 1950년 8월경까지 한국군과 연합군은 한반도의 최남단 낙동강 변까지 내몰리고 있었고 조선민주주의인민공화국(이하 '북한'으로 줄임)에 의한 한반도의 통일이 멀지 않았다고 할 정도로 고전을 면치 못했다. 바로 이 시기 맥아더는 일본에서 상륙부대 7만을 보내어 인천 상륙을 감행했다. 일본에서 출발한 LST(전차병 양륙함揚陸艦) 47척 가운데 37척은 일본인 선원이 몰고 있었다.[4]

한국전쟁에 대한 일본어 미디어의 관심은 니혼바시카부토쵸의 주가 반응과 마찬가지로 전쟁에서 얻을 수 있는 이익에 집중되어 있었다(〈그림 8-2〉). 또 일본의 한국전쟁 참전은 식민지 지배사를 재정리하는 계기

(C)朝日新聞社　朝日新聞クロスサーチ・フォーライブラリー　1951年07月01日　東京　朝刊　2P

休戰の場合と経済界

一時的打撃を予想

政府に緊急対策要望か

産業界

輸出停滞観測

米国援助の規模を重視

金融

特需減退見越して売物急増

繊維

証券

中共貿易

〈그림 8-2〉
한반도의 휴전협정과 관련하여 일본이 우려했던 것은 무엇보다도
경제적 타격이었다. 《아사히신문》 1951년 7월 1일 자.

가 되었다. 이번 장에서는 "이미 바다가 없다고 해도 될 만큼 밀접한" 관계였던 재팬·코리아 에어리어(옛 일본제국의 세력권)가 총동원된 한국 전쟁에서 과거 제국의 기억이 어떻게 떠오르는지, 일본이 미국 및 아시아와의 관계 속에서 어떻게 자리매김되고 있었는지에 주목하겠다.

||| 2 |||

《광장의 고독》과 식민지-일본

한국전쟁 기간 도쿄는 미군의 군사거점 가운데 하나였으며 미디어의 발신지이기도 했다. 그런 사정을 엿볼 수 있는 소설이 홋타 요시에의 《광장의 고독》이다. 이 작품의 전반부는 잡지 《인간》 1951년 8월호에 발표됐다. 그러나 이 잡지가 휴간되었기 때문에 10월 《중앙공론 문예특집》 제9호에 전반부와 후반부가 묶여 발표되었다. 11월에 동일한 이름의 작품집 《광장의 고독》이 중앙공론사에서 간행되었고, 홋타는 아쿠타가와상을 받았다.[5] 1951년은 한국전쟁의 정전 교섭이 물밑에서 진행되고 있었고, 9월에는 미일안전보장조약이 조인되었다.

발표 직후부터 뛰어난 '한국전쟁 소설'로 높은 평가를 받은 이 소설에서 전장으로서의 한반도가 실체를 갖고 등장하는 것은 아니다. 도쿄와 요코하마가 주요 무대로 설정된 이 소설 속의 시간은 "1950년 7월 어느 날"로 되어 있으므로 한국전쟁이 발발한 지 한 달도 채 지나지 않은 때다. 서두의 장면이 도쿄에 본사를 둔 신문사 외신부에서 시작되는 것은 우연이 아니다. 휴전회담이 시작됐던 것은 1951년 7월 10일이다. 개전 이후 거의 1년 이상, 한국과 국교가 없었던 일본의 미디어는 종군 기자의 파견이 불가능했으므로 외신 보도에 기대지 않을 수 없었다. 대부분의 해외 미디어가 도쿄를 한국전쟁의 발신기지로 삼고 있었지만 일본의 미디어는 그 정보를 해외에서 사들여야 했다(〈그림 8-3〉).

그렇게 일본의 미디어는 한국전쟁을 직접 취재하는 것이 아니라 외신 기사의 번역 경쟁에 각축을 벌이고 있었으며, 그 현장이 《광장의 고독》의 주요 무대였다.

> 전[보]문은 2분 간격으로 길고 짧은 것들이 섞여 죽죽 흘러들어 왔다.
> "음, 그러니까 '전차 다섯 대를 포함한 공산군 태스크 포스'라고. 도이 군! 태스크 포스라는 말은 뭘로 번역하지?"
> "이전 전쟁에서 미국 해군 용어였는데, 그땐 기동부대로 번역했었어요……."
> "그래? 그렇다면 전차 다섯 대를 포함한 태스크……아니, 적 기동부대는……."
> 부부장 하라구치와 도이가 그런 대화를 주고받고 있었다. 기가키는 '적'이란 말을 듣고 깜짝 놀랐다. 적? 적이 뭐지, 북한군이 일본의 적이란 말이야?
> "잠깐, 잠깐만요. 북한 공산군을 적이라고 번역하기로 정했나요? 아니면 원문에 에너미enemy라고 되어 있는 건지요?"

《광장의 고독》 서두에 '북한군은 일본의 적인가?'라고 묻고 있는 것

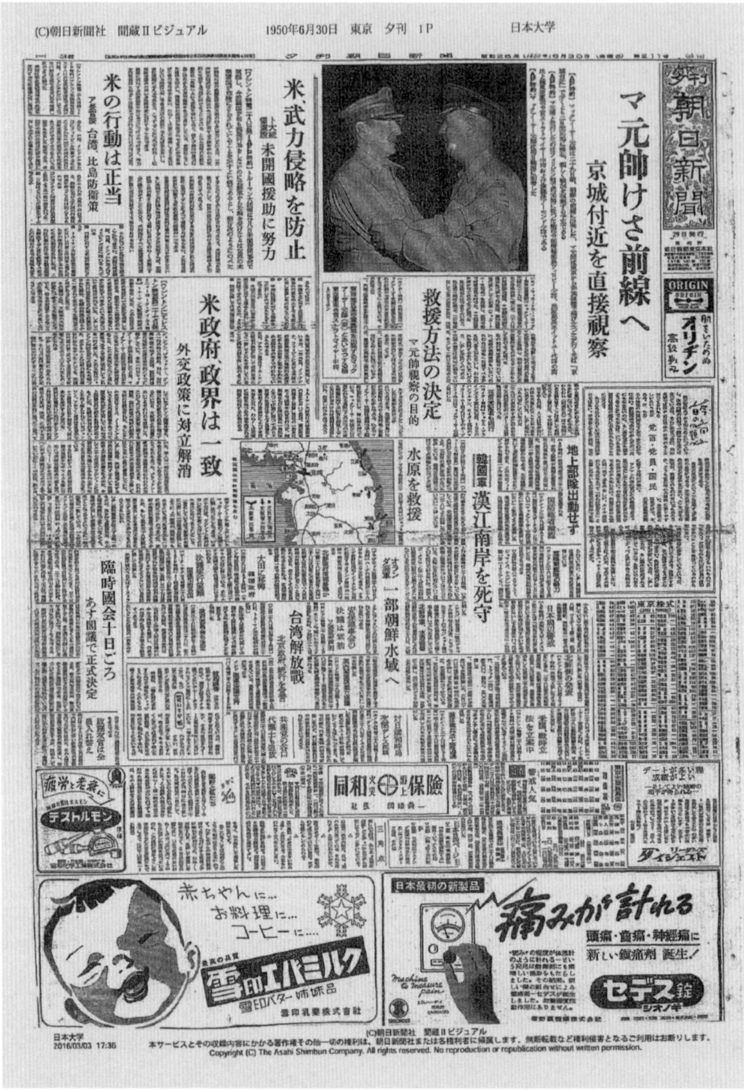

(C)朝日新聞社 聞蔵IIビジュアル 1950年6月30日 東京 夕刊 1P 日本大学

夕刊 朝日新聞

マ元帥けさ前線へ
京城付近を直接視察

米、武力侵略を防止
未開國援助に努力

米の行動は正当
台湾、比島防衛策

救援方法の決定
マ元帥視察の目的

米政府、政界は一致
外交政策に対立解消

水原を救援

韓國軍 漢江南岸を死守

地上部隊出動せず

一部朝鮮水域へ

台湾解放戦

臨時國会十日ごろ
あす閣議で正式決定

〈그림 8-3〉
《아사히신문》 1950년 6월 30일 자 석간. 한국전쟁 관련
모든 기사들이 AP 등 외국 미디어 기사를 번역한 것임을 알 수 있다.

은 이 소설의 시점인물(주인공) 기가키 고지이다. 패전 후, 상하이에 억류됐던 그는 귀환한 후 "전범자본" 도입이 의심되던 S신문에서 2년간 근무했다. "일본이 완전히 독립하기까지" 신문에 관여한다면 "Commit(죄·과)를 범하는 것"이라고 생각했기 때문에 한국전쟁이 발발하기까지 아내 요코와 번역 하청 일을 하고 있었다. 이런 그가 "전쟁의 당사자인 미국인"의 영향에 종속된 일본어 신문에서 "북한군을 적으로 번역하기로 정했나요?"라고 확인하고 있는 것이다.

그는 미군의 시각에서 쓰인 영어 기사 속에 잠재되어 있는 "〔우리 미국의〕 적"이라는 말을 그대로 일본어 "〔우리 일본의〕 적"으로 치환할 건지를 묻고 있는 것이다. 그러나 번역의 정치적 조작에 민감하게 반응했던 이는 기가키만이 아니다. 이 질문에 "'오샤요お社用[회사의 앞잡이] 부장'이라는 별명으로 불리고 있던" 동아부東亜部 겸 외신부장 소네다는 "앞뒤 관계를 잘 살펴서 적절히 번역해 놓으라"고 지시한다. 이것이야말로 일본어 미디어에서의 한국전쟁이 갖는 본질을 잘 드러내고 있다.

이날은 "일본공산당 탄압 뉴스"가 "호외를 알리는 신문팔이의 방울소리"와 함께 퍼져 나갔다. 즉, "북한군은 일본의 적인가?"라는 질문은 1950년 7월 18일의 일본공산당 중앙기관지 《아카하타[赤旗]》의 무기한 발행정지 처분을 의식하면서 발화됐을 가능성이 크다. 1950~1952년에 걸쳐 《아사히신문》, 《요미우리신문》, 《마이니치신문》은 한국전쟁에 관한 보도에 많은 지면을 할애하고 있었다. 한편 《아카하타》는 한국전쟁이 시작된 다음 날부터 전쟁을 곡해하여 보도했다고 하여 30일간의 정간에 처해졌고, 7월 18일부터는 무기한 정간을 명령받았다.[6] 한국전쟁 개전 다음 날 〈한국군이 먼저 발포〉, 〈공화국군이 일곱 곳에 진출〉, 〈이승만 일본 망명 준비 중인가〉 등 북한의 공식 발표를 그대로 보도한 것이 문제가 된 것이다.[7] 연합군 최고사령부GHQ/SCAP[8]에 의한 공식적인 미디어 검열은 이미 끝났었다고 해도, 이《아카하타》에 대한 엄격한 처분은 다른 미디어의 전쟁 보도에 영향을 끼쳤다.《아카하타》의 정간은 누구 편에 서서 보도해야 하는가라는 GHQ/SCAP의 기준을 일본의 미디어들에 명확히 예시한 것이었다.

하지만 일본의 미디어에 전장 보도를 제공하던 외국 미디어 역시 7월부터는 엄격한 규제를 받게 된다.《광장의 고독》에서 기가키가 적에 관해 질문했던 때, 즉 한국전쟁 개전 이후 한 달이 경과된 그때는 인민군이 한반도 대부분 지역을 점령함으로써, 국제연합군과 한국군은 대구가 뚫리면 오직 부산밖에 남지 않는 상황에 내몰리고 있었다. 국제연합군에 의한 엄격한 보도 규제는 수세에 몰린 쪽의 초조함을 반영하고 있었다. 7월 25일에 미국 육군은 보도 기준을 확대하여 국제연합군 지휘관의 결정을 비판하는 기사를 금지했다. 이미 맥아더 사령부는 특파원들을 '반역자'로 규정하고 "적에게 원조와 안도감을 주고 있다"고 비난했으며, 본보기로 일부 특파원들을 한반도에서 추방하거나 취재 거점인 도쿄에서 한반도로 복귀하는 것을 금지했다.[9]

애초부터 GHQ/SCAP에 의한 잡지 미디어 검열은 1946년 9월부터 민간검열국Civil Censorship Detachment(CCD) 지휘로 시작되었다. 1947년 무렵부터 서서히 사전 검열에서 사후 검열로 완화되었고 1949년 10월 31일에 CCD가 폐지됨으로써 이른바 '공식적' 검열은 끝난다.[10] 그러나《아사히신문》같은 일간지는 사후 검열이 "사전 검열보다도 자기 책임이 무겁다"고 판단했고, 발매금지 및 회수 명령에 의한 경제적 손실이나 편집 책임자의 군사재판 회부를 피하는 방책으로 "프레스 코드[보도 강령]에 충실한 미디어라는 인상을 GHQ에 남기기 위한 노력"을 아끼지 않았다. 아사히신문사 출판국장은 1948년 9월의 사보에서 다음과 같이 지시했다.

> 우리가 자유로워진 검열제도 아래서 집필과 편집을 하더라도 우리 각자의 마음속에 검열제도를 설치하지 않는다면 곧바로 인재人災가 닥쳐올 것이다. 사후 검열은 생각하기에 따라서는 자기 검열에 다름 아닌 것이다. 방심과 부주의로 도를 넘어 지나치게 나아간다면 인재는 곧 우리 일이 될 것이다.[11]

"각자의 마음속에 검열제도를 설치하라." 이런 방침이 실제로 기능하고 있는지 여부는 사후 검열로의 이행기(1948년 1월 1일~5월 31일)의 검열 처분건수를 통해 확인할 수 있다. 《아카하타》가 633회, 《교도통신》이 545회였던 것에 비해 처분건수가 적었던 미디어로서 《마이니치신문》(167회), 《요미우리신문》(154회), 《아사히신문》(113회)의 이름이 기록되어 있다.[12]

'오샤요 부장' 소네다가 북조선을 일본의 '적'으로 할 것인지에 대해 "앞뒤 관계를 잘 살펴서 적절히 번역해 놓으라"고 말하고 있는 바, 이는 소설 속 신문사가 검열 처분건수가 적었던 곳임을 말해 준다.[13] '북한군은 일본의 적인가?'라는 기가키의 질문은 이후 "사상이 불온하다"는 것의 증표로 인식되어 동아부 소속 기자와 논설위원의 한국전쟁 대책회의에서 "상당히 큰 문제"가 된다.

같은 날, 국적불명의 비행기 여섯 대가 동해 앞바다에서 공중전을 벌이고 있다는 지방부장의 특종거리는 여러 특약 외국 통신사들에 전화로 확인한 결과, 그들의 취재망에는 걸리지 않아 "뉴스로서 공식적 권위를 부여받지 못"하고 무시되었다. 이 정보가 맞다면 일본이 참전할 가능성이 있음에도 불구하고 외면한 것은 그런 사실을 누설한 지방의 일본 경찰 내부 소식통보다도 외국 통신사와 보조를 맞추는 쪽이 안전하다고 생각했기 때문이다. 일본어 미디어의 한국전쟁 보도 현장에서는 점령군의 엄격한 지배를 받는 '식민지 일본'만이 가시화된다.[14]

||| 3 |||

한국(인) 없는 한국전쟁

《광장의 고독》 서두에는 〈겐큐사研究社판 새 영어新英和대사전 제10판〉에서 인용된 "Commit"라는 낱말의 세 가지 뜻이 제시되어 있다. 이 소설의 독자들은 우선 "Commit"의 의미부터 확인하게 된다.

> Commit (A) (죄·과罪·過) 따위를 저지름, 범함……(B) 부탁함, 위임함, 언질言質을 줌, 위험하게 함, 위태로움에 빠지게 함……(C) 누를 끼치다……That will commit us. 그 때문에 우리는 위험에 처한다.……

이 사전에서 Commit라는 동사의 의미는 이 소설 해석의 방향을 이끄는 형태로 눈에 띄게 인용되었고, 본문 속에서는 "코미트먼트"라는 명사와 조합을 이뤄 기능한다. 예컨대 번역 전쟁이 한창이던 신문사 장면이 그것이다. "공산당 탄압의 정부 발표" 때문에 호외 발행을 알리는 버저가 울린 뒤, 하라구치 정치부 부부장이 전화로 "조선의 전황이 불리하다는 정보를 누군가에게 보고했다." 기가키는 그가 "정계나 재계의 보스에게 정보를 제공했을 것"이라고 생각한다. 이 소설 속의 한국전쟁은 당사자인 한국을 말소한 상태에서 전적으로 "국제연합 대對 북한 간의 사활을 건 전쟁"으로 제시된다.[15] 때문에 하라구치 정치부 부부장은 '한국'이 아니라 국제연합의 입장에서, 좀 더 정확히 말하자면 미국의 입장에서 '불리하다'고 전황을 보고한 것이다. '전황이 불리하다'에 찍혀 있는 방점은, 주어가 명확한 원문(영어)을 주어를 애매하게 처리하는 것이 허용되는 일본어로 번역하는 과정에서 그 주어 자리에 있던 '미국'이 삭제되면서 그 문장이 마치 '일본'에 '전황이 불리하다'고 해석되는 상황에 대해 기가키가 위화감을 느꼈다는 걸 표현하고 있다. 나아가 "기가키 자신이 아침부터 줄곧 번역하고 있던 신문기사조차도 누가 썼는지 서명 날인이 되지 않은 까닭에 한층 더 명백한 진실로서 사람들의 눈에 비치게 되는 건 아닐까"라는 두려움 때문에 "그는 다시금 코미트먼트"라는 말을 연상하게 된 것이다.

그가 점령군의 탄압을 받는 공산당계 미디어의 편을 드는 게 아니다. 레드 퍼지purge로 직장에서 쫓겨난 오쿠니 및 다치카와에 대해 "그들의 입장에서 말하자면, 한반도의 전쟁은 분명 해방 전쟁일 것이다"라면서 거리를 둔다. "일본이 완전히 독립하기까지는 신문에 관여하지 않겠다고 맹세했던 것을 철회하고자 그는 노력했다." 이는 점령군 시각에서의 번역을 수용하고자 했음을 의미한다. 그러나 "때때로 자기 자신 역시, 내셔널리스트인가라고 의심하는" 기가키는 "나라의 독립과 정신의 독립은 불가분의 관계에 있다고 하는" 고정관념에서 벗어나지 못한다.

이러한 기가키의 내면에 따라 전개되는 3인칭 시점의 서사에서 기가키의 번역행위, 즉 미국 점령 아래서 미국의 시각으로 번역하는 행위는 Commit라는 동사와 겹쳐지게 됨으로써 다음과 같이 변환되어 간다.

> (A) 〔일본에〕 (죄·과罪·過) 따위를 저지르다, 범하다……(B) 〔일본을〕 부탁하다, 위임하다, 언질을 주다, 위험하게 하다, 위태로움에 빠지게 하다……(C) 〔일본에〕 누를 끼치다……That will commit us. 그 때문에 우리는 위기에 처한다.……

바로 이런 번역에 의해 "우리는〔일본은〕 위기에 처하"는 것이다. 다른 한편, "'전선 기지' 일본의 최전선"은 요코하마의 비행장이며 이 최전선을 지탱하고 있는 것은 "일본의 민중"이라는 표현이 보인다. 한국전쟁에 대한 기가키의 상상력은 일본의 본토 및 일본인을 중심에 놓고 좀처럼 외부로 넓혀지지 않는다. 기가키는 서양 문자들로 덮인 요코하마의 풍경에 "외국 조계租界 속에서 보호되고 있는" 기분에 빠지려는 자신을 경계하면서 오히려 그런 풍경의 이면에 일본의 민중(아시아의 민중, 즉 식민지, 반半식민지 및 점령국민)이 "기를 펴고 살 수 없는" 억압적인 상황이 은폐되어 있음을 의식한다. 그러나 이와 같이 일본의 민중이 전면에 내세워지는 작품 속에서 조선인은 고유명을 가진 인물로서는 일체 등장하지 않는다.

외국인 기자들의 지프나 세단을 세차하는 일본인 소년의 표정은 "전쟁 중 홍콩에서, 상하이에서, 사이공에서, 싱가포르에서 일본인의 차와 구두를 닦고 있던 소년들이나 자동차나 문을 지키고 있는 어른들의 표정과 그대로 빼닮은 것"이었고, "과거에는 중국인, 안남安南인, 인도네시아인, 필리핀인, 인도인, 백계白系 러시아인 등이 일본인 아래에서 지금 자동차를 닦고 있는 소년들의 얼굴을 하고 있었다." 나아가 거기에 기가키, 오쿠니, 장궈서우張國壽의 얼굴이 겹쳐지면서 "지금 일본인이 저들 아시아인과 같은 처지에 있는 게 분명"하다는 것이다. 일본의 점령이나 식민지 지배 아래 있던 아시아 여러 민족의 처지를 통해서 현재의 일본인이 미국의 식민지 지배를 받고 있음을 가시화한다. 정말 이상한 것은 한국전쟁 이야기인데 거기에는 조선인이 전혀 나오지 않는다는 점이다. 일본제국과 조선의 관계에 관해서도 일체 언급이 없다. 게다가 무기를 운반하는 노동자, "백인 상인들이나 선원들, 거기에 인도인, 중국인, 인도네시아인"이 혼재되어 있는 요코하마에도 조선인은 없다. '조선' 및 '조선인'이라는 말은 현해탄 너머로 추방되어 있으며, 단지 "한반도에서는 수십만 난민이 식량도 없이 정처 없이 헤매고 어둠 속에서 모두 죽어 가고 있다"면서, 그런 상황이 신생 일본과는 아무 관계도 없는 것처럼 말한다.

《광장의 고독》의 주요 등장인물은 "한반도의 전선에서 방금 돌아온" OA통신의 하워드 헌트 외에 기가키가 패전 직후 상하이에 억류되어 있을 무렵 알게 된 국민당 계열의 중국인 기자 장궈서우와 틸리히 남작이다. 장궈서우는 중국공산당으로부터 벗어나기 위해 대만행을 택했고, 틸리히는 옛 오스트리아 귀족으로 나치에게 쫓긴 망명자이다. 세 사람은 한국전쟁으로 인해 전쟁물자나 무기, 사람, 정보 등이 넘쳐나는 요코하마에서 재회한다. 기가키는 틸리히와 다시 만났을 때, 그에게 "정체 모를 공포감"을 느끼던 상하이 시절을 떠올린다. 이것은 틸리히가 "국가든 뭐든 무언가 엄청난 파국으로 치닫는 그 현장에 언제나 존재하는 남자[방점: 원문]"였기 때문이다.

사람들의 소문을 종합하면, 틸리히는 엄청난 파국으로 치닫는 장소에 반드시 모습을 드러내는 장의사 같은 남자였다.……그는 제2차 세계대전이 발발하기 바로 직전까지 파리에 있으면서 피란 가는 부르주아들의 가재도구를 인수했다. 그리고 마지막 배로 남미로 건너가 거기 있는 독일인과 이탈리아인의 동산·부동산을 사들였다. 종전 후에는 어떻게 손을 썼는지 국제연합의 구원기구에 참가하여 누구보다 먼저 상하이에 모습을 드러냈던 것이다. 그는 일본인의 재산과 약탈품에 쓸 만한 게 없어서 실망하면서도 그대로 눌러앉아 중국공산당의 남하에 위협을 느낀 국민당 요인들이나 부자들의 소유품을 헐값에 구매했고 그중 양질의 것은 마닐라로 옮겼다.……그리고 전후 5년이 지나 다시 일어서기 시작한 일본에 모습을 드러내다니……기가키는 자연스레 이제부터 일본에서 무너지는 것이 무엇인가라는 생각을 하지 않을 수가 없었다(52쪽).

틸리히는 망국의 지배계급-민족의 소유품이나 약탈품을 헐값에 사들이는 '장의사'였다. 망국의 입회인인 틸리히가 '한반도'가 아니라 '일본'에 나타났다. 이 이야기의 논리구조에 따르면, 한국전쟁에 의해 가장 위험해진 나라는 '일본'인 것이다.

틸리히의 등장을 일본 '멸망'의 전조로 받아들이는 기가키에게 틸리히는 일본을 탈출해 아르헨티나에서 영구 거주하기 위한 "1,300달러, 암시장 거래가로 대강 52만 엔에 해당하는" 자금을 건넨다. 중국인 장궈서우가 국제연합 기자로 영전하고 헌트는 다른 전장인 하노이를 향하게 되는 다른 한편에서 기가키는 "정체 모를" 괴이한 거금을 앞에 두고 일본에서 탈출해야 할지 말지를 고민한다. 붕괴된 일본제국의 잔해로부터 얻은 상하이에서의 자금에 더해 한국전쟁이 낳은 자본의 일부, 즉 조선 민중의 피까지도 스며 들어가 있는 "100달러 지폐 13장"에 의해 기가키의 마음은 흔들린다.

||| 4 |||

장혁주의 한국전쟁 종군기

한국(인) 없는 한국전쟁 이야기 〈광장의 고독〉이 잡지 《인간》에 게재된 바로 이 시기 일본의 미디어에도 한반도 취재가 허용된다. 점령군의 프레스코드를 잘 지켜 검열 처분건수가 적었던 마이니치신문사는 한반도 출신 소설가 장혁주를 종군기자로 한반도에 파견한다. 제6장에서 논했듯이 장혁주는 1932년의 《개조》 현상 공모에서 2등으로 뽑혀 도쿄 문단에서도 활약할 기회를 얻었다. 그는 중일전쟁이 시작되면서 발표한 〈조선의 지식인에게 호소한다〉(《문예》 1939년 2월) 이래로 내선일체 정책에 찬동하는 입장을 취했다. 그는 조선이 독립하면서 일본의 진보적 지식인과 조선인으로부터 당시의 전쟁 협력을 추궁받으면서 어려운 입장에 놓여 있었다.

《마이니치정보》 1951년 9월호에 실린 〈본지 특약 조국 조선으로 날아가다〉(제1보)는 "내가 모국에 입국이 가능하도록 모국과 나 사이에 가

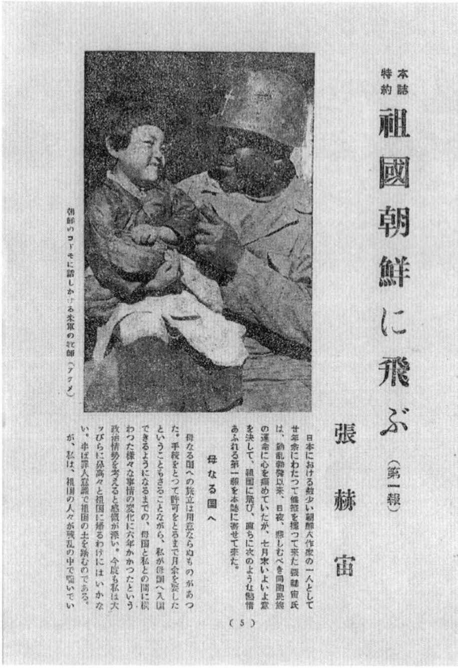

本誌特約

祖國朝鮮に飛ぶ（第一報）

張赫宙

朝鮮のコドモに話しかける米軍の牧師（アクメ）

日本における数少い朝鮮人作家の一人として廿年余にわたつて健筆を揮つて来た張赫宙氏は、動乱勃発以来、日夜、悲しむべき同胞民族の運命に心を痛めていたが、七月末いよいよ意を決して、祖国に飛び、直ちに次のような熱情あふれる第一報を本誌に寄せて来た。

母なる国へ

母なる国への旅立は用意ならぬものがあつた。手続をとつて許可をとるまで月余を要したということもさることながら、私が母国へ入国できるようになるまでの、母国と私との間に横わつた様々な事情の変化に六年かかつたという政治情勢を考えると感慨が深い。今度も私は大ッぴらに公然と祖国に帰るわけにはいかない。半ば罪人意識で祖国の土を踏むのである。が、私は、祖国の人々が戦乱の中で喘いでい

（5）

〈그림 8-4〉
장혁주가 한반도에 도착하여 처음 보낸 기사. 《마이니치정보》 1951년 9월호.

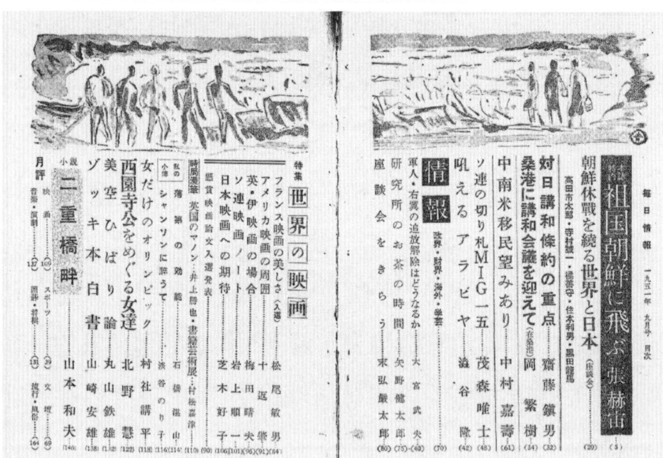

毎日情報 一九五一年 九月号 目次

〈그림 8-5〉
장혁주의 〈조국 조선으로 날아가다〉가 첫머리에 눈에 띄게 배치되었다.
《마이니치정보》 1951년 9월호 목차.

로놓인 여러 사정이 변화하는 데에는 6년이라는 세월이 걸렸다.…… 이번에도 나는 공개적으로 당당하게 조국에 돌아갈 수 없었다. 거의 죄인의 심정으로 조국의 흙을 밟았다"는 문장으로 시작한다(〈그림 8-4〉). 〈본지 특약 제2보〉에서도 "조선에 올 자격이 없는" 장혁주가 한반도에 나타난 것을 비판하는 "사람들의 마음에 남은 반일감정과, 친일적인 입장에 대한, 아니 그것보다는 일본의 작가인 나에 대한 이중의 감정을 나는 충분히 이해한다"고 말했다.

마이니치신문사는 이런 반감도 충분히 계산에 넣고 장혁주를 한반도로 보냈고, 그의 기사를 〈그림 8-5〉와 같이 크게 실었다. 마이니치가 장혁주를 조선에 파견한 것은 그가 조선어를 할 수 있고 일본어도 잘 쓸 수 있다는 단순한 이유 때문이 아니다. 독립된 지 겨우 6년밖에 지나지 않은 한반도는 일본어가 충분히 통하는 환경이었다. 한국 정부나 군대는 전쟁 발발 4일 만에 서울을 점령당할 정도로 고전을 면하지 못했음에도 국민들에게는 전황을 사실대로 알리지 않았다. 때문에 많은 사람들은 피란 여부조차 판단하지 못해 서울에 머물러 있었다. 개중에는 자위 수단으로서 미국 국영 방송 〈미국의 소리VOA〉,[16] 유엔 총사령부 라디오 방송VUNC만이 아니라 NHK 라디오를 이용하는 사람들도 있었다.[17] 한국 정부의 정보를 신뢰할 수 없었던 사람들은 외국의 정보에 의지하고 있었던 것이다.

인민군의 서울 점령 중에도 이러한 상황은 이어졌다. 당시 국영 서울중앙방송KBS의 아나운서이자 한국전쟁의 발발을 최초로 전한 것으로 알려져 있는 위진록은 자택에 숨어 소형 진공관 6개로 된 중파中波·단파 라디오로 NHK를 들었다. 그에 따르면 NHK의 전파는 대단히 안정되어 선명했는데, "특히 한국전쟁에 대한 그들의 시사 해설은 목숨을 부지할 수 있게 하는 명줄이었다"고 회고했다.[18] 단파 수신기를 가지고 있다는 것만으로도 총살될 가능성이 있었을 정도로 정보 통제가 극심했던 중에 NHK를 수신하는 것은 목숨을 건 행동이었다. 한국인들이 맥아더의 인천상륙작전의 정보를 입수했던 것도 일본 라디오의 정보에 근거한 소문을 통해서였다. 이렇게 일본어 정보는 순식간에 한국어로 번역되어 민중의 입을 통해 퍼져 갔던 것이다.

그런데 장혁주의 도항渡航을 법적으로 보자면 특별한 조치 없이는 실현될 수가 없었다. 현재 확인할 수 있는 장혁주의 전장 취재는 1951년 7월(마이니치신문사 종군기자), 1951년 10월 하순(《오호嗚呼 조선》 취재를 위해), 1952년 10월(《부인구락부》 종군기자) 세 차례이다. 그는 한국군 또는 국제연합군이 지배하는 지역에서 양쪽의 지원을 받으면서 취재하였다. 그는 1952년 10월 17일 세 번째 도항 직전에 일본으로 귀화하여 '노구치 미노루'가 되었으며, 직후 "국제연합 종군기자의 패스포트를 안주머니에 넣고 다치카와 기지를 떠나 비행기를 타고" 한반도로 날아갔다(《요미우리신문》 1952년 10월 29일 자). 드디어 '종군기자의 패스포트'를 입수했던 것이다. 일본 재입국이 허용될지 어떨지를 걱정하면서 하네다 공항에서 노스웨스트기機를 타고 도항했던 1951년의 취재 때와는 상당히 다른 대우였다.

앞서 언급한 〈본지 특약 제1보〉에는 출입국을 둘러싼 불안이 진하게 담겨 있었다. 장혁주의 한국전쟁 취재 기획은 1950년 말부터 시작되었다. 그러나 여권이 발행되지 않았기 때문에 계획은 중지되었다. 1951년의 한국 도항은 "정규 왕복 여행이 아니었다. 한국인 귀환자[引揚者]로서 단지 편도 여권만을 얻었을 뿐"이었으며, 그 여권조차도 한 달 보름이 걸려 입수했던 듯하다. 그 기사 르포는 부산에서 송고한 것인데 "일본으로 되돌아갈 수 없을지도 모른다"는 불안감을 토로했다. 이렇듯 1951년의 취재는 예외적인 조치(지원) 없이는 실현될 수 없었다. 당시 한국과 국교가 없던 일본인만이 아니라 일본에 있던 조선인 기자가 공식 루트를 통해 한반도로 건너가 취재를 한다는 것은 많은 제약이 따르는 일이었기 때문이다.

해방 후에도 많은 조선인이 일본에 잔류할 것으로 예상한 일본 정부는 일본 거주 조선인 재류자격 등에 관한 권한을 GHQ/SCAP에 강하게 요구했다. 미국 국무성, GHQ/SCAP, 미군사령부의 조선 관련 문서에 근거해 생각해 보면, 이 문제의 쟁점은 조선인을 연합 국민(=승전국 국민)으로 취급할 것인가 일본 국민(=패전국 국민)으로 취급할 것인가에 있었다.[19] GHQ/SCAP는 1946년 12월 15일의 본국 귀환 기한 종료를 한 달 앞둔 11월 5일에 〈조선인 귀환에 관한 총사령부 민간정보 교육국 발표〉, 12일에 〈조선인의 지위 및 취급에 관한 총사령부 민간정보 교육부 발표〉와 〈조선인의 지위 및 취급에 관한 총사령부 섭외국 발표〉라는, 조선인의 법적 지위에 관한 방침들을 연달아 공표했다. 그 핵심은 "일본에 있는 조선인으로서 총사령부의 귀환계획에 기초한 본국으로의 귀환을 거절하는 자는 정당하게 설립된 조선 정부가 그들을 조선 국민으로 승인할 때까지 일본 국적을 유지하는 것으로 간주한다"고 하는 총사령부 담당관의 말에 집약되어 있다.[20]

'일본 국적을 유지하고 있는 것으로 간주한다'는 것은 조선인을 해방된 민족이 아닌 패전국 일본인으로 취급하고 일본 정부의 지배 아래 둔다는 것을 의미한다. 이들 방침을 이용해 일본 정부는 1947년 5월 2일 자로 칙령 제207호 〈외국인 등록령〉을 발포하여 등록증명서의 상시 휴대를 의무화했다. 그러나 실제로는 1945년 8월부터 이미 아무런 법적 근거도 없이 일방적으로 옛 식민지 출신을 외국인으로 간주했으며 치안관리 대상으로 삼았다.[21] 정영환에 따르면 점령기 재입국 허가의 운용 실태에 관해서는 불명확한 점이 많다. 일본 정부의 귀환계획에 의거하여 귀국한 조선인은 기본적으로 일본으로의 재도항이 금지되었다. 잔류한 조선인 중 일시적으로 출국한 경우는 재입국 허가를 얻을 수 있던 사람들도 있었지만, 한반도 북쪽으로 도항한 경우에는 재입국이 곤란했다고도 한다.

재입국 허가제도가 정식으로 일본의 입관 법령에 편입된 것은 1951년이다. 이는 장혁주가 한반도에서 취재 활동을 하고 있던 시기와 겹친다. 1952년 4월 19일의 일본 법무성 사무국장 통지에 의거해 조선인·대만인은 일본 국적을 상실했기 때문에 조선인은 입관령에서 말하는 '외국인'이 되었다. 이후부터는 재입국 허가를 얻지 않고서 출국할 경우 일본 재류자격을 상실하게 되었다.[22] 이 같은 입관법의 변동기에 장혁주가 한반도로 도항할 수 있었던 것은 특례조치였다고 할 것이다.[23]

장혁주가 도쿄로 돌아와 집필한 글 중 가장 큰 반향을 불러일으킨 것은《오호 조선》(신쵸샤, 1952년 5월)이었다.[24] 이 책이 나오기 1년 전에는 다른 저자가 쓴 유사한 제목의(일본어로는 동일하게 발음되는)《아아 조선》(고가츠쇼보五月書房, 1951년 4월)이 화제가 되었다.《아아 조선》은 국제연합군의 관할 영역에서 취재하던 장혁주와는 달리《콤소몰리스카야 프라우다》의 특파원 알렉세이 코진이 1950년 8월부터 11월까지 북한 측의 진군 영역에서 취재한 것을 토대로 작성된 책이었다[다카기 히데토 옮김]. 서문에 해당하는〈싸우는 조선〉에 "미국 제국주의군과 괴뢰 이승만 정부군"이라고 기록되어 있는 대로 인민군의 시각에서 구성된 책이라고 할 수 있다. 이에 대해 장혁주의《오호 조선》은 한국군 대 인민군의 싸움을 같은 거리에서 부감하는 3인칭 서사가 중심이다. 주인공 박성일은 인민군 의용군이었다가 한국군 포로가 되었고 그때부터 한국의 국민방위군 병사가 되면서 한국전쟁을 겪는데, 그 역시 어느 쪽에도 심정적으로 가담하지 못하는 서사자와 같은 위치를 견지한다.

다른 한편 장혁주의 《오호 조선》은 김사량의 종군기와도 대립적인 위치에 있었다. 장혁주의 종군기는 미군정 미디어 정책에 순응하던 일본 미디어가 조선인 자신이 이야기하는 (남측의) 한국전쟁 이야기로 사용했다. 이에 반해 인민군으로 종군하고 전사했던 김사량의 〈바다가 보인다〉는 점령군과 일본 정부의 한국전쟁 참전을 비판하는 입장이었던 김달수의 번역으로 《중앙공론》(1953년 가을호 문예특집)에 실린, 인민군 측 시각에서 쓴 종군기였다. 당시 김달수는 일본공산당 국제파의 일원으로 분류되었으며 일본공산당만이 아니라 조선인들의 조직인 재일조선문화단체연합회로부터도 '백안시'되고 있었다. 한국전쟁이 발발한 1950년 진보 진영의 민주주의 문학운동과 관련된 큰 사건 중 하나는 잡지 《신일본문학》(국제파)과 《인민문학》(소감파所感派)의 대립이었다. 1950년 1월 6일, 코민포름(모스크바의 공산당·노동당 정보국) 기관지에 〈일본의 정세에 대하여〉[25]가 실리면서 당시 일본공산당 주류인 노사카 산조의 평화혁명 노선은 철저히 비판되었다. 그 대응을 둘러싸고 일본공산당은 도쿠다 규이치 등의 주류파(소감파)와 미야모토 겐지를 중심으로 한 반주류파(국제파)로 분열된다. 재일조선인 작가들도 그 대립에 휩쓸리며, 《민주조선》이나 《신일본문학》에서 김달수와 함께 활동하고 일본 문단에서도 높이 평가받던 시인 허남기가 소감파의 《인민문학》으로 이동한다. 당시 일본에서 조선인 문학자를 대표하던 김달수와 허남기는 대립관계에 놓이게 된다. 김사량의 전사 특집이 편성됐던 것은 많은 조선인 활동가의 거점이던 소감파 계열의 《인민문학》이 아니라 국제파 계열의 《신일본문학》 1952년 12월호였다.[26]

김사량의 유작이 된 〈바다가 보인다〉에 대해 이시가미 미노루는 "그의 삶의 방식이 옳을지는 모르지만 과도하게 단순화된 공식에만 의존하고 있다"(〈아아, 김사량〉, 《문예수도》 1953년 12월호)고 비판한다. 김달수에 따르면, 이와 유사한 비판이 《도쿄신문》이나 《신일본문학》에도 게재됐던 듯하다. 인민군 입장에서 쓴 김사량의 글이 비판 대상이 된 것이다. 김달수는 이런 비판을 수용하면서도 "지금의 일본에서 보면 뒤편에 가려진 조선의 입장을 이만큼 잘 드러낸 글은 이때까지 없었다"고 지적하면서 "북조선 인민군에 대해서는 전혀 모르거나 혹은 제대로 알려져 있지 않은 것이 현실이다"라고 썼다.[27]

당시 일본의 미디어는, 한국전쟁에 대해 나카노 요시오가 장혁주의 《오호 조선》을 평가한, 즉 "북[조]선을 동정하지도 않고 남[조]선의 편들기도 하지 않고 쓰"는 태도를 선호했다. 이는 인민군의 학살 현장과 한국군의 학살 현장을 함께 묘사함으로써 획득될 수 있는 효과라는 점은 두말할 나위도 없다. 나카노의 말을 빌리자면, "남북 모두

〈그림 8-6〉
장혁주《오호 조선》의 초판 띠지.
나카노 요시오[영문학자·평론가]의 평가를 추천의 말로 실었다.

가 자유의 이름 아래 얼마나 많은 죄악을 거리낌 없이 저질러 왔는가,……비인간적인 광기가 만들어 내는 가차 없는 현실"[28]이 그려져 있는 것이다. 나카노는 한국전쟁의 '현실'을 일본의 재군비 반대운동의 논리에 이용한다(〈그림 8-6〉).

나카노 요시오는 《오호 조선》의 내용이 "어떤 의미에서는 결코 처음 듣는 새로운 사실이 아닐 뿐더러 오히려 충분히 상상하고도 남음이 있다"라고 말한다. 이런 기시감에 대해 장윤향은 《요미우리신문》, 《아사히신문》, 《마이니치신문》의 한국전쟁 보도와 장혁주의 《오호 조선》이 대단히 유사한 구도를 취하고 있기 때문이라고 적확하게 지적한다.[29] 시라카와 유타카는 "남북 어느 쪽으로도 편향되지 않은 중립적인 시각"에서의 서술이었다고 장혁주를 긍정적으로 평가하지만,[30] 중립이란 몰沒정치적인 것이라고 바꿔 말할 수도 있다. "몰정치적인 태도는 결과적으로 본인의 의지와는 상관없이 특정 이데올로기에 봉사할 위험이 있다."[31] 그것은 정치권력의 입장에선, 자신에게 비판의 화살을 돌리지 않는 가장 바람직한 순종의 태도일 것이다. 장혁주의 《오호 조선》과 GHQ/SCAP의 검열을 내면화한 일본의 '한국전쟁' 보도 사이의 상호 유사성, 특히 남과 북을 동일한 거리에서 바라보는 자세는 한국전쟁을 자신들과는 아무 상관도 없는 바다 너머의 사건이라는 구도를 만들어 낸다. 이는 앞에서 다룬 《광장의 고독》의 주인공 기가키 고지가 놓여 있던 미디어의 현장에 다름 아닌 것이다.

||| 5 |||

일본은 그 누구의 편도 아니다

한국전쟁기에 일본어권에 유통되어 일본의 문단 권력으로부터 높은 평가를 받았던 《오호 조선》과 《광장의 고독》이 취하고 있는 구도에 주목하면, 주인공의 위치가 미묘하게 겹침을 알 수 있다. 《오호 조선》의 주인공인 박성일은 인민군과 한국군 어디에도 적응하지 못한다. 또 그의 내면을 호의적으로 그려 내고 있는 3인칭 서술자 역시 남과 북 모두에 거리를 두고 있다.

《광장의 고독》의 기가키 및 그의 내면을 공유하는 서술자도 《오호 조선》의 박성일과 마찬가지로 어느 한쪽의 이데올로기에 가담하지 않고 양쪽 모두와 거리를 두는 위치에서 이야기를 진행한다. 때문에 기가키는 부부장 하라구치로부터는 경찰보안대에 함께 참가하자는 권유를 받고, 레드 퍼지 때문에 신문사에서 쫓겨난 오쿠니를 통해 기가키 자신도 레드 퍼지의 대상이 될 수 있음을 알게 된다. 《광장의 고독》에서 기가키가 원하는 '광장'은 냉전과 대립의 상징인 크렘린과 워싱턴의 광장이 아니다. 그가 간절히 원하는 '광장'은 양 진영 모두와의 전면 강화講和를 통해서 성취되는 것임에 주목할 필요가 있다. 그의 이상이 평화문제간담회 등이 중심이 되어 있던 "비무장 중립론〔전면 강화론〕"과 인접한 위치에 있기 때문이다.[32] 비무장 중립론은 한국전쟁을 계기로 본격화된 미일 주도의 단독 강화파에도 공산당 계열의 전면 강화파에도 비판적인 거리를 취하면서 전개되었다.

한편 《오호 조선》은 나카노 요시오 등의 평화문제간담회의 멤버처럼 비무장 중립론을 추진하고 있던 독자들에 의해 높이 평가되었다. 그러나 이야기의 내용에 입각하여 생각하자면, 주인공인 박성일은 북한에도 한국에도 위화감이나 거리감을 느끼고 있지만, 이야기를 전개하는 3인칭 서술자는 '미국'에 친화적이기 때문에 냉전 구도로부터 벗어날 수 없다. 예컨대 일본에서는 USA를 '米國(쌀나라)'이라고 한자 표기를 하는데, 장혁주의 《오호 조선》에서는 '美國(아름다운 나라)'이라고 표기하는 데서도 드러난다. 나아가 장혁주의 귀화를 전하는 1952년 10월 12일 자 《요미우리신문》의 기사를 보면(〈그림 8-7〉), 일본의 미디어가 장혁주의 발언을 이용해서 한반도의 남과 북을 동시에 비판하고자 함을 알 수 있다.

> 장혁주의 이야기에 따르면, 이번 봄에 출판된 《오호 조선》의 제3부 〈절망의 저편〉에는 한국(국민)방위군 상층부의 부패를 예리하게 폭로하는 장면이 있는데, 그것이 대한민국에서 문제시되고 있는 듯하다. 게다가 7월 15일 일본공산당 30주년 기념일에 맞춰 우리 지면에 수기 〈조선동포에 고함〉을 발표함으로써 장혁주는 북한 계열 조

선인에 의한 박해만이 아니라 대한민국 정부까지도 강하게 자극했다. 한국 친구들의 정보에 따르면 '민족반역자'로 체포영장까지 발부된 듯하다. 또한 그는 주일한국대표부로부터 지난 가을 10월 하순 《오호 조선》의 취재차 남한 여행을 위해 교부받았던 1년간의 유효 여권도 취소당할 운명에 처했다.

장혁주가 분단된 한반도의 양쪽 모두로부터 신랄한 비판을 받고 있었음을 알 수 있다. 이 기사에 대해 장혁주는 노구치 미노루라는 일본 이름으로 썼던 〈르포르타주 조선〉(《군조群像》 1953년 1월)에서 "나의 귀화를 알리는 기사가 또다시 자극적인 문장으로 《요미우리신문》에 보도되었고, 조선행을 필사적으로 비밀로 하고 있었는데 역시 같은 기자가 냄새를 맡았다." 이것은 "대단히 악질적인 과장에 거짓말까지 섞어 마치 내가 한국에 밀입국이라도 한 것 같은 인상"을 주는 기사였다고 비

(3) 14版 昭和27年10月12日 (日曜日) 讀賣新聞

張赫宙氏が帰化

南北両鮮に容れられず

滞日廿年、宿願の手続き

張赫宙氏

まだいる日本兵

バンコクに二百 引揚者の話

陛下、国鉄記念式典列席ご中止

「小泉八雲のように」

条件にかなっている

〈그림 8-7〉
장혁주의 일본 귀화를 전하는 기사.
《요미우리신문》 1952년 10월 12일 자.

판했다. 이 르포에는 장혁주가 한국전쟁 관련 글을 발표하고 나서 다수의 협박장과 '암살 예고'까지 받았다고 쓰여 있다.[33] "남북 모두에서 용인되지 않다"라는 소제목에서도 알 수 있듯이 한반도에도 일본에도 장혁주가 설 땅이 없음을 시사하는 《요미우리신문》의 기사는 그의 일본 귀화를 지지하는 저명인의 이름으로 매듭짓고 있다. 귀화 청구의 보증인으로서 후쿠나가 겐지 국회의원, 문예가협회장 아오노 스에키치, 일본 펜클럽 회장 가와바타 야스나리, 《요미우리신문》 편집국장 고지마 후지오 등의 이름과 나란히, 귀화의 "조건이 갖추어져 있다"라는 법무성 제5과장의 보증까지 첨부되었다.

《오호 조선》에서 박성일의 시각이 미군정 정책에 순응하는 일본 미디어에 의한 한국전쟁 보도와 유사했다는 점을 상기해 보자. 장혁주는 한술 더 떠 〈조선동포에 고함. 남의 나라에서 소란피우지 말라. 역효과를 낳는 테러행위〉라는 수기를 《요미우리신문》에 기고했고(〈그림 8-8〉), 이는 일본 미디어에서 '폭력선인'(불령선인) 담론에 신빙성을 부여하는 효과를 낳았다. 남과 북, "그 누구 편도 아니다"라는 장혁주의 입장은 미디어의 차별적인 조선인 표상을 합리화하는 데 이용되었다. 소설가 장혁주는 한국전쟁 전후의 강화론을 둘러싼 논의가 격렬해지는 시기에 일본 미디어에서 부활했다. 그러나 그 논의가 수습되어 갈 시기가 되면 장혁주는 일본어 미디어로부터 다시금 버려진다.

《광장의 고독》의 아쿠타가와상 수상을 축하는 모임이 1952년 2월 25일 《근대문학》, 《중국문학》, 《황지荒地》 동인의 주최로 열렸다. 이날 모임에 참가한 26명 전원과 홋타 요시에의 기록이 잡지 《근대문학》[34]에 수록되어 있다(〈그림 8-9〉). 목차에 참가자 전원의 이름이 쓰여 있다. 놀랍게도 《광장의 고독》이 한국전쟁 소설이라 높게 평가하는 이들조차

27154号　（第三種郵便物認可）☆

朝鮮同胞に告ぐ

張赫宙

きょう十五日の共産党創立卅周年を前に発表された「徳田論文」があれこれ批判の対象になっているとき「嗚呼朝鮮」の著書で有名な作家張赫宙氏(四七)(埼玉県入間郡高麗村高岡一)は十四日「朝鮮同胞に告ぐ」と題する次のような手記を本社浦和支局に寄せてきた、これは「一部在日鮮人が他人の国で騒ぐのはいたずらに反感をそゝるばかりだ」と日鮮平和を希う一人の朝鮮人の立場から訴えた切実な叫びである—

他人の国で騒ぐな

逆効果を生むテロ行為

最近の大きな騒擾事件にはかならず朝鮮同胞が加わっている、新聞の報道ではその主体が朝鮮人であるかのような印象をうける、私はその現場を一つも見ていないので何ともいえないし、同胞諸君から「民族反逆者」「親日家」と呼ばれ、北鮮系諸君からはとくに「反動だ」

と指示されているので「同胞に告ぐ」文章を書くなどおこがましい行為だ、しかし私は国籍如何にかゝわらず、れっきとした朝鮮人なのだから朝鮮人の在日立場につい

て大へん心配している、それは同胞に対する私の愛情だ。

諸君のこのところの暴力行為は日共の指令によるといわれるが、それ自体の善し悪しは別として何らの効果がない、「日本人民のため日本を解放する」という諸君の目的からすれば全く逆効果で、日本の人民は「朝鮮人は怖い」「朝鮮人がまた騒いだ」「他人の国で騒ぐのはもってのほかだ」といっている、その通りだ。諸君は日本人にとって「外国人」である、「日共」内部では「日鮮一体」であろうけれども一般日本人は「外国人」だと思っている、当然なことだ、外国人に政治干渉されたくないのが日本人の正直な気持だ

私は日本人が朝鮮人に対して憎悪を持つの余り、関東大震災当時のあの「鮮人虐殺」に類する不祥事が起きるのではないかと心配する あるいは日本政府に「強制送還」の口実を与え、何の関係のない穏かな朝鮮同胞に災難がふりかかるのを恐れる、暴力はとかく人に憎まれる、暴力戦術を止めて納得のゆく方法を考え出すことを敢て忠告する

張赫宙氏

張赫宙氏　明治卅八年大邱に生れ、大邱高校卒業後小学校教員となり、やがて炭坑労働者として来日、処女作「餓鬼道」「追はれる人々」など民族主義的傾向の作品を発表、戦後は「権といふ男」「ガルボウ」など朝鮮人の風俗小説に転じた、現在は浦和市常盤町二の七八大韓民国居留民団埼玉県支部が県下にわたり展開している左翼系朝鮮人への覚醒運動にも関係している

〈그림 8-8〉
《요미우리신문》은 〈조선동포에 고함, 남의 나라에서 소란피우지 말라〉라는 자극적인 제목을 붙였다. 《요미우리신문》 1952년 7월 15일 자.

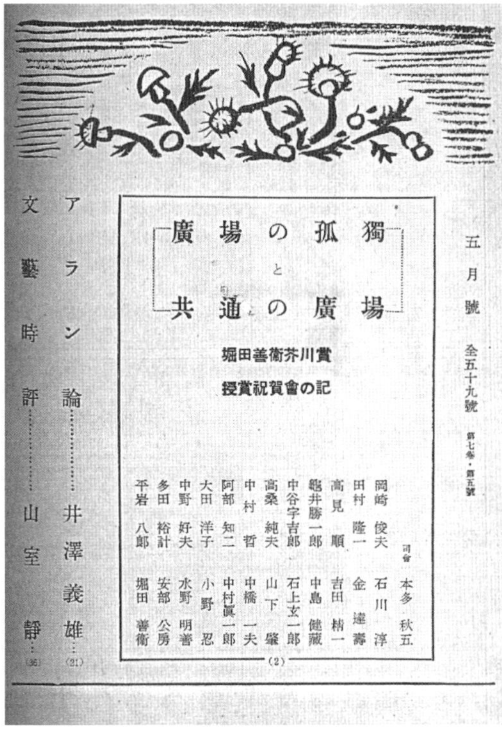
五月號 全五十九號 第七卷・第五號

廣場の孤獨 と 共通の廣場

堀田善衛芥川賞
授賞祝賀會の記

司會 本多秋五

岡崎俊夫 石川淳
田村隆一 金達壽
高見順 吉田精一
龜井勝一郎 中島健藏
中谷宇吉郎 石上玄一郎
高桑純夫 山下肇
中村哲 中橋一夫
阿部知二 中村眞一郎
大田洋子 小野忍
中野好夫 水野明善
多田裕計 安部公房
平岩八郎 堀田善衛

(2)

アラン論……井澤義雄…(21)
文藝時評……山室靜…(36)

〈그림 8-9〉
특집 〈광장의 고독과 공통의 광장〉에서는 홋타 요시에의 아쿠타가와상 수상 축하회에 참가한 사람들의 코멘트를 소개하고 있다. 《근대문학》 1952년 5월호.

도 '조선'에 대해서는 일체 이야기하지 않는다. 사회를 맡았던 [문학평론가] 혼다 슈고는 "[일본의] 평화, 나라[일본]의 독립, 혹은 우리들[일본인]의 자유와 인권, 이런 것들이 위협받고 있다는 느낌, 작은 전조가 큰 재앙을 불러온다는 공포와 불쾌감은 오늘날 우리 모두의 가슴에도 감춰져 있다. 홋타 군의 작품은 이런 우리들의 기분을 대변하는 것"이라는 말로 모임을 시작한다. 이는 미국 중심의 강화조약을 맺으면 일본이 영속적으로 미국의 지배 아래 놓일지도 모른다는 두려움에 대해 호소하던 단독강화 반대운동과 동일한 발상이다. 나아가 혼다는 "평화옹호운동의 참가자가 공산당으로 오인되는 것을 우려"하는 입장(자유로운 입장)에서 "평화나 독립 문제에 대해 의견이나 감상을 이야기해 주길 바란다"고 요청했다. 즉, 혼다는 《광장의 고독》의 감상을 당시의 강화론에 결부시켜 말해 주기를 참가자들에게 요구했던 것이다.

모임 참가자들의 여러 코멘트는 당시의 화제작이던 루마니아 작가 콘스탄틴 게오르규의 장편소설 《25시》[가와모리 요시조 옮김, 치쿠마쇼보, 1950년 7월]의 주인공의 묘사가 일본인의 처지를 그리는 것 같다고 말했다. 《25시》의 주인공은 선량한 루마니아인 농부다. 그는 제2차 세계대전 중 유대인으로 오해를 받고, 소련에서는 고귀한 집안 출신이라는 이유로 추방된다. 이후 나치에 의해 독일인으로 미화됐고, 마지막에는 공산주의자로서 미군의 포로가 된다. 계속해서 신분과 민족이 바뀌고 타자로부터 차별적 낙인이 찍혀 줄곧 박해받는 이야기이다. 이는 장혁주의 《오호 조선》이나 홋타 요시에의 《광장의 고독》의 주인공의 위치 설정과 유사하다. 수상 축하 모임의 참가자들은 어느 나라나 민족, 진영에도 속하지 못하고 줄곧 박해받는 《25시》 주인공의 위치에 '일본인'을 놓고 있었던 것이다.

야마모토 겐키치는 "홋타 군의 문학이 《25시》적이라는 평가"에 찬성할 수는 없지만 "이제까지 일본에 결여되어 있던 넓은 시야에서 일본의 운명을 응시하는 것, 아시아인으로서 아시아의 문제와 씨름하고 있는 것"을 긍정적으로 평가했다. 다케다 다이준이나 오노 시노부가 과거 중일전쟁의 기억에 대해 이야기하고는 있지만 중국 사람들에 대한 기억은 등장하지 않는다. 예외적인 것으로서는 아베 고보의 말, 즉 "중국인이 우리들의 착취에 고통스러워하는 것을 목격했고, 펑톈奉天 부근에서 팔로군八路軍과 충돌하는 것도 보았고, 학생에게 물고문하는 것도 보았습니다. 이런 현실에 불안을 느꼈다"는 말 정도이다.

그 축하 자리에서는 지식인이 일본의 민중 곁으로 어떻게 하면 다가설 수 있을까? 또는 취약한 입장에 놓여 있는 일본인의 위치를《광장의 고독》을 통해 발견했다는 발언들이 이어졌다. 축하 모임에 참가한 유일한 조선인이자 당시 한국전쟁에 대해 적극적으로 발언하고 있던 김달수조차 다음과 같이 말했다.

> 조선의 문학은 1900년 이래로 새롭게 출발했지만 이내 그 싹이 잘렸습니다. 거기에는 절망조차 없었습니다. 일본 역시 그렇게 되지 않기를 바라며 자유를 강하게 요구하시기를 바랍니다. 재군비 반대를 외면하면서 지금 작가라는 일을 할 수는 없습니다. 홋타 씨도 그런 맥락에서 썼으리라 생각하는데, 앞으로도 그러한 의사 표시를 해 주시길 바랍니다.

김달수도《광장의 고독》을 한국전쟁 이야기로 읽고 있는 게 아니다. 식민지 조선의 역사를 언급하면서 일본이 그런 식민지가 되지 않기를 바란다는 것이다. 김달수의 이 발언은 조선의 식민지 지배의 기억에 대해 이야기하고자 하는 게 아니다. 일본이 식민지화될 위험에 노출되고 있다는 것, 그러한 구도가《광장의 고독》에 내재해 있다는 것을 긍정적으로 평가하고 있는 것이다.

이는 단순한 망각과는 다른 차원의 이야기이다. 한국전쟁의 영향으로 서둘러진 강화조약을 둘러싼 논의에서 일본제국의 종속적 위치에서

고난을 겪은 '식민지 조선'의 역사적 기억이 미국의 종속적 위치에 놓여 있는 '신생 국가 일본'을 설명하기 위한 단순한 비유로 사용되고 있는 것이다. 이렇게 한국전쟁을 둘러싼 논의는 한반도의 남과 북 모두와 거리를 두면서 폭력적인 조선인(불령선인)들을 비판하고 중립적인 '평화국가 일본'을 향한 욕망을 드러내는 것이었다. 이러한 뒤틀린 구도가 힘을 얻고 있던 '전후'라는 공간에서, 이 책이 논의한 불령한 것들의 역사, 즉 러일전쟁부터 내선일체까지 변화무쌍하게 확장과 이동을 되풀이하며 출판제국 일본의 질서를 어지럽혔던 불령한 것들의 역사가 호출될 여지는 없었던 것이다.

일본 근현대 문화사에 질문을 던지다

국가적 기억의 장에서 지나치게 특별한 의미를 부여받아 왔던 말들이 실제로는 사람들의 상상력에 사각死角을 만드는 경우가 있다. 예컨대 '시베리아 억류'라는 말도 그러하다. 김효순의 《조선인 시베리아 억류: 나는 일본군·인민군·국군이었다》(와타나베 나오키 옮김, 도쿄외국어대학 출판회, 2023)의 서평을 쓰기까지 나는 이것을 알아차리지 못했다.

이 책의 번역자 와타나베 나오키는 저자 김효순과 협의하여 한국어판 제목 《나는 일본군, 인민군, 국군이었다: 시베리아 억류자, 일제와 분단과 냉전에 짓밟힌 사람들》[서해문집, 2009]을 《조선인 시베리아 억류: 나는 일본군·인민군·국군이었다》로 바꿔 일본어판 제목으로 삼았다고 한다. '시베리아 억류'를 둘러싼 일본과 한국의 인지도가 너무나 다르기 때문이다. 이 책의 추천사에서 나카노 도시오가 지적한 것처럼, 일본어 공간에서 "시베리아 억류"는 "히로시마·나가사키"나 "히키아게引揚げ[인양]"와 나란히 전쟁에 의해 "일본인이 입은 '피해'를 상기시키는 사실로서" 거듭 소환되고 있다. 피폭자나 귀환자, 억류 체험자를 일상 속에서는 차별하거나 그 차별을 묵인해 왔던 머저리티(일본인)가 '일본'의 전쟁 기억을 이야기할 때에는 그들·그녀들과 동등한 피해자의 위치

에 슬그머니 들어앉아 당사자(동일한 일본인) 행세를 하는 것이다.

이와는 달리 한국에서는 시베리아 억류에 대해 거의 알려지지 않았다. 김효순의 책 띠지에 있듯, "한국인의 시베리아 억류는 여태껏 기초적인 사실조차 명확하지 않다." 즉 억류자 관련 여러 기록들이 조사되거나 정리되지 않았던 것이다. 이는 '시베리아 억류자'가 당사자의 삶을 위태롭게 하는 위험한 기호로 기능했기 때문이다. 일본에서는 전쟁 피해의 대표적 사례이고 많은 자료가 축적되어 왔던 '시베리아 억류'가 한국에서는 역사적인 고유명으로서조차 성립되지 않았다.

김효순의 책 한국어판 제목은 '시베리아 억류'가 아니라 '시베리아 억류자'이다. 한국어 제목은 '시베리아 억류'라는 역사적 사건이 아니라 일본군에서 (조선민주주의인민공화국의) 인민군으로, 또 (한국의) 국군으로 격렬하게 변화하는 당사자들의 위치가 개인의 차원을 훨씬 넘어서는 형태로 일본의 식민지 지배나 한반도의 분단과 뒤얽혀 있음을 드러내는 데에 무게중심을 두고 있다.

한국이 '적성敵性 국가'로 분류하고 있던 소련과 국교를 수립(1990)하기까지 군사독재 정권을 지탱한 이데올로기는 '반공'이었다. 때문에 한국에서는 만주국군에 종군하고 공산주의 국가 소련에 억류된 뒤 조선민주주의인민공화국을 경유하여 군사분계선에 갑자기 나타난 조선인이란, '아카[적색]'의 낙인이 찍힐 가능성이 높은 자들이었다. 그런 당사자들이 '아카'를 엄중히 단속하는 국가보안법[1948. 12. 1~]이나 재일조선인 한국 유학생 간첩 사건의 날조, '아카'와 관련된 연좌제가 존재하는 사회에서 살아남기 위해 택한 수단은 '침묵'이었다. 만주국군 출신 대통령(박정희)이나 한국군 최고지도자들이 권력 상층부에 군림하는 한국에서 권력자 자신의 치부를 들춰내는 과거는 역사화되지 못한 채로 방치되었다. 일본의 식민지 지배 책임을 논의하는 장에서도 한국인 시베리아 억류자들은 한국인 전범이나 한국인 특공대원보다도 더욱 배제되어 일본과 한국의 역사 연구의 사각지대가 되어 있었다.

지금까지 일본어로 출판된 한국인 시베리아 억류자 관련 자료는 하야시 에이다이의 《잊혀진 조선인 황군병사: 시베리아 탈주기》(아즈사쇼인梓書院, 1995)뿐이었다고 한다. 저자 김효순은 한국인 시베리아 억류자들을 지속적으로 인터뷰하면서 《한겨레신문》 등에 연재했던 글들을 다시 엮어 2009년에 책을 출판했다.

《조선인 시베리아 억류: 나는 일본군·인민군·국군이었다》는 역사서이다. 일본어로 작성된 시베리아 억류 및 식민지 지배, 중일전쟁, 제2차 세계대전에 관한 문헌들을 정밀히 조사하고 일본의 식민지 지배로부터 현대에 이르기까지의 일본과 한반도의 관계사를 시베리아 억류를 축으로 삼아 다시 쓴 것이다. 시베리아 억류자의 목소리를 잘라 역사 속에 재배치하는 수법을 취하고 있는데, 이것은 한국인 시베리아 억류자의 '삶'이 식민지 지배의 역사와 냉전사의 중대한 일부라는 점을 명확히 하기 위한 시도이다.

저자 김효순의 인터뷰에 응했던 분을 포함하여 이 책에 등장하는 분들은 일본어 번역이 간행되기 전에 이미 모두 사망한 상태였다. 이들이 가지고 있던 자료의 행방도 알 수 없게 된 듯하다. 한국인 시베리아 억류를 둘러싼 역사가 한국(어)에서 일본(어)으로 간신히 도착했음에도 산 증인들에 의한 '생[생한]' 목소리를 들을 수 없게 된 것이다. 사정이 이러하다면 일본어 독자들은 어떻게 이 책과 대화를 이어 가면 좋을 것인가. 더 이상 당사자가 없는, 일본제국의 이름 아래 행해진 전쟁의 기억과 어떻게 마주하면 좋을 것인가. 이것은 이 책을 쓰기 시작했을 때에는 예상치 못했던 상황이었다.

새로운 논의 방법을 모색하지 않으면 안 된다!

이 책의 목차를 보고 놀라는 분들도 있을지 모르겠다. 프롤레타리아·도서관·불령선인·검열·자본·식민지·번역·전쟁 등 누구나가 그 의미 정도는 알고 있다고 여기는 말들이 각 장의 제목으로 나열되어 있기 때문이다. 앞서 서술한 것처럼, '시베리아 억류'라는 동일한 사건을 경험했을지라도 지금·여기의 상황에 따라 의미가 달리 부여되거나 기억 자체가 침묵에 의해 말소될 위기에 노출되는 일이 있다. 때문에 특정한 말이 일본어나 조선어·한국어 속에서 어떤 자장에 놓여 있는지를 의식하지 않으면 안 된다. 이와 동시에 일본제국 붕괴 이후의 영토적·언어적 경계에 갇혀, 실제로는 민족·인종·젠더·언어·계급을 말끔하게 구획할 수 없을 만큼 복잡하게 교착하면서 만들어진 일본 근대 문화사의 중대한 단면을 간과해 왔을 가능성까지도 아울러 생각해야 한다. '그 말은 잘 알고 있다'라는 착각이 사각을 만들기 때문이다. 이 책은 필자가 지금까지 연구를 진행해 오는 와중에 빈번히 조우했던 말들을 다시 포착함으로써 일본의 근현대 문화사에 새로운 질문을 던지기 위한 준비 작업이라고 할 수 있다. 앞으로도 연구는 계속될 것이다.

이 책은 편집자 오쿠다 노조미奥田のぞみ 씨와의 만남이 없었더라면 세상에 나오지 못했을 것이다. 필자는 이 책을 일본제국의 근대적 출판 시스템을 만들어 낸 많은 편집자들의 기록을 참조했는데, 여기 또 한 사람의 훌륭한 편집자 오쿠다 씨를 기록해 놓고자 한다. 오쿠다 씨와 처음 이야기를 나누었던 날을 지금도 선명히 기억하고 있다. 그것은 2016년 11월 19일 필자가 주최했던 권혁태의 저작《평화 없는 '평화주의': 전후 일본의 사상과 행동》(정영환 옮김, 호세이대학출판국, 2016)의 서평회였다.

이 책 역시도 오쿠다 씨가 편집했다. 당일 뒤풀이 모임에서 필자는 오쿠다 씨에게 이 책 제5장의 원형이 되는 비합법 출판물의 이동에 관해 열띠게 이야기했다. 그리고 2017년 7월 1일 심포지엄 '미일日米지위협정을 통해 본 오키나와·일본·세계'의 단상에 올랐던 날 다시 만났다. 그로부터 4개월 뒤에 필자의 연구실을 방문한 그와 단행본 이야기를 시작했다. 우리는 긴 시간 대화를 이어 갔고, 오쿠다 씨와 나누었던 많은 메일들은 나의 보물이 되었다. 오쿠다 씨, 감사드립니다.

코로나 기간, 홀로 사시는 어머니가 암 수술을 받고 있었음에도 돌아가지 못했다. 한국과 일본 모두 입국자 격리정책을 취하고 있었고 일본정부가 영주권자일지라도 입국 금지 처분을 내릴 가능성이 있다고 생각했기 때문이다. 어머니는 철저하게 자기관리를 하는, 약한 모습은 일체 보이지 않는 분이다. 조금은 약한 모습을 보여도 좋으리라고 매번 생각하지만 남에게 의지하지 못하는 성격인 듯하다. 그런 모친으로부터 많은 것을 배웠다. 일본의 식민지 시대에 마사코正子라는 이름으로, 이후 독립되고 나서는 정자正子라는 이름으로 살아 왔던 어머니 이정자에게 이 책을 바친다.

2024년 5일

고영란

• 옮긴이 후기

체제 혹은 시스템 안에서[within], 체제의 논리·관리·회로를 거스르면서[against], 체제적 폭력의 정당성 조달체계 너머[beyond] 향하는 다른 힘의 형식. 바로 그것을 식민지 조선과 일본제국 사이로부터 구성하고자 했던 사람들의 의지가, 그 의지의 실행과 실패와 더 나은 실패를 위한 반추가 이 책 《불량한 책들의 문화사》를 이루고 있다. 조곤조곤한 경어체 문장 속에 이 책의 야심찬 기획—"저는 이 책을 통해 제국사帝國史를 식민지의 시점에서 다시 써 보자는 제안을 하고 싶었습니다"—을 새겨 넣고 있는 저자의 〈한국어판 서문〉에서 한 대목을 인용한다.

"일본제국의 정치권력이 사회주의 탄압을 강화하면 할수록 사회주의 서적을 열망하는 독자가 늘어나던 시절이 있었습니다. 제국의 탄압이 자본 생산의 동력이 됐던 것이지요. 거대한 힘이 밟아 누를 때 잠자코 죽어 버리는 게 아니라 억압받고 있음을 상품화하면서 자본을 만들어 내는 힘을 통해, 대항운동을 지속하는 힘이 생성될 수 있음을 논증하려고 했고, 그 지점에서 오늘을 살아 가는 힌트를 얻고자 했습니다.

이 책을 통해 저는 새로운 대항운동과 맞닿는 지점에서 유·무형의 검열을 새로운 대항문화 창조의 동력으로 역이용하는 분들과 함께할 수 있길 바라고 있습니다.”

이 책에는 그렇게 ‘일본제국’이라는 말을 실감할 수 있게 하는 하나의 경로와 입론이 구축되고 있다. ‘네 칼로 네 목을 베리라’의 논리, 역이용·되치기·역전의 균열지점을 확보하기. ‘포스트식민주의’라는 말·개념의 물신화·본질화를 거절하면서 그 말의 힘을 활성화시키는 길들 중 하나는 그 ‘포스트’라는 접두어를 위와 같은 w-a-b(안에서-대항하며-너머로)의 지향과 합성하는 데에 있을 것이다. 그렇게 이 책은 일본제국이라는 말이 환기시키는 모종의 기계적 체제관리력을 구체적인 것으로, 그러니까 정치적인 것을 둘러싼 경합의 장으로, 적대 재구성적인 힘에 의해 횡단되고 있는 것으로 다시 정의할 수 있게 한다.

“이와 같은 사례는 저항과 협력이라는 구획선으로는 포착할 수 없는 움직임이다. 필자는 이런 고정관념을 벗어나 입체적인 일본어 독서 공간을 규명하고 싶다. 나아가 이 문제를 각종 도서관, 헌책방, 노점 등 정보를 확장시키는 공간들과 접합해 검열과 같은 정보 통제와 교섭하는 과정에서 어떤 매체가 어떤 공간에서 어떻게 배제되거나 이동·확산되는지를 논하고자 한다. 이렇게 매체·독자·공간에 개입되어 있는 민족·계급·자본의 문제를 논의하면서 ‘전후’라는 틀에 내재하는 일본 중심의 내부 지향적인 구도와는 전혀 다른, 새로운 논의의 토대를 만들고자 한다.”

협력과 저항이라는 분할선, 협력과 저항이라는 두 낱말의 대립을 통해 편성되는 생각의 질서에 대한 저자의 이의제기는 음미될 필요가 있다. “국가적 기억의 장에서 지나치게 특별한 의미를 부여받아 왔던 말들이 실제로는 사람들의 상상력에 사각死角을 만드는 경우가 있다." 그런 사각을 살려 내는 일, 그 사각으로 인해 보이지 않는 것을 보이게 만드는 일. 그것이 이 책 여러 장들의 낯익은 키워드들(프롤레타리아, 도서관, 불령선인, 검열, 자본, 식민지, 번역, 전쟁)을 낯설게 만들면서 관통하고 있으며, 다름 아닌 '불령한 것들의 문화사' 라는 이 책 원제의 부제를 집약한다. 관련하여 한 가지 사례이자 범례로서 들 수 있는 것은 '도서관' 과 그것에 맞세워지고 있는 '부스러기 책들屑本[폐서적]'에 대한 저자의 적대 재구성이다.

"지배권력의 문서고Colonial Archives 역할을 담당하고 있던 '도서관'과 그런 공간에의 침입이 허락되지 않았던 불온한 서적들이 식민지 조선인들의 독서 경험에 어떻게 각인되어 갔는지, 그 과정에서 떠오르는 다양한 입장의 사람들과 그들이 보인 움직임들이 어떠했는지"에 초점을 맞춘 저자의 분석은 다음과 같다

"언제나 이동하고 확산되고 있던 책, 즉 '부스러기 책들'의 문서고는 지배권력의 문서고 역할을 맡고 있던 '도서관'과는 명확히 다른 형태로 유지되면서 생존했다. 경성제국대학 도서관이 막대한 자금을 들여 훌륭한 장서와 건물을 보유할 수 있었던 것은 조선총독부가 그 도서관을 식민지 통치의 성공의 결정체로서 제국 본토의 문화권력들에 과시하고자 했기 때문이다. 그렇다고 한다면, 도서관이야말로 일본제국에서의 문화적 헤게모니를 다투는 장이자 지배권력의 전략적 공간 프레임에 의해 만들어진 것이라고 할 수 있을 터이다."

이 책의 제목 《불량한 것들의 문화사》, 달리 표시하자면 "이 책이 논의한 불령한 것들의 역사, 즉 러일전쟁부터 내선일체까지 눈이 어지러울 정도로 변화·확장되고 있던 출판제국 일본 속에서의 불령한 것들의 역사"를 이 책의 원제(《출판제국의 전쟁》)에 들어 있는 '전쟁'의

역사로 읽으면 어떻게 될까. 그럴 때 그 전쟁이란 현상타파적인 '앎知'의 생산력으로서의 출판자본에 대한 일본제국의 검열·제어·인도를 가리키는 실제적 비유인 동시에, 출판제국의 정치경제적 축적 프로세스에서 미세한 균열지점을 발굴하고 그곳을 저항의 거점으로 활용하려는 이들의 행위를 표현한다. 다시 말해, 그 전쟁이란 불령한 것들이라는 문화사의 행위자들이 관리권력적 네트워크 곳곳의 연결선상에서 수행하고 있는 미시적 파르티잔의 내전을 표시한다. 그런 미시성의 전략을 발견할 수 있는 하나의 사례이자 범례로서, 3·1운동 이후 조선인에 대한 경찰적 재현, 즉 당국에 의해 조선인 대다수가 '불령선인不逞鮮人[후테이센징]'으로 규정되고 폭도·폭민으로 재현되던 한복판에서 아나키스트 가네코 후미코와 박열이 창간했던《후테이센징太い鮮人》(1922년 11월)을 들 수 있다.

"《후테이센징》 발간에 즈음하여/ 일본사회에서 많은 오해를 받고 있는 '불령선인不逞鮮人[후테이센징]'이 과연 터무니없이 암살, 파괴, 음모를 꾸미는 자들인지, 아니면 어디까지나 자유의 염[원]에 불타는 씩씩한 인간인지를 우리와 비슷한 처지에 놓여 있는 일본의 많은 노동자들에게 알리고자 [인쇄 연판鉛版[금속 인쇄판. 이하 '납판']이 찌그러져 두 줄 판독 불가] 이렇게《후테이센징》을 간행한다. 물론 우리 잡지를 후원하는 것도 자유이며 공격하는 것 역시 여러분의 자유이다."

잡지의 제목부터 패러디적 차이화를 시도하고 있다. 후테이센징(두터운/대담한 조선인)이라는 제목은 후테이센징(불령선인)을 직접적으로 환기시키면서 탈구시킨다. 저자가 인용한《후테이센징》의 창간호 원문을 보면 "太い"의 "太"에는 작은 윗글자로 "ふて[후테]"가 표기되어 있는 바, 그렇게 표기/발음되는 후테이센징과 불령선인(후테

이센징)은 동음이의 관계 속에서 차이화된다. 가네코 후미코와 박열이 표기/발음하는 '후테이센징'은 경찰적-치안적 용어로서의 '불령不逞[후테이]'이라는 말·개념을 내파하는 패러디의 효력을 노리고 있을 때, 저자는 《후테이센징》의 편집자들이 검열당국의 요청에 응하면서 판독 불가능한 것처럼 보이도록 처리한 납판 상태를 세세히 뜯어 보면서 다음과 같이 쓴다.

"납판 상태를 자세히 보면서, 판독 가능한 한자들을 연결하면 의미를 짐작할 수 있다. 특히 주어의 위치에 있는 '불령선인'이라는 단어는 거의 판독이 가능한 방식으로 찌그러트려 놓았다.……'불령선인'이라는 말을 마구 쏟아 내는 매체에서 인쇄 납판을 찌그러트리는 연출은 극심한 폭력 속에서도 질기게 살아남았던 '불령선인'이라는 주체를 전면에 내세우는 효과를 낸다."

이런 맥락과 지근거리에서 당대 검열시스템에 의한 복자覆字는 다음과 같이 재인식된다.

"복자는 법에 저촉될 우려가 있는 표현을 출판사 측이 '자발적'으로 ○표나 ×표 같은 기호로 지우는 것으로서, 특정 표현이 제한되고 있음을 가시화하는 효과를 발휘했다. 문장을 숨긴다는 복자의 본래 기능을 배반하는 형태로, 복자는 독자의 호기심을 자극하고 상상력을 환기시킨다. 복자는 검열제도에 굴복한 상흔임과 동시에 저항의 표상이기도 하다."

그런 사정은 가네코 후미코와 박열이라는 두 아나키스트의 자기 존재 증명, 즉 안티-아르케[지배근원]주의자로서 수행하는 미시적 내전 전략의 목표와 방법에 따라 직조되고 있는 바, 그 지점에 초점을 맞춰 과감하게 말하자면, 이 책은 그런 안티-아르케적 내전 수행을 위한 모종의 파르티잔 교본으로 자리매김될 수도 있을 것이다.

독자 제현諸賢의 일리 있는 독법을 조심스레 기다리게 된다.

2025년 5월

옮긴이

주

머리말

1 [일종의 개인 식별번호 카드[individual number card]. 2016년 디지털 행정을 표방하면서 제도화된 것으로, 한국의 주민등록증에 공인인증서를 합쳐 놓은 것과 비슷함.]

2 한홍구, 〈한홍구의 유신과 오늘 ④: 유신의 정신적 뿌리〉, 《한겨레신문》 2012년 3월 9일자[관련하여 한홍구, 《유신: 오직 한 사람을 위한 시대》(한겨레출판, 2014)를 참조.]

3 [1890년 10월에 선포되어 1948년 6월에 말소된 〈교육에 관한 칙어〉의 줄임말. "신민"의 "충효"와 "마음의 하나됨"을 통한 "대대로 이어진 아름다움"을 "국체의 정화精華"로 정의하고, 거기에 "교육의 연원"이 있음을 천명하고 있다. "학문"과 "지능계발", "덕과 기술[德器]의 성취"를 통한 "공익의 확장"을 내세움과 동시에, "국헌과 국법의 준수"를, "일단 긴급緩急[사태]를 맞이하면 의용義勇으로 공[공]에 봉[헌]해야 함"을 명시하고 있음.]

4 ["1968년 12월 5일 대통령 박정희"로 날인되고 있는 이 문건은, 박종홍과 안호상을 필두로 수십 명의 기초위원 및 심사위원에 의해 작성되고 당시 국회에서 만장일치로 통과되었음. 〈교육칙어〉와의 공유어로서 "조상", "마음", "학문", "기술", "계발", "공익", "공영", "봉사"를 내세움과 동시에, "질서"와 "반공反共"에 "교육의 지표"를 꽂고 있음.]

5 이는 단순히 나의 개인적인 체험이 아니다. 예컨대 한국의 《중앙일보》 기자는 〈국민교육헌장과 교육칙어〉라는 기사에서 다음과 같이 쓰고 있다. "국민교육헌장은 '국민학교' 3~4학년 때 거의 날마다 급우들과 합창하며 외우던 문장들이다. 40년 된 오래된 기억이 무의식 속에 온전히 남아 있었다. 유신시절이던 당시 헌장을 암송하지 못하면 집에 갈 수도, 운동장에서 놀 수도 없었다"(2017년 4월 4일[나현철 논설위원의 글]). 국민교육헌장의 강요에 관해서는, 신주백, 〈국민교육헌장의 역사(1968~1994)〉, 한국민족운동사학회, 《한국민족운동사연구》 45호, 2005를 참조했다.

6 식민지 시대의 박정희에 관해서는, Carter J. Eckert, *Park Chung Hee and Modern Korea*,

Harvard University Press, 2016을 참조했다.

7 지문을 매개로 한 일본제국과 만주의 관계에 대해서는, 다카노 아사코, 《지문과 근대: 이동하는 신체의 관리와 통치의 기법》(미스즈쇼보みすず書房, 2016)을 참조했다.

8 [2024년 4월 1일 자로 시행된 〈구좌관리법〉이 직접적인 사례.]

9 '불량분자'라는 말은 1938년 실시된 노동자 지문 등록의 원안이던 1934년도 〈노동자 지문 관리법안〉(실시·교부되지는 않았음)에서 사용되었다. 다카노 아사코에 따르면, 만주에서는 "지문 등록을 하고 노동허가증을 발급받지 못하면" 일을 할 수 없게 하는 시스템 구축이 목표로 설정되어 있었다(《지문과 근대》, 92쪽). '불량분자'와 '조선인'이라는 말의 친화적 관계에 관해서는, 고영란, 〈'불량분자'의 지문과 '조선인'의 자리매김으로부터: 다카노 아사코 《지문과 근대》를 단서로〉(《쿼드런트[사분의四分儀. 이 잡지의 부제는 '지역·문화·위치를 위한 종합잡지']》 20호, 도쿄외국어대학 해외사정연구소, 2018, 17~26쪽)에서 상세히 논했다.

10 정영환, 〈'해방' 이전 재외조선인의 형성과 이산〉, 친텐지, 고바야시 도모코 공편, 《동아시아의 디아스포라》, 아카시쇼텐明石書店, 2011, 212쪽. ["관내"는 관동군이 1933년 군벌 장쉐량張學良으로부터 빼앗은 열하熱河에 뒤이어 점령한 지역.]

11 강상중 편집, 《사상 독본 4: 포스트콜로니얼리즘》, 사쿠힌샤作品社, 2001, 106쪽.

12 [당시 최대 판매고 100만 부를 자랑하던 대중잡지.]

13 〈나의 은사〉, 《킹》 1939년 3월호.

제1장 프롤레타리아

1 1920년대부터 30년대까지 식민지 조선에서의 '여성노동자'에 관한 연구 흐름은, 배상미, 《혁명적 여성들: 프롤레타리아 문학의 젠더, 노동, 섹슈얼리티》(소명출판, 2019, 19~24쪽)에 상세히 소개되어 있다.

2 [원문에는 인용 출처 끝에 "원문은 조선어, 필자 옮김"이라고 덧붙여져 있다. 본문에서는 《동아일보》의 해당 원문을 큰 손질 없이 제시했다. 이하 《동아일보》 및 《조선일보》 등의 조선어 신문에서 저자가 번역/인용하는 대목의 일부는 해당 신문기사 원문의 국한문 혼용 문장을 현대식으로 수정하여 제시했음.]

3 [원문에서 이 세 낱말은 모두 한글로 되어 있음. 이 한글 위에 각각 작은 윗글자로 "無産者", "勞動者", "プロレタリア"가 표기되어 있음.]

4 후지노 유코, 《민중폭력: 봉기一揆·폭동·학살의 일본근대》, 주고신쇼中公新書, 2020, 154쪽.

5 [원문에서 이 낱말은 한글 표기 위에 작은 윗글자 가타카나로 "チョウセンジン[쵸센징]"이라고 표기되어 있음.]

6 아카시쇼텐, 1996, 41쪽. [모리타 요시오(1910~1992). 쇼와 시대의 관료. 경성제대에서 조선사를 전공, 조선총독부 근무, 전후 외무성에서 한일국교 정상화 관련 기록을 담당. 일본 귀환자引揚者들로부터 청취한 작업 결과를 1,000페이지 분량의 저작 《조선 종전의 기록: 미소 양군의 진주와 일본인의 귀환》(1964)으로 간행했음. 관료 퇴직 이후 성신여대에서 교편을 잡았음.]

7 김부자, 〈간토 대지진 때의 '레이피스트 신화'와 조선인 학살: 관헌 사료와 신문 보도를 중심으로〉, 《오하라사회문제연구소잡지》 669호[호세이대학], 2014년 7월, 3쪽.

8 김부자, 앞의 글, 19쪽.

9 [원문에서 이 낱말은 한글 표기 위에 작은 윗글자 가타카나로 "ジョソンサラム[죠손사라무]"라고 표기되어 있음.]

10 이에 관해서는, 고영란, 《전후라는 이데올로기》(후지와라쇼텐藤原書店, 2010[김미정 옮김, 현실문화, 2013])의 제1장 〈고토쿠 슈스이와 평화적 팽창주의〉에서 상세히 논했다.

11 사카이는 《평민신문》 1주년 기념으로 〈공산당 선언〉의 번역을 추천했던 것은 아베 이소오도 가타야마 센도 아니라고 하면서, "가장 앞선 첫 선배"였던 그 두 사람도 〈공산당 선언〉의 "이름은 듣고 있지만 아직 본 적도 없"는 수준이었다고 회상한다. 번역을 추천해 준 것은 나카에 쵸민의 제자이자 [친구였으며] 《평민신문》 창간을 위해 자금을 제공하기도 했던 고지마 신타로였다(사카이 도시히코, 〈공산당 선언 일본어 번역 이야기〉, 《노농労農》, 1930년 4월, 57쪽). 사카이 도시히코는 〈일본공산주의운동사화史話〉 (1) 평민사 시대(《사카이 도시히코 전집 제6권》, 주오고론샤中央公論社[이하 '중앙공론사'로 표기함], 1933, 211~241쪽)에서는 고지마 류타로小島龍太郎라는 이름으로 표기하고 있다. [《평민신문》은 러일전쟁 이전인 1903년 결성되고 1907년 탄압받아 해체된 사회주의 결사 '평민사'의 기관지였음. 아베 이소오는 경제학자·사회주의자·정치가, 가타야마 센은 노동운동가·마르크스주의자·사회사업가. 고지마 신타로에 관해서는 사카이의 다음과 같은 회고를 참조: "고지마는 나카에 쵸민의 동생뻘 되는 프랑스 학자로, 이전까지는 중의원 서기관으로 일했고, 자유당 좌익들 사이에서 사회주의자 그룹의 선배로 통했다. 우리가 《평민신문》을 일으켰을 때 그는 우리(특히 슈스이)의 패트런[후원자]으로서 다양한 원조를 해 주었다"(〈공산당 선언 일본어 번역 이야기〉, 159쪽)].

12 〈공산당 선언〉의 권두언으로 게재됐던 사카이 도시히코의 말들(《사회주의연구》 1호, 1906년 3월).

13 [1910년 메이지 정부에 의해 날조된 대역죄 처분, 곧 메이지 천황 암살계획의 주범으로 고토쿠 슈스이를 포함 26명이 비밀리에 체포되고 24명이 사형판결을 받은 사건. 12명은 사형 집행, 12명은 특사에 의해 무기징역으로 감형. 뒤이어 전국의 사회주의자 및 아나

키스트 그룹이 탄압을 받고 침체됨.]

14 사카이 도시히코, 〈공산당 선언 일본어 번역 이야기〉, 58쪽.

15 다마오카 아츠시, 〈일본에서의 《공산당 선언》 번역과 번역어의 변천: 1904년부터 1925년까지〉, 54~58쪽.

16 사카이 도시히코, 〈공산당 선언 일본어 번역 이야기〉, 58쪽.

17 사카이 도시히코, 〈사회주의운동사화史話〉, 《사회과학》 1928년 2월.

18 고토쿠 슈스이와 사카이 도시히코는 몇 절씩 서로 분담해 번역한 다음 그것을 상호 비평하면서 교정했던 듯하다. 사카이는 "한문투가 많은 슈스이의 문장과 일본식 냄새가 많이 나는 코센枯川[사카이의 호號]의 문장은 오늘날에도 그 흔적이 남아서 독자들도 확인할 수 있을 것이다"라고 써 놓았다(사카이, 〈공산당 선언 일본어 번역 이야기〉, 56쪽).

19 야마모토 다케토시, 《신문기자의 탄생: 일본의 미디어를 만든 사람들》, 신요샤新曜社, 1990, 169쪽. ['삼면신문'이라는 말은 당시 신문기사의 구성, 예컨대 1면과 2면에 실린 정치와 경제(일명 '경파硬派 기사')에 비해 덜 경직된 3면의 가정·사회 기사(일명 '연파軟派 기사', 4면에는 문화 및 연재소설)와 관계된 것임. 이 3면의 기사를 전담하는 기자를 '연파 기자'로 불렀음.]

20 고모리 요이치, 〈문학의 시대〉, 《문학》 제4권 2호, 1993년 4월, 7쪽.

21 여기서는 야마모토 다케토시, 《근대 일본의 신문 독자층》, 호세이대학출판국, 1981, 412쪽에 있는 별표別表 5(A)를 사용했음.

22 야마모토 다케토시, 《신문기자의 탄생》, 168쪽의 〈표 3-1〉 도쿄, 오사카 유력지의 연간 발행부수를 참조.

23 고모리 요이치, 〈문학의 시대〉, 6쪽. [이 인용문 속의 미야케 세츠레이(1860~1945)는 철학자·국수주의자·평론가·저술가로서, 제국예술원 회원이었고 문화훈장을 받았음.]

24 《평민신문》 제1호의 〈발간 사정〉이나 17호의 〈평민사 농성의 기록〉을 참조.

25 〈《직언》 해설〉, 노동운동사연구회 편, 《메이지 사회주의 자료집》(제1집 직언), 메이지문헌자료간행회, 1960, IV 페이지.

26 야마모토 다케토시, 《근대 일본의 신문 독자층》, 96쪽.

27 야마모토 다케토시, 《신문기자의 탄생》, 172쪽 참조.

28 여기 제시한 숫자들은 야마모토 다케토시, 《근대 일본의 신문 독자층》, 412쪽에 있는 별표別表 5(A)와 (C)를 비교한 결과이다. (C)는 《광고 다이후쿠쵸大福帳》 1904년 10월에 의거한 것임.

29 나가사와 신노스케, 《도쿄의 이면》, 긴코도金港堂서적, 1909, 344쪽.

30 고노 겐스케, 〈상상의 전쟁, 전장의 기록: 《애제愛弟 통신》, 《제2군종정第二軍從征 일기》,

《대역소지大役小志》를 중심으로〉, 고모리 요이치·나리타 류이치 편, 《러일전쟁 스터디즈》, 기노쿠니야紀伊國屋서점, 2004를 참조.

31 사카이, 〈사회주의운동사화史話〉에서. 《중앙공론公論》 1931년 1월부터 연재됐던 것임. 여기서는 《사카이 도시히코 전집》 제6권, 호리츠분카샤法律文化社, 1970, 205쪽에서 인용함. [인용문 속의 '아라하타 가츠조荒畑勝三'는 아라하타 간손의 본명.]

32 아라하타 간손, 〈《직언》의 시대〉, 《아라하타 간손 저작집》 제1권, 헤이본샤平凡社, 1976, 41쪽. 이하 본문에 쪽수만 표기함.

33 아라하타는 자신이 '도호쿠東北 전도 행상'의 성명을 내면서 '전도 행상'이라는 말을 사용한 경위에 대해 다음과 같이 회고한다. "기독교계가 러일전쟁이 터지자, 그 전쟁을 용인하면서 일본 정부의 전쟁정책에 협력한 것에 분개했던 바, 다른 많은 청년 사회주의자들과 마찬가지로 나 역시 기독교를 버렸다. 따라서 당시에는 종교적 관념의 잔재가 다분히 남아 있었다고 하겠다"(아라하타, 〈《직언》의 시대〉, 45쪽).

34 아라하타 간손 편, 《사회주의 전도 행상 일기》, 신센샤, 1971, 10쪽.

35 '러탐'에 관해서는, 오쿠 다케노리, 《러탐露探: 러일전쟁 시기 미디어와 국민의식》, 주오고론샤中央公論新社, 2007을 참조.

36 이 데이터의 내역은 위의 각주 28번(야마모토 다케토시, 《근대 일본의 신문 독자층》)과 동일함.

37 구가 가츠난, 〈러시아 공포병의 한 가지 원인奇因〉, 《니혼》 1903년 6월 26일 자(《구가 가츠난 전집》 제8권, 미스즈쇼보, 1972, 115쪽).

38 기노시타 나오에, 〈유행중인 독어 '러탐'〉, 《마이니치신문》 1903년 3월 4일 자.

39 후지노 유코, 《도시와 폭동의 민중사: 도쿄 1905~1923년》, 유시샤有志舍, 2015, 30쪽을 참조.

40 후지노 유코, 《도시와 폭동의 민중사》, 30쪽; 후지노 유코, 《민중폭력》, 115쪽.

41 마에다 아이, 《환상의 메이지》, 아사히센쇼朝日選書 121번, 1978, 232쪽.

42 후지노 유코, 《도시와 폭동의 민중사》, 27쪽.

43 《풍속화보》 1901년 4월 15일. 이 책에서 사용하는 미디어 이벤트는 매스미디어가 계획적으로 벌인 보도 활동, 판매 활동, 광고 활동 등에 의해 확대팽창한 이벤트를 의미한다(아리야마 데루오, 〈미디어 이벤트로서 고시엔 야구〉, 《미디어사 연구》 1호, 유마니쇼보ゆまに書房, 1994).

44 야마모토 다케토시, 〈주간 《평민신문》 독자층의 계보〉, 《히토츠바시一橋 논총》 제61권 5호, 1969년 5월, 59쪽과 61쪽.

45 야마구치 고지, 〈《니로쿠신보》의 스캔달리즘과 포퓰리즘〉, 도시샤同志社대학 인문학회, 《평론·사회과학》 제56호, 1997년 1월 참조.

46 야마모토 다케토시, 〈주간《평민신문》 독자층의 계보〉, 59쪽. ['캄파'는 러시아어 '깜빠니야'의 일본식 축약어이며, 정치운동의 활동자금 모금을 위해 대중에게 호소하는 캠페인을 뜻함.]

47 ['에타穢多'는 일본 중세 혹은 그 이전 시기의 천민 신분 중 하나로, '많이 오염되고 더러운'이라는 뜻. 주로 가죽 가공업자를 가리켰는데, 그 낱말에 '옛날'을 뜻하는 '구旧[舊]'나 '원래'를 뜻하는 '모토元'가 덧붙었음.]

48 구로카와 미도리, 《이화異化와 동화의 사이: 피차별 부락 인식의 궤적》, 아오키쇼텐青木書店, 1999, 36쪽.

49 구로카와 미도리·데라키 노부아키, 《입문 피차별 부락의 역사》, 카이호출판사解放出版社, 2016, 140쪽(인용문은 구로카와의 글 〈근현대 편編〉). ['히닌'은 불교 용어로서 악귀나 야차를 뜻했지만 에도 시대의 사형장 잡역부를 가리키는 말이기도 했음.]

50 고쇼지 도시야스, 〈사카이 도시히코와 부락 문제: 신분·계급·성별의 교차〉, 《초기사회주의 연구》 제11호, 1998.

51 아카사다 요시카즈, 〈부락해방운동과 공산주의: 초기 수평사의 계급운동 참가를 둘러싸고〉, 와나타베 도오루·아츠카이 마사미치 편, 《일본사회주의운동사론》, 산이치쇼보三一書房, 1973. 부락문제연구소에서 1965년에 발행한 《부락문제세미나》 제4권에서 마하라 데츠오는 사카이가 말하는 '인종적 반감'이 "부락 이민족설의 입장에서 인간평등을 주장하고, 제국주의적 민족 억압에 대해 부락민의 '민족적 자결'의 권리를 요구하는 것"으로 보고, 사카이와 같은 생각이 "사노 마나부를 비롯한 초기 수평운동의 이론가에게 수용되어 수평운동의 격렬한 실천 활동에 이론적인 기초가 되었다"(280쪽)고 평가한다. 아카사다 요시카즈의 비판은 마하라의 주장과 같은 입장의 논자들을 겨냥한 것이다.

52 고영란, 《전후라는 이데올로기》 제1장 〈고토쿠 슈스이와 평화적 팽창주의〉 참조.

53 [이 한 대목은 고토쿠가 당대 조선 문제를 다룬 글들로 도쿠토미 소호의 〈한국 경영의 실행〉과 에비나 단조의 〈조선 민족의 운명을 보면서 일한합동설日韓合同説을 권장·설명함〉을 "유력한 두 논문"으로 간주하고 비판을 가하는 맥락에 놓여 있음. 도쿠토미로 대표되는 것이 '국민 쪽國民子'이고 에비나로 대표되는 것이 '신인 쪽'으로 설정되어 있는데, 위의 한 대목은 '신인 쪽'의 논리를 빌려 양쪽 모두를 비판하고 있음.]

54 고영란, 《전후라는 이데올로기》 제1장 참조.

제2장 도서관

1 김남석, 《일제치하 도서관과 사회교육》, 태일사, 2010, 16쪽. 각주 2번에는 사설 전문이 수록되어 있다.

2 우지고 츠요시, 〈근대 한국 공공도서관 역사에 관한 연구: 개화기부터 1920년까지〉, 국립국회도서관國立國會圖書館, 《참고서지연구》의 〈I장 개화기의 도서관 사정〉, 1985년 9월 참조.

3 재조일본인이 운영했던 도서관에 관해서는 가토 가즈오·가와다 이코히·도죠 후미노리, 《일본의 식민지 도서관》, 샤카이효론샤社會評論社, 2005의 〈제5장 조선의 도서관〉; 김영기, 《공공도서관 장서를 통해 본 한국사회 지식의 흐름》, 한울아카데미, 1999를 참조.

4 부산대학교 한국민족문화연구소, 《부산의 역사와 문화》, 부산대출판부, 1998, 144~145쪽.

5 다카사키 소지, 《식민지 조선의 일본인》, 이와나미쇼텐, 2002, 121쪽.

6 〈취미화의 설비〉, 《조선 및 만주》 제49호, 죠센 오요비 만슈사朝鮮及滿洲社, 1912년 3월, 6쪽.

7 1905년부터 1930년대까지의 경성이라는 도시 공간 만들기와 재조일본인의 '취미' 담론에 관해서는, 신승모, 〈식민지기 경성에서의 "취미": 재경성在京城 일본인의 이념화 변용 과정을 중심으로〉, 《일본언어문화》 제17호, 한국일본언어문화학회, 2010을 참조했다.

8 '칸오'와 식민지 공간의 기억에 관해서는, 박선영, 〈식민지 근대 경관景觀과 장소성, 창경원 벚꽃놀이와 군중의 탄생〉, 《문학과 환경》 제20권 3호, 2021년 9월 참조.

9 홍선영, 〈경성의 일본인 극장 변천사: 식민지 도시의 문화와 "극장"〉, 《일본문화학보》 43호, 2009년 11월 참조. ['조루리'는 가면음악극의 대사를 음곡에 맞춰 노래하는 옛이야기. '요세세키'는 야담·만담 등을 들려주는 대중적 연예장. '나니와부시'는 샤미센三味線을 반주로 하여 의리·인정을 그리는 대중적 창가.]

10 재조일본인의 신문 발행에 관해서는, 박용규, 〈일제하 지방신문의 현실과 역할〉, 《한국언론학보》 제50권 6호, 한국언론학회, 2006년 12월; 이상철, 《조선에서의 일본인 경영 신문의 역사: 1881~1945》, 가도가와학예출판角川学芸出版, 2009; 미즈노 나오키, 〈식민지 조선의 일본어 신문〉, 《역사문제연구》 제18호, 역사문제연구소, 2007년 10월 참조.

11 1910년대 조선의 출판시장과 재조일본인 출판업에 관해서는, 장신, 〈1910년대 재조선 일본인의 출판활동 연구〉, 《일본학》 제35호, 동국대학교 일본학연구소, 2012년 11월을 참조했다.

12 장신, 앞의 글, 19쪽.

13 〈취미의 향상〉, 《죠센朝鮮》 제19호, 1909년 9월; 〈취미화의 설비〉, 앞의 잡지 등.

14 후지모토 유키오, 《일본 현존 조선 서책 연구》(집부集部[한문 시문 저작 모음]), 교토대 학술출판회京都大学学術出版会, 2006, ix~x쪽; 후지모토 유키오, 《일본 현존 조선 서책 연구》(사부史部[역사·지리·관직 관련 모음]), 동국대출판부, 2018의 〈머리말〉 참조.

15 장신, 〈한국강점 전후 일제의 출판통제와 "51종 20만 권 분서 사건"의 진상〉, 《역사와 현

실》 제80호, 한국역사연구회, 2011년 6월, 229쪽에는 당시의 《조선총독부관보》, 《경찰월보》 등에 근거하여 상세한 통계자료가 제시되어 있다. 여기서의 숫자는 장신의 데이터를 참고한 것이다.

16 가토 가즈오·가와다 이코히·도죠 후미노리, 《일본의 식민지 도서관》, 195쪽.

17 예컨대 상하이에서 간행됐던 영자신문 *The China Press*(《대륙보大陸報》)의 기자 나다니엘 페퍼Nathaniel Peffer는 1919년에 조선을 취재하여 "조선의 역사는[출판은] 엄금이다. 합병조건이 체결되자마자 일본인은 한국의 모든 국사國史를 압수하여 불태우고 말았다. 한국의 문화가 한 글자 한 획이라도 기록되어 있으면 몰수하여 소각했다"고 썼다. '모든 국사國史를 압수하여 불태웠다'고 하는 과도한 표현에는 주의할 필요가 있지만 소각이 행해지고 있었다는 점은 분명하다. 장신, 앞의 분서 관련 논문, 227쪽.

18 여기서는 소명출판, 2008년판(131쪽)을 사용.

19 '조선반도사 편찬계획'을 추진하기 위해 1921년 조선사편찬위원회가 발족했고, 이것을 확대한 형태로 1925년 총독부 직속기관으로 '조선사편수회'가 설립된다. 이 모임에서는 도쿄제대 및 교토제대의 역사학자와 동양사학자를 비롯해 조선의 지식인까지를 포함한 대형 역사 편찬 프로젝트가 추진되었다. 심희찬, 〈'조선사편수회'의 사상사적 고찰: 식민지 조선, 제국 일본, '근대역사학'〉(박사학위 논문, 리츠메이칸立命館대학, 2012)을 참조.

20 조선총독부 조선사편수회 편, 《조선사 편수회 사업개요》, 조선총독부 조선사편수회朝鮮総督府朝鮮史編修会, 1938, 6쪽.

21 가토 가즈오·가와다 이코히·도죠 후미노리, 《일본의 식민지 도서관》, 203쪽. [총독부 도서관장 오기야마 히데오는 '조선반도사 편찬관'이었으며, 개관 때부터 종전 때까지 오래도록 관장직을 수행했음.]

22 김진섭의 《일제강점기 입학시험 풍경》, 지성사, 2021에서 식민지 조선에서의 '교육열'에 관해 많은 시사를 받았다.

23 김진섭, 앞의 책, 56쪽.

24 〈'桃花'를 何其知耶, 여섯 살 먹은 신입학생에게 '모모하나[桃花]' 등을 일본어로 시험〉, 《동아일보》 1922년 3월 20일 자 등.

25 노영택, 〈일제 시기의 문맹률〉, 국사편찬위원회, 《국사관논총》, 1994.

26 이 숫자들은 조선총독부 학무국, 《다이쇼 10년 1월 국어보급의 상황》, 7~9쪽(여기서는 와타나베 마나부·아베 히로시 편, 《일본 식민지교육정책 사료집성 조선편》 제17권, 류케쇼사龍渓書舎, 1987을 참조)에 근거해 이연숙이 산출한 것을 사용했다(《'국어'라는 사상: 근대 일본의 언어인식》, 이와나미쇼텐, 1996[고영진·임경화 옮김, 소명출판, 2006], 253쪽).

27 다음과 같은 한 대목을 참조. "1907년 7월 24일 부칙 3개조를 포함해 모두 38개조로 구성된 신문지법이 반포되었다. 신문지법의 제정은 통감부의 한국 내 언론 통제를 위한 것이었다.……1차 법률 개정이 충분한 효과를 거두지 못하자 1908년 4월에는 개정안이 새

롭게 만들어졌다.……조선총독부는 한국 강점과 동시에 《대한매일신보》를 비롯한 한국인 신문을 강제 폐간하여, 여론에 기초한 잠재적 대항권력의 존재 가능성을 소멸시켰다. 이로써 총독부는 식민지 사회에서 유일한 절대적 권력으로서의 위치를 획득했다"(한기형, 〈근대어의 형성과 매체의 언어전략〉, 《문예공론장의 형성과 동아시아》, 성균관대학출판부, 2008, 54~55쪽).

28 〈훈시訓示〉, 《조선총독부관보》 제2121호, 1919년 9월 4일.

29 '조선행정' 편집총국 편, 《조선통치비화秘話》, 제국지방행정학회, 1937[이충호 편역, 국학자료원, 2012], 208~209쪽.

30 《조선일보》와 《동아일보》의 창간 배경에 관해서는, 장신, 《조선·동아일보의 탄생: 언론에서 기업으로》, 역사비평사, 2021; 이민주, 《제국과 검열: 일제하 신문통제와 제국적 검열체제》, 소명출판, 2020을 참조했다.

31 한기형, 〈문화정치기 검열정책과 식민지 미디어〉, 윤해동·천정환·허수·황병주·이용기·윤대석 엮음, 《근대를 다시 읽는다 2》, 역사비평사, 2006, 183쪽.

32 고마고메 다케시, 《식민지 일본제국의 문화통합》, 이와나미쇼텐, 1996[이명실·오성철·권경희 옮김, 역사비평사, 2008. 부제는 '조선·대만·만주·중국 점령지에서의 식민지 교육.']

33 이연숙, 《'국어'라는 사상》의 제12장 〈'동화'란 무엇인가〉를 참조. 이연숙은 다음과 같이 지적한다. "'3·1독립운동'의 충격을 받은 조선총독부는 '문화정치'라는 듣기 좋은 슬로건을 통해 민족운동을 억누르고자 했지만, 실제로 '동화정책'은 더욱 교묘해졌으며 점점 더 강화되고 있었다"(244쪽).

34 이혜령, 〈한자 인식과 근대어·문학의 내셔널리티〉, 《한국소설과 골상학적 타자들》, 소명출판, 2007 참조.

35 이혜령, 〈한글운동과 근대 미디어〉, 《대동문화연구》 제47호, 성균관대학교 대동문화연구원, 2004년 9월, 253쪽.

36 홍병삼, 〈조선어의 연구〉, 《조선교육》 제6권 12호, 1922년 9월, 47쪽, 51쪽. 이 자료에 관해서는 미츠이 다카시의 《조선 식민지 지배와 언어》, 아카시쇼텐, 2010, 139쪽에서 시사를 얻었다. 또한 조선총독부에 의한 조선어의 규범화에 관한 문제에 관해서도 미츠이의 동일 저작에서 큰 시사를 얻었다.

37 미츠이 다카시, 앞의 책, 76쪽을 참조.

38 미츠이 다카시, 앞의 책, 3장 4절에서 상세히 논의되고 있다.

39 《동아일보》 사장 송진우의 말. 미츠이 다카시, 《식민지 조선의 언어 지배 구조: 조선어 규범화 문제를 중심으로》, 임경화·고영진 옮김, 소명출판, 2013, 229쪽에서 재인용.

40 최성희, 〈식민지기 조선에서의 한글보급운동: 조선일보·동아일보의 운동을 중심으로〉, 히토츠바시대학 석사학위 논문, 2006, 77쪽.

41 이 시기 경성제대 도서관의 특별한 입장·위치에 관해서는, 정근식, 〈경성제국대학 부속 도서관의 형성과 운영: 제도이식론과 권력의 재현 사이에서〉, 《사회와 역사》 87집, 한국사회사학회, 2010년 9월 참조.

42 정준영, 〈일본제국의 도서관체제와 경성제대 도서관〉, 《사회와 역사》 105집, 한국사회사학회, 2015년 3월, 134~135쪽 참조.

43 [1925~1934년에 걸쳐 쓰인 야다 소운의 대표적 시대극. 도요토미 히데요시의 일대기를 그렸음.]

44 경성제국대학 학우회, 〈회보〉, 1932, 170쪽(여기서는 복각판, 소명출판, 2012를 사용함).

45 천정환, 《근대의 책읽기: 독자의 탄생과 한국근대문학》, 푸른역사, 2003의 표 〈1920~1930년 동아일보 광고 빈도수가 높은 책〉 및 186~187쪽을 참조했다.

46 〈인정도서관 적색 서적 처분〉, 《동아일보》 1933년 8월 17일 자에 따름. 인정도서관 책의 처분과정은 《동아일보》와 《조선일보》에서 수차례 보도되었다.

47 나가오 무네노리, 《제국도서관: 근대 일본의 '지知' 이야기》, 주고신쇼, 2023.

48 오토베 센자부로, 〈발금물発禁物과 공공도서관〉, 일본문고협회 편, 《도서관 잡지》 1934년 4월호, 15쪽.

49 〈제27회 전국도서관대회 기사〉, 《도서관 잡지》 1933년 7월호, 169쪽.

50 최병택·예지숙, 《경성리포트》, 시공사, 2009, 제3장 참조.

51 종로거리가 책방을 중심으로 번화했던 모습은, 잡지 《삼천리》 1935년 10월호의 〈서적시장 조사기록: 한도漢圖·이문以文·박문博文·영창永昌 등 책시장에 나타난〉을 참조.

52 이경훈, 《책은 만인의 것》(속편), 보성사, 1993, 399쪽 참조.

53 이중연, 《고서점의 문화사》, 혜안, 2007, 제2장과 3장 참조.

54 권명아, 《음란과 혁명: 풍기문란의 계보와 정념의 정치학》, 책세상, 2013, 115쪽.

55 정준영, 〈일본제국의 도서관체제와 경성제대 도서관〉 참조.

제3장 불령선인

1 민중시론사民衆時論社 조선공로자명감간행회 편, 《조선공로자명감朝鮮功勞者名鑑》, 1935, 639~640쪽에는 그를 두고 조선 연구의 대가이며, 특히 조선 민속학 연구에 뛰어난 재능을 보인 조선통朝鮮通이라고 기록해 놓았다.

2 여기서는 복각판 《한국병합사연구자료》(69권, 《역사 민족 조선 만담》), 류케쇼샤, 2008, 389~390쪽 사용.

3 우츠미 아이코·가지무라 히데키, 〈'북선北鮮' '남선南鮮'이라는 말〉, 우츠미 아이코·가지무라 히데키·스즈키 게이스케 편, 《조선인 차별과 말》, 아카시쇼텐, 1986, 61쪽.

4 기다 사다키치, 〈경신년庚申年 조선 만주 여행 일지〉, 《민족과 역사》 제6권 1호, 1923년 12월, 288쪽.

5 우에다 마사아키, 〈'일선동조론'의 계보〉, 계간 《삼천리》 제14호, 1978년 여름호.

6 기다 사다키치, 〈조선민족이란 무엇인가: 일선민족의 관계를 논함〉, 《민족과 역사》 제1권 6호, 1919년 6월, 12쪽.

7 이마무라 도모의 경력에 관해서는, 대륙자유평론사 편, 《사업 및 인물 호號》 제8편, 470쪽; 앞의 《조선공로자명감》; 이마무라 도모, 〈회고 20년 전〉, 《역사 민족 조선 만담》, 1930, 473쪽; 조희진, 〈1910~20년대 일본인 저작의 조선 의생활衣生活 항목 비교: 이마무라 도모·니시무라 신타로·마츠다 코의 기록을 중심으로〉, 《민속학연구》 제39호, 2016년 2월 참조.

8 경찰의 새로운 기구에 의한 조직 변경 및 정비 내용에 관해서는, 《마츠이 시게루 자[서]전》(마츠이 시게루 자전간행회, 1952년. 여기서는 《식민지 제국 인물총서》(제29권 조선편 10), 유마니쇼보ゆまに書房, 2010을 사용), 240~242쪽 참조.

9 이마무라 도모, 《조선풍속집》의 〈자서自叙〉(시도칸斯道館, 1924년. 여기서는 1925년 2판을 저본으로 삼은 복각판 《한국병합사연구자료》 30권, 《조선풍속집》, 류케쇼샤, 2001 사용).

10 사카노 도오루, 《제국 일본과 인류학자: 1884~1954년》, 케이소쇼보勁草書房, 2005, 303~305쪽 참조.

11 이마무라 도모, 《조선풍속집》.

12 한국 국사편찬위원회의 HP조선왕조실록(http://sillok.history.go.kr)에서 확인. 열람일: 2021년 6월 25일.

13 검색일: 2023년 7월 17일.

14 조경달, 《식민지 조선과 일본》, 이와나미신쇼岩波新書, 2013, 27쪽.

15 권보드래, 《1910년대, 풍문의 시대를 읽다》[부제는 '《매일신보》를 통해 본 한국 근대의 사회·문화 키워드'], 동국대학교출판부, 2008.

16 권보드래, 앞의 책, 16~17쪽.

17 이 장에서 다뤄지는 조선총독부 검열정책의 변용에 관해서는, 정진석, 《극비 조선총독부의 언론검열과 탄압: 일본의 침략과 열강세력의 언론통제》, 커뮤니케이션북스, 2008(개정판)에서 큰 시사를 얻었다.

18 〈데라우치 총독과 대對언론정책〉, 《조선》 제32호, 조선잡지사, 1910년 10월, 7~8쪽.

19 《경성일보사지社誌》, 경성일보사, 1920년 9월, 1~2쪽. 여기서는 《사사社史로 보는 일본경제사》(식민지편 제2권), 유마니쇼보, 2001을 사용했다.

20 앞의 책, 5쪽.

21 〈혹시 만일 각하의 한국 관련 일에〉. 이토 고지·나가시마 히로키·히비노 도시노부 편, 《데라우치 마사타케와 제국 일본: 오호데라우치문고桜圃寺内文庫가 이야기하는 새로운 역사상》, 벤세勉誠출판, 2015, 122~123쪽에 수록되어 있는 것을 사용.

22 정진석, 《언론조선총독부》, 커뮤니케이션북스, 2005, vi쪽. 같은 책 1쪽에는 〈역대 경성일보사 사장〉의 약력과 경력이 열거되어 있다.

23 앞의 책, 153쪽.

24 《매일신보》가 가진 미디어로서의 역할에 관해서는 천정환, 〈풍설風說·방문訪問·신문新聞·격문檄文: 3·1운동 전후의 미디어와 문화사적 아이덴티티〉, 고영란 옮김, 《문학》, 이와나미쇼텐 2010년 3월; 김현주, 《사회의 발견: 식민지기 '사회'에 대한 이론과 상상, 그리고 실천(1910~1925)》, 소명출판, 2013의 제2부 〈식민지화와 사회의 규율화/주체화의 역동〉 참조.

25 [이 한 대목은, 앞의 각주 24번에 나오듯, 저자의 일본어 번역문에서 인용된 것이다. 원문 출처는, 천정환, 〈소문·방·신문·격문: 3·1운동 시기의 미디어와 주체성〉, 동국대 한국문학연구소, 《한국문학연구》 36집, 2009, 115~118쪽.] 이 책에서는 한국어 원문을 사용했다.

26 김정인, 〈3·1운동, 대중시위와 시위문화의 근대적 전환〉, 《내일을 여는 역사》 2008년 가을 제33호.

27 권보드래, 《3월 1일의 밤》, 돌베개, 2019의 제1장 〈선언〉에는 3·1운동 당시 각종 미디어간의 착종과 운동성에 관해 상세한 기록들이 참조·분석되고 있다.

28 이 숫자들은 김부자가 미즈노 나오키의 데이터베이스 〈전전 일본 거주 조선인 관계 신문기사 검색 1868~1945〉를 2013년 9월 1일에 검색한 결과에 따른 것이다. 김부자, 〈간토대지진 때의 '레이피스트 신화'와 조선인 학살: 관헌 사료와 신문보도를 중심으로〉, 앞의 논문집, 4쪽 참조.

29 앙드레 헤이그 역시 미즈노의 데이터베이스를 통해 검색했는데, 그 결과가 김부자와는 미묘하게 다르다. 1919년 이전에는 불령선인 관련 기사가 없었다는 점에서는 같지만, 1919년 3월부터 1923년 9월까지는 111건, 같은 해 10월부터 45년까지는 71건으로 결과가 나왔다는 것이다(앙드레 헤이그, 〈나카니시 이노스케와 다이쇼 시기 일본에서의 '불령선인'을 향한 시선: 대중 담론과 콜로니얼 언설의 전복〉, 《리츠메이칸 언어문화연구》 제22권 3호, 2011년 1월, 87쪽).

30 김여진, 〈1919년 3·1운동 전후 부정적 조선인 표상과 불령선인 담론의 형성〉, 《일본연구》 34집, 고려대 글로벌일본연구원, 2020, 168쪽.

31 조경달, 《식민지 조선과 일본》, 53쪽. 일본 본토의 주요 일간지들을 세심히 검토한 조경달에 따르면, 1919년 3월과 4월에 3·1만세에 관한 보도가 집중되었다. 3월은 주로 조선인의 폭력행위를 가시화하는 보도가 이어졌지만, 4월이 되면 조선총독부의 통치정책 비

판도 눈에 띈다고 한다. 관련해서는 강동진, 《일본언론계와 조선: 1910~1945》, 호세이대학출판국, 1984, 166~167쪽; 미야치 다다히코, 〈다이쇼 시기 후반 신문기사 속에서의 조선인 묘사 방식의 전개: 조선 3·1독립운동을 중심으로〉, 《릿쿄立教대학 대학원 법학연구》 제23호, 릿쿄대학 대학원 법학연구회, 1999, 43~45쪽; 야마나카 하야토, 〈3·1독립운동과 일본의 신문: '사건' 보도의 경과와 논조 분석〉, 《신문가쿠新聞學 평론》, 일본신문학회, 제30호, 1981, 264~265쪽 등을 참조. 야마나카 및 미야치는 주로 《도쿄니치니치신문》, 《요로즈쵸호》, 《아사히신문》, 《지지신보》, 《고쿠민신문》을, 이에 더하여 강동진은 《야마토신문》, 《오사카마이니치신문》, 《주오신문》, 《요미우리신문》, 《경성일보》를 조사 대상으로 삼고 있다.

32 ["太い(후테이)"는 '굵직한', '대담한', '풍성한'을 뜻함(현대어 발음은 '후토이'). 이 '후테이'와 불령선인의 '不逞(후테이)'는 동음이의어 관계에 있음.]

33 조선총독부 경무국 편, 《고등경찰용어사전》(외부 극비部外秘), 1933년 12월, 235쪽.

34 한기형, 《식민지 문역[文域]: 검열, 이중출판시장, 피식민자의 문장》, 성균관대학교 출판부, 2019, 34~36쪽 참조.

35 구로카와 이오리, 《제국에 대항하는 사회운동: 제1차 일본공산당의 사상과 운동》, 유시샤, 2014의 〈제4장 제1차 공산당·일본 재류조선인 공산주의자 〈동양혁명〉의 이념〉 참조.

36 조경달, 《식민지 조선과 일본》.

37 여기서의 출판 정보는 《가네코 후미코 옥중 수기: 무엇이 나를 이렇게 만들었는가》의 '흑색전선사' 증보결정판(1975)에 수록됐던 것과 경보국, 《다이쇼 11년 출판물의 경향 및 단속》(《출판경찰 관계 자료집성》 제3권, 후지不二출판, 1986, 44쪽을 사용)을 서로 대조한 것이다.

38 김진웅, 〈일본 내 조선인 '아나-볼' 대립 원인 재검토: 1923년 초 구舊흑도회 주도세력의 분열과 충돌〉, 《한국사학보》 제83호, 고려사학회, 2021년 5월; 김광렬, 〈대정기 일본의 사회사상과 재일한인: 1920년대 초 동경의 흑도회를 중심으로〉, 《일본학보》 제42호, 1996년 6월 참조.

39 앞의 《출판경찰 관계 자료집성》 제3권, 43쪽에서 인용.

40 '출판법' 제3조에는 "문서·도서를 출판할 때는 발행일로부터, 당국에 배송되는 며칠을 제외하고 정확히 3일 전에 제본 2부를 첨부, 내무성에 신고해야 한다"고 규정되어 있으며, '신문지법' 제11조에는 "신문지는 발행과 동시에 내무성에 2부를, 관할 지방관청, 지방재판소, 검사국 및 구區 지방재판소 검사국에 각 1부씩 제출해야 한다"고 규정되어 있다.

41 오쿠다이라 야스히로, 〈검열제도(전기全期)〉, 《강좌 일본근대법 발달사》 제11권, 케이소쇼보, 1967, 162쪽.

42 마키 요시유키, 《복자伏字의 문화사: 검열·문학·출판》, 신와사森話社, 2014, 79~80쪽.

43 이케즈미 모토메, 〈차압 출판물의 분할 환부제도〉, 《경찰신보新報》 제18권 1호, 1933년 1월, 21~24쪽.

44 마키 요시유키, 《복자의 문화사》, 271쪽.

45 앞의 《출판경찰 관계 자료집성》 제3권, 49~50쪽.

제4장 검열

1 나카노 시게하루 생전에 간행되어 나카노의 본문 수정이 가해진 것의 목록. 정승운, 《나카노 시게하루와 조선》, 신칸샤新幹社, 2002, 181~197쪽의 〈〈부록〉, 〈비 내리는 시나가와역〉의 이동異動〉을 참조. ① 1929년 2월, 《개조》; ② 1929년 5월, 《무산자》(조선어 번역); ③ 1931년, 《나카노 시게하루 시집》, 나프ナップ(NAPF). 전일본무산자예술연맹. 출판: 당국에 압수되어 출판될 수 없었다; ④ 1935년, 《나카노 시게하루 시집》, 나우카샤ナウカ社; ⑤ 1947년, 《나카노 시게하루 시집》, 오야마쇼텐小山書店: ③을 복간한 것임; ⑥ 1951년, 《나카노 시게하루 시집》, 신쵸新潮문고; ⑦ 1954년, 《현대일본문학전집 제38권. 하야마 요시키, 고바야시 다키지, 나카노 시게하루집集》, 치쿠마쇼보筑摩書房; ⑧ 1956년, 《나카노 시게하루 시집》, 이와나미문고; ⑨ 1959년, 《나카노 시게하루 전집 제1권》, 치쿠마쇼보(제1차); ⑩ 1967년, 《나카노 시게하루 시집》, 야요이쇼보弥生書房; ⑪ 1971년, 《신쵸新潮 일본문학 제20권. 나카노 시게하루집》, 신쵸샤; ⑫ 1976년, 《나카노 시게하루 전집 제1권》, 치쿠마쇼보(제2차); ⑬ 1978년, 《나카노 시게하루 시집》, 이와나미문고.

2 미즈노 나오키는 〈'비 내리는 시나가와역'의 조선어 번역을 둘러싸고〉(〈월보 8〉, 《나카노 시게하루 전집 제3권》, 치쿠마쇼보, 1977) 및 〈'비 내리는 시나가와역'의 사실 조사〉(《계간 산젠리三千里》, 1980년 봄호), 〈나카노 시게하루 '비 내리는 시나가와역'의 자기비판〉(《자이니치在日 종합지 고로航路》 제7호, 2020년 7월)에서 오랫동안 잊혔던 무산자판을 나카노 시게하루에게 보낸 경위를 설명하고, 무산자판의 일본어역을 게재했다.

3 문한별의 조사에 따르면, 이북만은 일본 내무성 경보국, 《금지 단행본 목록》(1935, 복각판은 코호쿠샤湖北社, 1976)에 등장 빈도가 가장 높은 조선인 중 하나였다. 이북만은 1926년부터 도쿄를 중심으로 활동했다. 문한별, 〈일본 내무성 경보국 발행 《금지 단행본 목록》에 수록된 조선 및 조선인 관련 도서의 의미〉(*Journal of Korean Culture* 제36호, 고려대학교 한국어문화학술확산연구소, 2017년 2월, 258~267쪽 참조). 이북만 및 김두용과 일본 프롤레타리아 운동의 관계에 관해서는, 고영란, 《전후라는 이데올로기》의 제3장 〈전략으로서의 '조선' 표상〉을 참조해 주었으면 한다.["ML파"는 1920년대 중반 사회주의운동 그룹으로 혁명사, 레닌주의동맹, 고려공산청년회 만주총국[만주 공청], 서울파 사회주의그룹 신파, 일월회 등이 결합하여 만들어진 단체임.]

4 미즈노 나오키, 〈'비 내리는 시나가와역'의 사실 조사〉, 105쪽.

5 '개조판' 밑의 한국어 번역은 한국어 독자의 이해를 돕기 위해 저자가 한 것이다. [이 '추정' 번역의 근거가 된 무산자판(〈그림 4-1〉) 한국어 시문을 인용해 놓는다.]

6 마키 요시유키, 《복자伏字의 문화사: 검열·문학·출판》, 15쪽.

7 야마모토 아키라, 〈복자·검열·자기규제〉, 《현대저널리즘》, 유콘샤雄渾社, 1967, 67쪽.

8 와타나베 나오미, 《불경문학론 서설》, 오타太田출판, 1999, 15~16쪽.

9 앞의 책, 48쪽. 덧붙이건대, 와타나베가 말하는 "꿈꾸는 '대역'"이라는 메시지는 복자에 익숙해져 있던 당시의 독자들은 충분히 이해할 수 있었을 것이다. 나이토 치즈코가 바르게 지적하고 있는 것처럼, 복자는 "공백같이 보여도 실제로는 그렇지 않으며, 감춰진 의미가 있음을 표시하는 기호" 역할을 했기 때문이다(나이토 치즈코, 《애국적 무관심》, 신요샤, 2015, 6쪽).

10 [마지막 복자 두 글자는 판에 따라 "보복"이나 "복수"로 복원되어 있다. 무산자판(〈그림 4-1〉)의 해당 대목을 제시해 놓는다: "辛이여 잘 가거라 / 金이여 잘 가거라 / 그대들은 비오는 品川驛에서 차에 올으는구나 / 李여 잘 가거라 / 또 한 분의 李여 잘 가거라 / 그대들은 그대들의부모님나라로 도러가는구나 / 그대들의 나라의 시내ㅅ물은 겨울치위에 얼어붓고 / 그대들의 ××반항하는 마음은 떠나는 일순에 굿게 얼어붓고……일본프로레타리아—트의 압짭이요 뒤ㅅ군 / 가거든 그 딱딱하고 둣터운 번질번질한 얼음장을 / 드ㄹ여깨ㅅ쳐라……뜨거운 복×의 환히 속에서 / 울어라! 우서라!"]

11 오쿠다이라 야스히로, 《치안유지법소사小史》, 치쿠마쇼보, 1977(여기서는 이와나미쇼텐, 2006, 110~113쪽 참조).

12 《매일신보》에 3·1운동을 비난하는 문장을 연재하는 등, 친일파로 알려져 있던 민원식의 《시사신문》은 독자 확보 및 경영 안정에 실패했다. 게다가 1921년 2월에 민원식은 조선인 참정권을 청원하기 위해 일본 본토를 방문했다가 항일운동가 양근환에 의해 암살되며, 《시사신문》은 주간지 《시사평론》으로 전환된다. 1924년에 최남선이 《시사일보》를 창간하지만, 1926년 11월에는 이상협에게 매수되어 《중외일보》로 이름이 변경되었다. 이 신문 역시 1931년에 김찬성과 노정일의 손에 넘겨져 《중앙일보》(1931년 11월 27일 창간)가 된다.

13 정근식, 〈식민지 검열과 '검열표준'〉, 고노 겐스케·고영란·정근식·한기형·이혜령 편, 《검열의 제국: 문화의 통제와 재생산》, 신요샤, 2014(한국어판, 푸른역사, 2016). 정근식의 이 논문은 법률적으로 게재 금지사항을 보여 주는 '검열 표준'과 검열과정에서 검열관이 적용하는 '검열 기준'이 1920년 이후 어떻게 변화하고 있었는지를 상세히 검증한 것이다.

14 장신, 《조선·동아일보의 탄생: 언론에서 기업으로》, 45쪽. 본문의 이 부분은 이 책의 일본어판과 분석 내용이 다르다. 일본어판에 대한 후지이 다케시 선생님의 조언을 받아들여 수정했다.

15 정진석, 《언론조선총독부》, 커뮤니케이션북스, 2005, 99쪽.

16 박헌호, 〈1920년대 전반기 《매일신보》의 반사회주의 담론연구〉, 《한국문학연구》 29호, 동국대 한국문학연구소, 2005년 12월의 제2절 〈사상의 현실화, 상징으로서의 러시아〉 참조.

17 천정환, 《근대의 책읽기》, 205쪽.

18 앞의 책, 213쪽. 이 장의 식민지 조선에서의 일본어 서적 유통에 관해서는 천정환의 연구에서 많은 시사를 얻었다.

19 이중연, 《'책'의 운명: 조선~일제강점기 금서의 사회·사상사》, 혜안, 2001 참조.

20 여기서는 한국어 번역본인 파냐 이사악꼬브나 샤브쉬나, 《1945년 남한에서》(김명호 옮김, 도서출판 한울, 1996)를 사용했다. [《콤소몰스카야 프라우다》는 구 소련의 공산주의청년동맹의 기관지였으며, 1925년 창간되었음. 발행부수는 평균 340만 부.]

21 앞의 책, 80쪽.

22 앞의 책, 83쪽.

23 앞의 책, 83쪽.

24 앞의 책, 85~86쪽 참조.

25 이혜령, 〈감옥 혹은 부재의 시간들: 식민지 조선에서 사회주의자를 재현한다는 것, 그 가능성의 조건〉, 《대동문화연구》 제64집, 2008.

26 앞의 논문, 77쪽.

27 오쿠다이라 야스히로는 다음과 같이 논한다. "1928년 4월 10일 3·15에 관한 기사 해금을 계기로 개시된 여론 조작('아카アカ[적색]'를 통해 '대역'의 '음모'를 꾀한 흉악한 '사상범'으로 선전했다)을 배경으로, 다나카 내각은 제55회 특별회의 회기가 얼마 남지 않은 4월 27일, 치안유지법의 중요 개정을 노린 법률안을 제출했다. 3·15에서 새로이 적발된 여러 사실들과 대조하여 일본공산당의 단속을 위해서는 반드시 치안유지법의 수정이 필요하다고 설파했던 것이다"(오쿠다이라 야스히로, 《치안유지법소사》, 111쪽 참조).

28 오기노 후지오, 《특고경찰체제사體制史: 사회운동 억압단속의 구조와 실태》, 세키타쇼보せきた書房, 1984, 213쪽; 오쿠다이라 야스히로, 앞의 책, 105쪽 참조.

29 〈츠치야 쇼조 씨 담화 속기록〉, 《내정사內政史 연구자료》, 내정사연구회, 1967, 50쪽의 회상.

30 이 시기 특고경찰의 조직 개편에 관해서는, 오기노 후지오, 《특고경찰체제사》 참조.

31 정근식·최경희, 〈도서과의 설치와 일제 식민지 출판경찰의 체계화, 1926~1929〉, 검열연구회 편, 《식민지 검열: 제도·텍스트·실천》, 소명출판, 2011 참조.

32 오기노 후지오, 《특고경찰체제사》 제3장 3절 참조.

33 일본 내무성 경보국, 《쇼와 대례大禮 경비기록》 상권, 1929.

34 오기노 후지오, 《특고경찰체제사》 참조.

35 이혜령, 〈식민지 검열과 "식민지-제국" 표상: 《조선출판경찰월보》의 다섯 가지 통계표가 말해주는 것〉, 《대동문화연구》 제72호, 2010, 500~511쪽.

36 정근식·최경희, 〈도서과의 설치와 일제 식민지 출판경찰의 체계화, 1926~1929〉 참조.

37 이혜령, 〈식민지 검열과 "식민지-제국" 표상〉. [맥락을 위해 조금 더 인용해 놓는다: "합법적 절차에 의해 조선 내에 정식 판매소를 두고 있다고 하더라도, 이·수입 출판물은 어떤 경로로 조선으로 들어왔는가를 파악하기 어려운 대상이었다는 점에서도 비밀출판과 비슷했다"(앞의 논문, 500~511쪽)].

38 간로지 하치로, 〈출판 서점 조감론 (4) 전기사戰旗社 편〉, 《총합 저널리즘 강좌 제9권》, 나이가이샤內外社, 1931, 237~238쪽.

제5장 자본

1 [이는 1926년 말부터 '개조사'의 《현대일본문학전집》을 비롯, 여러 출판사가 한 권에 1엔짜리 전집으로 출간한 책들의 총칭/속칭임. 사람들의 독서욕을 자극했고, 당대 출판자본의 성장에 기여했음.]

2 《전기》가 발간되기 전년도의 일본 내무성 경보국 극비 통계를 보면, 《킹》이 30만 부, 《개조》가 10만 부, 《중앙공론》이 2만 부, 《문예춘추》가 7만 부를 발행하고 있다. 내무성 경보국, 《쇼와 2년 11월 말일 현재 신문잡지 및 통신사에 관한 조사》, 1927. 여기서는 복각판 《신문잡지사 특비特秘 조사》, 다이쇼大正출판, 1979, 21쪽을 참조했다.

3 이 장에서의 아메미야 요조의 회상은 《《중앙공론》과 《개조》》, 《시노비쿠사偲ぶ草: 저널리스트 60년》, 중앙공론사, 1988, 536쪽을 참조했다.

4 앞의 책, 537쪽.

5 간로지 하치로, 〈출판 서점 조감론 (2) 좌익적 출판사 편〉, 《총합 저널리즘 강좌 제6권》, 나이가이샤, 1931, 349쪽.

6 앞의 책, 358~359쪽.

7 〈엔본 시대〉(《도쇼圖書》 1954년 1월)를 오비 도시오, 《출판과 사회》, 겐키쇼보幻戲書房, 2007, 298쪽에서 재인용.

8 개조판은 1928년 6월 25일부터 1932년 10월까지 30회(총27권) 배본되었다. 두 발행처에 속한 번역 그룹 간의 대립 구도 및 80명에 이르는 개조판의 번역자들, 특히 샤카이시소샤社會思想社의 멤버가 이후 마르크스 연구자로서 각광을 받게 되는 과정에 대해서는, 우메다 도시히데, 《사회운동과 출판문화: 근대 일본에서의 지적인 공동체의 형성》, 오차노

미즈쇼보御茶の水書房, 1998, 12~14쪽 참조.

9 〈게 가공선〉 집필 당시의 고바야시 다키지에 관한 정보는, 오가사와라 마사루, 《고바야시 다키지》, 신쵸샤, 1985, 67쪽; 시마무라 테루, 〈고바야시 다키지 《게 가공선》과 지하활동화하는 사회주의운동〉, 《알아두면 좋은 발금·근대문학지誌》, 가쿠토샤学燈社, 2008, 99쪽을 참조. 《게 가공선》에 대한 당시의 평가에 관해서는, 노마 필드, 《고바야시 다키지》, 이와나미신쇼, 2009, 157~159쪽에서 상세히 논의되고 있다.

10 간로지 하치로, 〈출판 서점 조감론 (4) 전기사 편〉, 《총합 저널리즘 강좌 제9권》, 나이가이샤, 1931, 234쪽. 4·16사건이 일어났을 때 발행된 《전기》 1929년 4월호의 표지는 3월 5일 저녁 우익 테러로 암살된 중의원 의원 야마모토 센지의 장례식 광경을 담고 있었다. 야마모토는 1928년 2월 20일에 치러진 제1회 보통선거에서 노동농민당으로 출마하여 당선되었다.

11 아메미야 요조, 《《중앙공론》과 《개조》》, 537쪽.

12 시간이 많이 흐른 뒤의 회상임을 의식할 필요가 있다. 앞의 책, 529쪽.

13 도다 테루오, 《〈게 가공선〉 삭제된 문자: 다키지의 창작 '의도'와 '검열'의 농간》(고분겐高文研, 2019)의 부록에서는 상업출판으로서의 개조문고판이나 신쵸문고판의 복자들 간의 상이함이 상세히 비교되어 있다. 나아가 《게 가공선》 원문과의 차이도 당시의 검열 문제와 결부되어 상론되고 있다.

14 [《전기》 1928년 11월호와 12월호에 실린 고바야시 다키지의 데뷔 소설 중 하나. 3·15사건, 일본공산당원 대량 검거가 있던 홋카이도 오타루 지역을 묘사했음.]

15 도다는 단행본이 1929년 9월에, "그 개정판이 11월(성性 풍속 묘사 부분과 몇몇 부분의 글자가 복자 처리됨)에, 1930년 3월에는 11월판의 복자 이외에 '불경不敬'으로 간주된 부분을 추가해 복자 처리한 개정보급판이 각각 전기사에서 출판되지만, 1929년의 단행본은 모두 발금 처분을 받았다"고 설명한다. 도다 테루오, 앞의 책, 68쪽.

16 간로지 하치로, 〈출판 서점 조감론 (4) 전기사 편〉, 244~245쪽.

17 츠보이 시게지, 〈《전기》 시대(내가 걸어온 길)〉 (2), 《민슈효론民主評論》 1948년 4월, 49쪽.

18 츠보이 시게지, 〈프롤레타리아 잡지의 경영: 《전기》를 중심으로 하여〉, 《총합 저널리즘 강좌 제9권》, 나이가이샤, 1931, 192쪽.

19 츠보이 시게지, 〈《전기》 시대(내가 걸어온 길)〉 (2), 49쪽.

20 같은 곳, 50쪽.

21 광고주 역시 동일한 기대를 품고 있었던 듯하다. 1929년 11월호까지 많지는 않지만 이른바 '부르주아 자본'의 광고도 눈에 띈다. 이와나미문고(1928년 2월호), 기노쿠니야서점(1928년 7월호), 헤이본샤(1928년 9월호~10월호), 미츠코시백화점(1928년 12월호), 긴자마츠야백화점(1929년 2월호) 등.

22 츠보이 시게지, 〈《전기》 시대(내가 걸어온 길)〉 (2), 50쪽.

23 "발생 초기에는 분명 그 출판사들은 통신판매 방식으로 일정한 독자조직과 연결되어 있었다. 정당 또는 조합의 교육부나 학생연구회 같은 곳들과 직접 연결되어 있었으므로 1,000부를 찍으면 그 전부가 판매될 수 있었던 것이다. 계획생산이라고까지는 할 수 없어도 일종의 이런 의식이 작용하고 있었다고 할 수 있다"(간로지 하치로, 〈출판 서점 조감론 (2) 좌익적 출판사 편〉, 361쪽).

24 [소설가 에구치 칸과 기시 야마지가 책임편집을 맡았음. 빛나는 낫과 망치를 쥐고 있는 강건한 팔뚝 하나가 표지 삽화로 들어가 있고, 주홍색으로 표제가 새겨져 있음.]

25 츠보이 시게지, 〈《전기》 시대(내가 걸어온 길)〉 (3), 《민슈효론》 1948년 5월, 47쪽.

26 《전기》 1930년 7월호(171쪽)에 실렸던, 그때까지의 활동을 총괄하는 〈예술대중화에 관한 결의〉(일본프롤레타리아작가동맹 중앙위원회)에서도 이 세 작품은 최고의 성과로 기록되어 있다.

27 간로지 하치로, 〈출판 서점 조감론 (4) 전기사 편〉, 240~241쪽.

28 "부르주아 출판에 대한 우리들의 태도는 그러하지 않으면 안 된다"(《전기》 1930년 6월호, 178쪽).

29 앞의 책, 176~177쪽.

30 8,000부를 찍은 1928년 10월호의 〈친애하는 모든 독자 제군!〉(119쪽)을 보면, "《전기》를 방위하라", "《전기》의 독자망을 전국으로 확충하라!!" 같은 호소와 더불어, "《전기》 독자 2만 획득운동 만세!!"라는 표어가 등장한다. 이 기사 본문에서도 "2만 독자 획득"이 최우선 과제라는 점이 강조되어 있다. 이 무렵은 아직 한 번밖에 발금 처분을 경험하지 않은 때이지만, 검사국은 발행부수 1,000부 증가에 민감하게 반응했고, 잡지 관계자의 기소가 이어지고 있는 상황을 규탄하는 문장이 실렸다.

31 구리하라 유키오, 《프롤레타리아 문학과 그 시대》(증보신판), 임팩트インパクト출판회, 2004, 제1장; 히라노 켄 공편, 《현대일본문학논쟁사》(상권), 미라이샤, 1956, 297~359쪽; 마에다 아이, 《마에다 아이 저작집 제2권 근대독자의 성립》, 치쿠마쇼보, 1989, 199~216쪽 참조.

32 마에다 아이, 앞의 책, 208쪽.

33 앞의 책, 211쪽.

34 사토는 "《전기》가 별책으로서 《소년 전기》(제1~5호), 《부인 전기》(창간호만)를 간행했던 것, 전기 지국이라는 독자조직을 전국의 공장이나 학교에 약 300개(1930년 9월 현재)나 만들었던 것, 그 모든 것은 《킹》의 대중적 공공성에 정면으로 도전한 대항운동"이었다고 썼다(사토 다쿠미, 《《킹》의 시대: 국민대중잡지의 공공성》, 이와나미쇼텐, 2002, 69쪽).

35 도쿠나가 스나오, 〈《태양 없는 거리》는 어떻게 제작됐는가〉, 《프롤레타리아 예술교정教

程》 제3집, 1930, 52쪽.

36 1928년 9월호의 〈모든 독자 제군들에게 호소한다〉(157쪽)에는 다음과 같은 문장이 보인다. "우리 잡지 8월호의 종이질은 대단히 나빴다. 이는 착오로 인한 것으로, 드릴 말씀이 없다. 그러나 이번 호는 보시는 바와 같이 예전 그대로 제군들 앞에 선보일 수 있게 되었다." 1928년은 엔본 경쟁의 절정기였으며, 엔본 붐 덕분에 제지업계 역시 성장했다. 엔본 붐의 버블이 터진 뒤(1930~1933) 제지업계는 불황에 허덕이게 된다(하시모토 모토무, 《일본 출판판매사史》, 고단샤, 1964, 479쪽). 즉 엔본의 전성기에 창간됐던 《전기》는 기존의 출판자본과 종이의 확보를 둘러싼 경쟁관계에 있었던 것이다.

37 물론 개조사나 중앙공론사의 일을 맡고 있던 슈에샤秀英舎 등의 거대 인쇄소는 '발금-적발-구속'의 가능성이 큰 서적은 수주하지 않았다. 제2차 일본공산당 위원장 사노 마나부가 편집장을 맡고 있던 《무산자신문》은 이북만·김두용이 관여했던 《무산자》와 마찬가지로, 합법 활동을 표방하면서 공산당 재건을 목적으로 창간된 것이었다. 폐간과 재간을 반복한 《무산자신문》의 인쇄소 역시 흥미롭다. 1927년 10월에는 아나키스트 노동자가 공동 경영을 하고 있는 쿄바시의 쿄유샤協友社와 요로즈쵸샤万朝社를 이용하고 있었던 듯하다. "요로즈쵸샤는 그 밖에도 업계지業界紙(사회주의 관련) 매체의 일을 수주하고 있었다. 쿄유샤도 요로즈쵸샤도 경찰당국에 아직 탐지되지 않았다. 꼬리가 잡힐 것 같으면 우리는 비밀리에 인쇄해 줄 곳을 찾으러 다녔다"(이시도 기요토모, 〈나의 이단의 쇼와사昭和史〉(상권), 헤이본샤, 2001, 134~135쪽). 100명 넘게 검거됐던 1930년 5월의 전기사 사건 당시 전기사와 거래를 했던 인쇄업자·제본업자까지도 검거되었다는 점을 통해 알 수 있듯, 전기사의 일을 맡고 있던 업자들 역시 당국의 감시 대상이었다(츠보이 시게지, 〈《전기》 시대(내가 걸어온 길)〉 (3), 47~48쪽).

38 〈나프와 일본공산당의 관계〉, 일본 내무성 경보국 편, 《쇼와 5년도 사회운동의 상황》, 《사회운동의 상황 2권 쇼와 5년도》, 산이치쇼보, 1971, 1015~1016쪽.

39 츠보이 시게지, 《프롤레타리아 잡지의 경영》, 198쪽.

40 앞의 책, 199쪽. 경영부 책임자였던 츠보이는 1930년 5월의 전기사 사건으로 체포됐을 때, 전국적으로 140개 지국이 있었다고 진술했다(일본 내무성 경보국 편, 《쇼와 5년도 사회운동의 상황》, 1012쪽).

41 야마다 세이자부로, 〈프롤레타리아 문화운동사〉, 《일본자본주의 발달사 강좌》 제4권, 이와나미쇼텐, 1932, 43쪽.

42 다케다 유키, 〈전기사 지국에서의 등사판 뉴스 인쇄물 발행〉, 나카가와 시게미·무라타 히로카즈 편, 《혁명예술 프롤레타리아문화운동》, 신와샤, 2019, 264쪽에는 지국과 독자회가 발행한 등사판 뉴스 인쇄물에 관해 상론하고 있다.

43 상영회에서는 미편집 3편의 영상(메이데이, 노다野田 쟁의, 야마모토 센지 노동자 장)이 상영되었다. 조선노동총동맹의 도쿄 지부에서 상영했을 때는 80명 정도가 모였다고 한다. 상

영에 앞서 각각의 영상에 관해 조선어로 설명했다. "영화 상영 중의 설명은 전부 일본어로 했으며 조선어로 통역되었다"고 한다(관동關東 금속노동조합 ××지부원 M·T생, 〈나프의 영화를 처음 보고 나서: 전 노동자농민 제군들에게 고함〉, 1929년 5월호, 97~99쪽). ['노다 쟁의'는 치바현 '노다 간장주식회사'(현재 '기코만')에서 1922년~1928년에 걸쳐 대규모로 일어났던 연속 노동쟁의.]

44 〈제2무산자신문 방위기금 모금〉, 〈우리들의 힘으로 《무산자신문》을 지키자! ……귀가 전차요금 7전을 기금으로 돌려라!〉, 《전기》 1930년 1월호, 195쪽.

45 독립 시기와 관련해서는, 앞의 내무성 경보국 편, 《쇼와 5년도 사회운동의 상황》, 1011쪽 참조. 그 외, 구리하라 유키오, 《프롤레타리아 문학과 그 시대》, 108쪽; 야마다 세이자부로, 〈프롤레타리아 문화운동사〉, 45~47쪽; 야마다 세이자부로, 〈《전기》 복각판에 부쳐〉, 《전기 별권(자료편)》, 전기복각판간행회, 1977, 24~25쪽 참조.

46 ['코프KOPF'는 에스페란토어 단체명 "Federacio de Proletaj Kultur Organizoj Japanaj"의 머리글자를 딴 것임.]

47 일본 내무성 경보국의 내부 문서에 따르면 다음과 같다. "《전기》의 최근 판매는 종래와 같이 줄곧 호평받고 있는 상황이지만, 거의 매호에 걸쳐 발금 처분되고 있기 때문에 경제적으로 상당히 궁핍함. 최근 한 달 동안의 경제 상황은 다음과 같음. / 수입 2,500엔(정기 구독료, 기타 출판물 수입) / 지출 1,000엔 경영비(인건비, 임대료, 기타). 1,200엔 인쇄비, 1,500엔 종이 비용 / 공제 정산 부족분 1,200엔 정도 / 현재 인쇄비 및 종이 비용 등 1만 4,500엔 정도의 부채를 안고 있다고 함 / 더불어, 《전기》 방위기금 총액(《전기》 11월호에 발표됨)은 2,328엔 19전 5리"(일본 내무성 경보국 편, 《쇼와 5년도 사회운동의 상황》, 1013쪽).

48 '외곽단체'와 관련해서는, 오쿠다이라 야스히로, 《치안유지법소사小史》, 138~147쪽 참조.

49 공산당의 자금 마련책에 관련해서는 다음 보고문을 참조. "4·16사건 이후, 당과 '코민테른' 간의 연락은 끊겼음. 운동자금의 궁핍으로 인해……동정자同情者를 '나프', 의사, 교수, 학생, 노동[자], 기자, 기타 등 계통별로 분류하고, 각 계통마다 때때로 금액도 지시하면서 계속해서 운동자금을 모으고 있음"(일본 내무성 경보국 편, 《쇼와 5년도 사회운동의 상황》, 86쪽).

50 같은 곳.

51 [원문에는 '우리동무' 위에 가타카나 작은 윗글자 "ウリトンム"가 표기되어 있고, "우리들의 동지俺達の同志"로 번역되어 있음. 가타카나와 번역어는 모두 당대의 것들임. 뒤의 〈그림 5-13〉을 참조.]

52 《우리동무》는 실물을 찾을 수 없어 전설 속의 출판물이라고 소문이 났다. 《우리동무》는 오무라 마스오가 미국 의회도서관 소장 미군 포획자료에 포함되어 있던 옛 내무성 자료에서 발견했고 1991년 10월 6일 조선학회에서의 발표를 통해 알렸다. 오무라 마스오,

《조선 근대문학과 일본》, 료쿠인쇼보綠蔭書房, 2003, 제2장에는 《우리동무》의 발견 경위와 잡지의 내용(총 5회 발행)에 대해 소개되어 있다. 이 논고에서 유익한 시사를 얻었다.

53 카프 도쿄 지부가 계급문예운동을 하기 위해 설립한 무산자사가 1931년 카프사건을 계기로 해체된 이후, 그 후계조직으로 만들어졌던 것.

54 5월 1일 창간. 가격은 5전+ 송료, 46판. 전체 16쪽의 얇은 잡지이고 잡지 대금은 코프출판사에 송금.

55 오기노 후지오, 《사상검사》, 이와나미신쇼, 2000, 50쪽.

56 오쿠다이라 야스히로, 《치안유지법소사》, 141~142쪽.

제6장 식민지

1 고미부치 노리츠구, 〈야마모토 사네히코: '출판계 사천왕四天王'의 영광과 좌절〉, 츠치야 레이코 편, 《근대 일본미디어 인물지: 창업자·경영자 편》, 미네르바쇼보ミネルヴァ書房, 2009, 167쪽.

2 《개조》 창간호에는 이날의 모습을 전하는 요도에 료로의 〈개조사의 문성 초대회〉가 실렸다.

3 아키타와 요코세키의 증언을 토대로 4호부터 편집 방침이 전환된 경위가 정리되어 있다. 세키 츄카 공편, 《잡지 《개조》의 40년》, 코와도光和堂, 1977, 43~45쪽.

4 고노 겐스케, 《검열과 문학: 1920년대의 공방[전]》, 가와데쇼보신샤河出書房新社, 2009, 55쪽. 개조사와 일본 내무성 도서과의 검열 및 출판을 둘러싼 공방을 상세히 논하고 있다.

5 고미부치 노리츠구, 〈야마모토 사네히코〉, 170쪽.

6 엔본 붐의 현재적 의의나 관련 자료에 대해서는 쇼지 데츠야·나카자와 와타루·야마기시 이쿠코 편, 《개조사의 미디어 전략》, 소분샤双文社출판, 2013 참조.

7 미즈시마 하루오, 《개조사의 시대: 전전戰前 편》, 도쇼圖書출판사, 1976, 265~266쪽.

8 앞의 책, 182쪽.

9 도에다 히로카즈, 《요코미츠 리이치와 근대 미디어: 진재震災부터 점령까지》, 이와나미쇼텐, 2021, 100쪽.

10 장신, 《조선·동아일보의 탄생: 언론에서 기업으로》, 역사비평사, 2021, 제3장과 4장; 박용규, 《식민 시기 언론과 언론인》, 소명출판, 2015, 제2장, 3장, 4장을 참조.

11 박찬희, 〈청춘의 꿈, 나의 몽상하는 언론기관〉, 《별건곤》 1929년 6월호, 개벽사, 43쪽.

12 김경재, 〈조선 신문의 대중적 비판〉, 《개벽》 4호, 1935년 3월, 24쪽.

13 《동아일보》 사장 송진우의 〈3년간 30만 명〉. 미츠이 다카시, 《식민지 조선의 언어지배 구조: 조선어 규범화 문제를 중심으로》, 임경화·고영진 옮김, 소명출판, 2013, 229쪽에서 재인용.

14 한양과객, 〈3대 신문 참모장론〉, 《삼천리》 1934년 8월호, 32쪽.

15 《동아일보사사史》 제1권, 동아일보사, 1975, 277쪽.

16 정진석, 〈광고사회사 II(일제하의 광고)〉, 《광고연구》 1991년 가을호, 349쪽.

17 같은 곳, 349~352쪽에는 동아일보사와 조선일보사의 역대 광고부장들의 경력이 상세히 소개되어 있다.

18 《동아일보사사史》 제1권, 107쪽.

19 이갑기, 〈신문기업론〉, 《비판》 1932년 9월호. 여기서는 정진석, 앞의 논문, 367쪽에서 재인용.

20 황태욱, 〈조선 민간신문계 총평〉, 《개벽》 1935년 3월호, 16쪽.

21 장신, 《조선·동아일보의 탄생》, 167쪽. 동일한 지적이 박용규, 《식민지 시기 언론과 언론인》의 88쪽에서도 보인다.

22 주요한, 〈만보산 사건과 송사장과 그 사설〉. 박용규, 앞의 책, 99~100쪽에서 재인용.

23 장신, 《조선·동아일보의 탄생》, 168쪽.

24 한만수, 《허용된 불온: 식민지 시기 검열과 한국문학》, 소명출판, 2015, 273쪽.

25 고미부치 노리츠구, 〈《부인공론》의 미디어 전략: '엔본' 이후 출판유통의 관점에서〉, 《오츠마大妻여자대학 기요紀要》 2007년 3월, 59쪽 참조.

26 한만수, 《허용된 불온》 참조.

27 "대의사代議士[국회의원]가 되든지 되지 않든지 간에 야마모토는 《개조》로 번 돈을 정치에 썼다. 사원들 대부분은 정치가 '야마모토 개조'를 인정하지 않았다"(마츠바라 가즈에, 《개조사와 야마모토 사네히코》, 난포신샤南方新社, 2000, 158쪽).

28 《개조》의 지면을 단순히 '사회주의' 만으로 표현할 수는 없다. 같은 의미에서 《동아일보》의 지면도 복수의 목소리가 울리고 있었다. 이에 관해서는 한종민, 〈1930년대 《동아일보》의 인적 구성과 변동〉, 《민족문화연구》, 고려대학교 민족문화연구원, 제84호, 2019에서 상세히 분석되고 있다.

29 도에다 히로카즈, 《요코미츠 리이치와 근대 미디어》, 101쪽.

30 이 책의 일본어판이 간행된 이후 미즈노 나오키 선생님과 김모란 선생님은 〈조선 장〉의 제목과 관련된 유익한 조언을 주셨다. 미즈노 선생님의 말씀대로, 도전장으로 읽힌다는 나의 분석은 조선어를 모르는 일본어 화자에게만 해당된다. 조선어 화자는 도전장으로 읽지는 않았을 것이다. 그러나 〈조선 장〉의 포스터가 일본 내무성의 검열을 거쳐 만들어

졌다는 점을 감안하면, '조선'과 '장' 사이를 띄워 놓음으로써 '도전장'이라는 해석이 가능하도록 고안됐다는 점 역시 주목해야 할 것이다.

31 카프 도쿄 지부와 일본의 프롤레타리아예술동맹의 연대 문제에 관해서는, 고영란, 《전후라는 이데올로기》의 제3장에서 상세히 논했다.

32 간바야시 아카츠키, 〈청춘자화상. 엔본 시대의 추억〉. 《별책 소설 신쵸新潮》. 1951년 1월, 224쪽을 참조. 동일한 지적은 세키 츄카 공편, 《잡지 《개조》의 40년》, 102쪽에도 보인다.

33 〈엔본 시대〉(《도서》 1954년 1월)를 오비 도시오, 《출판과 사회》, 겐기쇼보幻戯書房, 2007, 298쪽에서 재인용. 《출판과 사회》의 ii 〈'엔본': 사회현상이 되다〉에는 《마르크스·엥겔스 전집》을 둘러싼 개조사판과 연맹판 사이의 광고 전쟁이 상세히 소개되어 있다.

34 식민지 조선에서 전개되었던 개조사판과 연맹판의 광고 전쟁이나 당시의 엔본 광고에 대해서는, 천정환, 《근대의 책읽기》(푸른역사, 2003) 제3장에서 상세히 분석되고 있다.

35 《마르크스·앵겔스 전집》을 둘러싼 독일사회민주당과 소련공산당의 관계에 대해서는, 마토바 아키히로, 《미완의 마르크스: 전집 프로젝트와 20세기》, 헤이본샤, 2002, 제5장과 10장 참조.

36 오무라 이즈미, 〈두 개의 일본어판 《마르크스·엥겔스 전집》의 기획(1928): 다카노 이와사부로와 랴자노프의 고투: 코민테른과 상업주의 출판의 틈새에서〉, 《오하라사회문제연구소 잡지》, 2010년 3월, 4쪽.

37 이하 인용하는 개조사판 및 연맹판 관계자와 랴자노프 사이에서 교환된 전보 및 편지는 오무라, 앞의 논문과 그의 다른 논문 〈다카노 이와사부로와 랴자노프의 왕복서간(1928~1930)〉, 《오하라사회문제연구소 잡지》, 2005년 6월에서 재인용한 것이다.

38 오무라 이즈미, 〈두 개의 일본어판 《마르크스·엥겔스 전집》의 기획(1928)〉, 8~9쪽.

39 이와나미 시게오, 〈마르크스·엥겔스 전집 간행 연맹 탈퇴에 관한 성명〉, 1928, 이와나미쇼텐 소장. 나카지마 다케시, 《이와나미 시게오: 리버럴 내셔널리스트의 초상》, 이와나미쇼텐, 2013, 108쪽에서 재인용. 고노 겐스케는 이와나미 시게오의 탈퇴 이유에 대해 "모든 것은 번역자 그룹의 리더 가와카미 하지메의 태도에 불신이 점점 더해졌던 결과"였다고 말한다(고노 겐스케, 《이야기 이와나미쇼텐 100년사 1—'교양'의 탄생》, 이와나미쇼텐, 2013, 304쪽).

40 나카지마 다케시, 《이와나미 시게오》, 108쪽. 1928년은 도에다 히로카즈가 말하듯이 "이와나미에게 많은 어려움이 찾아온 해"였다. 3월에 처우 개선을 요구하는 노동쟁의가 일어났고, 7월에는 《마르크스·엥겔스 전집》의 중단, 8월에는 판매 실적이 좋지 않던 《사상》의 휴간, 9월에는 이와나미 시게오가 《나쓰메 [소세키] 전집》 관련으로 소송에 걸리는 등의 사건이 이어졌다(도에다 히로카즈, 《이와나미 시게오: 낮게 살고 높게 생각하다》, 미네르바쇼보, 2013, 153쪽).

41 라쟈노프에 관해서는, 마토바 아키히로, 《미완의 마르크스》를 참조했다.

42 스즈키 도시오, 《출판: 호불황好不況 아래서의 흥망 1세기》, 슛판뉴스샤出版ニュース社, 1970, 214쪽.

43 고미부치 노리츠구, 〈《부인공론》의 미디어 전략〉, 52~53쪽 참조.

44 주영하, 〈조선요리옥의 탄생: 안순환과 명월관〉, 《동양학》 제50집, 단국대학교 동양학연구소, 2011년 8월, 153쪽.

45 이 이벤트의 상세한 내용과 효과에 대해서는, 고미부치 노리츠구, 앞의 논문 참조.

46 가토 요시유키, 〈중앙공론사 출판부의 창립과 그 동향〉, 이와나미 《문학》, 2003년 3월·4월호, 81쪽.

47 오야 소이치, 〈개조론〉, 《총합 저널리즘 강좌 제11권》, 1931년 10월, 140쪽.

48 미나토 사부로, 〈잔본 제국주의(출판사의 몸부림)〉, 《경제 왕래》 1931년 12월호, 123쪽. 고미부치가 말하는 대로, 이 에피소드는 반도 쿄고의 증언일 가능성이 높다. 반도는 염가판매 책방조차도 처치 곤란으로 여기던 엔본 전집 스톡을 만철[남만주철도주식회사]의 초대로 "화물차 1대" 분량을 조선, 만주, 대만에 가져가 팔아치웠다. 고미부치 노리츠구, 〈《부인공론》의 미디어 전략〉, 65쪽 참조. 조선의 잡지 《삼천리》(〈미모의 서점 마담, 문사 노춘성 부인 이준숙 씨〉 1937년 5월)에는 도쿄나 오사카로부터 '잔본'을 사들여 많은 이익을 올리고 있던 헌책방 주인의 대담이 실려 있다.

49 고미부치 노리츠구, 앞의 논문, 65쪽.

50 이 시기의 이광수와 동아일보사의 관계에 대해서는, 하타노 세츠코, 《이광수: 한국 근대문학의 시조와 '친일'의 낙인》, 주고신쇼, 2015, 제5장 〈수양동우회와 두 개의 신문사: 1920~30년대〉 참조.

51 한기형·이혜령 편, 《염상섭 문장 전집》(III), 소명출판, 2014, 308쪽.

52 "민족적 고난을 경험했던 일이 없다.……물론 우리들보다는 세련되어 있다. 우리들보다도 기술과 역량을 더 가지고 있다. 우리들보다도 깊게 관찰하고 있다. 그러나 우주와 인간사회의 근간에 육박해 가는 시야를 갖고 있지 못하다.……조선 문단이 배워야 할 것은 기교와 표현뿐이다."

53 이광수, 〈조선문단의 현상과 장래〉, 《동아일보》 1925년 1월 1일 자.

54 이광수, 〈조선의 문학〉, 《개조》 1932년 6월호.

55 이 자료에 관한 개요로는, 구로다 슌타로·미우라 다쿠, 〈옛 개조사 관계 자료의 개요와 가능성: '자주 폐업' 시기의 회계정리에 관한 것을 중심으로〉, 《쇼와문학연구》 제56권, 2008년 3월 참조.

56 이 경영관계 광고자료에 관해서는, 고미부치 노리츠구, 〈옛 개조사 광고관계 자료에서 무엇이 보이는가: 미디어라는 표상과 이데올로기〉, 《일본근대문학》 제77집, 2007 참조.

57 장혁주, 〈현상 창작의 추억〉, 《문예통신》 1935년 2월호, 35쪽.

58 《개조》 1933년 4월호.

59 이즈미 츠카사, 〈《개조》 현상 창작과 '해외'〉, 발표자료 《개조사를 중심으로 한 20세기 일본의 저널리즘과 지적인 언설을 둘러싼 종합적 연구》 연구집회, 2007년 9월 29일.

60 이즈미 츠카사, 《일본 통치기 대만과 제국의 '문단'》, 히츠지쇼보ひつじ書房, 2012, 69쪽.

61 마츠바라 가즈에, 《개조사와 야마모토 사네히코》, 183~184쪽은 야마모토의 조선·만주·중국 여행에 관해 언급하면서 다음과 같이 소개하고 있다. "한반도에서 만주에 걸쳐서는 《개조》 독자들이 상당히 많았다. 중국에 나갈 때 야마모토는 언제나 '개조'사의 사장이었다. '개조'에 관해서는 군 관계자들도 관심을 보였다. 사네히코는 《개조》에서 나온 임시증간호 등을 가져가서는 슬며시 놓고 왔다. 이후에 발간된 《대륙》(쇼와 13년[1938] 4월)은 "여기저기에 나누어 주었다"고 야마모토 자신이 쓰고 있다." 《만·선》에도 다음과 같은 에피소드가 보인다. "이후 내가 《개조》의 주간이라는 것을 알게 된 교사는 '《개조》를 좋아한다'면서 허심탄회하게 그 지방의 특수한 사회사정이나 사상적 전향 등에 대해 이야기해 주었다"(〈투먼図們 철도〉, 48쪽).

62 〈편집자 편지〉, 《개조》 1932년 4월호.

63 개조사·야마모토가 지원하던 장혁주와 최승희가 제국의 '신상품'으로 표상됨으로써 야기됐던 문화의 충돌 및 변용에 관해서는, 졸저 《전후라는 이데올로기》 참조.

64 주요한, 〈삼천리사社 주최 문학문제 평론회〉, 《삼천리》 1934년 7월호, 205쪽.

제7장 번역

1 〈문예총후운동. 반도 각도各都에서 성황〉, 《문장》 1940년 9월호, 98쪽. ['소진'과 '장의'는 중국 전국시대의 유세객·능변가.]

2 이케지마 신페이[편집자. 이후 제3대 문예춘추사 사장], 〈반도 군국조〉, 《문예춘추》 1939년 5월호, 97쪽.

3 이케지마 신페이, 〈일본을 떠나서 생각한 것: 잡지 편집자의 애탄哀歎〉(4회), 《중앙공론》 1973년 7월호, 146쪽.

4 시오바라의 이 조어설造語說은, "이른바 시오바라의 새로운 조어"라는 오카자키 시게키의 기록을 전거로 한다(《시대를 만든 남자: 시오바라 도키사부로》, 오자와츠키지쇼텐大澤築地書店, 1942, 163~164쪽). 이에 대해 이나바 츠기오는 1936년이나 1937년에 "황국신민"이라는 말은 조선의 민간이나 조선군에서 사용되고 있었던 것으로 시오바라의 조어라고 단언할 수는 없지만, "조선총독부의 공식 용어로 삼았던 것은 시오바라이다"라고 언급한

다(〈시오바라 도키사부로 연구: 식민지 조선에서의 황민화 교육의 추진자〉, 《규슈대학 대학원 교육학연구 기요》 창간호, 1998, 189쪽).

5 오구마 에이지, 《'일본인'의 경계》, 신요샤, 1998, 419쪽.

6 오사와 사토시, 《비평 미디어론: 전전 시기 일본의 논단과 문단》, 이와나미쇼텐, 2015의 제3장 〈좌담회론〉은 동인제同人制를 채용한 《문학계》의 좌담회가 문단 재편성에 어떤 역할을 했는가, 특히 "다양한 가치관의 교섭을 다양한 양태 그대로 아말감[합금/혼합]하여 재현"함으로써 "그 다양성"이 "'여러 측면에서 정치성을 확보하는" 과정을 명확히 밝혔다(148쪽). 흥미로운 것은 오사와의 분석이 조선에서의 좌담회에 관한 관점이 결여되어 있지만 《문학계》 측이 경성의 좌담회를 치밀한 의도 아래 편집했다는 것을 전제로 삼고 있다는 점이다. 오사와의 연구는 신지영, 《不부/在재의 시대》, 소명출판, 2012 및 박광현, 〈'경성좌담회' 다시 읽기〉(《일본연구》 62호, 2014년 12월) 같은 연구들과는 온도차가 크다.

7 한국문학 연구에서는 이 좌담회를 둘러싼 연구가 축적되어 왔다. 양쪽의 내용이나 표현의 유사성에 주목한 김윤식의 〈국민국가의 문학관에서 본 이중언어 창작의 문제〉(시라카와 유타카 옮김, 《조선학보》 제186호, 2003)는 《경성일보》판이 《문학계》판에 옮겨 실린 것이라고 주장했다. 이에 대해 양쪽의 표현이 서로 다름에 주목한 것이 권나영의 〈어긋난 조우와 갈등하는 욕망들의 검열〉, 연세대 국학연구원 편, 《일제 식민지 시기 새로 읽기》, 혜안, 2007 및 신지영의 《부/재의 시대》이다. 이 연구들을 참고하면서 박광현의 〈'경성좌담회' 다시 읽기〉는 일본어와 관련하여 식민지 독자들에게는 '국어國語'라는 표현이 선택되었고 일본 본토의 독자들에게는 '내지어內地語'라는 표현이 사용되었음에 주목하면서, 이 좌담회가 식민지와 일본 본토에서 각기 어떤 기능을 하고 있었는지를 논했다.

8 잡지 《문장》에 대한 한국문학 연구에서의 평가의 변천에 관해서는, 차혜영, 〈'조선학'과 식민지 근대의 '지知'의 제도: 《문장》을 중심으로〉, 《국어국문학》 2005년 9월, 505~509쪽 및 이봉범, 〈잡지 《문장》의 성격과 위상〉, 《반교어문연구》 2007년 2월, 107~110쪽을 참조했다.

9 《문장》의 "여묵余墨[편집후기에 해당]은 종이의 입수에 힘겨워하는 이야기로부터 시작할 때가 많았다. 예컨대 '앞으로 한 가지 걱정되는 것은 종이 기근[紙飢饉]이다. 다달이 값이 오르는 것은 第二로 하고 양이 작고 절품絕品이 된다"(1939년 5월); "이번 호부터 紙品이 若干 어두워졌다. 써오던 종이가 품절되었고, 유사품도 求之不得이었기 때문이다"(1939년 6월) 등등. 이후에도 "6월호는 조판까지 다하였다가 종이가 들어오지 않아 인쇄하지 못했다"(1940년 7월)는 토로가 이어진다.

10 이봉범은 매체의 어떤 측면에 주목하는가에 따라 《문장》의 평가가 나뉜다고 서술하면서 근대적인 출판제도 속에서 그 매체의 의미를 다시 파악했다. 이는 차혜영의 논의와 동일한 방향성을 갖는 것이다. 이봉범, 〈잡지 《문장》의 성격과 위상〉, 107~110쪽을 참조했다.

11 《불량한 책들의 문화사》 일본어판에는 월북작가의 성명에 관한 설명이 없다. 그러나 일

본어판을 읽어 주신 미즈노 나오키 선생님과 시라카와 유타카 선생님의 지적에 따라 설명을 첨가했다. 참고로 시라카와 선생님이 소장하고 있는 해적출판《문장》에는 작가들의 이름이 그대로 기재되어 있다.

12 천정환, 〈일제 말기의 독서문화와 근대적 대중독자의 재구성 (1): 일본어 책 읽기와 여성 독자의 확장〉, 《현대문학의 연구》 제40호, 2010년 2월, 78~82쪽.

13 조선어판《보리와 병정》의 서문에는 조선총독부 도서과장의 이름으로 다음과 같이 쓰여 있다. "본청에서는 국어를 이해하지 못하는 반도 동포에게 이 책을 소개하기 위하여 원저자의 승낙을 얻어 통역관 니시무라 신타로 군에게 번역하게 했고, 이에 보급판을 만들어 널리 세상에 반포하는 바, 성전聖戰 인식을 위한 좋은 자료가 되길 바란다." 이 문장은 같은 책에 조선어로 발표됐던 것이며, 번역자 니시무라에 의해 〈'보리와 병정'을 조선어로 번역하면서〉(일본어), 《모던 일본 임시증간호 조선판》 제10권 12호, 모던니혼샤モダン日本社, 1939년 11월, 147쪽에 다시 실린다.

14 앞의 책, 146쪽. 또한, 박광현에 따르면 니시무라는《보리와 병정》의 번역 경위와 노고에 대해 《경성일보》에 〈언문 번역을 하기까지: 번역 착수와 결정의 앞뒤 사정〉이라는 제목으로 7회(1939년 4월 11일~19일)에 걸쳐 연재하고 있다(박광현, 〈검열관 니시무라 신타로에 관한 고찰〉, 《한국문학연구》 제32호, 2007년 6월, 112쪽의 각주 35번 참조). 니시무라의 경력 등에 관해서는, 박광현의 논문 참조. 《보리와 병정》의 영어 번역, 중국어 번역, 조선어 번역에 관해서는, 이상경, 〈제국의 전쟁과 식민지의 전쟁문학: 조선총독부의 기획 번역, 히노 아시헤이의《보리와 병정》을 중심으로〉, 《한국현대문학연구》 제58호, 2019년 8월에 상세히 분석되어 있다.

15 니시무라 신타로, 〈'보리와 병정'을 조선어로 번역하면서〉, 148쪽.

16 《매일신보》 1938년 12월 25일. 조선어판이 준비되고 있던 시기부터 《동아일보》(1939년 4월 9일)를 비롯한 조선어 미디어는 전쟁 인식의 보급을 위해 "수십만 부를 찍어 특수 기관에는 무료 배포, 기타 다른 곳에는 실비만 받고 배포할 것이다"고 하면서《보리와 병정》이 조선 전체에 뿌려질 거라고 예고했다. 조선어 번역에 관한 미디어의 보도에 대해서는, 강여훈, 〈일본인에 의한 조선어 번역: 히노 아시헤이의《보리와 병정》을 중심으로〉, 《일본어문학》 35호, 2007년 12월, 389~392쪽; 정선태, 〈총력전 시기 전쟁문학론과 종군문학: 《보리와 병정》과 《전선기행》을 중심으로〉, 한국동양정치사상사학회, 《한국동양정치사상사연구》 제5권 2호, 2006년 9월, 137~141쪽 참조.

17 《국민신보》 제18호, 1939년 7월 30일 자 《보리와 병정》 조선어판의 광고. 이 광고는 같은 신문 제50호(1940년 3월 10일)까지 이어졌다고 한다. 이상경, 〈제국의 전쟁과 식민지의 전쟁문학〉, 135쪽에서 재인용.

18 조선어 번역을 둘러싼 도서과의 움직임 및 선전전戰에 대해서는 이상경, 앞의 논문, 133~137쪽에서 시사를 얻었다.

19 《조선 출판경찰 개요 쇼와 14년》(조선총독부 경무국, 1940, 89~93쪽. 여기서는 정진석 편, 《극비 조선총독부 언론탄압 자료총서》(제4권), 한국교회사문헌연구원에 의한 복각판을 사용했음).

20 박광현, 〈검열관 니시무라 신타로에 관한 고찰〉, 117쪽 참조.

21 이봉범, 〈잡지 《문장》의 성격과 위상〉, 113쪽 참조.

22 김재용, 《협력과 저항: 일제 말 사회와 문학》, 소명출판, 2004, 3쪽. 김재용이 다른 측면으로 주목했던 것은 유럽·미국의 개인주의에 대한 비판이다. "1930년대 중반을 전후하여 유럽에서 파시즘과 반파시즘 사이의 긴장이 고조되기 시작하면서 유럽 문명의 앞날에 대한 비관적인 전망이 늘어나기 시작했다. 파리가 독일에 함락되는 사태가 벌어지자 유럽 문명의 몰락은 돌이킬 수 없는 일로 받아들여졌다. 이 과정에서 서양 근대, 특히 개인주의를 넘어선 집단에 대한 관심이 쏟아지기 시작했다"(65쪽). [우한 삼진武漢三鎮은 우창武昌(정치의 중심지), 한커우(상업의 중심지), 한양漢陽(공업의 중심지)이라는 세 개의 시를 가리키는 말.]

23 앞의 책.

24 마츠모토 가즈야는《일본 전쟁 개전 이후의 문학장: 보고/예술/전장》, 가나가와대학출판회, 2018, 제3장에서 '종군 펜부대' 담론에 관해 상세히 분석하고 있다.

25 고미부치 노리츠구, 《프로파간다의 문학: 중일전쟁하의 표현자들》, 교와고쿠共和國, 2018, 89쪽.

26 펜부대의 종군기에 관해서는, 아라이 도미요, 《중국전선은 어떻게 그려졌던가: 종군기를 읽다》, 이와나미쇼텐, 2007, 제2장 〈'펜부대'의 사람들〉에서 상세히 논하고 있다.

27 이제까지 연구의 장에서도 두 사람의 종군기에 대한 비교가 많았다. 이타가키 나오코의 〈지나사변 아래서의 전쟁문학〉(《현대일본의 전쟁문학》, 롯코쇼카이六興商會출판부, 1943)이 당시의 대표적인 논의라고 할 수 있다. 이이다 유코의 《그녀들의 문학》(나고야대학출판회, 2016, 237~239쪽)에는 하야시 후미코가 묘사한 종군기에서의 군대와 요시야 노부코의 《전화戰禍의 북지北支·상하이를 가다》(신쵸샤, 1937) 등의 종군기에서 묘사된 중국 여성의 모습을 비교하는 연구 방법이 어떻게 전개됐는지를 상세히 논하고 있다. 구메 요리코, 〈'소녀소설'의 생성: 젠더 폴리틱스의 세기世紀〉(세이큐샤青弓社, 2013)는 당시의 인기작가였던 두 사람의 종군기를 "홍일점 아닌 '홍이점紅二点'의 활약"(26쪽)으로 의미화하면서 비판적인 고찰을 했다. 또 여성작가의 "전쟁담론"과 관련하여 "우리는 반복적으로 '그러하지만'이라는 말을 접속시켜 분석"하면서 이이다가 말하는 "'텍스트의 중층성'을 체제 및 독자들과 맺는 관계의 함수로서도 확인할 필요가 있다"(281쪽)는 중대한 지적을 한다. 하지만, 그렇게 묘사되는 중국의 여성과 묘사하는 일본의 여성작가라는 이항대립적 분석 방법과 "반복적으로 '그러하지만'이라는 말을 접속시켜 분석"하는 것이 경우에 따라서는 '매조리티[majority/다수 세력적] 일본인 여성'에게 유리한 면죄부가 된다. 또한, 하야시 후미코나 요시야 노부코가 식민지의 여성작가에게 끼친 영향을 생각할 때, 일본과 조선의 여성작

가들 사이에 개재되어 있는 위계의 구도 역시 시야에 넣을 필요가 있다.

28 〈한커우 종군을 앞두고. 다녀오겠습니다〉, 《도쿄아사히신문》 1938년 9월 2일 자.

29 사토 다쿠미, 〈하야시 후미코의 '전선'과 '식민지': 아사히신문사의 보국과 육군성의 보도〉, 하야시 후미코, 《전선》, 주고中公문고, 2006, 246쪽.

30 사토 다쿠미, 〈하야시 후미코의 '전선'과 '식민지': 아사히신문사의 보국과 육군성의 보도〉, 하야시 후미코, 《전선》, 주고中公문고, 2006, 251쪽. 〈신문의 발행부수〉 표에 따르면, 중일전쟁 보도를 계기로 1941년 전후로 《도쿄아사히신문》이 《마이니치신문》을 제치고 발행부수 1위로 치고 나갔다. 1938년 당시는 《도쿄니치니치신문》, 《오사카마이니치신문》(마이니치신문사)은 285만 부, 《도쿄아사히신문》, 《오사카아사히신문》(아사히신문사)이 248만 부였다.

31 《아사히신문사사社史》, 1995, 사토 다쿠미, 〈하야시 후미코의 '전선'과 '식민지'〉, 255쪽에서 재인용.

32 〈패주하는 적의 황망함[황피黃陂로의 이치방노리]〉, 《아사히신문》 1938년 10월 25일 자.

33 사토 다쿠미, 〈하야시 후미코의 '전선'과 '식민지'〉, 255쪽.

34 《조선 출판경찰 개요 쇼와 14년》, 100쪽.

35 앞의 책, 101쪽.

36 앞의 책, 128쪽.

37 고미부치 노리츠구, 《프로파간다의 문학》, 103~115쪽 참조.

38 미키 히로코, 〈전시하의 여성잡지: 1937~1943년의 출판 상황과 단체 기관지를 중심으로〉, 근대여성문화사연구회 편, 《전쟁과 여성잡지: 1931~1945년》, 도메스ドメス출판, 2001, 17~20쪽.

39 〈내지 출판물 단속상황〉, 《출판경찰보報》 제112호, 1938년 4월~6월, 6쪽.

40 〈부인잡지에 대한 취체 방침(쇼와 13년 5월)〉, 《출판경찰보》, 1938, 23~27쪽.

41 와카쿠와 미도리, 《전쟁이 만든 여성상》, 치쿠마학예문고, 2000, 112쪽.

42 앞의 책, 123쪽,

43 오가타 아키코, 《'가가야쿠'의 시대: 하세가와 시구레와 그 주변》, 도메스출판, 1993.

44 가나이 게이코, 〈'전선'과 '총후'의 젠더 편성을 둘러싸고: 투고 잡지 《병대》와 리플릿 《가가야쿠》를 중심으로〉, 《이와나미강좌 아시아·태평양전쟁 3: 동원·저항·익찬翼贊》, 이와나미쇼텐, 2006, 109쪽.

45 이이다 유코·나카야 이즈미·사사오 가요 편, 《여성과 투쟁: 잡지 '여인예술'과 1930년 전후의 문화생산》, 세이큐샤, 2019, 11쪽.

46 오카다 아키코, 〈해설〉, 《가가야쿠 해설·총목차·색인》, 후지출판, 1988, 2쪽.

47 〈가가야쿠[빛나는] 부대 취지〉, 《가가야쿠》 1939년 6월 17일. '황군 위문호'에 비판적이었던 미야모토 유리코, 사타 이네코도 이 부대에 참가했다. 그러나 요사노 아키코, 히라바야시 다이코, 노가미 야에코는 참가하지 않았다.

48 하세가와 시구레는 '황군 위문호'의 준비과정이 "가가야쿠 여류 문단의 총동원이었다"고 의미부여하면서 "우리 잡지를 전선의 병사들을 위한 위문호로 삼은 것은 우리 잡지 독자들의 기쁨이지 않으면 안 될 것"이라고 썼다(〈병사들에게 보내고 싶다〉, 《가가야쿠》 1937년 9월 17일).

49 하세가와 시구레, 〈여성지식인에게 요청하는 활동: 가가야쿠 부대에 대하여〉, 《신여원新女苑》 1939년 3월호.

50 우에노 치즈코, 《내셔널리즘과 젠더》, 세이도샤, 1998, 37쪽 참조.

51 가나이 게이코는 우에노 치즈코의 《내셔널리즘과 젠더》를 인용하면서 논의를 전개한다(〈보고가 보국이 될 때: 하야시 후미코 《전선》, 《북안 부대》가 가르쳐 준 것〉, 《국문학 해석과 감상 별책: 여성작가의 '현재'》, 시분도至文堂, 2004, 83쪽).

52 〈무엇을 생각하고 무엇을 쓰는가? 한커우전漢口戦에 종군한 문단인〉, 《아사히신문》 1938년 8월 25일 자 조간 11면.

53 〈보여 주고 싶은 그을린 병사, 사랑에 굶주린 현지. 하야시 여사 오늘 오사카에서 강연〉, 《도쿄아사히신문》 1938년 11월 1일 자.

54 나리타 류이치는 《전선》에서 후미코의 서사구조를 "준準당사자(b)"로서의 후미코가 자신을 사이에 넣어 "'일본 본토' 사람들(비당사자=c)과 당사자(a)를 연결시킴으로써 a와 b와 c의 일체감을 형성했던 것"으로 분석하고 있다. 나아가 그 지점에서 다음과 같은 역설을 발견한다. "젠더를 지렛대로 삼아 만들어진 공동성이며 내셔널리즘을 환기시키는 장치가 되어 간다. '전선前線'과 '후방'을 묶는 정동의 일체감이 '여성'이라는 젠더의 열위적 입장에서 형성되고 있다는 역설"에 주목했다(나리타 류이치, 《'역사'는 어떻게 이야기되는가: 1930년대 '국민의 이야기' 비판》, NHK북스, 2001, 182~183쪽).

55 〈오늘 본사 주최 '우한 공략 강연회' 흉금을 울리는 실감, 대청중 눈물에 목이 메다〉, 《도쿄아사히신문》 1938년 11월 3일 자 석간.

56 〈전장의 흙먼지를 덮어쓰고. 위문부인의 좌담회 (2) '우리들은 무엇을 느꼈던가?'〉, 《도쿄아사히신문》 1938년 1월 20일 자.

57 〈전장의 흙먼지를 덮어쓰고. 위문부인의 좌담회 (6) 여자와 아이는 대단히 소중하다, 소학생의 작문에 울면서 감격〉, 《도쿄아사히신문》 1938년 1월 25일 자 조간.

58 〈보여 주고 싶은 그을은 병사, 사랑에 굶주린 현지. 하야시 여사 오늘 오사카에서 강연〉, 《도쿄아사히신문》 1938년 11월 1일 자.

59 가쿠타 미츠요·하시모토 유키코, 《하야시 후미코: 여자 혼자의 여행》, 신쵸샤, 2010, 7쪽.

60 야마시타 기요미, 〈하야시 후미코의 대만, 중국, 만주, 조선: 기초자료의 제시와 앞으로의 연구과제〉, 《니혼대학 예술학부 기요》 제56호, 2012년 9월; 〈일본 군정치하 인도네시아에서의 하야시 후미코의 문화공작: 자카르타에서의 족적을 소개하면서〉, 《니혼대학 예술학부 기요》 제68호, 2018년 10월; 〈하야시 후미코의 남방 종군에 관한 현지조사 보고 (1)〉, 《니혼대학 예술학부 기요》 제55호, 2012년 3월; 야마시타 기요미의 《하야시 후미코와 인도네시아: 작품과 연구》(쵸에이샤鳥影社, 2022)에는 후미코의 이동 일정과 관련 소설, 에세이, 기사 및 연구논문 목록이 수록되어 있다.

61 〈이화여전梨花女專 나오는 꽃 같은 신부들, 이화여자전문생의 학원생활〉, 《삼천리》 제13권 3호, 1941년 3월 1일.

62 《여성》 1939년 11월호, 23쪽. 이런 사정은 고등교육을 받은 엘리트층에만 해당되는 것은 아니었다. 1930년대 말이 되면 〈표 7-1〉에 제시된 것처럼 조선에서 가장 많이 읽히던 《킹》의 독자란에 조선의 고학생이나 노동자의 엽서가 소개된다. 예컨대 평양의 철근노동자는 12세에 고아가 되어 이후 학업은 중단됐지만 《킹》이 너무 좋아 반복하여 읽는 와중에 일본어를 습득했다고 한다. 그는 《킹》을 '나의 은사'라고 말하고 있다(《킹》 1939년 3월호).

63 천정환, 〈일제 말기의 독서문화와 근대적 대중독자의 재구성 (1)〉 참조.

64 〈문예총후운동 강연회를 듣다〉, 《녹기》 1941년 12월호.

65 잡지 《녹기》는 1936년 1월에 창간되었고 1944년 3월호부터 《흥아문화》라고 잡지명을 바꿔 1944년 12월까지 간행됐다. 이 잡지에 관해서는, 가미야 다다타카, 〈조선판 《녹기》에 대해〉, 《홋카이도 분쿄文教대학논집》 제11호, 2010 참조.

66 조선총독부 경무국, 《조선 출판경찰 개요 쇼와 14년》 1940년 5월, 100쪽.

67 〈여성과 독서 좌담회〉, 《여성》 1939년 11월.

68 손성준·박헌호, 〈한국 근대문학 검열 연구의 통계적 접근을 위한 시론: 《조선 출판경찰월보》와 식민지 조선의 구텐베르크 은하계〉, 《외국어문학연구》 38호, 한국외대 국문학연구소, 2010년 5월, 205~206쪽 참조.

69 권학준, 《조선인 특공대원의 표상: 역사와 기억의 틈새에서》, 호세이대학출판국, 2022, 40쪽.

70 하야시는 젊은 여성에게 종군간호부가 될 것을 거듭 권하고 있다. 예컨대 귀국 직후의 인터뷰에서도 "전장에 나아가 여자가 아니면 할 수 없는 상이병사 돌봄이나 위문 및 기타 열심히 일해서 이 국가의 중대 시기에 애국의 열정을 더 불태워 주길 바란다"고 말했다(〈보여 주고 싶은 그을은 병사, 사랑에 굶주린 현지〉, 《도쿄아사히신문》 1938년 11월 1일 자).

71 우에노 치즈코, 《내셔널리즘과 젠더》, 35쪽.

72 〈하야시 후미코 여사에게 듣는 모임 (1) 지금 모국의 땅을 밟고 한커우 종군을 이야기하

다〉, 《도쿄아사히신문》 1938년 11월 5일 자.

73 가와 가오루, 〈총력전 아래의 조선여성〉, 《역사평론》 제612호, 2001년 4월, 13쪽.

74 가와모토 아야, 〈조선과 일본에서의 현모양처 사상에 관한 비교연구: 개국기부터 1940년대 초반을 중심으로〉, 《시다이市大[시립대]사회학》 제11호, 2010, 62쪽.

75 허윤, 〈신체제기 최정희의 모성담론과 국가주의〉, 동서대학교 일본연구센터, 《차세대 인문사회연구》 3권, 2007, 432쪽.

76 공임순, 〈최정희의 해방 전/후와 '부역'의 젠더정치〉, 한국여성문학학회, 《여성문학연구》 제46호, 2019년 4월, 7쪽.

77 박수빈, 〈최정희 친일문학의 특수성 연구: '민족'과 '여성'의 기표 사이에서〉, 《현대소설연구》 제78호, 2020년 6월, 139~140쪽.

78 최정희, 〈하야시 후미코와 나〉, 《삼천리》 제13권 12호, 1941년 12월.

제8장 전쟁

1 야마모토 다케시, 〈조선 특수朝鮮特需〉, 야마무로 히데오 편, 《쇼와의 전쟁: 저널리스트의 증언》(제10권 한국전쟁·베트남전쟁), 고단샤, 1985, 97~98쪽 참조.

2 로버트 머피, 《군인들 속의 외교관》, 후루카키 데츠로 옮김, 가고시마연구소鹿児島研究所 출판회, 1964, 443쪽.

3 야마모토 다케시, 〈조선 특수〉, 107~111쪽.

4 오누마 히사오, 〈한국전쟁에 대한 일본의 협력〉, 오누마 히사오 편, 《한국전쟁과 일본》, 신간샤新幹社, 2006을 참조.

5 《광장의 고독》에서의 인용은 중앙공론사의 1951년 초판에 따름. 본문에 쪽수만 표기한다[홋타 요시에, 이종욱 옮김, 《광장의 고독》, 논형, 2022].

6 호세이대학 오하라사회문제연구소 편, 《일본노동연감年鑑》 제24집 1952년도(지지츠신샤時事通信社, 1951) 제2부 노동운동 제5편 노동정당 제3장 공산당 제8절 〈조선에 전쟁 발발, 중앙기관지 《아카하타》의 발금〉을 참조. 여기서는 m1952-729.pdf(hosei.ac.jp)을 사용함(2023년 6월 16일 확인).

7 와다 하루키, 《한국전쟁 전사全史》, 이와나미쇼텐, 2002, 160쪽.

8 [SCAP는 1945년 10월부터 샌프란시스코 강화조약이 발효된 1952년 4월 28까지 도쿄에 설치되어 있던 연합군 최고위사령부Supreme Commander for the Allied Powers의 약칭. 당시의 별칭이 GHQ(General Headquarters)였음.]

9 필립 나이틀리, 호치 쇼조 옮김, 《전쟁 보도의 내막: 숨겨진 진실》, 지지츠신샤, 1987, 11

장 〈조선, 국제연합군의 싸움 1950~1953〉 참조.

10 잡지 미디어에 대한 검열을 담당하고 있던 PPB(Press, Pictorial and Broadcasting Division. CCD의 미디어 전문 검열조직)의 활동에 관해서는 야마모토 다케토시, 《점령기 미디어 분석》, 호세이대학출판국, 1996, 오쿠이즈미 에자부로, 《점령군 검열잡지 목록·해제: 쇼와 20~24년》. 유쇼도쇼텐雄松堂書店, 1982를 참조했다.

11 야마모토 다케토시, 〈검열과 미디어의 블랙[black]화〉, 《점령기 잡지자료 대계 문학편 II》, 이와나미쇼텐, 2010, 15쪽에서 재인용.

12 야마모토 다케토시, 《점령기 미디어 분석》, 호세이대학출판국, 1996, 320~321쪽을 참조.

13 친도쿤陳童君은 기가키가 일하는 일본어 미디어가 《요미우리신문》을 모델로 삼고 있을 가능성에 대해 서술하고 있다. 친도쿤, 〈《광장의 고독》의 표현수법〉, 《홋타 요시에의 패전후문학론: '중국' 표상과 전후 일본》, 가나에쇼보鼎書房, 2017, 제4장을 참조.

14 동일한 구도는 당시의 일본공산당 계열 미디어나 민주주의 문학운동에 참가하고 있던 김달수·허남기를 비롯한 일본 문화운동의 여러 주체들 역시 공유하고 있었다. 이에 대해서는 졸저, 《전후라는 이데올로기: 역사/기억/문화》의 제7장 5절 〈'공투共闘'를 둘러싼 함정〉에서 자세히 서술했다.

15 이러한 구도에 대해서는 앞의 졸저, 같은 절에서 자세히 서술했다.

16 장영민에 따르면, VOA는 한국전쟁 중에 한국인을 대상으로 하는 한국어 선전방송을 시행했다. 한국어 방송은 반공 메시지의 발신이 주요 목적이었고 전쟁이 끝날 때까지 매일 오전·오후에 1시간 15분씩 방송됐다. 주 청취자는 비교적 부유한 상층계급이었다. 〈한국전쟁기 '미국의 소리Voice of America 한국어 방송'에 관한 연구〉, 부산경남사학회, 《역사와 경계》, 2014년 3월 참조.

17 김영희, 〈한국전쟁 초기 전쟁소식 전파와 대응의 커뮤니케이션〉, 한국언론학회, 《한국언론학보》 제58권 4호, 2014년 8월.

18 위진록, 《고향이 어디십니까?》, 모노폴리, 2013, 192쪽.

19 박경식, 《해방 후 재일조선인운동사》, 산이치쇼보, 1989의 제2장 〈재일조선인의 민주적 민족적 권리를 지키는 운동〉; 김태기, 《전후 일본정치와 재일조선인 문제》, 게이쇼보, 1997의 제3장 〈'해방민족'에서 '적국민(일본국민)'으로〉를 참조했다.

20 일본 외무성 정무국 특별자료과, 《재일조선인 관리 중요 문서집 1945~1950》, 1950. 여기서는 복각판 《현대일본·조선관계사 자료 제6집》, 고호쿠샤湖北社, 1978을 사용했다(14~15쪽).

21 정영혜, 《'타미가요民が代' 제창[: 아이덴티티·국민국가·젠더]》, 이와나미쇼텐, 2003의 제5장 〈'전후' 만들어진 식민지 지배〉 참조.

22 정영환, 《역사 속의 조선적朝鮮籍》, 이분샤, 2022, 372~375쪽 참조.

23 하지만 어떤 절차를 거쳐 도항할 수 있었는지는 분명하지 않다.

24 장혁주가 한반도에서 취재를 하고 난 뒤에 쓴 글은, 장윤향, 〈한국전쟁을 둘러싼 일본과 미국 점령군〉, 일본사회문학회, 《사회문학》 제32호, 2010년 7월, 159쪽에 정리되어 있다.

25 이 글의 전문은 가미야마 시게오 편저, 《일본공산당 전후 중요자료집 제1권》, 산이치쇼보, 1971에 수록. 이 논문은 한국전쟁을 눈앞에 두고 일본공산당에 미국과의 정면대결을 요구했던 글로 알려져 있다. [‘코민포름’은 서방의 마셜 플랜에 맞서 소련공산당의 주도로 9개국 선전 활동의 통합을 목표로 1947년 9월 폴란드 바르샤바에 설립, 본부를 코민포름의 열정적 지지자였던 티토를 따라 유고의 수도 베오그라드에 설치함. 스탈린 비판 직후인 1956년 4월에 해체. 국제공산당 정보기관이자 소련에 의한 실질적 통제기구.]

26 재일조선인도 가담하는 형태로 격렬하게 대립했던 소감파와 국제파 간의 문제에 대해서는, 고영란, 《전후라는 이데올로기》 제7장에서 자세히 논했다.

27 〈김사량, 사람과 작품〉, 김달수 편, 《김사량 작품집》, 리론샤理論社, 1954, 325쪽.

28 나카노 요시오, 《나의 평화론》, 가나메쇼보要書房, 1952, 128쪽.

29 장윤향, 〈한국전쟁을 둘러싼 일본과 미국 점령군〉 참조.

30 시라카와 유타카, 《조선 근대의 지일파知日派 작가, 고투의 궤적: 염상섭, 장혁주와 그 문학》, 벤세출판, 2008, 302쪽.

31 오카 마리, 《그녀의 ‘올바른[정당한]’ 이름은 무엇인가: 제3세계 페미니즘 사상》, 이와나미쇼텐, 2000, 72쪽.

32 평화문제간담회, 〈강화 문제에 대한 평화문제간담회 성명서〉, 《세계》 제51호, 이와나미쇼텐, 1950년 3월호. 오구마 에이지, 《‘민주’와 ‘애국’: 전후 일본의 내셔널리즘과 공공성》, 신요샤, 2002[조성은 옮김, 돌베개, 2019]의 제11장에는 당시의 전면 강화론을 둘러싼 대립적인 구도가 상세히 서술되어 있다. 미즈타마리 마유미는 기가키가 “전면 강화론이라는 중립적 입장을 ‘독립’이라는 말을 사용하여 이야기하고 있다”는 점에 주목하여, 그것이 “‘중립’이라는 말에 의해 일반적으로 연상되는 판단 정지를 뜻하지 않고, 그것은 하나의 명확한 정치적 선택이라고” 지적한다(《한국전쟁, 20세기의 정치와 지식인: 《광장의 고독》, 《홋타 요시에: 난세를 살다》, 나카니시야ナカニシヤ출판, 2019의 제1장). 또, 다케우치 에미코는 “일본은 그 누구의 편도 아니다”라는 말을 “기가키의 기댈 곳 없는 ‘고독’과 홋타가 파악하고 있던 ‘아시아의 고아’라는 AA[아시아·아프리카]작가회의에서의 일본의 입장”을 접합시켜 분석하고 있다(〈홋타 요시에 《광장의 고독》의 위치: 1951년, 아시아·아프리카 작가회의로〉, 《문예연구》 제137호, 2019). 그들의 논의는 본론에서 제시했던 ‘조선(인) 없는 한국전쟁’이라는 틀, 즉 중국과의 전쟁에 관련된 기억 및 미국의 점령을 전면에 내세워 식민지 지배의 기억을 후경으로 밀어내는 프레임과 유사한 구도를 취하고 있다.

33 장혁주는 이 경험을 제재로 삼아 〈협박〉이라는 단편소설을 《신쵸新潮》 1953년 3월호에 발표한다. 이 소설과 당시 일본어 미디어에서의 '폭력선인鮮人' 담론과의 상호 영향관계에 대해서는, 고영란, 〈점령·민족·검열이라는 원근법: '조선/한국전쟁' 혹은 '분열/분단', 기억의 승인을 둘러싸고〉, 고노 겐스케·고영란·정근식·한기형·이혜령 편, 《검열의 제국: 문화의 통제와 재생산》, 신요샤, 2014[푸른역사, 2016]의 3장 〈횡령되는 '분단'과 '분열'〉에서 자세히 논했다.

34 〈광장의 고독과 공통의 광장〉, 《근대문학》 1952년 5월호.

초출일람

이 책의 테마에 맞춰 필자의 연구들을 대폭 수정하고 가필했다. 원형이 남지 않은 것이 많다. 일본에서 처음 수록된 지면은 다음과 같다.

- 머리말. 〈'불량분자'의 지문과 '조선인'의 자리매김으로부터: 다카노 아사코, 《지문과 근대》를 단서로〉, 《쿼드런트》 제20호, 도쿄외국어대학 해외사정연구소, 2018.

- 제1장. 〈'평민' 행상들의 정보전: 혁명시대 속에서의 일본어 미디어의 항쟁〉, 《Jun Cture 초역적 일본문화연구》 제6호, 나고야대학 '아시아 속의 일본문화' 연구센터, 2015년 3월. 제1장의 1절은 새로 쓴 것.

- 제2장의 1절·3절·4절은 〈제국 일본의 공간 프레임과 도서관: 잡지 《조선지도서관》〉, 《일본문학》 제65권 11호, 일본문학협회, 2016년 11월. 제2절은 〈이동하는 검열공간과 확산하는 조선어: 1928년 '3·15'와 1929년 '4·16' 사이에서〉, *Intelligence* 제14호, 20세기미디어연구소, 2014년 3월.

- 제3장. 새로 쓴 것.

- 제4장의 1절은 〈포스트콜로니얼리즘: 번역이라는 식민지〉, 이시카와 다쿠미·이이다 유코·오다이라 마이코·가네코 아키오·히다카 요시키 편, 《문학연구의 문을 열다: 기초와 발전》, 히츠지쇼보ひつじ書房, 2023년. 2절은 새로 쓴 것. 3절은 〈확장하는 검열 '제국'과 '비합법' 상품: 현해탄에 교착하는 잡지 《전기》의 독자망〉, 스즈키 토미·도에다 히로카즈·호리 히카리·무나카타 즈즈시게 편, 《검열·미디어·문학》, 신요샤, 2012년.

- 제5장. 〈제국 일본의 출판시장과 전략적 '비합법' 상품의 자본화 경쟁〉, 심포지엄 '근대 검열과 동아시아' 보고집, 성균관대학 동아시아학술원·인문한국HK사업단, 2010년.

- 제6장. 〈출판제국의 '전쟁': 1930년 전후의 개조사와 야마모토 사네히코의 《만·선》으로부터〉, 《문학》 제11권 2호, 이와나미쇼텐, 2010년 3월. 3절은 "The Concept of 'Empire' and the Russian Revolution Common Revolution: From the Crossroads of Transmission and Reception", *CONCEPTS AND CONTEXTS IN EAST ASIA* 3, December 2014, Korea: Hallym Academy of Sciences.

- 제7장. 〈전선 보국과 내선 번역공동체〉(번역: 신현아), 김재용 편, 《동아시아 식민지문학 비교연구: 중일전쟁 이후를 중심으로》, 소명출판, 2021.

- 제8장. 〈비무장 중립 '일본'과 '한국전쟁' 이야기: 홋타 요시에 《광장의 고독》과 장혁주 《오호 조선》의 자장으로부터〉, 아라라기 신조·마츠다 도시히코·이홍장·하라 유스케·사카베 쇼코·야오 유스케 편, 《제국의 틈새를 살다: 교착하는 국경, 사람의 이동, 아이덴티티》, 미즈키쇼린みすず書林, 2022.

- 맺음말. 〈역사연구 속의 사각지대: 시베리아 억류로부터 식민지 지배와 냉전의 역사를 연결하다: 김효순 《조선인 시베리아 억류》〉, 《주간독서인》 2023년 5월 12일.

찾아보기

인명

ㄱ~ㄹ

ㅇ~ㅈ

ㅊ~ㅎ

서명 · 사항

ㄱ~ㄹ

ㅊ~ㅎ

불량한 책들의 문화사

일본제국의 출판자본, 식민지 조선의 출판시장과 만나다

2025년 6월 6일 초판 1쇄 인쇄
2025년 6월 15일 초판 1쇄 발행
지은이 고영란
옮긴이 윤인로
펴낸이 박혜숙
디자인 이보용 김진
펴낸곳 도서출판 푸른역사
우) 03044 서울시 종로구 자하문로8길 13
전화: 02)720-8921(편집부) 02)720-8920(영업부)
팩스: 02)720-9887
전자우편: 2013history@naver.com
등록: 1997년 2월 14일 제13-483호

ISBN 979-11-5612-296-8 93900